International Economic Law

国際経済法

【第3版】

中川淳司・清水章雄・平 覚・間宮 勇 著

有斐閣
YUHIKAKU

第3版へのはしがき

　本書は，2012年に刊行した『国際経済法〔第2版〕』の改訂版である。WTO法を中心とした国際通商法だけではなく，国際投資法，国際競争法，国際通貨・金融制度および国際租税法を含んだ国際経済法の体系的な解説を行うテキストであることに変わりはないが，2012年以降の状況の変化を反映したデータと記述の更新を行った。この間の国際経済法をとりまく情勢の変化を見るとより大幅な改訂が望ましいであろうが，とりあえず必要な修正を加えるにとどめた。

　WTOを基盤とする多角的貿易体制が二国間または数ヵ国間の貿易協定により大きな影響を受けたこと，保護主義を否定せず自国優先主義を推し進める政権が米国に現れたこと，さらに同国政府が国際経済法において大きな意味を持つWTO紛争解決手続の円滑な運営を妨げる行動をとっていることなどを見ると，これからの国際経済法をどのように捉えるべきか即断することは難しい。第2次大戦後に構築された国際経済体制が根本的に変化してしまうのか，それとも一時的な後退があっても基本的には諸国間の経済関係の自由化が進む体制が続くのかを見極めなくてはならない。それが可能になった時には，国際通商法以外の分野の今後の進展を含めて，さらにどの程度まで本書の内容を改める必要があるかが明らかになるであろう。

　今回の改訂においても，共著者がそれぞれの執筆担当部分に加えた変更について全員で十分に討論した。内容の全体について認識の共有が深まり，かつ，1人での執筆・改訂作業では気がつかないことを指摘され，さらに書き直すことが可能になったことは，非常に有益であった。

　残念なことに初版および第2版の共著者の間宮勇氏は，2017年11月に急逝され，途中からこの版の改訂作業に加わることができなくなってしまった。同氏の担当部分については，同氏の主張を最大限尊重しつつ，残りの3名が必要なアップデートを行った。

　本書の初版および第2版は，法学部や法科大学院での国際経済法の標準的なテキストとして，また大学の授業以外の場でも広く参考書として利用され，幸いにも発行部数を増やしてきた。この第3版も多くの読者を得ることを執

筆者全員が願っている。
　最後に，有斐閣法律編集局の藤木雄氏には，第2版に引き続き，第3版の企画から完成まで，再び，本当にゆきとどいたお世話をしていただいた。心から御礼申し上げる。
　2019年5月

執筆者一同

初版はしがき

　本書は，国際経済法について，体系的に，わかりやすく説明することを意図した教科書である。

　国際経済法の世界は変動が激しく，その全体像を正確にとらえることは容易ではない。1995年1月に発足したWTO（世界貿易機関）は，それまでのガットと異なり，産品の貿易だけでなくサービス貿易や知的財産権についても規律を行うようになった。また，特に1990年代以降，自由貿易協定や経済連携協定の枠組みで地域的な貿易や投資の自由化を進める動きが活発化している。さらに，国際競争法や国際経済活動の刑事的取締りの分野でも，新たな規制が設けられるようになってきた。本書は，WTOに関する法の解説を中心に据えながら，それ以外の国際経済法の分野における動きにもできる限り目を配り，読者に国際経済法の全体像を伝えることをめざした。

　近年，国際経済法の講義を開設する大学が増えており，また，実務の世界でも国際経済法に関わる事案が増加している。本書は大学での国際経済法のテキストとして，また実務担当者にとっての国際経済法の入門的なテキストとして使用されることを念頭に置いて書かれている。複雑な国際経済法の内容をわかりやすく伝えるため，図表やコラムを活用した。また，さらに進んだ学習の便宜を考えて，各章の末尾に主要な内外の文献のリストを付した。

　本書は4名の執筆者によって分担執筆された。しかし，国際経済法を体系的に，わかりやすく説明するという本書の目的を達成するため，繰り返し会議を開いて全体の構成から内容の細部に至るまで検討と調整を重ねた。

　国際経済法はこれからもますます発展してゆくであろう。それとともに，国際経済法に対する教育上・実務上の要請もますます高まってゆくと思われる。本書が，国際経済法の理解と発展にいくらかでも寄与できれば，執筆者一同の喜びとするところである。

　最後に，本書の企画から完成までゆきとどいたお世話をいただいた有斐閣書籍編集部の神田裕司，林直弘両氏に心より感謝申し上げる。

2003年3月

執筆者一同

第2版へのはしがき

　本書は，2003年に刊行した『国際経済法』の増補改訂版である。
　旧版の「はしがき」でも記したように，国際経済法の世界は変動が激しく，その全体像を正確にとらえることは容易ではない。旧版を刊行して以来9年の歳月が経過した。この間の国際経済法の発展には目を見張るものがある。特に顕著な例を挙げると，2001年に開始されたWTOのドーハ交渉が約10年間の交渉を経て行き詰まった一方で，二国間または地域的な自由貿易協定（FTA）や経済連携協定（EPA）のネットワークが世界を覆うようになってきていること，ドーハ交渉の行き詰まりにもかかわらず，WTO紛争解決手続の利用は順調に増加し，累計で400件を超えたこと，それにより，WTOルールの判例法が発展し，充実してきていること，二国間投資条約のネットワークの急速な拡大と投資紛争の仲裁判断例の集積を通じて国際投資法が目覚ましい発展を遂げたこと，2008年9月のリーマンショックを契機とする世界金融危機への対処の過程で，世界的な金融規制の見直しと強化が進められていること，2002年に米国の呼びかけで設立された国際競争ネットワーク（International Competition Network, ICN）を通じて世界各国の競争法の収れんが進んだことなど，多くの変化がこの間に起こっている。
　旧版はこれまでに4回増刷されたが，その折に紙数や判型の許す範囲で内容のアップデートを図ってきた。しかし，増刷に際しての内容改訂にはおのずから限度がある。そこで，旧版の内容を全面的に更新・加筆し，国際経済法の体系的な解説書としての完成度を高めるため，新たに「国際通貨・金融制度」（第15章），「国際租税法」（第16章）を追加した増補改訂版として，ここに第2版を刊行することにした。本書は旧版と同じく4名の執筆者によって分担執筆された。しかし，旧版同様に，繰り返し会議を開いて全体の構成から内容の細部に至るまで検討と調整を重ねた。新たに2章を追加し，また，旧版第7章を増補の上で第7章〜第9章に分割したことにより，最新の国際経済法を体系的に解説したテキストとして，内外に類書のないものとなったと自負している。
　旧版は，法学部や法科大学院での国際経済法の標準的なテキストとして，

また実務担当者にとっての国際経済法の入門的なテキストとして，幸いに多くの読者を得ることができた。2007年には北京大学出版会より中国語版（白巴根訳）が刊行され，多くの読者を獲得していると聞く。旧版に引き続いて第2版も国際経済法の教育と実務の現場で多くの読者に迎えられ，国際経済法の理解と将来の発展にいくらかでも寄与できることを執筆者一同願っている。

　最後に，第2版の企画から完成までゆきとどいたお世話をいただいた有斐閣書籍編集一部の藤木雄氏に心より御礼申し上げる。

2012年2月

執筆者一同

著者紹介 (執筆順, [ ] 内は執筆箇所)

中川 淳司（なかがわじゅんじ）[第1章, 第2章, 第8章1, 第11章, 第12章2, 3, 第13章～第15章, 第16章2～4, 第17章]

 1955年　生まれ
 1979年　東京大学法学部卒業
 現　在　中央学院大学現代教養学部教授・同社会システム研究所長
 〈主要著作〉NATIONALIZATION, NATURAL RESOURCES AND INTERNATIONAL INVESTMENT LAW（Routledge, 2017）, INTERNATIONAL HARMONIZATION OF ECONOMIC REGULATION（Oxford University Press, 2011）,『ケースブック　WTO法』（共編著）（有斐閣，2009年）,『経済規制の国際的調和』（有斐閣，2008年）,『資源国有化紛争の法過程』（国際書院，1990年）,『TPPコンメンタール』（共著）（日本関税協会，2019年）

清水 章雄（しみずあきお）[第3章, 第5章, 第16章1]

 1952年　生まれ
 1975年　早稲田大学法学部卒業
 現　在　早稲田大学大学院法務研究科教授・元WTO紛争解決手続小委員会委員
 〈主要著作〉『国際法学入門』（共著）（成文堂，2011年）,「WTO紛争解決における解釈手法の展開と問題点」日本国際経済法学会年報19号（2010年）,『ケースブックWTO法』（共編著）（有斐閣，2009年）

平　覚（たいらさとる）[第4章, 第7章, 第9章, 第12章1]

 1953年　生まれ
 1977年　早稲田大学法学部卒業
 現　在　大阪市立大学名誉教授
 〈主要著作〉"Live with a Quiet but Uneasy Status Quo?—An Evolutionary Role the Appellate Body Can Play in Resolution of 'Trade and Environment' Disputes—," AGREEING AND IMPLEMENTING THE DOHA ROUND OF THE WTO (Cambridge University Press, 2008),「WTO紛争解決手続における適用法——多数国間環境協定は適用法になりうるか」法学雑誌54巻1号（2007年）,「WTO法と他の国際法の調和——規範的枠組の変容とWTO司法機関の対応」日本国際経済法学会編『国際経済法講座Ⅰ　通商・投資・競争』（法律文化社，2012年）

間宮　勇（まみやいさむ）[第6章〔1～3, 5（補訂：平覚），4, 6（補訂：清水章雄）〕, 第8章2（補訂：清水章雄）, 第10章（補訂：中川淳司）]

 1957年　生まれ
 1979年　明治大学法学部卒業
 元明治大学法学部教授
 〈主要著作〉『危機における市場経済』（共著）（日本経済評論社，2010年）,「WTO体制下における『グローバリゼーション』の意味」世界法年報27号（2008年）, Anti-Dumping Laws and Practices of the New Users（共著）（Cameron May, 2007）

凡　例

① WTO 協定の表記は下記の用例（〔　〕内）によった。

世界貿易機関を設立するマラケシュ協定〔＝WTO 設立協定〕
├─附属書 1
│　├─附属書 1A　物品の貿易に関する多角的協定
│　│　├─1994 年の関税及び貿易に関する一般協定〔＝GATT 1994〕
│　│　├─農業に関する協定〔＝農業協定〕
│　│　├─衛生植物検疫措置の適用に関する協定〔＝SPS 協定〕
│　│　├─繊維及び繊維製品（衣類を含む。）に関する協定〔＝繊維協定〕（2004 年末に終了）
│　│　├─貿易の技術的障害に関する協定〔＝TBT 協定〕
│　│　├─貿易に関連する投資措置に関する協定〔＝TRIMs 協定〕
│　│　├─1994 年の関税及び貿易に関する一般協定第 6 条の実施に関する協定〔＝AD 協定〕
│　│　├─1994 年の関税及び貿易に関する一般協定第 7 条の実施に関する協定〔＝関税評価協定〕
│　│　├─船積み前検査に関する協定〔＝船積前検査協定〕
│　│　├─原産地規則に関する協定〔＝原産地規則協定〕
│　│　├─輸入許可手続に関する協定〔＝輸入許可手続協定〕
│　│　├─補助金及び相殺措置に関する協定〔＝補助金協定〕
│　│　└─セーフガードに関する協定〔＝セーフガード協定〕
│　├─附属書 1B　サービスの貿易に関する一般協定〔＝GATS〕
│　└─附属書 1C　知的所有権の貿易関連の側面に関する協定〔＝TRIPS 協定〕
├─附属書 2
│　└─紛争解決に係る規則及び手続に関する了解〔＝DSU〕
├─附属書 3
│　└─貿易政策検討制度〔＝TPRM〕
└─附属書 4　複数国間貿易協定
　　├─民間航空機貿易に関する協定
　　├─政府調達に関する協定〔＝政府調達協定〕
　　├─国際酪農品協定（1997 年末に終了）
　　└─国際牛肉協定（同上）

② 「ガット／GATT」の表記は，紛争解決の基準としての「関税及び貿易に関する一般協定」を GATT，国際組織としての「関税及び貿易に関する一般協定」をガットとした。ガットの時代の GATT と WTO 設立以降の GATT を特に区

別して用いる場合には、それぞれ GATT 1947, GATT 1994 という名称を用いた。

③ ガットの紛争解決小委員会報告、WTO の紛争解決小委員会・上級委員会報告について

(a) ガットの紛争解決小委員会報告については、文書番号を示した。なお、これらの報告のうち、採択された報告は WTO のホームページからダウンロードできる（http://www.wto.org/english/tratop_e/dispu_e/gt47ds_e.htm）。なお、未採択の報告を含めたすべてのガットの紛争解決小委員会報告は以下の有料のデータベースからダウンロードできる（http://worldtradelaw.net/databases/gattpanels.php）。

(b) WTO の紛争解決小委員会・上級委員会報告については、WTO で使用されている事件名の略称（http://www.wto.org/english/tratop_e/dispu_e/dispu_by_short_title_e.htm 参照）の日本語訳に続いて、これらの報告の文書番号（DS○○）を示した。なお、これらの報告はすべて WTO のホームページからダウンロードできる（https://www.wto.org/english/tratop_e/dispu_e/dispu_status_e.htm）。

(c) 同じく、松下満雄＝清水章雄＝中川淳司編『ケースブック　WTO 法』（有斐閣、2009 年）に解説が付されているものは、解説の見出しに付された番号を「ケースブック○」と記載した。

④ 本文中および参考文献リストで頻出する文献（正式名称は（ ）内）については、以下の略称を用いた。

　　BISD（GATT, *Basic Instruments and Selected Documents*）
　　JIEL（*Journal of International Economic Law*）
　　JWT（*Journal of World Trade*）

⑤ 欧州共同体（EC）・欧州連合（EU）の名称については、本文の記述の中で特に欧州共同体（EC）として記述すべき歴史的記述の場合を除いて、EU という名称を使用した。

目　　次

第1章　国際経済法の概念 ……………………………………………… 1
1　国際経済活動　1
2　国際経済活動の法的規制　3
3　国際経済法の規律原理　8
4　国際経済法の規律対象　10

第2章　ブレトンウッズ・ガット体制の成立と展開 …………… 15
1　ブレトンウッズ・ガット体制の起源　16
2　ブレトンウッズ会議とIMF・世界銀行の成立　19
3　ITO構想の挫折とガットの成立　23
4　ブレトンウッズ・ガット体制の最初の四半世紀　27
5　1970年代から1980年代にかけてのブレトンウッズ・ガット体制　35
6　WTO体制の発展と課題　41
7　1990年代以降の金融危機とブレトンウッズ機構　43
8　2010年代の動き　45

第3章　WTOの組織と紛争解決手続 ………………………………… 47
1　WTO協定　47
2　WTOの組織　56
3　WTOの機能　65
4　紛争解決手続　68

第4章　WTO協定の国内的実施 ……………………………………… 78
1　国内法秩序における国際法の実現　78
2　WTO協定の直接適用可能性　80
3　各国におけるWTO協定の国内的実施　82
4　むすび　100

第5章　WTO体制の基本的規律 ……………………………………… 104
1　無差別原則　104
2　市場アクセスの改善　115
3　例　外　122

第6章　WTOと通商救済制度 ………………………………………… 126

1　貿易の自由化と通商救済制度　　126
　　2　セーフガード措置　　128
　　3　アンチダンピング税　　139
　　4　補助金相殺措置　　151
　　5　通商救済制度と「不公正貿易」　　157
　　6　一方的措置　　160

第7章　WTO体制における農業貿易とTBT/SPS　……………167
　　1　農業貿易　　167
　　2　TBT/SPS協定　　184

第8章　WTO体制におけるサービス貿易と知的財産権保護…207
　　1　サービス貿易　　207
　　2　TRIPS協定　　218

第9章　WTO体制における政府調達　………………………234
　　1　政府調達の意義　　234
　　2　国際的規律の強化と拡大　　235
　　3　政府調達協定の特徴　　237
　　4　地域貿易協定における政府調達条項　　248
　　5　わが国における政府調達協定の国内的実施　　249

第10章　地域主義とWTO体制　………………………………253
　　1　多角的貿易体制と地域経済統合　　253
　　2　地域経済統合の形態とその要件　　258
　　3　地域経済統合をめぐる近年の動向　　268
　　4　環太平洋パートナーシップ（TPP）　　278

第11章　WTO体制と途上国　…………………………………281
　　1　ウルグアイ・ラウンドと途上国　　281
　　2　WTO協定と途上国　　284
　　3　WTO体制下の途上国問題　　295

第12章　WTO体制と非貿易的価値　…………………………304
　　1　貿易と環境　　304
　　2　貿易と労働　　324
　　3　貿易と人権　　334

第*13*章　国際投資法 …………………………………………………346
　1　国際投資の保護に関する伝統的な国際法制度　346
　2　国際投資の保護と自由化をめぐる条約体制の発展　352
　3　国際投資の保護と自由化に関する国際法の原則　360

第*14*章　国際競争法 …………………………………………………374
　1　国際企業活動の展開と競争規制　374
　2　管轄権の競合と抵触に関する伝統的アプローチ　376
　3　効果理論と管轄権に関する合理の規則　378
　4　競争法の競合に伴う不都合を回避・制限する現実的な方策の展開　384

第*15*章　国際通貨・金融制度 ………………………………………394
　1　国際通貨制度　394
　2　国際金融制度　408

第*16*章　国際租税法 …………………………………………………423
　1　国際課税の規律　423
　2　国際的二重課税と租税条約　426
　3　国際的租税回避の防止　437
　4　国際課税ルールの将来　444

第*17*章　国際経済刑法 ………………………………………………450
　1　外国公務員に対する賄賂の取締り　450
　2　国境を越えるマネー・ロンダリングの取締り　458

条約索引 ………………………………………………………………473
事項索引 ………………………………………………………………477

本書のコピー,スキャン,デジタル化等の無断複製は著作権法上での例外を除き禁じられています。本書を代行業者等の第三者に依頼してスキャンやデジタル化することは,たとえ個人や家庭内での利用でも著作権法違反です。

第 1 章　国際経済法の概念

> *Summary*
> 　国際経済法の定義についてはさまざまなとらえ方がある。本書では，これを「国際経済活動に対して公法的規制を行う国際法」と定義する。本章では，国際経済法の規制対象である国際経済活動とは何か，国際経済活動を規制する法にはどのようなものが含まれ，その中で国際経済法がどのような役割を担っているかを見る。そして，国際経済法の体系を構成する基本的な規律原理（国際経済活動の自由化，公正な競争条件の確保，南北問題への配慮など）を概説し，最後に，本書の構成について説明する。
>
> *Key Words*
> 　貿易　国際投資　国際技術移転　サービス貿易　国際金融取引　国際取引法　関税定率法　外国為替及び外国貿易法　OECD（経済協力開発機構）　比較優位　南北問題　国際競争法　国際通貨・金融制度　国際租税法　国際経済刑法

1　国際経済活動

　国際経済法の規律対象である国際経済活動とは，国境を越えた，営利を目的とする産品，資本，技術，サービスや人の移動を意味する。これには産品の貿易や国際投資，国際技術移転，サービス貿易，国際金融取引など，さまざまな形態の活動が含まれる。

　産品の貿易とは国境を越えた産品の取引をいう。輸出と輸入からなる。それは通常，産品と貨幣の交換（売買）という形態で行われるが，産品同士の交換（バーター取引）として行われることもある。

　国際投資とは国境を越えた資本の移動をいう。これには直接投資と間接投資ないし証券投資が含まれる。直接投資とは，外国で事業活動をする目的で

行われる経営支配を伴う資本の移転をいう。直接投資はさまざまな形態で行われる。たとえば，外国における企業の設立，支店や駐在員事務所の開設，企業の買収（いわゆるM&A）などである。

　間接投資とは，経営支配を伴わず，配当や利子などの利益（インカムゲイン）や資産売却益（キャピタルゲイン）の獲得を目的として行われる資本の移転をいう。これには，外国株式，国債その他の債券の購入，貸付，預金などが含まれる。

　国際技術移転とは，特許，ノウハウなどの技術的知識を外国の企業や組織に提供し，その利用を認めて対価を得ることをいう。たとえば，特許権を外国企業に譲渡したり，ロイヤルティと引換えにその実施を許諾する場合や，外国企業に対して特許やノウハウを開示し，技術者を派遣して技術指導を行う場合などがこれに当たる。

　以上のほかに，近年はサービス貿易，すなわち国境を越えたサービスの移動が盛んになってきた。サービス貿易にはさまざまな形態がある。WTO（世界貿易機関）のサービス貿易に関する一般協定（GATS）は，サービス貿易を次の4つの形態（モード）に分類している。第1はある国のサービス提供者がその国に留まりながら外国にサービスを提供する場合である（越境取引）。たとえば，弁護士が電話や電子メールその他の手段で外国の顧客に法務アドバイスを提供する場合，海外のコールセンターによるサービスの提供などがこれに当たる。第2は人が外国に行き，そこでサービスの提供を受ける場合である（国外消費）。たとえば，海外旅行客や海外出張者による現地でのサービス消費などがこれに当たる。第3はある国のサービス提供者が外国に設けた商業拠点を通じてサービスを提供する場合である（商業拠点）。たとえば，金融機関の海外支店を通じた金融サービスや海外での建設事業，電気通信事業その他のインフラ整備事業などがこれに当たる。第4はサービス提供者が外国に移動し，そこでサービスを提供する場合である（人の移動）。たとえば，アーティストが外国で興行を行う場合，看護師や介護士が外国で業務に従事する場合などがこれに当たる（→第8章1(2)参照）。

　最後に，国際金融取引とは，国境を越えた金融取引を指す。国際金融取引は，以上見てきたさまざまな国際経済活動に付随して行われる。たとえば，

貿易代金の決済，間接投資としての外国債券・株式購入の対価の支払，国際技術移転やサービス貿易に伴う対価の支払など。また，これらとは別に，通貨そのものの売買（外国為替取引）や外国の商品市場での商品（commodities）の取引も盛んに行われている。最近は，国際金融取引に対する規制の緩和が進み，国際金融取引の規模は急速に拡大している。たとえば，国際決済銀行（BIS）の調査によると，2016年4月の東京外国為替市場における外国為替取引の額は，1営業日当たり平均3990億ドルであり，これを単純に250倍して求めた99兆7500億ドルを年間の外国為替取引と考えると，これは日本の2016年の年間総貿易額（輸出と輸入の合計）1兆2516億ドルの約80倍に達する。

以上見てきた国際経済活動のカテゴリーは相互に排他的なものではない。たとえば，サービス貿易の第3モードである商業拠点は直接投資の要素を含んでいる。また，直接投資に伴って，あるいは直接投資の結果として貿易が行われることがある。たとえば，投資家が外国から資材や生産設備を輸入して工場を建設し，製品を国外に輸出する場合などがそれに当たる。また，国際技術移転の目的で技術者が外国に派遣され，技術指導を行う場合は，通常，サービス貿易の第4モードである人の移動に分類されるが，製造業の海外進出に伴う技術者の海外派遣など，直接投資の一環として行われることもある。このように，私人・私企業その他の経済主体が営む国際経済活動は，これらのカテゴリーのいずれか，あるいはその組合せとして展開されるのである。そして，これらすべての国際経済活動に伴ってさまざまな形態の国際金融取引が行われる。

2　国際経済活動の法的規制

国際経済活動の主要な担い手は私人・私企業である。国家や国営企業，また国際組織が国際経済活動に従事することもないわけではない。特に，社会主義国の場合は，国家や国営企業が国際経済活動の担い手として重要な地位を占めた。しかし，1990年代に入ってからは，多くの社会主義諸国で市場経済体制への移行が進められるようになり，これらの移行経済諸国でも私企

業が国際経済活動に従事するようになった。また，市場経済体制を基本としながら，国営企業などの公的な主体による国際経済活動を認める，混合経済体制をとってきた国でも，国営企業の民営化が進んだ。こうして，国際経済活動における私人・私企業の比重がますます増大してきている。したがって，国際経済活動の法的規制もまた，私人・私企業が展開する国際経済活動に対する規律ないし秩序づけを中心として行われている。ただし，特に21世紀に入ってから，産油国や移行経済諸国，さらには市場経済諸国でも，国営企業が外国投資を積極的に進めるようになってきており（いわゆるソヴリン・ウェルス・ファンド），これに対する規制が国際経済法の新たな課題として浮上してきている。

　WTOを初めとして，国際経済活動に対する法的規制を行う国際機関の役割は次第に大きくなってきた。しかし，従来も，そして現在も，国際経済活動に対する法的規制を行う主要な主体は国家である。国際経済法を最も広義に定義するならば，それは主として国家（および国際機関）によって実施される，国際経済活動に対する法的規制の総体ととらえることができる（最広義の国際経済法）。この意味での国際経済法は，規制の性格から，公法的規制と私法的規制に分類される。

　国際経済活動に対する公法的規制とは，国際経済活動に対して，国家が公権力の担い手として公益実現の目的で実施する規律をいう。これにはたとえば，公益的見地からの産品の輸出入の制限（たとえば，安全保障上の理由に基づくハイテク製品の輸出制限や希少資源の輸出制限，人の健康や公徳の保護のための輸入制限），金融システムの安定化を目的とする短期資本移動の規制，国内のサービス産業を保護するために行われる商業拠点モードのサービス貿易の参入規制（たとえば，電気通信分野における外国企業の参入規制），公正な競争条件確保を目的とする国際経済活動における競争制限的行為の規制（たとえば，国際的な価格カルテルに対する競争法上の規制）など，さまざまな規制が含まれる。

　国際経済活動に対する私法的規制とは，国際経済活動の取引主体間の権利義務関係を規律する実体法，手続法上の規制をいう。これにはたとえば，貿易取引に伴う売買契約や運送契約に関する規制，間接投資として行われる取

引（貸付，債券・証券の発行や購入など）の契約に関する規制，国際技術移転のための契約に関する実体法上の規制，国際取引主体間の紛争の解決手続（国際民事訴訟法）やそこでの準拠法に関する規制など，さまざまな規制が含まれる。

　国際経済法という場合，前者，すなわち国際経済活動に対する公法的規制を指すものと定義されることも多い（広義の国際経済法）。その場合，後者を指す概念として国際取引法という言葉が用いられることが多い（狭義の国際取引法）。ただし，これらの用語の定義は論者によって一致していない。国際経済活動の公法的規制（広義の国際経済法）と私法的規制（狭義の国際取引法）を合わせた最広義の国際経済法を国際取引法と定義して（広義の国際取引法），狭義の国際取引法だけでなく，国際経済活動の公法的規制（広義の国際経済法）についても解説した教科書もある。これは，規制する法の性格や分類ではなく，規制対象である「国際取引」（本書にいう国際経済活動）に着目し，国際取引に関わる法を総合的に解説しようとする立場に立っているためである。ただし，このように（広義の）国際取引法を定義する立場に立つ教科書の場合，解説の中心は狭義の国際取引法，すなわち国際経済活動の私法的規制に置かれているのが通例である。

　本書で用いる国際経済法の概念は，以上のいずれよりも狭く，国際経済活動に対する公法的規制（広義の国際経済法）の中で，国際法による規制だけを指す（狭義の国際経済法）。

　国際経済活動に対する公法的規制には，国内法による規制（いわゆる対外経済法）と国際法による規制が含まれる。対外経済法とは，国内法の中で，国際経済活動に対する公法的規制を目的とするものをいう。たとえば日本の場合，関税については関税法（昭和29年法律61号）と関税定率法（明治43年法律54号）が，輸入される産品に対する関税率を規定している。関税定率法は，外国からダンピング輸入される産品に対するアンチダンピング税の賦課や，外国からの輸入の急増に対して国内産業保護の目的で一時的に輸入を制限するための緊急関税の賦課（セーフガード）などについても規定している。直接投資については，外国為替及び外国貿易法（外為法，昭和24年法律228号）が外国からの直接投資を受け入れる条件や手続を規定している。国

際投資活動による収益に対する課税については，法人税法（昭和40年法律34号）その他の法律が規定を設けている。また，サービス貿易のさまざまな形態については，業種ごとに外国からのサービス貿易の受入れを認める条件・範囲や手続を規定した法律が存在する（たとえば，法務サービスに関して，外国弁護士による法律事務の取扱いに関する特別措置法（昭和61年法律66号））。このように，対外経済法は各国がその憲法体制の下でその時々の経済政策を反映して（より正確にいえば，その時々の経済政策を実現する目的で）制定するものであり，その内容は国によって異なっている。

　これに対して，国際経済活動に対する公法的規制を目的とする国際法が存在する。たとえば，関税に関しては，WTO協定に附属する国ごとの譲許表が，各国が他の加盟国から輸入する産品に対して課すことができる関税率の上限を設定している。近年は，二国間または地域的なFTA（自由貿易協定）を通じて，WTO協定附属の譲許表を上回る関税の引下げ・撤廃を約束する例が増えている。また，国際投資については，OECD（経済協力開発機構）の資本自由化規約（資本移動の自由化に関する規約）が，対外投資，対内投資の両面につき，直接投資，間接投資を含め，広く国際投資に関する加盟国の国内法（対外経済法）による規制の緩和ないし撤廃を図っているほか，近年は二国間の投資条約（BIT）やFTAの投資章で投資の自由化や保護について詳細に規定する例が急増している。サービス貿易については，すでにふれたGATSが，最恵国待遇の供与や規制の透明性の確保などを各国に義務づけるほか，附属の約束表で，各国が市場アクセスや内国民待遇を認めることによって自由化するサービス貿易の業種や形態を指定している。FTAでGATSを上回るサービス貿易の自由化を約束する例も増えている（→8章1参照）。これらの分野に比べると，国際金融取引や国際技術移転に対する国際法の規制はあまり発達していないが，それでも，前者に関してはたとえばバーゼル銀行監督委員会が策定したバーゼル合意が，国際的に事業を展開する銀行の自己資本比率に関するルールとして広く受け入れられているし，後者に関してはたとえばUNCTAD（国連貿易開発会議）が策定した技術移転コードが，先進国から途上国への技術移転を促進するための規律を定めている。WTOの貿易関連知的財産権協定（TRIPS協定）も国際技術移転に関わ

図表 1-1

```
国際経済活動の法的規制 ┬ 国際経済活動の公法的規制 ┬ 国際法
(最広義の国際経済法ま  │ (広義の国際経済法)      │  狭義の国際経済法(ハ
 たは広義の国際取引法)  │                        │  ードローとソフトロ
                      │                        │  ー)
                      │                        └ 国内法
                      │                           (対外経済法)
                      └ 国際経済活動の私法的規制 ┬ 国際法
                        (狭義の国際取引法)        │  (私法の統一に関する
                                                │   国際条約など)
                                                └ 国内法
                                                   (国際私法など)
```

るルールを定めている。FTA が知的財産に関する章を設けて国際技術移転に関わるルールを定める例も出てきた (→8 章 2 (4)参照)。

　国によってまちまちな内容を持つ対外経済法とは異なり，これらの国際法 (狭義の国際経済法) は，各国が共同で定立してその実現に共同で責任を負う，共通の規制という性格を持っている。(狭義の) 国際経済法は，国際経済活動に対して各国が規制権限を持つことを前提として，国際社会の共通利益の観点 (国際経済活動の自由化を通じた世界の繁栄や生活水準の向上，雇用の確保など) から，また国内の保護主義勢力を抑制して国際経済活動の自由化を図ることが，自国の全体としての経済厚生を増大させるという国家の自己利益の観点から，国家による規制権限を調整し，規制権限の行使に制約を加えることを目的として定立される。近年，条約として策定され，国際法上の法的拘束力を有する規制 (ハードロー) の他に，法的拘束力を持たない指針・原則ないしガイドラインとして策定された文書 (ソフトロー) が国際経済活動に対する公法上の規制を設ける例が増えてきた。たとえば，先に挙げた例のうち，OECD の資本自由化規約，バーゼル合意や UNCTAD の技術移転コードがこれに当たる。これらのソフトローは，それ自体としては法的拘束力を持たないが，各国がこれを受け入れて国内法に反映させることにより，国内法上の法的拘束力を持つハードローに転化することがある。また，ソフトローとしての性格を維持しながらも，各国がその国内実施状況を継続的に相

互監視すること（ピア・レビュー）により，事実上の拘束力を獲得することもある。こうして，狭義の国際経済法の中でソフトローの占める地位が次第に高まってきたことに今日の国際経済法の特色がある。

以上に述べてきた国際経済法の概念を整理すると，図表 1-1 の通りである。

3　国際経済法の規律原理

国際経済法の規律対象は広く国際経済活動に対する国家の公法的規制全般をカバーし，個々の規律の内容やその目的はさまざまである。しかし，個別の規律内容や規律目的を離れて国際経済法を総体として観察すると，規律対象や法形式（ハードローかソフトローか）を問わず，国際経済法には共通の規律目的がある。それは，国際社会の共通利益の観点から，あるいは国家の自己利益の観点から，国家の国際経済活動に対する規制権限を調整し，規制権限に制約を加えることである。それでは，国際経済法がめざす国際社会の共通利益とは何か。

今日の国際経済法を総体として見た場合，それらが共通にかかげる国際社会の共通利益ないし規律原理として，以下の 3 つが特に重要である。

第 1 に，国際経済活動の自由化である。国際経済活動は，国により生産要素の価格が異なることを利用して，グローバルな資源配分の最適化，費用の最小化と利潤の最大化を目的として営まれる。この目的を達成するためには，国家による制限や規制を調整し制限して，国際経済活動の自由を最大限に保証することが必要である。このようにしてグローバルな市場が形成されたとき，そこでグローバルな資源配分の最適化が達成され，世界の人々の得る福利の最大化が達成されることが期待される。貿易の分野で 18 世紀から 19 世紀にかけてアダム・スミス（Adam Smith）やリカード（David Ricardo）によって唱えられたこのような考え方は，今日もなお，国際経済活動の自由化を推進する理論的な支柱として支持されている。その意味で，国際経済活動の自由化は国際経済法の最も基本的な規律原理である。この原理は，各国が特定の国内産業の保護や育成など，さまざまな目的で設定して維持しようとする国際経済活動に対する制限を緩和し，撤廃することをめざす。

第2に，公正な競争条件の確保が挙げられる。自由化を推進してグローバルな市場が形成されたとしても，競争の公正さが確保されなければ，市場にゆがみが生じ，資源配分の最適化と福利の最大化は達成されない。独占禁止法をはじめとする国内の経済法と同様に，国際経済法は，自由化を通じて形成されるグローバルな市場における公正な競争条件の確保をめざす。そして，公正な競争条件の確立をはばむもの（国家による規制や制限，私人・私企業による競争制限的慣行）を規制し，それを取り除こうとする。公正な競争条件の確保は，自由化と必ずしも対立するものではない。それは，経済合理性という観点から，そして究極的には各国の消費者の保護という観点から，自由化の目標（グローバルな資源配分の最適化，費用の最小化と利潤の最大化）が完全に達成されるよう確保することをめざすものである。その意味で，この原理は国際経済活動の自由化という規律原理を補完する性格を持つ。

　第3に，国際経済活動の自由化と公正な競争条件の確保という規律原理に対して，さまざまな見地から修正を求める原理が挙げられる。中でも，今日の国際経済法を理解する上で見逃せない重要な修正原理として，南北問題への配慮が挙げられる。第二次世界大戦後の世界において，先進国と途上国の間に経済的な格差が存在し，それが時には拡大する傾向があることは，世界の人々の福利にとっても，世界の平和にとっても重大な問題であり，国際社会は一致してこの問題に取り組まなければならないという認識が生まれた。そこから，南北問題への配慮という原理が導かれる。この原理は，平等，衡平や連帯といった観点から，途上国の経済発展を促進するために，自由で公正なグローバル市場のシステムに対して修正を加えることを求める。たとえば，先進国に対して，貿易自由化を進めるに当たり，先進国よりも有利な待遇を途上国に提供することを求めたり，自由化や公正な競争条件の確保のための規律の実施に当たって，途上国により緩やかな実施義務や適用除外を認めるよう要求することなどが，この原理から導かれる。

　このほかにも，最近は自由化と公正といった経済合理性の観点に基づく規律に対して修正を迫る新たな原理が登場している。たとえば，環境を保護し，持続可能な経済開発を達成するために，自由化を制限することを求める原理や，人権保障，文化的な多様性の維持のために自由化を制限することを求め

る原理などである。

このように，今日の国際経済法は，自由化と公正な競争条件の確保を基調としながら，南北問題への配慮，環境保護などの修正原理も取り込んだ複雑な体系として構成されている。

4 国際経済法の規律対象

国際経済法の規律対象は，国際経済活動に影響を及ぼす国家の規制権限の全般に及ぶ。国際経済活動の形態に着目すると，産品およびサービスの貿易に関する国際貿易法，国際投資に関する国際投資法，以上と重複する部分もあるが，国際技術移転に関する国際技術移転法，国際金融取引に関する国際金融法などに分類される。

また，国際経済活動の形態を問わず横断的に適用される規制として，国際経済活動に対する競争法・競争政策を扱う国際競争法，国際経済活動に対する課税の問題を扱う国際租税法，国際経済活動における犯罪行為の刑事的取締りを扱う国際経済刑法も国際経済法に含まれる。

この他に，以上の分類のいずれにも含まれないが，本書の定義上は国際経済法に含まれる規制が存在する。たとえば，産品の貿易のうちで，石油その他のエネルギー資源の貿易に関しては，OPEC（石油輸出国機構）やIEA（国際エネルギー機関）を軸とする特有の国際規律が成立しており，これらは実質的にはWTOの規律外にある。また，サービス貿易の中でも，国際民間航空運送や国際船舶輸送については，主要な運航国が参加する国際機関（前者につき国際民間航空機関（IATA），後者につき国際海事機構（IMO））のもとで独自の国際規律が設けられている。いわゆる海洋法に含まれる法規制の中でも，たとえば深海底の開発に関する国際法制度や公海漁業資源の保存と利用に関する法制度は国際投資法として分類することもできる。同様のことは宇宙の平和利用に関する法制度についてもいえる。軍縮や軍備規制に関する国際法制度には武器の国際貿易に対する規制も含まれている。その意味で，国際経済法の規律対象は国際法の規律対象の多くと重複する。

本書は以上の国際経済法の主要部分をカバーする。国際経済法の規律対象

と，それを扱う本書の構成を以下に示す。

　今日の国際経済法の起源をどこに求めるかについては，規律対象によって，また取り上げる規律の内容によってさまざまな見方がありうる。本書ではまず，今日の国際経済法の基本的な枠組みをかたちづくった，いわゆるブレトンウッズ・ガット体制に焦点を当て，その成立過程と，今日までの発展過程を検討する（第2章）。そして，それ以降は，規律対象ごとに今日の国際経済法の内容を分析する。

　第3章～第12章では，WTOを中心に，国際貿易法を分析する。第3章では，現代の世界における貿易に関する中核的な国際組織であるWTOについて，その構造と機能，紛争解決手続を解説する。第4章では，WTO協定の国内的実施を取り上げる。そこでは，国際経済法の規律が各国の国内法（対外経済法）にいかなる規制を及ぼすかという観点から，主要国によるWTO協定の国内的実施のあり方を比較検討する。第5章では，WTO協定を通じて貿易自由化を推進するための基本的な原則である無差別原則（最恵国待遇原則，内国民待遇原則），市場アクセスの拡大と，それらに対する一般的例外を検討する。第6章では，WTOの掲げる自由化の原則に対して，国内産業保護や公正な競争条件確保の見地から発動される，いわゆる通商救済措置（アンチダンピング税，補助金相殺関税，セーフガード）および一方的措置を取り上げ，それらがWTO協定の下でいかなる規律に服しているかを検討する。第7章～第9章では，WTOの下で，主として工業製品の貿易に対する規律を行ってきたガット体制の規律対象がそれ以外の分野（農産物貿易，サービス貿易や知的財産権，政府調達など）に拡大してきたことに着目し，その背景と現状，そして今後の規律の動向を分析する。第10章では，多国間での貿易自由化をめざすWTO体制と地域経済統合との関係について，WTO協定の規律を分析するとともに，近年，貿易自由化を進める手段としての比重が急速に高まってきた自由貿易協定（FTA）や経済連携協定（EPA）の動向を分析する。第11章では，WTO体制において途上国に対してどのような配慮がなされているか，言い換えれば南北問題に対してWTOがどのような取組みを行っているかを検討する。第12章では，WTO体制における貿易自由化と環境保護，労働基準の向上，人権保障の関係という，

貿易価値と非貿易的価値との調整の問題を取り上げる。ガットの時代にもこれらの問題が議論されることはあったが，WTO の発足後は一層盛んに議論されるようになった。WTO の将来を考える上で重要なテーマである。

　第 13 章は，国際投資法を分析する。国際投資の保護・規制・自由化に関して，第二次世界大戦以前にどのような国際法のルールが形成され，それが第二次世界大戦後，特に 1980 年代以降，どのような変容を遂げてきたかを検討した上で，現行の国際投資法において外国投資の保護・規制・自由化についてどのような規律が設けられているかを検討する。

　第 14 章は，国際競争法を分析する。国際的な広がりを持つ競争制限的行為（国際カルテルや国際的企業結合など）に対する国家の競争法の域外適用をめぐる法理・制度の発展と，それに伴い発生した国際紛争を解決するためにどのような国際法制度が形成されてきたかを検討する。

　第 15 章は，国際通貨制度と国際金融制度を分析する。IMF 協定が当初構想した金ドル本位の固定相場制が 1971 年に放棄されて以来，各国がどのような為替相場制度をとるようになっており，為替相場の安定化のためにどのような国際的な仕組みが設けられているかを検討する。また，国際金融取引の自由化を通じて金融のグローバル化が進んだ今日，国際的に事業を展開する金融機関の健全性を確保し，国際金融システムの安定化を図るため，どのような国際的な取組みが行われているか，ソフトローを含めて検討する。

　第 16 章は，国際租税法を分析する。国際経済活動に伴う所得への課税管轄権の競合（国際二重課税）の調整（外国税額控除，国外所得控除）を目的とする租税条約の動向を検討するとともに，国外所得に対する課税の回避の試み（タックス・ヘイブンなど）に対する課税当局の取組みとそのための国際協力の法制度がどのように整備され発展してきたかを分析する。

　第 17 章は，国際経済刑法を分析する。国際経済活動に伴って発生する犯罪の取締りのために国際法が設けた規制の仕組みについて検討する。具体的には，外国公務員への贈賄と国境を越えるマネー・ロンダリングの規制を取り上げる。

【参考文献】

経済産業省通商政策局編『2018 年版 不公正貿易報告書』(http://www.meti.go.jp/committee/summary/0004532/2018/houkoku01.html)

小林友彦＝飯野文＝小寺智史＝福永有夏『WTO・FTA 法入門』(法律文化社，2016 年)

小室程夫『国際経済法』(信山社，2011 年)

松下満雄『国際経済法（第 3 版）』(有斐閣，2001 年)

松下満雄＝米谷三以『国際経済法』(東京大学出版会，2015 年)

村瀬信也『国際法の経済的基礎』(有斐閣，2001 年)

山田鐐一＝佐野寛『国際取引法（第 3 版補訂 2 版）』(有斐閣，2009 年)

山本吉宣『国際レジームとガバナンス』(有斐閣，2008 年)

Jagdeep S. Bhandari & Alan O. Sykes eds., ECONOMIC DIMENSIONS IN INTERNATIONAL LAW, Cambridge University Press, 1997.

Daniel D. Bradlaw & David B. Hunter eds., INTERNATIONAL FINANCIAL INSTITUTIONS AND INTERNATIONAL LAW, Kluwer Law International, 2010.

Tomer Broude, Marc L. Busch & Amelia Porges eds., THE POLITICS OF INTERNATIONAL ECONOMIC LAW, Cambridge University Press, 2011.

Domique Carreau & Patrick Juillard, DROIT INTERNATIONAL ÉCONOMIQUE, 5ÈME ÉDITION, Dalloz, 2013.

William J. Davey & John H. Jackson eds., THE FUTURE OF INTERNATIONAL ECONOMIC LAW, Oxford University Press, 2008.

Rudolf Dolzer & Christoph Schreuer, PRINCIPLES OF INTERNATIONAL INVESTMENT LAW, 2ND EDITION, Oxford University Press, 2012.

Marco Giovanoli & Diego Devos eds., INTERNATIONAL MONETARY AND FINANCIAL LAW: THE GLOBAL CRISIS, Oxford University Press, 2010.

Bernard M. Hoekman & Michel M. Kostecki, THE POLITICAL ECONOMY OF THE WORLD TRADING SYSTEM: THE WTO AND BEYOND, 3RD EDITION, Oxford University Press, 2010.

John H. Jackson, THE WORLD TRADING SYSTEM, 2ND EDITION, The MIT Press, 1997.

John H. Jackson, William J. Davey & Alan O. Sykes, Jr., LEGAL PROBLEMS OF INTERNATIONAL ECONOMIC RELATIONS, 6TH. EDITION, Thomson/West, 2013.

Andreas F. Lowenfeld, INTERNATIONAL ECONOMIC LAW, 2ND EDITION, Oxford University Press, 2008.

Mitsuo Matsushita, Thomas J. Schoenbaum & Petros C. Mavroidis, THE WORLD TRADE ORGANIZTAION: LAW, PRACTICE, AND POLICY, 3RD EDITION, Oxford University Press, 2015.

Peter Muchlinski, Federico Ortino & Christoph Schreuer eds., THE OXFORD HANDBOOK OF INTERNATIONAL INVESTMENT LAW, Oxford University Press, 2008.

Junji Nakagawa, INTERNATIONAL HARMONIZATION OF ECONOMIC REGULATION, Oxford University Press, 2011.

Joost H.B. Pauwelyn, Andrew T. Guzman and Jennifer A. Hillman, INTERNATIONAL TRADE LAW, 3RD. EDITION, Wolters Kluwer Law & Business, 2016.

Asif H. Qureshi & Andreas R. Ziegler, INTERNATIONAL ECONOMIC LAW, 2ND. EDITION, Thomson/Sweet & Maxwell, 2007.

M. Sornarajah, THE INTERNATIONAL LAW ON FOREIGN INVESTMENT, 3RD EDITION, Cambridge University Press, 2010.

Surya P. Subedi, INTERNATIONAL INVESTMENT LAW, 3RD EDITION, Hart Publishing, 2016.

Michael J. Trebilcock, Robert Howse & Antonia Eliason, THE REGULATION OF INTERNATIONAL TRADE, 4TH EDITION, Routledge, 2012.

Peter Van Den Bossche & Werner Zdouc, THE LAW AND POLICY OF THE WORLD TRADE ORGANIZATION: TEXT, CASES AND MATERIALS, 3RD EDITION, Cambridge University Press, 2012.

第2章　ブレトンウッズ・ガット体制の成立と展開

Summary

　今日の国際経済法の基本的な構造は，ブレトンウッズ・ガット体制によってかたちづくられた。ブレトンウッズ・ガット体制の成立に当たって主導的な役割を演じたのは米国である。米国は，第二次世界大戦後の世界に永続的な平和をもたらすには，自由，無差別，多角的な貿易自由化を推進し，世界に経済的繁栄を保証する必要があると考えた。そのための国際機関として，IMF（国際通貨基金），世界銀行とガット（GATT）が設立された。

　ブレトンウッズ・ガット体制は，発足後さまざまな変容を被ることになった。戦後復興と開発への支援を目的として設立された世界銀行は，1950年代には復興援助の役割をほぼ終え，開発援助を主要な任務とするようになった。1970年代初めには，IMFが構想した調整可能な固定相場制が崩壊し，主要先進国は変動相場制に移行した。1980年代には多くの途上国で累積債務問題が深刻化し，それへの対応の過程でIMFや世界銀行の役割は大きく変化した。他方で，ガットの下で世界貿易の自由化が進んだ。1980年代後半には産品の貿易自由化だけでなくサービス貿易の自由化や知的財産権の保護も議題に含めたウルグアイ・ラウンドが行われ，その成果に基づいて1995年にWTOが設立された。WTOは世界の大半の国が加入する文字通りの世界的な貿易機関に発展したが，2001年に開始されたドーハ開発アジェンダは行き詰まっており，主要国はFTAの交渉に通商政策の軸足を移している。2008年には世界金融危機が発生し，危機の収拾を通じて新たな国際通貨・金融システムの安定化の仕組みが模索されている。

Key Word

大西洋憲章　ホワイト案　ケインズ案　ブレトンウッズ会議　金ドル本位の調整可能な固定相場制　国連貿易雇用会議　国際貿易機関（ITO）憲章　祖父条項　変動相場制　マーシャル・プラン　国際金融公社（IFC）　国際開発協会（IDA）　ケネディ・ラウンド　国連貿易開発会議（UNCTAD）　一般特恵制度（GSP）　コンディショナリティ　新国際経済秩序（NIEO）　国家の経済的権利義務憲章　卒業条項　累積債務問題　構造調整　ウルグアイ・ラウンド　ドーハ開発アジェンダ　世界金融危機

1　ブレトンウッズ・ガット体制の起源

(1) 米国による戦後構想の検討

　IMFと世界銀行の設立を正式に決定したブレトンウッズ会議は1944年7月に開催された。また，ガットの基礎となった多角的関税交渉は1947年4月に開始され，交渉結果を盛り込んだGATTが署名されたのは1947年10月30日のことである。しかし，米国はそれより早く，1941年の初めに第二次世界大戦後の国際経済秩序に関する構想の検討を開始していた。

　米国政府部内では2つのグループが構想の検討に当たった。1つは，ハル（Cordell Hull）国務長官が率いる国務省グループ，もう1つはモーゲンソー（Henry Morgenthau, Jr.）財務長官が率いる財務省グループである。国務省グループは貿易秩序に関する構想を，財務省グループは国際通貨・金融，復興と開発に関する構想を担当した。

　ハルは，1934年の互恵通商協定法以来，主にラテンアメリカ諸国との間で，相互主義と無差別原則に基づく通商協定のネットワークの構築を担当してきた経験に基づいて，戦後の国際貿易秩序においてこれらの理念を普遍的に採用することを強く望んでいた。また，財務省グループは，ホワイト（Harry D. White）が中心となって，戦後の国際通貨制度や国際的な資金の流れについて構想をとりまとめる作業に当たった。

　彼らは戦後の国際経済秩序のあり方について共通の信念を抱いていた。それは，多角的な貿易，為替と投資の自由化を基礎とする国際経済秩序が世界に経済的繁栄をもたらし，経済的な繁栄が永続的な平和を保障するという信念である。この信念には，戦間期の国際経済秩序のあり方に対する反省がこめられていた。すなわち，大恐慌後に主要国がとった政策が排他的な貿易ブロックの形成と為替の切下げ競争を通じた近隣窮乏化（beggar-thy-neighbor）政策の横行を招き，それが大恐慌からの脱出を困難なものとしただけでなく，第二次世界大戦の勃発を招いたという反省である。それと同時に，この信念は，多角的な貿易，為替と投資の自由化を基礎とする国際経済秩序が成立すれば，米国は最大の経済的繁栄を享受できるだろうという，米国にとっての

自己利益の認識に支えられていた。

　これは，米国が1930年代中頃まで採用してきた伝統的な国際経済政策の根本的な変更を意味した。1930年代中頃までの米国の国際経済政策は，孤立主義とナショナリズムによって特徴づけられる。1930年のスムート・ホーリー関税法に代表される国内産業保護を目的とする高率関税政策は，その端的な表れである。その意味では，スムート・ホーリー関税法に代わって互恵通商協定法が制定された1934年こそ，米国の戦後国際経済秩序構想の出発点と見ることができるかもしれない。

　米国の主導による戦後国際経済秩序の構想は，したがって，多角主義を基調とする貿易と投資の自由化と，そのための国際通貨・金融制度の確立をめざすものとなった。そして，この構想の実現にとって，他の連合国，特に英国の支持と同意をとりつけることが不可欠であった。なぜなら，英国，フランスを始めとする連合国が，1930年代に排他的な貿易ブロックの形成と為替の切下げ競争を行った中心的な勢力であったからである。

⑵　大西洋憲章第4項，第5項

　1941年8月にローズヴェルト（Franklin D. Roosevelt）米国大統領とチャーチル（Sir Winston Churchill）英国首相が発表した大西洋憲章は，8項目の戦後世界構想を掲げた。憲章の第4項は，「通商と原材料への均等なアクセス」という原則を掲げ，閉鎖的な経済ブロック体制からの訣別と世界貿易の自由化をうたった。第4項を提案したのは米国である。しかし，英国は帝国特恵関税制度の保持を主張して，この条項の挿入に強く抵抗した。結局，第4項は，「既存の協定上の義務を尊重する」という表現で帝国特恵の存続を承認し，世界貿易の無条件の自由化という米国の主張はトーンダウンした。また，憲章第5項は，諸国民に労働基準の改善と経済開発と社会保障を保証するために，経済分野における広範な国際協力を推進することをうたった。

　これらの規定はきわめて抽象的であり，戦後の国際経済体制について具体的なイメージを提供するものではない。しかし，これらの規定は米英両国の国際経済政策の大きな転換を示すものと一般に受け止められた。すなわち，これらの規定を通じて，米国はそれまでの孤立主義の立場を改め，戦後の国際経済体制の構築に主導的な役割を果たすことを表明した。また，英国は米

国のこうした立場に同調し，帝国特恵関税制度などの例外は維持しながらも，米国とともに戦後国際経済秩序の構築を推進する態度を表明した。

(3) 相互援助協定第7条

　大西洋憲章の時点では米国は第二次世界大戦に参戦していなかったが，すでに1941年3月の武器貸与法で，連合国への武器貸与その他の支援の方針を決定していた。1941年12月の対日参戦を契機に，米国は第二次世界大戦に正式に参加した。

　米国は1942年2月に英国との間で相互援助協定を締結し，武器貸与法に基づく対英支援策の内容を盛り込んだ。協定の第7条は，米国が英国に武器貸与その他の支援を与える見返りとして，次の方針を打ち出した。すなわち，米英両国は，「適切な国際措置および国内措置を通じて，すべての人民の自由と福利の本質的な基礎である生産，雇用および製品の交換と消費の拡大を達成すること，国際通商におけるあらゆる形態の差別を撤廃すること，そして，関税その他の通商障壁を削減すること」を目的として共同行動をとり，また他国にもこの行動への参加を呼びかけてゆくことを宣言したのである。米国は，その後他の連合国と結んだ相互援助協定にも同じ趣旨の条項を挿入した。

　この条項は「国際通商におけるあらゆる形態の差別」の撤廃をうたっている。この表現をめぐっては，戦後の国際通商体制の原則としてこれを明記することを主張する米国と，これにより帝国特恵関税制度の撤廃を義務づけられることを警戒する英国との間で長い交渉が続けられた。最終的に，これは帝国特恵関税制度の撤廃を求めるものではないことをローズヴェルト大統領がチャーチル首相に非公式に保証し，この表現が採用された。

　国際通商における差別の撤廃をめぐる米国と英国の見解のずれは，この協定の公表に当たって両国政府が行った説明にも反映した。英国政府は，協定が米国の支援をもたらすものであることを強調し，第7条にはほとんど言及しなかった。これに対して米国政府は，第7条が戦後国際通商体制の基本原則を表明したことを強調した。「これは実際上，戦後の経済協力のためのマグナ・カルタである」という米国関税委員会委員エドミンスター（Lynn R. Edminster）の発言はその典型である。両国の見解のずれは，その後，国際

貿易機関（International Trade Organization, ITO）憲章と GATT の交渉過程で表面化し，あらためて調整が図られることになる。

2　ブレトンウッズ会議と IMF・世界銀行の成立

(1) ホワイト案

　ホワイトを中心とする米国財務省グループは，1942年5月に「連合国安定化基金および連合国および協力国復興開発銀行に関する暫定提案」，いわゆるホワイト案をローズヴェルト大統領に提出した。1943年春にはケインズ（John M. Keynes）を中心とする英国財務省のグループが「国際清算同盟案」，いわゆるケインズ案を発表し，以後，両者の調整を図るという形で米国と英国の交渉が進められることになる。

　戦後の国際通貨体制が固定相場制を基調とすること，それを維持するために，一時的な国際収支の不均衡に対して短期の融資を行う機関を創設することについては，ホワイト案とケインズ案は一致していた。戦間期の競争的な為替切下げが貿易の縮小と経済の混乱を招き，第二次世界大戦の重要な原因となったことを踏まえて，こうした事態の再発を防ぐ必要があると考えられたためである。両案の主要な対立点は，国際流動性の供給をいかにして保証するかであった。ケインズの国際清算同盟案は，国際流動性の供給を最大限に確保するために，銀行預金に似た決済・借入れ機能を持つ通貨（bancor）の創設を提案した。これに対して，ホワイト案は，国際流動性の過剰な供給が米国内でインフレを発生させることを警戒して，為替安定化のために比較的小規模な基金を設けることを主張した。最終的に成立した国際通貨基金設立協定（IMF協定）は基本的にホワイト案に沿ったものである。

　ここで注目すべきは，ケインズ案が，もっぱら通貨安定のための国際基金を提案しており，ホワイト案の「連合国および協力国復興開発銀行」に当たる部分の構想を含んでいなかったことである。その意味で，世界銀行の構想は米国の独創といってよい。

　ホワイト案の原型は，1941年末に作成された「連合国安定化基金および連合国および協力国復興銀行に関する暫定草案」，いわゆる第1次案である。

この第1次案では，開発は銀行の目的に含まれていなかった。翌1942年3月に作成された第2次案ではじめて銀行の目的に開発が追加され，銀行は戦後復興と並んで途上国の経済開発を任務とする機関として構想されることになった。第2次案に開発という目的が追加されたのは，ホワイトが，戦後構想の中に途上国，特に中南米諸国の為替安定と開発協力を加えることを意図したためであるといわれている。

　第2次案は若干の修正を加えられた上で1942年5月にローズヴェルト大統領に提出された（第3次案）。それによると，銀行は，復興資金の供与以外に，民間部門では調達が困難な短期貿易信用の供与，世界的な金融不安の除去と世界的な不況の緩和，重要な原材料の価格安定，加盟国の生産性と生活水準の向上を目的として掲げた。これらの目的を達成するため，銀行は，当初資本100億ドルで設立され，加盟国の政府・公的機関・民間企業に対する長期・短期の貸付け，民間投資家の借入れに対する保証，金または加盟国政府が発行する証券の売買，加盟国政府・中央銀行発行の手形などの割引および再割引，50％の金準備を裏付けとして加盟国政府が保証した債券に対する自己宛一覧銀行券の発行などの業務を行うことになっていた。

　要するに，ホワイト第3次案によると，銀行は，加盟国が対外準備不足や通貨不安に陥ることなく完全雇用政策を追求することができるように体系的な支援を行う世界レベルの中央銀行として構想された。そのため，銀行の業務は，後の世界銀行，IMFの業務だけでなく民間銀行や輸出入銀行が担当する業務も含むきわめて広範なものであった。しかし，「ニューディール政策の国際化」をめざすこの野心的な構想に対しては，米国政府部内からも，また自らの業務に対する政府統制の強化と自らの業務との競合をおそれる米国の民間金融業界からも強い批判が出され，構想は縮小を余儀なくされることになった。

　1942年11月の米国議会選挙で民主党が敗北し，より保守的な共和党の勢力が強まったこと，また，政府部内でもニューディール支持派の勢力が弱まったことを受けて，ホワイトは第3次案を修正した。1943年8月に作成された草案では，銀行の業務から銀行券の発行が除かれた。その後，数次にわたる修正と米英両政府間の調整を経て，1943年11月に「連合国および協

力国復興開発銀行予備草案」が公表され，これに若干の修正を加えたものがブレトンウッズ会議に国際復興開発銀行協定案として提出された。それによると，銀行の目的は，加盟国の復興や開発の支援，民間投資家の加盟国に対する貸付けへの保証を通じた民間対外投資の促進，加盟国の国際投資の奨励，戦時経済から平時経済への円滑な移行の実現の援助などである。これらの目的を達成するため，銀行は自己資金（当初資本金100億ドル）および借入れ資金を原資とする加盟国政府への直接貸付け，民間投資家の貸付けへの保証を実施することとなった。

⑵　ブレトンウッズ会議と世界銀行協定

1944年7月1日，44ヵ国の代表が参加して，ブレトンウッズ会議が開かれた。「国際通貨基金設立協定（IMF協定）」，「国際復興開発銀行設立協定（世界銀行協定）」予備草案は7月6日に提出された。会議では，銀行の貸出し限度額や銀行の本部の所在地をめぐって会議参加国の間で議論があったものの，その他の点についてはおおむね原案通りで協定が採択された。貸出し限度額については，借り手となることが予想された会議参加国（米国以外の大半の国）が高い限度額を提案したが，米国議会の意向を踏まえた米国提案に基づいて，貸出しと保証の総額の上限は銀行の原資（応募済み資本，準備金および剰余金の合計）の100％という線で合意された。銀行の本部の所在地については，英国は当初，米国外に置くことを主張したが，これが認められないとなると，米国議会や各国外交代表団の影響にさらされることを避けるために，ニューヨークに置くことを提案した。しかし，米国はこれに賛成せず，「世界の金融の中心をロンドンやウォール街から米国財務省に移す」（モーゲンソー財務長官）という意図を貫くためにワシントンを主張し，これを認めさせた。

復興と並ぶ銀行の二大目的である開発については，ブレトンウッズ会議ではほとんど実質的な議論は行われなかった。わずかに，銀行の資金および便益の使用に当たって，開発計画と復興計画のいずれにも公平な考慮を払うことが銀行に義務づけられたにとどまる（世界銀行協定3条1項(a)）。米国だけでなく，会議に参加した諸国の間で，開発に関する銀行の役割については明確なイメージは描かれることなく終わり，この点の明確化は設立後の銀行の

活動に委ねられることになった。

　両協定の採択後，米国政府は両協定に対する議会の同意を求めるため，議会の内外で強力なキャンペーンを行った。そこでは，IMFと世界銀行が，世界の平和と繁栄をもたらし，米国製品の輸出市場を活性化させるために不可欠の組織であることが強調された。1945年7月，米国議会は上下両院の圧倒的賛成多数でブレトンウッズ協定法を可決し，協定は1945年12月に発効した。

③ IMF協定

　IMFは，通貨に関する国際協力，為替の安定化，為替取引の自由化などを通じて，国際貿易の均衡のとれた発展を図ることを目的としている（IMF協定1条）。そのために，IMF協定は，3つの手段を設けた。第1に，固定相場制である。IMF協定は，加盟国に対して，金または米ドル（1944年7月現在の量目と純分によると1オンス35ドル）によって表示された自国通貨の為替レート（平価）の維持を義務づけた。ただし，1％以内の変動は認めた（金ドル本位の固定相場制，4条3項）。第2に，為替の自由化である。協定は，加盟国に対して，貿易を中心とする経常的支払に対する制限の回避を義務づけた（8条2項）。ただし，資本取引（直接投資，間接投資，貿易信用，借款など）については，国際収支の攪乱要因になりうるとの認識に基づいて，加盟国による規制を容認した（6条）。第3に，一時的な国際収支の不均衡に対して，IMFの手持ちの外貨（米ドル）を，自国通貨と引換えに，当該国の割当額の2倍を限度として提供する仕組みを設けた（5条）。

　ただし，固定相場制については，国際収支の基礎的な不均衡の場合には，IMFと協議した上で，為替レートの変更が認められていた（4条5項）。つまり，IMFが採用したのは調整可能な固定相場制である。また，為替の自由化については，戦後の過渡期には例外的に為替制限が認められていた（14条）。その意味で，IMF協定は，固定相場制に支えられた為替自由化を将来の到達目標として掲げたといえる。実際に，欧州の主要国が為替の自由化に踏み切ったのは1958年のことだった。

3 ITO 構想の挫折とガットの成立

(1) 互恵通商協定法

すでに見たように，米国の戦後国際貿易体制に関する構想の起源は1934年の互恵通商協定法に求められる。互恵通商協定法は，米国憲法上，関税に関する交渉権限を持つとされる議会が，大統領に関税交渉権限を授権するに当たって，1930年のスムート・ホーリー関税法に基づく関税の約半数について税率の引下げを交渉する権限を与えたものであった。互恵通商協定法の下で，1934年から1945年までの間に主としてラテンアメリカ諸国との間で32の通商協定（互恵通商協定）が締結された。これらの協定の規定はその後のITO憲章やGATTの規定に大きな影響を与えた。たとえば，1942年の米墨互恵通商協定は，以下の規定を設けていた。

関税に関する無条件最恵国待遇原則（1条），輸入品に対する内国課税および内国規制に関する内国民待遇（2条），輸入数量制限に関する最恵国待遇（3条），数量制限の無差別適用（4条），国家貿易独占に対する公平かつ衡平な待遇（6条），特定産品の国内生産者保護のためのエスケープ・クローズ（11条），協定上の利益が無効化または侵害された場合の協議（14条），特定の国内政策目的に基づく数量制限の例外的許容（17条）。

これらのいずれについても，ITO憲章やGATTの中に対応する条文が存在する。ただし，ITO憲章やGATTがこうした条文をそのまま引き継いだというわけではない。これらの協定の交渉過程でこうした条文はより精緻化され，また，新たな規定が追加された。

(2) ITO 憲章の起草

米国は，IMF，世界銀行の場合と同様に，戦後の国際貿易体制に関する構想の具体化を主導した。1941年の大西洋憲章に盛り込まれた貿易関連の原則が，1942年の米英の相互援助協定第7条に継承されたことはすでに見た。この条項は，米英両国が通商の拡大や通商差別の撤廃，関税その他の貿易障壁の削減に向けて共同行動をとることをうたい，かつ，そのためにとるべき具体的な手段について両国ができるだけ早い時期に協議を始めることをうた

っていた。この条項に基づく米英両国間の最初の協議は1943年9月にワシントンで行われた。その後の協議を通じて，貿易政策や雇用政策，競争政策などの幅広いテーマが話し合われた。そして，米英両国は，これらの分野で多数国間のルールを設けること，また，これらの問題を扱う国際機関を設立することについて，基本的に合意した。その後，両国政府間で交渉が行われ，1945年の秋には「国際貿易雇用会議の提案」がまとめられた。ただし，この提案はすぐには公表されず，1945年12月の米英金融協定の締結に合わせて公表された。

この時期にはすでに国際連合が発足していたので，この提案に基づく会議は国連の経済社会理事会の主催で開かれることになった。1946年2月に開かれた経済社会理事会の第1回会合で，米国は「国連貿易雇用会議」の開催を提案し，この提案に基づいて準備委員会の設置が決まった。準備委員会の第1回会合は1946年10月にロンドンで行われたが，米国はこれに先立って国連国際貿易機関憲章草案を公表した。これは，米国国務省のチームが中心となり，米国議会その他の利害関係者や英国との調整を経てとりまとめたものである。この草案が国連貿易雇用会議での討議の基礎となり，最終的に国際貿易機関（ITO）憲章に結実した。

国連貿易雇用会議に先立って3回の準備会合が開かれた。1946年10月から11月にかけての準備委員会第1回会合，1947年1月から2月にかけての準備委員会「起草委員会」会合，1947年4月から10月にかけての準備委員会第2回会合である。以上の準備会合を経て，国連貿易雇用会議は1947年11月にキューバのハヴァナで開かれた。会議には56ヵ国が参加し，1948年3月にITO憲章（ハヴァナ憲章）を採択した。

ITO憲章は全9章106条で構成され，貿易政策（第4章）だけでなく，完全雇用（第2章），経済開発（第3章），制限的商慣行の規制（第5章），政府間商品協定（第6章）などに関する広範な実体ルールや，ITOの組織と権限に関する規定（第7章）などを盛り込んだ。

③　ガットの成立

1945年12月の「国際貿易雇用会議の提案」は，この会議と同時に，貿易拡大のために各国が関税を相互に引き下げ，特恵関税を廃止する交渉を行う

との提案を含んでいた。この提案に基づく交渉は，1947年4月の国連貿易雇用会議準備委員会第2回会合と並行してジュネーブで開催された。交渉には23ヵ国が参加し，米国の提案に基づいて，二国間での関税引下げ交渉を同時並行的に進めるという方式で進められた。交渉は同年10月末に完了した。

　交渉に参加した各国は，貿易拡大のために関税交渉の成果（譲許表）をできるだけ早く実行に移すことが望ましいと考えた。そこで，交渉中であったITO憲章の規定の中から，関税交渉の成果を実行するために必要最小限の規定を取り込み，譲許表とともにITO憲章の発効前に実施することとなった。これが関税及び貿易に関する一般協定（General Agreement on Tariffs and Trade, GATT）である。具体的には，(1)譲許表の適用に関する原則，(2)関税交渉の成果を保護するための若干の実体ルール，(3)手続ルールが取り込まれた。(1)には無条件最恵国待遇原則および関税譲許に関する原則が含まれる（GATT第1部）。(2)には，数量制限の原則的禁止，輸入品に対する内国民待遇原則，ダンピング，補助金などの市場歪曲効果を持つ慣行に対する規制などが含まれる。それと同時に，無条件の貿易自由化に抵抗を覚えた多くの交渉参加国の意向を反映して，これらの原則に対する例外規定が設けられた。たとえば，国際収支擁護のための数量制限，特定産品の輸入急増による国内産業の重大な損害に対処するための緊急輸入制限（セーフガード），農産物に関する数量制限の許容，一定の公共政策目的に基づく貿易制限の許容などである。また，締約国間の紛争解決に関する規定も設けられた（以上，GATT第2部）。(3)には，譲許の停止・撤回，譲許表の修正に関する手続などが含まれる（GATT第3部）。

　これらの規定を実施するに当たってはいくつかの困難が存在した。第1に，これらの規定のもとになったITO憲章は依然として交渉中であり，将来GATTとITO憲章の規定との間で矛盾が生じるおそれがあった。第2に，交渉参加国の中には，GATTの原則規定と矛盾する内容の国内法や国内制度を有する国が多く，GATTの原則規定をそのままの形で受け入れ，実施することには大きな国内的抵抗が予想された。第3に，GATTを実施するための国内的な手続は国によってまちまちであり，迅速な実施は難しいと考

えられた。

　これらの問題に対処するためにとられたのが，GATT の暫定適用に関する議定書（Protocol of Provisional Application）に署名するという方式である。この方式により，GATT は ITO 憲章が発効するまでは暫定的に適用され，憲章発効後に GATT 第2部は ITO 憲章にとってかわられることになった。また，暫定適用議定書にはいわゆる祖父条項（Grandfather clause）が挿入され，第2部（関税交渉の成果を保護するための原則規定および若干の例外規定と紛争解決手続）に関しては，GATT 適用開始時点で締約国がこれに矛盾する内容の国内法や国内制度を有する場合，当該国内法や国内制度が優先し，その限りで第2部の規定の適用が排除されることになった。さらに，GATT が全体として暫定適用議定書という簡略形式の国際合意を通じて発効するとされたため，実施の迅速性も確保されることになった。関税交渉参加国のうち，米国，英国を含む 9 ヵ国が 1948 年 1 月 1 日に暫定適用議定書に署名し，GATT は同日適用を開始された。

⑷　ITO 憲章の不成立

　1948 年 3 月に採択された ITO 憲章は，各国の国内批准手続に付託された。ところが，ITO 憲章は発効に必要な数の批准を獲得することができなかった。米国では，第二次世界大戦後，保護主義的傾向を強めた議会が，農業保護政策その他の国内産業保護政策に対する過大な制約になることなどを理由に，ITO 憲章の批准に反対した。英国でも，ITO 憲章が新規の特恵関税制度の創設を禁止し，既存の特恵制度の撤廃に向けた交渉に入るよう求めたことに対する批判が強かった。1950 年 12 月 6 日，米国大統領は ITO 憲章を批准のために議会に再度提出することを断念すると表明し，ITO 憲章はリベリアとオーストラリアの 2 ヵ国が批准したのみで，ついに発効することなく終わった。

4 ブレトンウッズ・ガット体制の最初の四半世紀

(1) IMF体制の変容
(a) 主要国の交換性回復

IMF協定が自由,無差別,多角的な貿易自由化のために構想した3つの柱（固定相場制,為替の自由化,一時的な国際収支の不均衡に対する融資）はすぐには実現しなかった。戦争で疲弊したドル不足の国々にとって,為替管理をやめ,固定相場で経常取引の自由化を図ることは不可能であった。英国は,1947年7月にポンドの交換性をいったんは回復させたが,1ヵ月後には外貨準備が枯渇し,交換性を停止した。ドル不足に悩むヨーロッパ諸国は,1950年にヨーロッパ支払同盟（European Payment Union, EPU）を発足させ,取引レベルでは同盟参加国の通貨を用い,最終的な決済のみをドルで行うことによってドルの節約を図った。欧州の主要国が戦後の過渡期を脱して,自国通貨の交換性を回復させるのは1958年末のことである。

(b) 固定相場制の終焉

主要欧州諸国通貨の交換性回復は,経常取引の為替制限をなくし,固定相場で結ばれる世界というIMF体制の理念に近づくものであった。しかし,主要国通貨が交換性を回復した1960年代には「ドル危機」が繰り返され,IMF体制はゆらいでいくことになった。

IMF体制の下で,為替の交換性はドルによって支えられる。そのためには,ドルが十分に供給されなければならない。しかし,ドルの供給増は米国の国際収支の赤字を増大させる。米国の国際収支の赤字が増大し続けると,ドルに対する信認が低下し,為替の交換性維持が困難になる（トリフィンのディレンマ）。1960年代を通じて米国の国際収支の赤字は増大し,ドルの信認が低下した。それはドル建ての金価格の上昇という形で顕在化した（ドル危機）。これに対してIMFは,新たな国際流動性の供給手段として1969年にSDR（特別引出権）を創設し,1970年に第1回の配分を行った。しかし,米国の国際収支赤字は好転せず,1971年8月に金とドルの兌換性停止が宣言された（ニクソン声明）。同年12月には,主要国通貨の対ドル平価切下げ

により，固定相場制の回復が図られたが（スミソニアン合意），その後もドルの実効相場は低下を続けた。そして，1973年春には主要国が為替相場への介入を停止した。ここに，IMF体制の柱の1つであった金ドル本位制に基づく固定相場制は終了し，主要国の為替相場制度は変動相場制に移行した。

(2) 世界銀行の活動と変容

(a) 復興から開発へのシフト

　世界銀行の発足後早い時期に，銀行が掲げた二大目標の1つである復興に関して大きな修正が加えられた。欧州諸国の復興に必要とされる資金量に比べて，世界銀行が提供できる復興融資の額は限られており，米国が世界銀行の枠外で巨額の復興資金を提供する仕組みを設ける必要があることが明らかになったのである。これが世界銀行の融資枠の拡大ではなく世界銀行の枠外で構想された背景には，政治的な事情があった。それは，米国とソ連の対立が決定的となり，米国が冷戦における一方の陣営の旗頭として，ソ連に対抗して欧州の復興を強力に支援する姿勢を示す必要があると考えたことである。

　1947年2月，英国は米国にギリシアとトルコへの援助の肩代わりを要請した。これに応えて，同年3月，米国のトルーマン（Harry S. Truman）大統領は議会で演説し，全体主義の浸透に対して米国が第三国を支援して対抗することを表明した（トルーマン・ドクトリン）。1947年6月5日，米国のマーシャル（George C. Marshall）国務長官はハーヴァード大学で行った講演の中で欧州への大規模な追加的援助の構想を発表した。この構想は翌年4月に1948年経済協力法を通じて，いわゆるマーシャル・プランとして実行に移された。

　マーシャル・プランが実行された結果，世界銀行の活動の重点は復興から開発に移った。しかし，途上国の経済開発に対して世界銀行が果たしうる貢献には大きな限界があった。第1に，世界銀行の開発融資の額は途上国の開発資金需要を満たすには十分とはいえなかった。第2に，開発融資の対象は政府機関に限られており，途上国の民間部門への直接融資は認められなかった。第3に，市中金利並みの金利を伴う世界銀行の融資条件は，借り手である途上国にとって厳しいものであった。こうした難点を克服するため，世界銀行の機能を拡大して，途上国の民間部門への直接融資，また，途上国に対

する低利の融資を新たに設ける必要があった。前者は国際金融公社（International Financial Corporation, IFC）として，後者は国際開発協会（International Development Association, IDA）として実現した。

IFCとIDAの構想は，1951年にトルーマン大統領の指名した諮問グループによって提案された。この提案は，大統領が1949年の就任演説で表明した「科学の前進と産業の進歩の利益を低開発地域の改善と成長のために活用するための新しい計画」（いわゆるポイント・フォア）の実現策の一環として出されたものである。そこでは，第三世界諸国，特にソ連周辺の諸国に経済援助を与えることでソ連の浸透に対抗することが意図されていた。しかし，米国の反応は鈍く，IFCの実現は1956年まで，IDAの実現は1960年まで待たなければならなかった。その理由として，諮問グループの提案が出された当時は朝鮮戦争が継続中であり，米国政府部内で対外支出増に対して消極的な意見が大勢を占めたこと，また，多国間援助の強化に対して，米国議会を中心として消極論が根強かったことが挙げられる。

しかし，1950年代中頃以後，こうした状況に変化が生じた。第1に，国連において世界銀行よりも緩やかな条件での開発融資の枠組みの創設を求める途上国の要求が次第に強まった。第2に，1950年代の後半，米国の国際収支が次第に悪化し，1958年には29億ドル，1959年には22億ドルの赤字を記録した。他方で，欧州や日本の復興が順調に進んだことで，開発援助の国際的負担を均等化するため，米国以外の国も資金を負担する多数国間援助の比重を高めるべきだという意見が支持を得た。第3に，ソ連が1950年代中頃から途上国への経済援助を増大させた（平和攻勢）。そのため，米国がこれに対抗して対途上国援助を強化する必要性が認識されるようになった。1960年，IDAへの米国の参加を認める法案は上下両院の圧倒的多数の支持を得て通過した。

(b) **1960年代の世界銀行と米国**

IFCとIDAの設立により，世界銀行の開発分野での融資基盤が強化された。そして，1960年代を通じて，米国は世界銀行の最大の支持者であり続けた。1960年代初頭，ケネディ（John F. Kennedy）政権は対外援助政策を強化した。キューバ危機に象徴されるソ連の勢力の途上国への拡大に対抗す

る必要が強く認識されたためである。ケネディ政権は，平和部隊（Peace Corps）の創設，「進歩のための同盟（Alliance for Progress）」を中核とする対中南米支援強化，国際開発庁（Agency for International Development, USAID）の創設などを通じて，二国間援助体制の強化を図った。それと同時に，世界銀行をはじめとする多数国間援助機関への支出を増やした。議会からの抵抗はあったものの，米国はIDAの第1回および第2回の増資に当たってその相当部分を負担した。また米国は，世界銀行がこの時期に打ち出した新しい援助方針を強力に支持した。たとえば，援助先の地理的拡大，低所得国への援助の増加，「緑の革命」に代表される農業生産性向上への支援の強化などの方針である。さらに，ケネディ大統領は1961年9月の国連総会で，1960年代を「国連開発の10年」とし，国連加盟国が協調して途上国の経済開発のために政策努力を集中するよう提案した。

　1960年代を通じた世界銀行と米国との蜜月時代は，いくつかの要因によって支えられていた。米国は世界銀行の最大の出資者であり，世界銀行の主要な資金調達先であり，また，歴代の総裁を送り出していた。さらに，米国財務省は世界銀行のスタッフと日常的にコンタクトをとっていた。そのため，世界銀行の政策決定に対して，米国は強い影響力を行使することができた。世界銀行は米国の国際開発政策の手段であるとの認識が，それなりにリアリティを持っていた。他方で，議会は，二国間援助の場合と異なり，世界銀行への拠出や出資に関して，大きな異議を唱えることがなかった。米国の国際収支は次第に悪化していたものの，依然として米国は世界最大の債権国であり，国際機関への拠出について議会は依然として寛容でありえた。

(3) ガット体制の発展

(a) 組織化の企て（OTC）とその挫折

　GATTは1948年の1月に発効したが，ガットは本来永続的な活動を行う国際機関として構想されたものではなかったから，その組織的な基盤はきわめて弱かった。GATTは，多角的関税交渉の成果をITOの発足前に先行して実施するために結ばれた協定であって，組織に関する規定といえば，せいぜい，全締約国（締約国団）が会合して意思決定を行う手続（25条1項）や，締約国間の紛争を締約国団に付託して解決を図る手続（23条2項）などしか

なかった。

　ハヴァナ会議でITO憲章が採択された際，それと同時に，ITOの設立に備えて行政事務を行う事務局として国際貿易機関中間委員会（Interim Commission for the ITO, ICITO）が設けられた。そして，このICITOにガットの事務局としての職務が委嘱された。その後，ITOは設立されなかったので，ICITOがガット事務局として存続することになった。

　ITOの不成立が確実となり，代わってガットが永続的な国際機関として活動することになったため，ガット発足から6年余りを経た1954年から1955年にかけて開催されたガット締約国団の第9回会期は，GATTの規定を見直し，その活動にふさわしい組織を整備することをめざして検討を行った（再検討会期）。その結果，ITOに比べると簡素な機構を持つ「貿易協力機関（Organization for Trade Co-operation, OTC）」協定が作成され，各国の批准に委ねられた。しかし，今回も米国議会が批准を拒否し，OTCは不成立に終わった。米国議会の批准拒否の理由としては，ITO憲章の場合と同様，保護主義および米国の伝統的な孤立主義の立場へのこだわりが挙げられる。しかし，より重要な理由として，GATTが議会の承認の不要な暫定適用議定書を通じて適用されたため，その成立と国内的実施に関与することができなかった米国議会が，OTCの設立により通商に関する憲法上の権限をいっそう奪われることを嫌ったことが指摘されている。結局，ガットに永続的な国際機関としての地位を与える試みは失敗に終わり，以後，1995年のWTOの設立まで，ガットは正式の条約上の根拠を与えられないまま，必要に応じて事務局や紛争解決手続などの制度的基盤を整えて，国際機関として発展してゆくことになった。

　(b)　ガットの初期の活動とその成果

　正規の国際機関としての形式をとらないままに発足したガットであったが，発足後は次第に締約国を増やし，貿易の自由化に向けた取組みを進めていった。ガット発足時には23であった締約国の数は，1950年代末には37に増え，1960年代に入ると途上国の加入が急増した結果，1970年5月の時点では77となった。そのうち先進締約国が25，途上締約国が52である。

　関税引下げに関して，ガットは大きな成果を挙げた。ガットの発足のきっ

かけとなった1947年の多角的関税交渉に続いて，1949年にはフランスのアヌシー（Annecy）で第2回の多角的関税交渉が開催され，以後，1950年に英国のトーキー（Torquay）で第3回交渉，1956年にジュネーブで第4回交渉，1961年から62年にかけてジュネーブで第5回交渉（ディロン・ラウンド）が開催された。1964年から1967年にかけて行われた第6回交渉（ケネディ・ラウンド）は，中でも画期的な交渉となった。ケネディ・ラウンドで先進国は鉱工業製品について一律50%の関税引下げを実施し，その結果，先進国の鉱工業製品の関税率は，平均して6%から10%程度と，19世紀後半の自由貿易の時代よりも低い歴史上最低の水準にまで下がった。

関税引下げに比べると，非関税障壁の撤廃のテンポは遅かった。GATTは農産物を除いて数量制限を一般的に禁止する（11条）一方で，例外的に数量制限が許容されるいくつかの場合を認めていた。ガットの初期に最も頻繁に利用されたのは，国際収支擁護のための制限（12条）である。それによると，締約国は「自国の貨幣準備の著しい減少の急迫した脅威の予防又はそのような減少の阻止」または「きわめて低い貨幣準備を有する締約国の場合には，その貨幣準備の合理的な率による増加」のために，輸入数量・価格を制限することができる。GATT 12条の規定はIMF協定14条（経済力が回復しておらず，国際収支にも不安がある国に対して，過渡的に為替制限を認める）と連動して運用された。ガットの初期においては締約国の大半が国際収支上の困難を抱えていたから，これらの国はIMF協定14条とともにGATT 12条を援用して国際収支擁護のための輸入数量制限を実施した。

先進締約国の多くは1950年代の後半から1960年代の前半にかけて国際収支が好転した結果としてIMF 14条国から8条国（経常取引に関する為替制限を撤廃した国）に移行し，それに伴ってGATT 12条に基づく数量制限を撤廃した。他方で，途上締約国の多くは国際収支擁護のための数量制限を継続した。

(c) 途上国の挑戦

発足当初のGATTは，途上国の経済開発を考慮した規定をほとんど設けていなかった。わずかに，18条で，途上国が国内の幼稚産業保護のために譲許関税率の引上げや数量制限を実施することを認めていたにすぎない。

ITO 憲章は途上国に対して新規に特恵待遇を与える規定を置いていた（15条）が，米国はこれを GATT に取り込むことには同意しなかった。しかも，18 条は，幼稚産業保護のための貿易制限を実施する際に，締約国団の事前の審査を受け，同意を得ることを条件としており，途上国にとってはきわめて利用しにくい制度であった。

　1950 年代の後半になると途上国のガットへの加入が増加し，1960 年代には途上国がガットの多数派を形成するに至った。また，1964 年には第1回の国連貿易開発会議（UNCTAD）が開催され，「援助よりも貿易を」をスローガンとして途上国に有利な国際貿易に関する政策やルールの実現を強く訴えた。こうした背景の下で，GATT の途上国に対する規律の見直しが検討されることになった。1957 年 10 月のガット閣僚会議は，途上国の貿易を促すための方策の検討を専門家グループに委嘱し，1958 年に報告書が出された（ハーバラー報告）。報告書は，途上国の経済開発を促進するためには輸出収入を伸ばすことが不可欠であり，そのためには先進国市場の開放を進める必要があるという認識を示した。以後，ガットの途上国向け政策の力点は，途上国に対する義務の免除ないし軽減（18 条）から先進国による途上国向けの一方的な市場開放措置の実施に置かれることになる。

　1964 年に，ガットは「第 4 部　貿易と開発」と題された全 3 条の追加条文を採択した。そこでは，「低開発締約国の輸出収入の急速かつ持続的な増大」の必要性が指摘され（36 条 2 項），そのために，先進国に対して低開発締約国が輸出について関心を持つ産品に対する貿易障壁の撤廃ないし軽減その他の措置が求められた（37 条 1 項）。しかし，第 4 部の規定は先進国に明確な法的義務を課すものではなかった。たとえば，低開発途上国の輸出関心産品に対する貿易障壁の撤廃ないし軽減に関しては，「可能な最大限度において，すなわち，やむを得ない理由（法的な理由を含む。）によって不可能である場合を除くほか」という条件が付けられており，明確な法的義務というよりは訓示規定の性格が強かった。

　先進国に対する途上国の要求は，途上国産品に対して特恵関税率を適用し，しかもその見返り（逆特恵）を求めないという，より徹底した方向に向かった。英連邦特恵関税制度をはじめとする旧宗主国と旧植民地の間の地域的な

特恵制度と区別して,一般特恵制度 (Generalized System of Preferences, GSP) と呼ばれることになったこの政策を最初に提唱したのは,第1回のUNCTAD (1964年) である。そこで採択された「開発に資する国際的な貿易関係および貿易政策を規律する一般原則」と題された決議は,「新しい特恵譲許は,関税であるか否かを問わず発展途上国全体に対して行われるべきである」と述べ,GSPの考え方を最初に打ち出した。以後,UNCTADは繰り返しGSPの導入を先進国に対して要求した。

米国は,GSPの要求に対して,UNCTADでもガットでも一貫して拒絶の立場をとっていたが,1967年になって方針を転換し,GSPの採用を支持する方針を打ち出した。これは,地中海諸国,アフリカ諸国などに対して地域的特恵制度を拡大する方針を打ち出していたEEC (欧州経済共同体) を牽制するためであったと説明されている。1968年に開かれた第2回UNCTADはGSPの採用を決め,以後UNCTADの場でGSPの実施細目が検討された。1970年に実施細目が決定され,1971年,ガットは10年間の時限つきでGSPを正式に許可するウェーバー (義務免除,GATT 25条5項) を決定した。それによると,先進締約国は途上国の輸出品に対して一般的に適用される特恵関税率を設定し,これに対して相互主義に基づく見返りを要求しない。ただし,この決定は,GSPの実施を先進締約国の裁量事項としていたことに注意する必要がある。GSPを実施するかどうか,実施するとして,いかなる産品に対していかなる特恵を実施するかは先進締約国の裁量に委ねられていた。

(d) 輸出自主規制

ガットは先進国の貿易障壁の削減・撤廃や途上国の輸出促進のための措置の考案と実施について一定の成果を収めた。しかし,その一方で,1950年代以降,ガットが立脚する自由貿易の原則を大きく損なう慣行が生まれた。輸入の急増に対して輸入国の国内産業を保護するため,輸入国が輸出国と共謀して輸出量を管理統制する慣行である。輸出自主規制 (voluntary export restraint, VER) あるいは市場秩序維持取極 (orderly marketing arrangement, OMA) と呼ばれた。

こうした慣行が生まれた背景には,日本や一部の途上国が工業化を推進す

る過程で特定の産品に関する輸出競争力を急速に高め，先進国市場への輸出を急増させていったことが挙げられる。この結果，1950年代には繊維製品，1960年代には鉄鋼や家電製品をめぐって日本その他の輸出国と輸入国である先進国，特に米国との間で摩擦が生じた。

　GATTは，輸入急増に伴う国内産業の保護のため，19条で緊急輸入制限（セーフガード）を認めている。しかし，セーフガード措置を実施するためには，原則として事前に締約国団および利害関係国（主要輸出国）と協議を行わなければならず，また，利害関係国に代償措置を提供しなければならない。また，セーフガード措置は無差別適用が原則であり，特定国からの輸入品のみを対象とする輸入制限（選択適用）は認められない（→第6章2(1)参照）。そこで，こうした条件をクリアーする困難を避けて，輸入国が輸出国と協議して輸出量を管理統制する慣行が生じた。中でも，労働集約的性格が強く，経済開発をめざす途上国にとって「離陸産業（take-off industry）」として重要な地位を占める繊維産業部門では，1950年代以来この慣行が一般化した。そして，1961年以来，二国間の協議に基づく輸出自主規制を国際的に承認し，一定の国際的な監視の下に置く多数国間協定が成立した。同様の慣行は繊維製品以外の分野でも採用され，GATTとの整合性が疑わしい灰色措置の領域が拡大した（→第6章2(4)参照）。

5　1970年代から1980年代にかけてのブレトンウッズ・ガット体制

(1) IMFの役割の変化

　変動相場制への移行により，IMF協定が当初掲げた為替相場の安定という目標は空洞化し，「通貨の番人」としてのIMFの役割は半ば失われた。変動相場制を正式に承認したIMF協定の第2次改正（1978年4月発効）により，IMFは，加盟国の為替相場を監視する義務を負うことになったが，それ以上の具体的な義務は定められなかった。多くの加盟国では為替相場の変動は原則として市場に委ねられることになったのである（→第15章1参照）。

　1970年代に入ると，IMFは途上国への融資機関としての性格を強めた。IMF協定が当初構想していたのは，国際収支の一時的な不均衡を是正する

ための短期的な融資制度（一般融資）である。この融資には，加盟国の出資割当額を基準にして限度が設けられている。しかし，1960年代以降，途上国からの借入需要が増加したので，一般融資枠のほかに別枠で融資を実行する特別融資制度が導入された。1963年には，外在的要因により輸出所得が一時的に落ち込み，国際収支不均衡に陥った加盟国に対して，IMFとの協議を条件として一般融資とは別枠で融資を行う，輸出所得変動補償融資制度が創設された。1969年には，一次産品の国際価格安定のための緩衝在庫制度を対象として資金を融資する緩衝在庫融資制度が創設された。さらに，1973年の石油危機により国際収支不均衡に陥った非産油途上国に対する中期的な融資制度として，1974年にオイル・ファシリティが創設され，同じ年には，多額かつ長期の資金需要に対応する拡大信用供与措置（Extended Fund Facility, EFF）が創設された。いずれも途上加盟国を対象とする融資制度である。

　IMFは，これらの融資を実行するに当たって，借入国が国際収支の均衡を回復させるためのマクロ経済政策（通貨供給量，金利，為替レートなど）の目標を策定し，それを達成することを条件として設定した（コンディショナリティ）。コンディショナリティはIMF協定に明示の根拠を持たないが，1950年代以来，一般融資の実行に当たっての慣行として実施されてきたものである。借入国は，融資に先立って，融資期間中にとるべき政策を掲げた趣意書（letter of intent）を提出することを求められる。趣意書に盛り込まれた政策目標については，その達成度を測る規準（performance criteria）が設定され，IMFは借入国との間で定期的な協議を行って，政策目標の達成度をチェックする。規準が達成されない場合には融資は中断される。

　コンディショナリティはIMFが実行する融資一般に共通の慣行であるが，途上国からは，途上国に固有の事情を勘案したコンディショナリティの内容の緩和を求める声が高まった。それは第1に，コンディショナリティで求められるマクロ経済政策目標を短期間に達成するのがしばしば困難であること，第2に，コンディショナリティの実行により国内で政治的社会的混乱が生じること，を根拠としていた。こうした声を容れて，1979年に策定されたコンディショナリティに関するガイドラインには，IMFが借入国の社会的，

政治的，および経済的な優先順位に十分配慮することという文言が盛り込まれた。

(2) 1970年代の世界銀行

1968年に総裁に就任したマクナマラ（Robert S. McNamara）の下で，世界銀行の開発援助政策は大きく転換した。それまでの世界銀行の融資は，電力，運輸セクターなどの経済インフラ整備に重点を置いていたが，1970年代に入ると，経済成長と所得分配の公正とは必ずしも正の相関関係にないことや，途上国農村や都市における絶対的貧困の深刻さが指摘されるようになった。そして，農村開発や食糧，保健衛生，栄養，教育など，人間の基本的ニーズ（basic human needs, BHN）の充足を目標に掲げて，社会的基盤整備と社会制度構築をめざす融資プロジェクトが積極的に推進されるようになった。ただし，それと同時に，旧来の経済インフラ整備に対する融資も維持されたので，世界銀行の融資規模と職員数はこの時期に急速に拡大した。

(3) 新国際経済秩序（NIEO）

1970年代に入ると，途上国を中心に，既存の国際経済秩序を批判し，その変革を求める新国際経済秩序（New International Economic Order, NIEO）の要求が主張されるようになった。NIEOの主張は，途上国を組み込む形で発展した資本主義世界経済の体制が，途上国の低開発をもたらしたと説明する従属理論の考え方に根ざしていた。そして，低開発から脱却するために，資本主義世界経済を支える国際法制度の変革が求められることになった。特に，貿易，投資，国際金融，技術移転分野での国際法制度の変革が強く求められた。1973年のOPECによる原油価格引上げ（第一次石油ショック）の成功で勢いを得た途上国は，多数派のメンバーとして声を挙げることができる国連を中心とするさまざまなフォーラムでNIEOの主張を展開し，その法的実現を試みた。

1974年の国連資源特別総会では，途上国のイニシアティブの下で，天然資源に対する恒久主権の原則を柱に据えたNIEOの樹立に関する宣言と行動計画が採択された。さらに，同年末には，NIEOの内容を権利義務の形で示す，国家の経済的権利義務憲章が国連総会で採択された。憲章には，途上国の要求事項として，天然資源に対する恒久主権と多国籍企業に対する規制

の権利（2条），一次産品生産国機構への参加の権利（5条），国際商品協定の奨励（6条），国際経済機関の決定過程への十分かつ効率的な参加（10条），途上国への技術移転の促進（13条），途上国の特別な立場に配慮した南北間の衡平な貿易関係の実現に努める先進国の義務（14条），非相互的で無差別な特恵の拡大と途上国への特別かつより有利な待遇の保証（18条），開発援助の増加（22条），途上国の輸出品と輸入品との交易条件の公正さと衡平さを保つための価格インデクセーション（28条）などが盛り込まれた。

NIEO に関する一連の国際文書は国連総会決議であり，それ自体としては法的拘束力を持たない。また，決議が採択されたことで，直ちにその内容が実現されたわけでもない。ただし，これらの国際文書に盛り込まれた事項の中には，多国間の制度としてその後実現したものもある。たとえば，先に見た一般特恵制度（GSP）や，途上国の一次産品輸出所得の確保と改善を目的とする一次産品共通基金（1980 年 6 月に設立協定採択，1989 年 6 月発効）などである。しかし，それ以外の内容については，先進国は実現に消極的であった。価格インデクセーションは，市場メカニズムと相容れないという理由で先進国の賛同を得られなかった。技術移転についても，原則として市場メカニズムに委ねるというのが先進国の立場であった。また，開発援助は先進国からの贈与であって，国際義務ではないというのが先進国の立場であった。1970 年に，国連総会は，先進国の国内総生産の 0.7％を開発援助に充てることを決議し，先進諸国で構成される OECD（経済協力開発機構）の開発援助委員会もこれを支持した。しかし，これは努力目標であって，国際義務として設定されたわけではない。

(4) ガット東京ラウンド

1973 年から 1979 年にかけて行われたガットの東京ラウンド（第 7 回多角的関税交渉）は，関税引下げだけでなく，非関税障壁の削減・規制にも本格的に取り組んだ。関税引下げについては，先進国の鉱工業製品について平均 33％ の引下げが行われ，関税水準は平均 4.9％ にまで下がった。非関税障壁分野では，補助金・相殺措置，ダンピングおよびアンチダンピング税，政府調達，関税評価，輸入許可手続，工業製品の基準と認証制度について，GATT の規律内容を明確化する協定が結ばれた（東京ラウンド協定）。これ

らの協定の大部分はGATT本文の規定の解釈や適用に関する指針を明確化したものであり，実質的にはGATT本文と一体を成すものであるが，法的にはGATTとは独立した条約であり，協定を受諾した国の間でのみ有効であった。そのほか，紛争解決手続に関するガットの慣行をまとめて明文化した，協議および紛争解決手続に関する了解（1979年了解）が合意された。

途上国との関係では，1971年に10年間の時限付きで導入された一般特恵制度が恒久的な制度として正式に認知されたことが重要である（授権条項）。それと同時に，米国の強い要求を容れて，経済開発の進んだ国は，一般特恵制度が適用される途上国としての地位を卒業し，先進国と同様の義務を負うようになることが宣言された（卒業条項）。なお，WTOの下で提起された「EC—関税特恵」事件（DS246, ケースブック[4]）で上級委員会は，授権条項の2項(a)脚注3の「無差別」要件について，すべての同様の状況にある受益国に対して同一の関税特恵を利用可能とする義務と解釈した。さらに，上級委員会は，同様の状況にあるかどうかは授権条項3項(c)の「開発上，資金上及び貿易上の必要性」を共有するかどうかによって判定されること，その際，WTO協定または国際機関によって採択された文書に定められた，広く認識された特定の必要性が客観的規準として機能し得ること，という解釈を示した。一般特恵制度を供与するかどうかは先進国の裁量事項であるという従来の支配的な解釈に代わって，一般特恵制度の供与が一定の客観的規準に準拠しなければならないことを示したものである。

⑤ 累積債務問題とIMF，世界銀行

1982年夏，メキシコの債務返済困難をきっかけとして，ラテンアメリカなどの中所得国を中心に累積債務問題が顕在化した。累積債務問題の原因として，一般に次の3つが挙げられる。第1に，これらの国が1970年代から一様に積極的な工業化政策と所得再配分政策を採用し，その過程で公共部門の借入れを増やしたことである。第2に，先進諸国，特に米国の民間銀行による貸付けが過大になったことである。特に，第一次石油ショック以降の一次産品ブームの中で，一次産品産出国に対する貸付けが拡大した。第3に，1980年代初頭の先進国の景気後退と需要減退，一次産品価格の低下といった世界的なマクロ経済情勢の悪化である。

IMFと世界銀行は，累積債務問題への対処の過程で重要な役割を果たした。IMFは，債務救済のために，従来の融資枠に加えて，より長い融資期間・返済期間で提供される，構造調整融資制度（Structural Adjustment Facility, SAF, 1986年），拡大構造調整融資制度（Extended Structural Adjustment Facility, ESAF, 1987年）を新設した。世界銀行も，従前からの開発プロジェクト中心の融資以外に，借入国の国際収支赤字補填のための資金を提供するノンプロジェクト型の構造調整貸付制度（Structural Adjustment Lending, SAL）とセクター調整貸付制度（Sector Adjustment Lending, SECAL）を1979年に発足させた。この背景には，1970年代の2度にわたる石油ショックがもたらした厳しい国際経済環境の中で，貸し手であるIMFと世界銀行が，個別の開発プロジェクトの成功を確保するため，借入国に適切なマクロ経済政策の運営を求めるようになったという事情の変化がある。

　この結果，短期的な国際収支に対する融資と長期的な開発プロジェクトの支援という，IMFと世界銀行との間の伝統的な役割分担が曖昧化し，両機関の融資政策は接近した。そのことは，両機関の融資に伴うコンディショナリティの内容が似てきたことに示されている。そこでは，従来のマクロ経済政策主体の政策目標に加えて，公企業の民営化，貿易自由化，為替規制の緩和など，国内経済構造の広範囲にわたる改革が盛り込まれた。コンディショナリティは，IMFや世界銀行の融資条件として設定されたものであるが，借入国にとってはきわめて強い強制力をもった。それは，IMFや世界銀行の融資を取り付けることが，他の政府や民間銀行からの融資を受けるための前提条件とされたためである。

　累積債務問題とそれに伴うIMF，世界銀行の介入は，貿易や投資などの国際経済活動に対する途上国の政策を大きく変えさせた。第1に，1970年代まで多くの中所得国が採用してきた輸入代替工業化戦略の失敗が明確になり，これに代わって，輸出志向工業化戦略が共通してとられるようになった。その過程で，工業製品に対する高率関税が見直されることになった。コンディショナリティに貿易自由化が政策目標として盛り込まれたことは，この傾向を加速した。第2に，経済活動において公共部門が占める比重が減少し，それに伴って，国内に不足する資金や技術を導入するために，外国資本を積

極的に受け入れる政策がとられるようになり、外国投資の受入れに対する規制が緩和された（→第13章2(1)参照）。

(6) ウルグアイ・ラウンド

東京ラウンド終了後、特に第二次石油ショック以降、世界的な景気後退を背景として、各国の貿易政策における保護主義的な傾向が強まった。さらに、従来ガットでは扱っていなかったサービス貿易、貿易関連投資措置、知的財産権などの分野についても国際規律を設けるべきだという意見が、先進国、特に米国で強くなった。このため、1982年以来、新たなガットのラウンド開催に向けた動きが始まり、1986年9月のガット閣僚会議でラウンドの開催が合意された（ウルグアイ・ラウンド）。交渉は4年間の予定で開始されたが、交渉分野が従来のラウンドに比べて大幅に拡大したこと、さまざまな交渉分野で先進国と途上国、あるいは先進国の間で意見が対立し、調整に手間取ったことから、交渉の妥結には8年近い年月を要した。1994年4月15日、モロッコのマラケシュでウルグアイ・ラウンド最終文書の調印式が行われ、交渉は正式に合意に達した。最終文書に添付された世界貿易機関（WTO）設立協定は1995年1月1日に発効し、WTOが発足した。

6 WTO体制の発展と課題

(1) 加盟国の増大

WTOの原加盟国は128であったが、新規に加盟する国が相次ぎ、2019年3月現在の加盟国は164である。その他に21の国が加盟を希望してオブザーバーとなっている。

(2) 紛争解決手続の活用

WTOはガットの時代に実現できなかった国際機関としての制度的基盤を整えた（→第3章2参照）。中でも、1979年了解を大幅に改訂して紛争解決機能を強化した紛争解決に係る規則及び手続に関する了解（紛争解決了解）は、WTO協定の解釈適用に関する紛争の司法的解決を確実なものとした（→第3章4参照）。WTO発足以来、2018年11月末までにWTOの紛争解決手続に付託された案件は571件に上っており、国際裁判制度としては史上最

も活用されている。申立件数では米国（123件）とEU（99件）が突出しているが，ブラジル（32件）やメキシコ（25件），インド（24件）などのいわゆる新興国も多くの申立てを行っている。紛争解決手続はWTO加盟国間の通商紛争を解決する手段として活用されているだけではない。紛争解決小委員会と上級委員会によるWTO協定の解釈適用の積み重ねを通じて，WTO協定の規律内容が明確化され，精緻化されてきている。後述するようにドーハ開発アジェンダが難航し，WTO協定の正式な改正はこれまでほとんど行われていない中で，紛争解決手続が実質的にWTO法の発展を推進する役割を果たすようになっている。

⑶　ドーハ開発アジェンダ

　2001年11月の第4回WTO閣僚会議（ドーハ）でWTOの下での最初の多角的通商交渉（ドーハ開発アジェンダ）の開始が宣言された。ドーハ開発アジェンダは，農業，非農産品市場アクセス，サービス貿易，アンチダンピングその他のルール交渉のほか，貿易円滑化，貿易と環境，途上国問題など，幅広い分野を対象とする。交渉は2002年初めから実質的に始まり，2004年7月の一般理事会で交渉の枠組みが合意された（枠組合意）。しかし，多くの交渉分野で各国の主張が対立しており，交渉は難航している。2008年7月にはWTO非公式閣僚会議がジュネーブで開催され，主要な交渉分野について合意が期待されたが，特に農産品の輸入に関する途上国向け特別セーフガード措置の発動要件をめぐって米国とインド・中国が対立し，交渉が決裂した。ドーハ開発アジェンダが難航している原因としては，交渉を主導する立場にある米国・ECとインド・ブラジル・中国などの新興国が，農業を初めとする多くの分野で対立していること，WTO加盟国の多数を占める途上国を満足させる交渉結果を見出すことが容易でないことなどが挙げられる。また，次に見るように，主要国が二国間ないし地域的な自由貿易協定（FTA）を通じた通商自由化に通商政策の軸足を移していることも，ドーハ開発アジェンダを通じた多角的通商交渉への熱意と期待を低下させている。多角的通商交渉を通じた通商自由化の進展はWTOの最も重要な機能であり，ドーハ開発アジェンダの難航はWTOの存在理由が問われる深刻な事態である。

(4) 地域貿易協定を通じた通商自由化の進展

ドーハ開発アジェンダが難航する一方で，1990年代中頃以来，二国間ないし地域的な自由貿易協定（FTA）や経済連携協定（EPA）を通じた通商自由化の動きが進展している。発効しているFTA・EPAの数を見ると，1990年には19件に過ぎなかった地域貿易協定が，2018年12月末には暫定適用を含めると309件にまで急増している。地域貿易協定が締結されると，それによって締約国との通商関係が不利になる非締約国はこれを解消するために自らも地域貿易協定を結ぼうとするので，ドミノ効果により地域貿易協定の締結がさらに進む。ドーハ開発アジェンダが難航していることも，地域貿易協定を通じた通商の自由化を促している。WTOと地域貿易協定は通商自由化を進めるうえで相互補完的な役割を担っているが，地域貿易協定がWTOの多角的通商自由化機能を完全に代替することはあり得ない。ドーハ開発アジェンダをこのまま失敗に終わらせず，何らかの形で妥結させ，将来につなげることが望まれる。

7 1990年代以降の金融危機とブレトンウッズ機構

(1) アジア金融危機

1997年7月のタイ通貨暴落に端を発した通貨・金融危機はまもなくインドネシアや韓国などのアジア新興国にも波及した。IMFは国際通貨制度安定のために各国の為替政策を監視する役割を担っている（IMF協定4条3項，サーベイランス）が，IMFはアジア金融危機の発生を防止できなかった。また，危機に陥った国に対する支援・融資の条件としてIMFは金融引締めと緊縮財政，金融制度改革，貿易・投資の自由化などの構造調整を求めたが，これらは対象国の実体経済を悪化させたとして強く批判された。危機直前の1997年4月にIMFは協定を改正して，国際資本移動の自由化をIMFの目的の1つに加えようとしたが，アジア金融危機が勃発したことでこの改正は見送られた。危機は，新興国の資本自由化が危機に対する脆弱性を高める可能性を示したともいえる。サーベイランス，構造調整，資本自由化というIMFの主要な機能と政策の妥当性が問われることになった（→第15章1参

照)。

(2) 先進国の政策協調を通じた国際通貨・金融システムの安定とリーマンショック

　IMF が国際通貨・金融システムのリスク管理機能を十分に果たせない状況で，1970年代中頃以来，主要先進国がマクロ経済政策の調整や国際通貨市場への協調介入などの政策協調を通じて国際通貨・金融システムの安定を担ってきた。特に，サミット（主要先進国首脳会議）を通じたマクロ経済政策の調整，G5，G7，G8 などと略称される主要先進国財務相・中央銀行総裁会議を通じた国際為替相場安定のための政策協調の役割が重要である。しかし，1990年代以降，これらの政策協調手段を通じた国際通貨・金融システムの安定機能は低下した。これは一つには主要国の財政赤字が増大し，マクロ経済政策の安定的な運営が困難になったこと，一つには民間短期資本の国際移動が大規模化し，主要国通貨当局の国際通貨市場への影響力が低下したことに起因している。

　2008年9月の投資銀行リーマンブラザーズの破たん（リーマンショック）に端を発した世界金融危機に対して，主要国に中国・ブラジル・インドなどの新興国を加えた G20（主要20ヵ国財務相・中央銀行総裁会議，1999年発足）は首脳会議（G20サミット）を開催し，欧米主要先進国金融機関の破たん処理の監視，金融規制の強化（→第15章2参照），主要国のマクロ経済不均衡是正のための指標と相互監視システムの構築などの対応策を打ち出した。そして，2009年4月には，これらの対応策の策定と実施を統括する組織として，G20加盟国に IMF・世界銀行や金融規制策定機関などを加えた金融安定理事会（Financial Stability Board, FSB）が，1999年に同じメンバーによって設立された金融安定フォーラム（Financial Stability Forum, FSF）を改組して発足した。世界的な資本移動の自由化の進展と情報通信技術の発展の結果として，国際通貨・金融取引は急速に増大したが，金融機関の破たんや一国の財政危機が容易に世界的な金融危機を誘発するという意味で，国際通貨・金融システムの脆弱性も高まっている。IMF や主要国の政策協調に求められる役割もそれに応じて変化し，新たな国際通貨・金融システムの安定化の仕組みが模索されている。

8 2010年代の動き

　2010年代に入って，国際開発金融の分野で新たな動きが見られた。中国は2014年に一帯一路の構想を打ち出した。中国西部から中央アジアを経て欧州に至る陸のシルクロードと中国沿岸部から東南アジア，南アジアを経て中東とアフリカ東部を結ぶ海のシルクロードでインフラストラクチャーを整備し，貿易を促進するという構想である。これを推進するため，中国の呼びかけでアジアインフラ投資銀行（AIIB）が2015年12月に設立され，2016年に開業した。インフラストラクチャーの整備に特化した国際開発銀行として，アジア開発銀行や世界銀行との協調融資を実行するほか，単独での融資も行う。

　WTOのドーハ開発アジェンダはこう着状態が続いているが，2011年12月の第8回閣僚会議（ジュネーブ）で，全ての交渉テーマについて一括受諾を目指す当初の方針を改め，早期に合意可能な分野について先行して交渉を妥結するという方針が承認された。この方針に基づき，2013年12月の第9回閣僚会議（バリ）は貿易円滑化と農業交渉の一部，そして開発に関わる交渉テーマの一部について合意した。2014年11月には貿易円滑化協定をWTO協定に追加する議定書が採択され，貿易円滑化協定は2017年2月に発効した。2015年12月の第10回閣僚会議（ナイロビ）では，農業分野で，先進国による輸出補助金の即時撤廃で合意するなどの成果が挙がっている（→第7章1）。

　2010年代に入ってからも，地域貿易協定を通じた通商自由化の動きは続いている。2016年2月には，多数の国が参加する広域FTAである環太平洋パートナーシップ協定（TPP）が署名された。TPPの交渉を主導した米国は2017年1月にTPPから離脱したが，残る11ヵ国は米国抜きでの協定の実現に向けて交渉を進め，2018年3月に環太平洋パートナーシップに関する包括的及び先進的な協定（CPTPP）に署名した。必要な6ヵ国の批准を得て，CPTPPは2018年12月30日に発効した。2016年6月には，英国が国民投票によりEUからの離脱を決めるなど，通商自由化に逆行する動きも出

てきている。

　2015年9月の国連サミットは,「持続可能な開発のための2030アジェンダ」を採択した。持続可能な世界を実現するため,2016年から2030年までの15年間に達成すべき国際目標を盛り込んでいる(持続可能な開発目標(SDGs))。持続可能な開発目標は国連の策定した目標であるが,世界銀行などの国際開発金融機関やWTOの活動においても参照される指針を提供する。

【参考文献】
石見　徹『国際通貨・金融システムの歴史 1870-1990』(有斐閣,1995年)
絵所秀紀『開発の政治経済学』(日本評論社,1997年)
上川孝夫＝矢後和彦編『国際金融史』(有斐閣,2007年)
上川孝夫＝新岡智＝増田正人編『通貨危機の政治経済学』(日本経済評論社,2000年)
経済産業省通商政策局編『2018年版　不公正貿易報告書』(http://www.meti.go.jp/committee/summary/0004532/2018/houkoku01.html)
中川淳司『WTO　貿易自由化を超えて』(岩波書店,2013年)第1章,第2章
ロバート・E・ヒュデック著,小森光夫編訳『ガットと途上国』(信山社,1992年)
John H. Barton, Judith L. Goldstein, Timothy E. Josling & Richard H. Steinberg, THE EVOLUTION OF THE TRADE REGIME, Princeton University Press, 2006.
Michael D. Bordo & Barry Eichengreen eds., A RETROSPECTIVE ON THE BRETTON WOODS SYSTEM, National Bureau of Economic Research, 1993.
Andrew G. Brown, RELUCTANT PARTNERS: A HISTORY OF MULTILATERAL TRADE COOPERATION 1850-2000, The University of Michigan Press, 2003.
Douglas A. Irwin, Petros C. Mavroidis & Alan O. Sykes eds., THE GENESIS OF THE GATT, Cambridge University Press, 2008.
John H. Jackson, RESTRUCTURING THE GATT SYSTEM, Royal Institute of International Affairs, 1990.
Harold James, INTERNATIONAL MONETARY COOPERATION SINCE BRETTON WOODS, IMF／Oxford University Press, 1996.
Devesh Kapor, John P. Lewis & Richard Webb eds., THE WORLD BANK: ITS FIRST HALF CENTURY, Brookings Institution Press, 1997.

第3章 WTOの組織と紛争解決手続

> *Summary*
>
> WTO 協定は，WTO の設立・組織・手続を定める部分，貿易に関する各加盟国の規制を規律する実体的規則とその関連手続規則を定める部分，そして，この規律を実効的なものにするための紛争解決手続と加盟国の貿易政策を検討する制度を定める部分からなる。
>
> WTO は，2019 年 3 月の時点で，164 の国・独立関税地域を加盟国とする国際組織である。閣僚会議が最高意思決定機関であるが，日常の業務および意思決定は一般理事会が行う。その他に各種理事会・委員会・事務局長・事務局などの下部機関が存在する。
>
> WTO は，WTO 協定の実施・運用の円滑化と協定の目的の達成をその第 1 の任務とする。さらに，貿易関係に関する交渉の場の提供，加盟国間の紛争の解決，加盟国の貿易政策の検討，IMF や世界銀行との協力などの任務がある。
>
> WTO における紛争解決は，紛争当事国間の協議によるほか，ある程度まで司法化された法的な手続によって行われる。この手続は，頻繁に利用されており，WTO が重要視される一因となっている。
>
> *Key Words*
>
> WTO 設立協定　多数国間貿易協定　複数国間貿易協定　シングル・アンダーテーキング　GATT 1947 と GATT 1994　閣僚会議　一般理事会　紛争解決機関（DSB）　貿易政策検討機関（TPRB）　コンセンサス方式　ウェーバー　独立関税地域　違反申立て　非違反申立て　小委員会　上級委員会　対抗措置　クロス・リタリエーション

1　WTO 協定

(1) WTO 協定の構造

　多角的貿易体制の制度および規則を定める「世界貿易機関を設立するマラケシュ協定」（WTO 協定）は，ウルグアイ・ラウンド多角的貿易交渉の成果

として，1994年4月15日にモロッコのマラケシュにおいて作成され，1995年1月1日にその効力を生じた。日本は原加盟国の1つである（平成6年条約15号）。

　この協定は，前文，協定本体の部分，末文，注釈および4つの附属書からなる。比較的短い協定本体には，基本的な組織および手続に関する16の条文がある（WTO協定は，この部分に固有の名称を定めていない。便宜的に本書では「WTO設立協定」という）。附属書1の多角的貿易協定および附属書4の複数国間貿易協定では，貿易に関する各加盟国の規制を一定の規律の下におく実体的な規則および関連手続規則が定められている。附属書2および附属書3の多角的貿易協定では，それぞれ，加盟国間の紛争解決に関する規則および加盟国の貿易政策の検討に関する規則が定められている。

　WTO設立協定の規定と多角的貿易協定の規定とが抵触する場合には，前者が優先する（WTO設立協定16条3項）。まずWTO設立協定と後述のGATT 1994には，たとえばウェーバー（義務の免除）に関する前者の9条3項と後者の25条5項のように同じ事項についての異なった規定があるが，このように抵触がある限りにおいてWTO設立協定の規定が適用される。またWTO設立協定と各多角的貿易協定はウルグアイ・ラウンドで別々に交渉が進められ，抵触する可能性のある規定すべてについて調整が完全になされたわけではないので，そのような場合はWTO設立協定の規定が優先することとされた。

　留保は，WTO設立協定のいかなる規定についても付することはできない（同協定16条5項）。附属書の協定のなかでは，TBT協定（15.1条），AD協定（18.2条），関税評価協定（21条，附属書IIIの2，3，4項），輸入許可手続協定（8条1項），補助金協定（32.2条），TRIPS協定（72条）および民間航空機協定（9.2.1条）の規定については，他のすべての加盟国の同意があれば，留保を付することが可能である。その他の附属書の協定の規定については留保を付することができない。ただし，農業協定のように加盟国の譲許または約束の範囲が問題となる協定においては，留保の禁止の意義は限定的である。

(2) 多角的貿易協定と複数国間貿易協定

附属書1,2および3の計17の多角的貿易協定は,すべてのWTO加盟国を拘束する(WTO設立協定2条2項)のに対して,附属書4の複数国間協定はそのいずれかの協定を受諾した加盟国のみを拘束する(同条3項)。1974年に締結された「国際繊維貿易に関する取極」(多繊維取極,Multi-Fibre Arrangement, MFA)および東京ラウンドにおいて作成された諸協定(東京ラウンド協定)のように,ガットの時代にもGATTとは別にいくつかの協定がガットの枠組みにおいて締結されたが,いずれについても受諾するしないは締約国の自由であった。このため,ある協定を受諾した締約国と受諾しなかった締約国との間で権利義務の内容が異なり問題となっていた。このような状態の下では,一部の協定しか受諾しない国がその他の協定について義務を負わずに利益のみを享受することができるという懸念が生まれた。そのような事態が起きないように,WTO協定では一括受諾(シングル・アンダーテーキング)を原則とすることになり,多角的貿易協定についてはすべてのWTO加盟国が当事国となることとなった。WTO設立後に加入した加入国も同様であるが,新加盟国の加入議定書には他の加盟国には課せられていない義務が盛り込まれることがある。

複数国間貿易協定は,一括受諾の原則の例外となっている。これらの協定は,少数の加盟国しか当事国とならない分野を扱うものである。複数国間貿易協定はいずれも東京ラウンド交渉において作成されたものを前提としていたが,これらの協定の交渉は公式にはウルグアイ・ラウンド交渉の枠組みからはずされていた。しかしながら,最終的にはWTO協定の一部とされた。将来的には,多数の加盟国が当事国となる準備ができていない新しい内容の協定を複数国間貿易協定として一部の加盟国間でスタートし,後に当事国の増加を期待することも考えられる。ただし,新たな複数国間貿易協定の追加については,閣僚会議におけるコンセンサス方式による決定が必要である(WTO設立協定10条9項)。

(3) 物品の貿易に関する多角的協定

WTO協定附属書1Aの物品の貿易に関する多角的協定は,(a)ガットの時代の関税及び貿易に関する一般協定(GATT 1947)に後述のような改正を加

えた1994年の関税及び貿易に関する一般協定（GATT 1994），(b)ガットの時代に必ずしもGATTの規律が徹底していなかった農業および繊維の分野について，その規律を確立させるための3つの協定，(c)以前のGATTの規則の範囲を超えて各々の分野の規制を定めようとする5つの協定，そして(d)以前からGATTで扱われてきた税関および輸出入行政の規制について詳細な規則を定めようとする4つの協定，という4つのグループに大別することができる。以下，それぞれについて概略を述べる。

(a) **1994年の関税及び貿易に関する一般協定（GATT 1994）**

(i) GATT 1947とGATT 1994　　1947年に作成され，1948年1月1日から暫定的適用が開始されたGATT 1947（日本は1955年に加入）は，1995年の1年間の経過期間を経て，効力を失った。しかしながら，その規定の大部分は，参照によりGATT 1994に組み込まれている（GATT 1994 1項(a)）。なお，GATT 1947とGATT 1994は法的に別個のものであることが定められている（WTO設立協定2条4項）。

(ii) GATT 1994の内容　　ウルグアイ・ラウンドでは，規定の文言を改めるという形でのGATT 1947の改正は行われなかった。同ラウンドの合意内容およびそれまでに行われたガット締約国団の関連する決定のすべてに沿った条文の改正を行うことにより，合意が達成されたのに交渉の再開が必要になるのではないかと懸念され，GATT 1994はその内容となる規定のリストおよび注釈等からなる短い協定となった。GATT 1994は次の4つの構成要素から成る。

第1に，GATT 1947の規定である。ただし，WTO協定の効力発生前のガットの種々の法的文書により訂正，改正または修正されたものとされている（GATT 1994 1項(a)）。第2に，ガットの法的文書の中で，関税譲許議定書，加入議定書，ウェーバーの決定，その他ガット締約国団が行った決定も含まれている（同項(b)）。ここでいうガット締約国団の決定とは，権利義務に関する法的に拘束力のある決定で，全締約国に一般的に適用されるものを記した法的文書をいう（DS108，ケースブック[32]）。それ以外のガット締約国団の決定は，単にWTOの指針とされ（WTO設立協定16条1項），法的拘束力を持たない。第3に，GATTの規定のなかで従前から解釈について問

題があるとされていたものについてウルグアイ・ラウンドで合意のあった6つの項目について了解が作成され，これもGATT 1994に含まれている（同項(c)）。このなかで24条（関税同盟および自由貿易協定）および国際収支関連規定の解釈に関する2つの了解がGATTの基本的な原則に対する重要な例外をある程度は明確にしたことが注目される。第4に，ウルグアイ・ラウンドにおいて加盟国が行った関税率および非関税障壁の削減に関する譲許および約束に関するマラケシュ議定書である（同項(d)）。これには各加盟国の譲許表が附属している。

(b) GATTの規律の徹底

(i) 農業に関する協定　　ガットの時代，農業貿易にはGATTの規律が徹底されず，輸入制限による保護および輸出補助金による市場の歪曲が広範囲に見られた。これを改めるために，WTO加盟国は公正で市場指向型の農業貿易体制を確立することを長期的目標とし，保護および助成についての約束により改革を進めるために，この協定が締結された（→第7章1参照）。

(ii) 衛生植物検疫措置の適用に関する協定（SPS協定）　　農業協定における農産物輸入に対する非関税障壁の除去の原則のために，正当化されえない衛生および植物検疫を理由とする制限の増大が懸念された。そこで，人間，動物および植物の生命および健康の保護のための措置をとる加盟国の権利を確認すると同時に，そのような措置の貿易に対する影響を最小限のものとするために，この協定が締結された（→第7章2参照）。

(iii) 繊維及び繊維製品（衣類を含む。）に関する協定　　繊維および繊維製品については，MFAに基づきまたはGATTの規則と必ずしも適合しない措置により，主として数量制限による管理貿易が広範囲に行われていた。これを通常のGATTの規則が適用されるよう10年間でGATTに統合するために，この協定が締結された（→第6章2参照）。2005年1月1日に完全な統合が行われ，同協定は終了した。

(c) GATT規則の発展

(i) 貿易の技術的障害に関する協定（TBT協定）　　国家の安全保障上の必要，詐欺的な行為の防止，人の健康または安全の保護，動物または植物の生命または健康の保護，環境の保全，産品の品質確保などのために必要とさ

れる強制規格または任意規格が貿易の不必要な障害とならないようにすることがこの協定の目的である。東京ラウンド協定の1つとして締結された同協定の対象範囲を種々の点で拡大したものである（→第7章2参照）。

(ii) 貿易に関連する投資措置に関する協定（TRIMs協定）　ローカル・コンテント要求や輸出入均衡要求など，加盟国によっては国際投資に伴いさまざまな貿易制限措置がとられることがあるが，この協定ではそのなかで既存のGATTの規定に違反するものを明示した。この分野の規律としてはきわめて限定的なものであるが，将来のさらなる交渉を行うことが定められている（→第13章2(3)(c)参照）。

(iii) 1994年の関税及び貿易に関する一般協定第6条の実施に関する協定（AD協定）　GATT6条のアンチダンピングに関する規定を詳細化する協定は，ケネディ・ラウンド交渉（1964-67年に開催）において制定された1967年協定が最初のものであり，それが発展したものが東京ラウンド協定の1つとされた。ウルグアイ・ラウンドではその全面的改正が行われ，加盟国のアンチダンピング税賦課手続に対する規律を一層厳格なものとした（→第6章3参照）。

(iv) 補助金及び相殺措置に関する協定　補助金および相殺措置に関する東京ラウンド協定はGATT16条の規定から実質的には大きく離れるものではなかったが，ウルグアイ・ラウンドでは補助金規制について根本的なアプローチの変更が行われ，規律が強化された。アンチダンピング税賦課手続と同様に，相殺関税賦課手続に対する規律も一層厳格なものとなった（→第6章4参照）。

(v) セーフガードに関する協定　セーフガード（緊急輸入制限）措置を定めるGATT19条はあまり利用されず，輸出自主規制（VER）や市場秩序維持取極（OMA）などの二国間の灰色措置が，特に1970年代後半以降は，多用されていたが，東京ラウンドではこれに対応するセーフガード協定の策定に失敗した。ウルグアイ・ラウンドでは，灰色措置を禁止・撤廃し，加盟国によるセーフガード措置発動の要件および手続に対する規律を明確にするために，この協定が締結された（→第6章2参照）。

(d) 税関・輸出入行政

(i) 1994年の関税及び貿易に関する一般協定第7条の実施に関する協定（関税評価協定）　関税評価についての実務の相違および恣意的または保護主義的な手続の余地をなくして輸入貨物の課税価額を予測可能なものとするために，関税評価協定が東京ラウンド協定の1つとして締結された。ウルグアイ・ラウンドにおいて加えられた改正は最小限にとどめられている。

(ii) 船積み前検査に関する協定　貨物の価額の過大または過小評価による詐欺を防止するために，輸出国の領域で民間専門企業による貨物の検査を行うことを輸入の条件とする国があるが，この検査制度による差別的取扱いを防ぎ，関係法令の透明性を確保し，輸出者と船積み前検査を行う企業との間の紛争解決制度を設けるために，この協定が締結された。

(iii) 原産地規則に関する協定　最恵国待遇，アンチダンピング税，相殺関税，セーフガード措置，差別的数量制限，関税割当などの非特恵的な通商政策手段に関して物品の原産国を決定するための法令・行政上の決定についての調和を実現するための作業計画を定めることを主な目的として，この協定が締結された（→第10章2(3)参照）。

(iv) 輸入許可手続に関する協定　数量制限その他の輸入制限のために使われる非自動的な輸入許可の手続および主として統計目的のために使われる自動的な輸入許可の手続の両者について，許可手続それ自体が貿易障壁とならないように一定の原則および詳細な規則を定める協定は東京ラウンド協定の中にも存在したが，ウルグアイ・ラウンドにおいていくつかの改正が加えられ，この協定が締結された。

(v) 貿易の円滑化に関する協定　2017年2月22日にWTO全加盟国・地域について発効した。加盟国の貿易手続を円滑なものとするために，必要な事項が記載された書面による要請を提出した者に対して，定められた期限までに事前の教示を行うことが加盟国に求められる事前教示制度（3条），物品の輸入等のための所要の書類またはデータを提出することができる一元化された手続窓口（シングル・ウィンドウ）の設置（10条）などにより，物品の移動，引取りや通関が一層迅速に行われることを図る協定である。

Column 物品の貿易に関する多角的協定間の規定の抵触

　GATT 1947 を組み込んだ GATT 1994 の規定が，GATT 1947 の規定を基礎としてその規律を確立または発展させるために締結された物品の貿易に関する他の多角的協定の規定と抵触する可能性は当然考えられることであるが，これについては附属書 1A の最初に注釈があり，抵触するかぎりにおいて，他の多角的協定の規定が優先すると明示されている。

　GATT 1994 以外の物品の貿易に関する多角的協定相互の規定には，次のような規定が適用される場合を除いては，その間に優劣関係はない。農業協定は，その 21 条で他の物品に関する多角的協定の規定に対する農業協定の優先を定め，また，特別セーフガード（同 5 条）や国内助成（同 13 条）の場合には個別の規定において他の協定の規定の適用を排除している。SPS 協定はその適用範囲外の措置について TBT 協定に基づく加盟国の権利に影響を及ぼさず（SPS 協定 1 条 4 項），TBT 協定の規定は SPS 協定の定める衛生植物検疫措置には適用されない（TBT 協定 1.5 条）。セーフガード協定の規定は，GATT 1994 の 19 条（セーフガード）と 24 条 8 項（関税同盟および自由貿易地域の定義）との関係の解釈に予断を与えるものではない（セーフガード協定 2 条注）。

　なお，ここでいう複数の協定の規定の抵触とは，加盟国がある協定の規定に従えば他の協定の規定に違反する状態をいう。複数の協定の規定が同一の事項を対象としていても，それぞれに基づく義務の遵守が他の義務違反を生じさせるものでなければ，ここでいう抵触とはならない。また，抵触が問題となりうる規定については，可能なかぎり抵触が起こらないような解釈が採用されなくてはならない。

(4) サービスの貿易に関する一般協定（GATS）

(a) GATS の内容

　サービス貿易の自由化という目的を達成するために，GATS は，GATT の原則をモデルとしてサービス貿易についての規則を定め，かつ，附属書において特定の分野（セクター）または問題について，さらに詳しい規則を定めると同時に，各加盟国の自由化についての約束を表とした約束表を附属している（→第 8 章 1 参照）。

(b) GATT 1994 と GATS の関係

　GATS と GATT 1994 は，適用対象が異なる。したがって GATS のみが

適用される加盟国の措置もあれば，GATT 1994 のみが適用される措置もある。しかしながら，同一の措置へ両方の協定が適用される場合もある。すなわち，物品の輸出入およびサービスの提供の両者を伴う取引を規制するような措置には GATT 1994 と GATS の両方が適用されうる。GATT 1994 は当該措置が物品の輸出入に関してどのような影響を及ぼすかを問題とし，GATS はその措置がサービスの提供に関してどのような影響を及ぼすかを問題とする。両方の協定が適用される措置は，たとえ一方の協定に適合するからといって，他方の協定との非適合性が不問に付されることはない。両方の協定と適合することが求められる。

⑸　知的所有権の貿易関連の側面に関する協定（TRIPS 協定）

この協定は知的財産権保護の最低基準を設定し，保護を実現するための国内手続を定めることを加盟国に義務づけるものである。加盟国は工業所有権の保護に関するパリ条約や文学的及び美術的著作物の保護に関するベルヌ条約の主要な規定を遵守しなければならず，これらに加えて他の知的財産権の保護についても，その保護の強化を図っている（→第 8 章 2 参照）。

⑹　附属書 2 の協定：紛争解決に係る規則及び手続に関する了解（DSU）

ウルグアイ・ラウンド交渉において強化が合意された紛争解決手続について定めている（→本章 4 参照）。

⑺　附属書 3 の協定：貿易政策検討制度（TPRM）

各加盟国の貿易政策・慣行の定期的な検討を行う制度について定めている（→本章 3 ⑸参照）。

⑻　附属書 4 の協定：複数国間貿易協定

⒜　民間航空機貿易に関する協定

東京ラウンド協定の 1 つである民間航空機貿易に関する協定（1979 年 4 月作成，1980 年 1 月効力発生）は民間航空機およびその部品の関税を撤廃するなどこの分野の貿易を最大限自由化しようとするものである。ウルグアイ・ラウンドにおけるこの協定の改正交渉は合意を見ず，1979 年の協定をそのまま受け継ぐ協定が複数国間貿易協定の 1 つとして WTO 協定に含まれることとされた。

(b) 政府調達に関する協定

東京ラウンド交渉の結果，1979年の政府調達に関する協定が締結されたが，ウルグアイ・ラウンドと同時期に行われた再交渉により，東京ラウンド協定の内容よりも政府調達の貿易への開放を大幅に拡大した1994年の政府調達協定が複数国間貿易協定の1つとして締結され，その後，適用範囲を拡大するよう改正された協定が2014年に発効した（→第9章参照）。

(c) 国際酪農品協定および国際牛肉協定

これらの協定は，東京ラウンド協定の国際酪農品取極および牛肉に関する取極をWTOに組み入れるための最小限の改正を行ったものであった。前者には一定の乳製品の最低輸出価格についての条項も含まれていたが1995年10月にその適用は停止され，後者は牛肉の貿易についての情報の交換・評価を定めるだけであった。この2つの協定の機能は農業協定およびSPS協定でより経済的にかつ効果的に果たされうることから，1997年末をもって国際酪農品協定および国際牛肉協定は終了し，WTO協定附属書4から削除された。

2　WTOの組織

(1) 機　　関

(a) 閣僚会議

すべての加盟国の代表者で構成する閣僚会議は，WTOの最高意思決定機関である。WTOの任務を遂行し，そのために必要な措置をとり，かつ，多角的貿易協定に関するすべての事項について決定を行う権限を有する（WTO設立協定4条1項）。少なくとも2年に1回会合することになっており，これまで1996年にシンガポールにおいて第1回会議が開催され，最近では，2017年に第11回会議がアルゼンチンのブエノスアイレスにおいて開催された。閣僚会議では，政治的リーダーシップの必要な重要な決定を行うことが期待されている。2001年のドーハ会合では，新しい多角的交渉ラウンドの開始が決定され，TRIPS協定と公衆衛生に関する宣言が採択された。

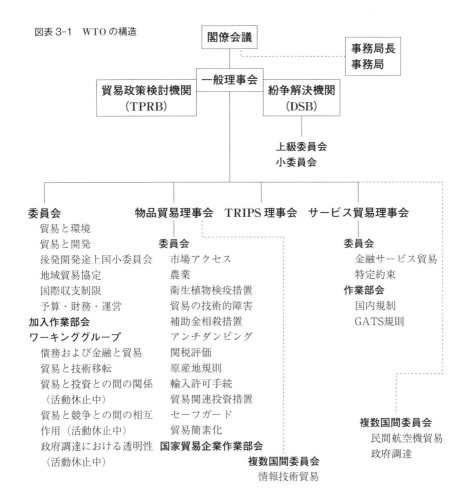

図表 3-1　WTO の構造

(b)　一般理事会・紛争解決機関・貿易政策検討機関

　一般理事会は，閣僚会議の会合間に閣僚会議の任務を遂行し，その他の定められた任務を遂行する（WTO 設立協定 4 条 2 項）。実際上，WTO の日常的な業務の運営の責任を有し，必要に応じて WTO のための意思決定を行っている。一般理事会はすべての加盟国の代表（多くは加盟国のジュネーブ代表部の長）により構成され，年に数回，開催される。WTO の理事会は，IMF や世界銀行とは異なり，少数の加盟国からなる理事会が業務の運営の

責任を有する形にはなっていない。

　一般理事会には，他の２つの任務がある。DSU の定めるところによる紛争解決機関（DSB）としての任務（WTO 設立協定 4 条 3 項），そして TPRM の定めるところによる貿易政策検討機関（TPRB）としての任務（同条 4 項）である。これらの機関として行動する場合に，一般理事会とは別の議長をそれぞれ置くことができる。DSB は月に約 1 回，TPRB はさらに頻繁に会合を開いている。なお，DSB は，紛争解決手続の規定に基づき小委員会および常設の上級委員会を設置する。

　一般理事会にはいくつかの下部機関が設置されている。WTO 設立協定 4 条 7 項において設置することがあらかじめ定められている貿易および開発に関する委員会，国際収支上の目的のための制限に関する委員会，予算，財務および運営に関する委員会の 3 つの委員会が設置されているほか，1995 年 1 月に貿易および環境に関する委員会が，1996 年 2 月に地域貿易協定に関する委員会が一般理事会により設置されている。さらに 1995 年 7 月に後発途上国に関する小委員会が，貿易および開発に関する委員会により設置されている。以上の常設委員会は，すべての加盟国に開放されている。

　以上に加え，1996 年の閣僚会議において，貿易と投資の関係，貿易と競争政策の相互作用，政府調達における透明性の 3 つのワーキング・グループの設置が決定された。なお，WTO に加入しようとする国の加入申請があった場合に，一般理事会は作業部会を設置する。

(c) 物品の貿易に関する理事会・サービスの貿易に関する理事会・貿易関連知的所有権理事会

　これらの 3 つの理事会は，それぞれの分野の貿易に関する協定の実施を監督する。これらの理事会は参加することを望むすべての加盟国に開放されている。会合は必要に応じて開かれる（WTO 設立協定 4 条 5 項）。

　これらの理事会は下部機関を設置することができる（図表 3-1 参照）。委員会は，多角的貿易協定の規定に基づき設置されているものと，市場アクセスに関する委員会のように新たに（1995 年 1 月）設置されたものがある。情報技術分野合意（Information Technology Agreement, ITA）に基づく委員会は，この分野の産品の関税撤廃に関する 1996 年 12 月の閣僚宣言の実施のために，

1997年4月に設置された。これらの常設の委員会の他に,時々の必要に応じて設置される臨時的な作業部会が設置される。サービスの貿易に関する理事会もいくつかの委員会および作業部会を設置している。これらの下部機関は加盟国すべてに開放されている。

(d) 複数国間協定の委員会

民間航空機協定8.1条および政府調達協定21条1項に基づきそれぞれ各署名国・各締約国の代表で構成する民間航空機貿易に関する委員会および政府調達に関する委員会が設置されている。

(e) 事務局および財政

WTOには事務局長を長とする事務局が設置されている（WTO設立協定6条1項）。事務局長は,閣僚会議が任命する（同条2項）。

事務局員は,事務局長が任命する（6条3項）。事務局長および事務局員については国際公務員としての中立性が定められている（同条4項）。

正規の局員の数は約630人で,国際通貨基金（IMF）の約2400人などと比べると小規模である。事務局は加盟国に対し,会合の準備や文書の作成など技術的なまたは後方支援的な業務を行う。WTOの意思決定および活動は,事務局ではなく加盟国の主導により行われる。その活動の実質的な主役は加盟国政府の関係担当職員であり,事務局はその者たちに協力する形で業務を遂行している。

WTO事務局の経費のほとんどは,加盟国の拠出によりまかなわれる。各加盟国の分担率は,全加盟国間の物品・サービス貿易のなかで各加盟国の輸出入が占める割合に応じて決められる。

2018年の予算は,197,203,900スイスフランであった。2018年の拠出額の大きい6ヵ国を見ると,米国は22,251,810スイスフラン（分担率11.328％),中国（台湾,香港およびマカオを除く）は19,237,200スイスフラン（同9.840％),ドイツは13,939,150スイスフラン（同7.130％),日本は8,091,745スイスフラン（同4.139％),英国は7,407,495スイスフラン（同4.139％),フランスは7,427,045スイスフラン（同3.799％）となっている。どれだけ貿易量が少なくても,最低の分担率は0.015％（29,325スイスフラン）となっている。

⑵　WTOの意思決定

　WTOの意思決定は，原則としてコンセンサス方式により行われる（WTO設立協定9条1項）。コンセンサスについては，「いずれかの内部機関がその審議のために提出された事項について決定を行う時にその会合に出席しているいずれの加盟国もその決定案に正式に反対しない場合には，当該内部機関は当該事項についてコンセンサス方式によって決定したものとみなす」と規定されている（同項注1）。コンセンサス方式による合意は，会合に出席した加盟国による反対の意思表示が正式になされないかぎり成立する点で，全会一致方式とは異なる。

　コンセンサス方式による意思決定が行われない場合は，1国1票で原則として投票数の過半数による議決で決定が行われる。ただし，投票は閣僚会議および一般理事会においてのみ行われることが合意されており，下部機関においてコンセンサスが形成されない場合は，問題が上部機関に持ち上げられる。

　例外的に，WTO設立協定および多角的貿易協定の解釈の採択については4分の3以上の多数による議決（9条2項），WTO設立協定または多角的協定に基づく加盟国の義務の免除（ウェーバー）については4分の3以上の多数による議決（同条3項），新たな加盟国の加入の条件に関する合意の承認については3分の2以上の多数による議決（12条2項）が必要とされる。しかしながら，1995年11月に一般理事会は，ウェーバーまたは加入の要請について原則としてコンセンサス方式による決定を求めることとし，コンセンサス方式による決定がなされない場合にのみ，投票によって決定することに合意した。この合意の背景には，加盟国の数の増加に伴い投票に参加しない加盟国も増え，ウェーバーまたは加入の要請について反対の加盟国がない状況であっても，必要とされる数の賛成票を集めることが困難になったという理由があった。

　WTOにおいては，IMFや世界銀行とは異なり加盟国の経済力を反映した加重投票制度は採用されていない。しかしながらコンセンサス方式を原則とすることにより経済力のある加盟国の見解に重きがおかれる結果，実効的または現実的でない意思決定が行われない仕組みになっている。

　コンセンサス方式による意思決定を原則とすることから，WTOにおいて

は非公式な会合における協議がとくに重要である。特定の会合に出席している全加盟国による非公式会合から2〜4ヵ国によるものまで，いくつかの規模の非公式会合により意思決定に向けて協議が行われる。ガットの時代以来，いわゆるグリーンルーム会合において数々の重要な問題が非公式に協議されたが，1999年のシアトル閣僚会議においては，グリーンルーム会合を利用した行き詰まった交渉の打開の試みが一部の途上国の反発を招いた。その際，これらの加盟国の意思決定過程からの阻害および非公式協議の透明性の欠如がとくに問題とされた。しかしながらそれ以降もコンセンサスの形成による意思決定という方式は，変化していない。

Column ウェーバー

例外的な場合に，閣僚会議は，WTO設立協定または多角的貿易協定によって加盟国に課される義務を免除する権能を有する（WTO設立協定9条3項）。ここでいうウェーバーとは，この義務免除を指す。これにより，これらの協定に本来は違反する国内措置を，加盟国が合法的に維持することが可能になる。

ウェーバーが容易に認められると規律の弛緩を招き，期限のないウェーバーは実質的には留保と同様の，またすべての締約国を対象とするものは実質的には改正と同様の機能を果たすことになる。

ウェーバーの運用をある程度厳格にするために，その決定を4分の3（GATT25条5項では3分の2であった）の多数によることとし（9条3項），その内容の明確化，1年以上のものについての毎年の審査（同条4項）などが定められた。これまで多数のウェーバーが認められている。その例としては，キンバリー・プロセス認証制度に基づく紛争ダイヤモンドの輸出入禁止等に関するウェーバー（2003年5月，→第12章3⑷の*Column*参照），医薬品特許の強制実施権の許諾に関するTRIPS協定31条(f), (h)の義務についてのウェーバー（同年8月，→第8章2⑶参照）などがある。

⑶ 改　　正

WTO設立協定およびその附属書1の多角的貿易協定の改正の提案を加盟国に対して行うには，原則としてコンセンサス方式による閣僚会議の決定が必要である。コンセンサスが達成されない場合には，加盟国の3分の2以上の多数による議決で決定することができる（WTO設立協定10条1項）。改正

は一定数の加盟国が受諾したときに効力を生ずるが、その数は改正される規定の重要性により異なる。最も基本的な規律を定める WTO 設立協定 9 条（ウェーバー等），GATT 1 条，2 条（最恵国待遇および譲許表），GATS 2 条 1 項（最恵国待遇）および TRIPS 協定 4 条（同）については，すべての加盟国が受諾しなければ改正の効力は生じない（同条 2 項）。

WTO 設立協定，物品に関する多角的貿易協定および TRIPS 協定の改正で加盟国の権利および義務を変更するものについては，3 分の 2 の加盟国が受諾した時に受諾国間で効力が生じる。閣僚会議は，加盟国の 4 分の 3 以上の多数の議決により，そのような改正を受諾してない加盟国について，改正を受諾するか または WTO から脱退するかを求めることができる。ただし，同様の議決により，閣僚会議の同意を得て改正を受諾しなくとも加盟国としてとどまりうるとすることも可能である（同条 3 項）。これらの協定についての改正で加盟国の権利および義務を変更しないものについては，加盟国の 3 分の 2 が受諾した時にすべての加盟国について効力が生じる（同条 4 項）。GATS についても 1 部から 3 部までの規定と 4 部から 6 部までの規定で，同様の区分がなされている（同条 5 項）。

WTO 協定はこれまで 2 回の改正がなされている。第 1 に，2005 年 12 月に一般理事会は，医薬品の強制実施権の許諾に関する新たな条項（31 条の 2）を TRIPS 協定に追加する改正を決定した。2017 年 1 月までに加盟国の 3 分の 2 が受諾し，これらの国の間で改正が発効した（→第 8 章 2(3)参照）。第 2 に，WTO 協定の附属書 1A に貿易円滑化協定を加える「世界貿易機関を設立するマラケシュ協定を改正する議定書」が 2013 年にインドネシアのバリで開催された第 9 回閣僚会議で合意され，この議定書を 2017 年 2 月までに加盟国の 3 分の 2 が受諾し，これらの国の間で新たな協定の追加という改正が発効した。

DSU および TPRM の改正の提案は，いかなる加盟国もこれを行うことができる。DSU の改正を承認する決定はコンセンサス方式によって行うことが必要とされるが，TPRM の改正を承認する決定は 9 条 1 項による通常の意思決定方式で行う（10 条 8 項）。

複数国間貿易協定の改正については，当該協定の定めるところによるが

(WTO 設立協定 10 条 10 項), 新しい複数国間貿易協定の追加はコンセンサス方式によってのみ行うことができる。既存の複数国間貿易協定の終了は, 9 条 1 項による通常の意思決定方式で行う (同条 9 項)。前述のように, 1997 年末をもって国際酪農品協定および国際牛肉協定は終了した。

(4) WTO の法人格・特権免除

WTO は正式な国際組織として法人格を有する (WTO 設立協定 8 条 1 項)。ガットはそれが国際組織であることを明示する条約の規定がなく,「慣習法的に成立した国際組織」または「事実上の国際組織」などと考えられていた。

各加盟国は, WTO にその任務の遂行のために必要な法律上の能力を与えなければならず (同条 1 項), WTO は各加盟国において法律上の権利義務関係の主体となることが明らかにされている。

さらに各加盟国は, WTO, その職員および加盟国の代表に任務の遂行に必要な特権・免除を与えなければならない (同条 2 項, 3 項)。

WTO は本部協定を締結することができるとされ (8 条 5 項), 1995 年 6 月にスイス連邦と本部協定を締結し, 同年 11 月に発効した。スイス当局による施設の提供, 特権・免除などが規定されている。

(5) WTO の加盟国

(a) 原加盟国

WTO の原加盟国となる条件は, 次のように定められている (WTO 設立協定 11 条 1 項)。第 1 に WTO 設立協定が効力を生じた日 (1995 年 1 月 1 日) に GATT 1947 の締約国であることまたは欧州共同体 (the European Communities) であること, 第 2 に同協定および多角的貿易協定を受諾すること, 第 3 に物品についての譲許およびサービスについての約束を行ったことである。以上の条件を満たす国の受諾のために, WTO 設立協定は 1996 年末まで開放されていたが, この期間は少々延長され, 1997 年 3 月までにガットの締約国 (128 ヵ国) すべてが WTO の加盟国となった。

(b) 加入・脱退

いかなる国家または独立関税地域も, WTO と合意した条件により WTO の加盟国となることができる。これは, WTO 設立協定および多角的貿易協定のすべてに加入することを意味する (12 条 1 項)。既存の加盟国はこれま

でに WTO 協定の履行を進めているのであるから，新加盟国を WTO 協定の履行に関して既存の加盟国と同様の立場に立たせなければならないということが加入に条件を付ける理由であると考えられる。当然，加入申請国の状況に応じて異なった内容の条件が合意されることになる。

　国家または独立関税地域（以下，本節では単に「国家」という）が加入の申請を行うと，一般理事会はその国家の加入問題を扱う作業部会を設置する。

　作業部会（すべての加盟国に開放されているが，部会によって20〜70ヵ国が参加している）では，加入申請国が提出する自国の経済・貿易レジームに関する文書，関連法令等の資料，作業部会の参加国との質疑応答などを基礎に，加盟申請国の貿易制度を検討し，WTO の規則に関連して必要とされる国内措置の整備に関して加盟申請国に具体的なコミットメントを行わせるために，加入の審査が行われる。この多角的交渉と並行して，作業部会の参加国は，加入申請国の間で二国間交渉を行うことができる。二国間交渉は，物品の貿易に関する譲許（農産物関係の約束を含む）およびサービス貿易に関する約束について行われる。以上が終了し，加入申請国に加入を要請するとの結論が出ると，作業部会は報告を出す。この報告には，一般理事会の加入に関する決定案，物品に関する譲許表およびサービスに関する約束表が附属した加入議定書案が付いている。一般理事会において加入を認める決定が採択され，加入申請国による加入議定書の受諾の翌日から30日目に同議定書の効力が発生し，加入申請国は WTO の加盟国となる。

　いかなる加盟国も WTO から脱退することができる（WTO 設立協定15条）。その場合，WTO 設立協定およびすべての多角的貿易協定から脱退することになり，脱退の通告から 6 ヵ月後に効力を生じる。1947 年のガットからは中国（1950 年 5 月），シリア（1951 年 8 月），レバノン（1951 年 2 月）およびリベリア（1953 年 6 月）が脱退したが，現在まで WTO から脱退した国はない。

Column　独立関税地域

　独立関税地域とは，独立した単一の国家ではないが，WTO 設立協定および多角的貿易協定に規定する事項について完全な自治権を有する地域団体をいう。独立関税地域は，その地域が属する国家とは別に WTO の加盟国となることがで

きる。

ガットにおいても，独立関税地域は締約国となることが可能であった（GATT 33条）。香港およびマカオは，それぞれ英国およびポルトガルの統治下にあった時に独立関税地域としてガットに加入している（香港1986年4月，マカオ1991年1月）。両地域ともWTOの原加盟国となり，さらに中国がこれらの地域について主権の行使を再開した後は中国の特別行政区となったが（香港1997年7月，マカオ1999年12月），それぞれ中国香港（Hong Kong, China），中国マカオ（Macau, China）という呼称を使い，独立関税地域としてWTOの加盟国であり続けている。2002年1月に加入した台湾も，台湾・澎湖・金門・馬祖独立関税地域（Chinese Taipei）としてWTOの加盟国になった。

(c) 特定の加盟国間における多角的貿易協定の不適用

政治的な理由等で，新加盟国との間でWTO規則の適用を望まない加盟国がある場合，これを許す規定がWTO設立協定に置かれている（13条1項）。ただし，新加盟国の加入の条件に関する合意を閣僚会議が承認する前に通報しなければならない（同条3項）。新加盟国がいずれかの加盟国との間でWTO規則の適用を望まない場合にもこの規定を援用することができる。なお，GATT 1947の締約国であった加盟国間で，WTO発足時にGATT 35条が援用されていた場合を除き，新たにこの不適用を行うことは許されなかった（同条2項）。現在，この13条は適用されていない。

なお，ガットにおいても同様の不適用が可能であった（GATT 35条）。日本のGATT加入（1955年9月）に際して西欧諸国を中心に15ヵ国がこの規定を援用し，さらに後に加入したかなりの数の国が日本に対してこの規定を援用した。他にも数ヵ国についてこの規定が援用された例があった。多くの場合，後に援用が撤回された。

3 WTOの機能

(1) 目　的

WTO多角的貿易体制の基本目的として掲げられているのは，生活水準の向上，完全雇用の確保，高水準の実質所得・有効需要とその着実な増加の確

保，物品・サービスの生産・貿易の拡大，世界の資源の最適利用である（WTO 設立協定前文 1 項）。これらは，物品の貿易のみを対象とした GATT の目的として 1947 年にその前文において挙げられたものとほぼ同一であるが，その後の時代の要請に従い，資源の利用については単なる完全利用ではなく環境を保護・保全し持続可能な開発の目的に従った最適利用がうたわれ，途上国がそのニーズに応じた貿易量を確保することも目的の 1 つとして明示された。

これらの基本目的を達成するための手段は，GATT と同じく，関税その他の貿易障害の実質的軽減と，国際貿易関係における差別待遇の廃止のための相互的かつ互恵的な取極の締結である。貿易についての透明かつ予測可能な国際法規則が設定され，貿易が拡大することによって，上述の基本目的が達成されるために，WTO に以下のような任務が定められている。

Column 前文の法的意義

紛争解決手続の上級委員会は，WTO 設立協定の前文が WTO の諸協定の解釈に「色彩，質感および陰影（colour, texture and shading）」を加えるとし，特定の規定（GATT 20 条(g)）の文言の文脈の一部として前文を考慮することは適切であると判断した（「米国―エビ」事件〔DS58，ケースブック[55]，para. 155〕）。

(2) 協定の実施（WTO 設立協定 3 条 1 項）

WTO の第 1 の任務は，その設立協定・多角的貿易協定の実施・運用の円滑化と，協定の目的の達成である。複数国間貿易協定の実施・運用の主体はそれぞれの協定に基づき設けられる委員会であるが，WTO はその実施・運用のための枠組みを提供する。

(3) 交渉の場（同 2 項）

WTO の第 2 の任務は，交渉（forum）の場を提供することである。交渉の場には 2 通りある。第 1 に，現在の WTO の諸協定の対象事項にかかわる多角的貿易関係に関する交渉のための場である。第 2 に，多角的貿易関係に関する将来に向けてのさらなる交渉の場である。

2001 年のドーハ閣僚会議で「ドーハ開発アジェンダ」交渉の開始が決定された（→第 2 章 6(3)参照）。WTO 事務局長を議長する貿易交渉委員会が設

置され,農業,非農産物市場アクセス (NAMA),サービス,ルール(ダンピング,補助金,地域貿易協定),貿易関連知的財産権 (TRIPS),環境,貿易円滑化 (trade facilitation),紛争解決手続,開発などの項目について交渉が行われたが,農業,貿易円滑化など,分野によってはある程度の成果はあったものの全体的な成果は極めて限定されたものであった。

(4) 紛争解決（同3項）

WTO の第3の任務は,加盟国間の WTO 協定に関する紛争を解決することである。これは,WTO が DSU を運用することによって行われる（詳しくは本章4参照）。

(5) 貿易政策検討制度（同4項）

WTO の第4の任務は,貿易政策検討制度 (TPRM) を運用することである。この制度の目的は,各加盟国の貿易政策・慣行の定期的な検討を加盟国同士で行うことによりその透明性を高め,加盟国による WTO 規則の遵守の状況を改善し,多角的貿易体制の一層円滑な機能を図ることである。さらに TPRM の目的ではないこと（特定の義務の実施および紛争解決手続の基礎としないことならびに加盟国に対する新たな政策に関する約束の要求を行わないこと）が明示されており,この制度を限定的なものとしている (TPRM A 項(i))。

このような貿易政策の検討を実施するために貿易政策検討機関 (TPRB) が設置され（同 C 項(i)),その会合において加盟国の貿易政策・慣行が討議される。貿易量の最も大きい4つの加盟国については2年ごと,その他の16の貿易量の多い加盟国については4年ごと,残りの加盟国については6年ごとに検討が行われる（同(ii)）。TPRB の作業は,WTO 事務局の作成した報告および検討の対象国による報告に基づいて行われる（同(v)）。

(6) 他の国際組織との協力（同5項）

WTO の第5の任務は,IMF および世界銀行（その関連機関を含む）と協力することである。これら3つの国際組織の目的には重なり合う部分がある。そこで,世界的な経済政策の策定が一層統一のとれたものとなるようにするために,このような協力が必要とされる。WTO 発足後すぐに行われた交渉の後,WTO・IMF 間（1996年12月）および WTO・世界銀行間（1997年4月）で別個の協定が締結された。

なお，WTOの任務としては掲げられていないが，WTOが関連する他の政府間および非政府間の国際組織と協力のための取決めを行うことが規定されている（WTO設立協定5条）。この規定に基づき，1995年9月にWTO事務局と国連事務局との間で，効果的な協力のための包括的な取決めを行う交換書簡が取り交わされた。ただし，WTOと国連との間では正式な制度的関係は必要ないことが1994年にWTO準備委員会ですでに合意されており，WTOは国連の専門機関となっていない。また同委員会において，WTO協定において言及されているため機能的な関連を有する国際組織として示されたのは，IMF，世界銀行，WIPO，世界関税機関，食品規格委員会，国際獣疫事務局，国際植物防疫条約事務局および非政府間組織である国際標準化機構（ISO）である。

4 紛争解決手続

(1) 違反申立てと非違反申立て

WTO紛争解決手続における申立て（これまでに500件以上にのぼる）のほとんどは，ある加盟国（申立国）がWTO協定附属書1に掲げる協定（対象協定）に違反する他の加盟国（被申立国）の措置により，その協定に基づき自国に与えられた利益が無効化または侵害されたと主張するものである。違反申立てと呼ばれるこのような申立ては，GATT 23条1項(a)に規定されている類型の申立てである。さらにWTO紛争解決手続においては，被申立国の対象協定に違反しない措置（非違反措置）により対象協定に基づき申立国に与えられた利益が無効化または侵害された場合にも申立てが可能である。非違反申立てと呼ばれるこのような申立ては，GATT 23条1項(b)に規定されている類型の申立てである。

違反申立てと同様に非違反申立てもガットの紛争解決手続から受け継がれたものであるが，さらにさかのぼると，それ以前の通商協定（たとえば，1942年の米墨互恵通商協定）にもこの考え方をとり入れた条項を見出すことができる。GATTを含めこれらの協定において，締約国間で交渉された相互主義に基づく関税譲許の価値が相手国の協定違反ばかりか，必ずしも協定

違反ではない措置によっても損なわれる可能性を考慮して，非違反申立てという類型の申立てが導入された。ガットにおいて非違反申立ての審理が作業部会または小委員会によって行われた例は8つあると言われている。そのなかでは，GATT違反ではない補助金の廃止・導入により関税譲許による利益が無効化または侵害されたと判断した「オーストラリア輸入硫安補助金」事件（*BISD II*/188）の作業部会報告（1950年4月採択）が有名である。WTO発足後は，写真フィルムおよび印画紙の流通について日本政府がとった非違反措置により関税譲許による利益が無効化または侵害されたと米国が主張し，それを立証できなかった「日本―フィルム」事件（DS44，ケースブック[76]）が注目を集めた。

違反事件においては，利益の無効化または侵害の存在は推定される（DS308，ケースブック[60]，DSU3条8項第1文，第2文）。被申立国はその推定を覆すための反証を行うことができると規定されているが（DSU3条8項第3文），国内産品と輸入産品の競争的状況の維持が問題であり，単に違反による貿易量への影響がないことを示しても反証とはならず，今までにこの反証が成功した例はない。

非違反事件においては，対象協定に違反しない措置により利益の無効化または侵害があったことの詳細な根拠を提示することが求められる（DSU26条1項(a)）。そのためには，政府による非違反措置の適用，非違反措置が関税譲許その他の約束の交渉時に合理的に予見しえなかったこと，および非違反措置と利益の無効化または侵害との因果関係を立証することが求められる。

違反申立てに基づき，ある措置が対象協定に適合しないと小委員会または上級委員会が認める場合には，被申立国に対しその措置を協定に適合させるよう勧告がなされる（DSU19条1項）。紛争当事国間で相互に合意する解決が得られない場合には，WTOの紛争解決メカニズムの第1の目的は違反措置の撤回を確保することであり（DSU3条7項），被申立国は違反措置を撤回する義務を負う。

これに対して，非違反申立てに基づき被申立国の非違反措置による申立国の利益の侵害または無効化が認定された場合においては，被申立国はその非違反措置を撤回する義務を負わない（DSU26条1項(b)）。

なお，申立国にとって対象協定上の利益の無効化または侵害がなくとも，被申立国の非違反措置が対象協定の目的を侵害する場合には非違反申立てが可能である。また，違反申立てまたは非違反申立てがなされうる場合でなくとも，何らかの状態が存在する結果として，対象協定に基づく利益が無効にされもしくは侵害された，または対象協定の目的の達成が妨げられた，という主張からなる申立てを行うことが可能である（DSU 26 条 2 項）。状態申立てと呼ばれるこのような申立ては，GATT 23 条 1 項(c)に定める類型の申立てである。この申立ては他国の特定の措置を対象として行うものではなく，経済状況の大きな変化により対象協定に基づく利益の無効化もしくは侵害または対象協定の目的の達成の阻害があった場合に行われることが考えられるが，実際にこの申立てが行われたことはない。

(2) 手続の諸段階

(a) 協　　議

対象協定の下で生じた紛争について申立てを行おうとする加盟国は，紛争の相手国に対し協議を要請することができる。相手国はこれに好意的な考慮を払い，かつ，協議のための機会を十分に与えなければならず（DSU 4 条 2 項），別段の合意がない限り，要請を受けてから 10 日以内に回答し，30 日以内に協議を開始しなければならない（同条 3 項）。協議の要請は，DSB および関連理事会・委員会へ通報されるが（同条 4 項），協議の内容は秘密とされる（同条 6 項）。

なお，米国や EU，中国などの一部加盟国は，国内法において，私人が通商担当の政府機関に他の WTO 加盟国の WTO 協定違反を申し立てる手続を設けている（米国の通商法 301 条，EU の理事会規則 3286/94，中国の外国貿易障壁規則など。→第 4 章，第 6 章 5 参照。）。申立てを受けた政府機関は申立ての内容を調査し，申立てに理由があると認める場合には当該 WTO 加盟国に是正を求めて交渉し，交渉が不調に終わった場合には WTO 紛争解決手続に協議を要請することになる。ただし，以上の手続においては申立てを受け付けた政府機関に広範囲の裁量が認められており，申立てが必ず協議要請に結び付くわけではない。私人の申立権は法的拘束力のない請願権として位置づけられている。

図表 3-2 紛争解決手続の諸段階（条文数：DSU）

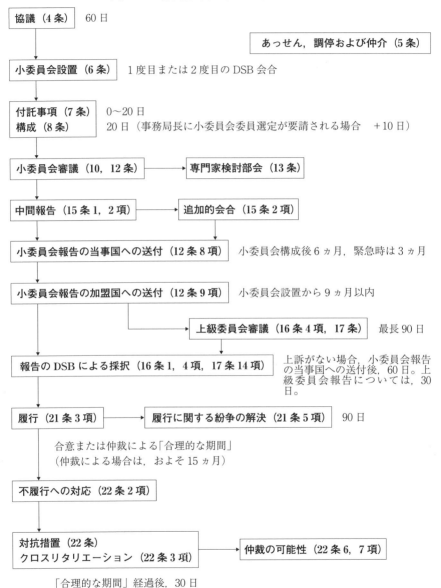

4 紛争解決手続

(b) 小委員会の設置

協議の要請に対する回答が10日以内にない場合または30日以内もしくは紛争当事国が相互に合意した期間内に協議が開始されない場合，または協議要請後60日以内に協議により紛争が解決しない場合，申立国はDSBに対し小委員会の設置を要請することができる（DSU 4条3項，7項）。遅くともこの要請が最初に議事日程に掲げられたDSB会合の次の会合には，ネガティブ・コンセンサス方式（一定の行動をとらないことをコンセンサス方式によって決定しないかぎり，その行動をとることが決定される意思決定方式）により小委員会が設置される（DSU 6条）。設置後20日以内に紛争当事国が別段の合意をしないかぎり，小委員会の検討の対象を定める付託事項は，標準的なものとなる（DSU 7条）。さらに設置後60日以内に小委員会の委員の選出が行われる。委員としての十分な適格を有する者の例として，「小委員会の委員を務め又は小委員会において問題の提起に係る陳述を行ったことがある者，加盟国又は1947年のガットの締約国の代表を務めたことがある者，対象協定又はその前身である協定の理事会又は委員会への代表を務めたことがある者，事務局において勤務したことがある者，国際貿易に関する法律又は政策について教授し又は著作を発表したことがある者，加盟国の貿易政策を担当する上級職員として勤務したことがある者」が挙げられている（DSU 8条1項）。紛争当事国および手続に参加する第三国の国民は，原則として，委員を務めることはできない（同条3項）。小委員会は，個人の資格で職務を遂行する3名（紛争当事国の合意により5名とすることも可能である）の委員で構成される（同条5項，9項）。紛争当事国が小委員会の設置後20日以内に委員の人選について合意できない場合は，紛争当事国と協議の上，WTO事務局長が委員を任命する（同条7項）。委員は加盟国の公務員であることが多いが，学者などの非公務員が選ばれることもある。

(c) 小委員会手続

小委員会の任務は，付託された問題の事実関係，関連する対象協定の適用可能性および当該協定との適合性に関する客観的評価，ならびにDSBが対象協定に規定する勧告または裁定を行うために役立つその他の認定を行ってDSBを補佐することである（DSU 11条）。この任務を果たすために，小委員

会は次のように手続を進める。
  a. 小委員会手続の日程の作成。
  b. 紛争当事国の意見書の受理。
  c. 紛争当事国の第1回の実質的な会合。各当事国が口頭による意見陳述を行い，小委員会から質問が行われる。
  d. 手続に参加する実質的利害を有する第三国との会合。紛争当事国も出席して開かれ，第三国に対して小委員会から質問が行われる。
  e. 紛争当事国の書面による反論の受理。
  f. 紛争当事国の第2回の実質的な会合。ここでも各当事国が口頭による意見陳述を行い，小委員会から質問が行われる。
  g. 小委員会報告の説明部分の紛争当事国への送付。紛争当事国は，それに対する意見を2週間以内に述べることができる。
  h. 小委員会の認定および結論等からなる中間報告の紛争当事国への送付。紛争当事国はその検討を1週間以内に要請することができる。紛争当事国が要請すれば，小委員会は紛争当事国との追加の会合を開く。
  i. 最終報告の紛争当事国への送付。
  j. 最終報告の加盟国への送付。

以上のb.からh.の間に，適宜，小委員会は委員に加えて小委員会を支援するWTO事務局の法務官および小委員会セクレタリーならびに場合によっては他の事務局員が参加する内部的会合を開き，問題を検討し，報告作成の作業を行う。小委員会の構成および付託事項についての合意から最終報告の紛争当事国への送付までの期間は，原則として6ヵ月を超えないものとするとされているが（DSU 12条8項），実際にはそれを上回ることが多い。

(d) **上級委員会による検討**

小委員会の報告において対象とされた法的な問題および小委員会が行った法的解釈にかぎり，紛争当事国は上級委員会へ申立て（上訴）を行うことができる（DSU 17条4項，6項）。小委員会とは異なり，常設の機関である上級委員会は7名で構成される（同条1項）。委員は法律，国際貿易および対象協定が対象とする問題一般についての専門知識により権威を有すると認められた者であり，いかなる政府とも関係を有してはならない。7名がWTOの

加盟国を広く代表するよう選出される（同条3項）。委員はDSBが4年の任期（1回に限り再任可能）で任命する（同条2項）。

各上訴は，3名の委員により検討される（同条1項）。小委員会と異なり，紛争当事国の国籍を有する委員が特定の上訴についての委員になることもある。上訴国の意見書，被上訴国の意見書，口頭審理における紛争当事国の口頭弁論および委員からの質問への回答，さらに第三国参加のある場合にはその意見書および口頭弁論を踏まえて，上級委員会の報告が起草される。上訴の意思が通報された日から上級委員会が報告を送付する期間は原則として60日を超えてはならないとされている（DSU 17条5項）。

(e) 小委員会・上級委員会報告の採択

DSBは，上訴がない場合は，ネガティブ・コンセンサス方式により，小委員会の報告をその加盟国への送付後60日以内に採択する（DSU 16条4項）。上訴があった場合は，ネガティブ・コンセンサス方式により，上級委員会の報告および上級委員会の報告によって修正された小委員会の報告を，上級委員会報告の加盟国への送付後30日以内に採択する。この採択により，小委員会・上級委員会の報告内容がDSBの勧告および裁定となる。WTOの発足以後，これまでに350以上の裁定が出されている。

(f) 勧告および裁定の実施

自国の措置を対象協定に適合させるよう勧告および裁定がなされた紛争当事国は，速やかに勧告および裁定を実施することが求められる。この紛争当事国は問題となった措置を将来に向かって対象協定に適合させなければならないが，GATT 1947の紛争解決手続以来，措置の過去における適用を変更することは必要とされていない（「トロンハイム高速道路料金収容システム」事件，*BISD 40S/319*）。

速やかな実施ができない場合，妥当な期間が与えられるが，その期間の長さについて紛争当事国間で合意が成立しない場合は，仲裁によりその長さが決定される（DSU 21条3項(c)。DS114, 165, ケースブック[77]，[88]）。

(g) 勧告および裁定の実施に関する紛争

勧告および裁定の実施のために被申立国がとった措置が対象協定に適合しないと申立国が考える場合，そのことについてDSUの紛争解決手続を利用

することができる（DSU 21 条 5 項）。この場合，可能なときは原小委員会の委員が構成する 21 条 5 項小委員会またはコンプライアンス小委員会と呼ばれる小委員会にこの問題が付託される。付託後 90 日以内に小委員会は報告を加盟国へ送付することが定められているが（同項），この 21 条 5 項小委員会の報告の扱った法律問題についても上級委員会への上訴が可能である。この 21 条 5 項小委員会・上級委員会の報告を受けて，被申立国が新たに実施措置をとった場合，この新しい実施措置についてさらに小委員会・上級委員会の審理を求めることも可能であり，実際に 21 条 5 項の手続が 2 回繰り返された例もある。

(h) 代　　償

上述の妥当な期間内に勧告および裁定の実施ができない場合には，被申立国は，要請があるときは，被申立国の何らかの貿易障壁の削減を内容とする代償を申立国に与える交渉を妥当な期間の満了までに開始する（DSU 22 条 2 項）。代償について紛争当事国間に合意が成立すれば，その合意内容に従って被申立国は勧告および裁定の実施を先に延ばすことができる。「日本―酒税 II」事件（DS8, 10, 11, ケースブック [8]）において日本が代償を提供し，実施の延期を認められたのはその例の 1 つである。なお，代償の提供は事件の終局的な解決を意味するものではなく，前述のように問題とされた措置の是正が必要とされる。

(i) 対 抗 措 置

代償について紛争当事国間に合意が成立しない場合，申立国は，被申立国に対する譲許その他の義務の適用の停止という対抗措置の承認を DSB に要請することができる。紛争が生じた分野と同一の分野に関する譲許その他の義務の停止ばかりでなく，場合によっては，クロス・リタリエーションと呼ばれるその他の分野に関する譲許その他の義務の停止について承認を得ることも可能である（DSU 22 条 3 項）。実際に物品の分野で生じた紛争について，知的財産権の分野での義務の停止が承認された例がある（「EC―バナナ III」事件（DS27, ケースブック [1]）におけるエクアドルの申請および「米国―越境賭博」事件（DS285, ケースブック [109]）におけるアンチグアの申請についてのそれぞれの仲裁判断）。

DSBによる対抗措置の承認もネガティブ・コンセンサス方式で決定されるが，譲許その他の義務の停止の程度（無効化または侵害の程度と同程度（DSU 22条4項））ならびにクロスリタリエーションに関する原則および手続の遵守の有無については，被申立国は仲裁を求めることができる。仲裁は，可能であれば原小委員会の委員または事務局長が任命する仲裁人によって行われる。

　ガットの時代に対抗措置が承認された例は1つしかないが，WTO発足後は何回か承認されている（DS26, 27, 46, 165, 136, 160, 217, 234, 222, ケースブック[85]～[92] 等）。なお，承認されても対抗措置が実施されないケースもある。実施される場合もされない場合も当事国は相互に満足すべき最終的な解決を目指してさらに交渉を続けるのが通常である。

③　目的および意義

　ウルグアイ・ラウンドにおいて，ガット時代のGATT 23条の下での紛争解決手続に全面的な改正を加え，強制的な要素を強めること（いわゆる「司法化」）が合意された。その合意に基づいて作成されたDSUは，上述のように手続の各段階に期限を設け，また，ネガティブ・コンセンサス方式を採用して紛争当事国の一方だけの意思により手続の進行がブロックされることがないようにし，加盟国間の紛争が定められた手続によって迅速に行われるようにすると同時に，加盟国が他の加盟国のWTO協定上の義務違反または利益の無効化・侵害について一方的に措置をとることを禁じている（DSU 23条）（→第4章4参照）。

　DSUは，WTO設立協定，多角的貿易協定，複数国間貿易協定，そしてDSU自体に基づく権利義務に関する加盟国間の紛争解決に適用される（DSU 1条1項）。DSUの適用対象となっている協定（対象協定）に特別な紛争解決条項が含まれている場合（DSU附属書2），DSUの規定と抵触があるかぎりにおいて特別な紛争解決条項が優先する（DSU 1条2項）。抵触がない場合には特別な紛争解決条項と共にDSUが適用され，特別な紛争解決条項がDSUシステム全体に取って代わるものではない。

　DSU 3条2項には，多角的貿易体制に安定性および予見可能性を与えるものとしてのWTOの紛争解決制度の重要性が明示されている。同項には，

WTO 協定の規定の解釈が「解釈に関する国際法上の慣習的規則」に従って行われることも定められている。この慣習的規則の内容は，主としてウィーン条約法条約 31 条および 32 条に現れていると上級委員会・小委員会により一貫して解されている（DS269, 286, ケースブック[61]）。特定の紛争に適用される規定の解釈を行うために WTO 協定以外の国際法の関連規則が考慮されることはありえるが，明確な強行規範（*jus cogens*）が存しない限りにおいて，WTO の紛争解決手続で紛争当事国の権利および義務を明らかにするために適用されるのは WTO 協定の諸規定のみである。

【参考文献】
荒木一郎「なぜ，今，WTO について論じるのか」小寺彰編『転換期の WTO』（東洋経済新報社，2003 年）
岩沢雄司『WTO の紛争処理』（三省堂，1995 年）
岩沢雄司「WTO 紛争処理の国際法上の意義と特質」『日本と国際法の 100 年　第 9 巻　紛争の解決』（三省堂，2001 年）
川瀬剛志＝荒木一郎編『WTO 紛争解決手続における履行制度』（三省堂，2005 年）
経済産業省通商政策局編『不公正貿易報告書〔2018 年版〕WTO 協定及び経済連携協定・投資協定から見た主要国の貿易政策　産業構造審議会レポート』（2018 年）
小寺　彰『WTO 体制の法構造』（東京大学出版会，2000 年）
米谷三以「WTO の紛争処理手続き」松下満雄編『WTO の諸相』（南窓社，2004 年）
清水章雄「世界貿易機関の紛争解決手続」島田征夫他編『土井輝生先生古稀記念　変動する国際社会と法』（敬文堂，1996 年）
日本国際経済法学会編「紛争処理から見た WTO の体制」日本国際経済法学会年報 8 号（1999 年）
日本国際経済法学会編「WTO の 10 年／WTO 紛争解決手続きの理論的課題」日本国際経済法学会年報 14 号（2005 年）

第4章 WTO協定の国内的実施

> *Summary*
>
> WTO協定は，他の多くの国際条約と同様に，その国内的実施方法については各加盟国に委ねている。多くの加盟国は自国の憲法において国際条約の国内的効力や国内法秩序における序列を定めており，WTO協定の国内法上の地位もそれによって定まる。国内的実施の方法としては，WTO協定を直接適用する方法と国内的実施立法を通じて間接的に適用する方法がある。直接適用の方法が採用される場合には，私人がWTO協定に基づき国内裁判所で政府の協定違反を問うことができるようになり，WTO協定の実効性は飛躍的に増加するはずである。しかし，米国やEUではWTO協定の直接適用は明示的に否定されてきた。そのような状況に照らして，日本の裁判所も，消極的な相互主義を一つの理由として，WTO協定の中の農業協定4条2項について直接適用を否定している。
>
> *Key Words*
>
> 条約の国内的効力　序列　包括的受容説　変形説　直接適用可能な条約　自動執行的な条約　直接効果　国内的実施立法　*lex posterior derogate priori*（後法優先）の原則　行政協定　ウルグアイ・ラウンド協定法　共通通商政策　消極的な相互主義　Third International Fruit Company 事件　西陣ネクタイ訴訟　ポルトガル対理事会事件　豚肉差額関税事件　米国通商法301条

1　国内法秩序における国際法の実現

(1) 国内法秩序における国際法の地位

　国際法は，国家が条約を締結し国際的義務に拘束されることに同意する場合に，国家がその国際的義務を遵守すべきことを要求するにとどまり，国家がそのような国際的義務に国内法上どのような効果を与えるべきかを特定していない。一般に，国家は自国の国内法秩序における国際法の実現について

方法の自由を有し，そのため国内法秩序における国際法の地位も各国において異なりうる。

　国家は，一般に自国の憲法体制において国際法の国内的実現の方法を定めている。すなわち，各国の憲法は，どのようにして国際法を国内法秩序に受容し，どのような国内的効果を与えるのか，また，憲法を含めて他の国内法との優劣関係（序列）をどうするか，といった国内法秩序における国際法の地位について一般的に規定している。たとえば条約については，今日，わが国を含めて多くの諸国が，条約をそのままのかたちで包括的に受容し，国内的効力を認める体制を採用している（包括的受容説）が，一部の諸国は，条約それ自体の国内的効力を認めず，いったん法律や政令のような国内法固有の形式に変形して条約内容の国内的実現を図っている（変形説）。また，包括的受容説の下で国内的効力を認められた条約の国内法秩序における序列については，条約を憲法より上位に位置づける国，憲法より下位であるが法律より上位に位置づける国，法律と同等の地位を与える国など，さまざまである。

⑵　「直接適用可能な」条約

　条約は，その国内的実施方法の観点からは，それ自体がそのまま「直接適用可能な（directly applicable）」（または「自動執行的な（self-executing）」）条約と，そうではなく国内的実施立法などなんらかの国内的措置を通じていわば間接的に適用される条約とに区別することが可能である。

　直接適用可能な条約とそうでない条約の違いは次のような点に現れる。前者は，通常の国内法令と同様に直接国内の権利義務関係を規律し，国内裁判所が独立の裁判基準として用いることができる。とりわけ条約に立法府の制定する法律より上位の序列を与える諸国においては，直接適用可能な条約が立法府をも拘束し，私人は国内裁判所に条約違反の法律の無効を訴えることができる（EUでは，この後者の性質はとくに「直接効果（direct effect）」と呼ばれる）。これに対して，後者の直接適用可能でない条約は，もっぱら国内実施立法などの国内的措置を通じてのみ実施可能とされ，そのような措置が存在しなければ国内的には実施されないままになり，もっぱら国際法上の義務違反だけが生じることになる。私人は国内裁判所に条約を直接援用して訴

えを提起することはできず，単に国内的実施立法を通じて救済を求めることができるにすぎない。もっとも，このような条約は国内的実施立法の解釈基準としての効果はもちうる。

　ある条約が直接適用可能な条約であるかどうかは，当該条約自体が当事国に直接適用を義務づけている場合（国際法の基準が存在する場合）を除き，各当事国によってそれぞれの国内法上の基準に従って判断される。すなわち，一般的には，当該条約の個々の規定について直接適用可能なほどに十分明確な内容を持つか，十分に整備された実施手続を伴っているか，さらに，条約規定の内容が当該当事国の憲法上の権力分立原則に反しないか（たとえば，憲法上国家の支出を伴う措置について立法府による法律の制定を必要とするとされている場合），などが判断基準とされるが，これらの基準による評価は相対的なものであり各当事国によって異なりうる。

　また，各当事国においても，判断の主体は，最終的には国内裁判所であるが，日常的には条約の国内的実施機関である行政府や立法府といった政治的機関である。しかし，とくに条約に法律よりも上位の国内的効力を認める諸国においては，これらの政治的機関はしばしば条約規定の直接適用可能性を認めることに消極的である。なぜなら，ある条約規定にいったん直接適用可能性を認めてしまうと，将来にわたってそれに拘束されることになり，政治的機関としての裁量権を著しく制約されることになるからである。とりわけ立法府は，条約規定に反する内容の法律を制定することができず，その行動を大きく制約されることになる。そしてさらに，国内裁判所でさえ，権力分立原則を尊重するあまり，つまり司法府の判断が政治的機関の行動の自由を制約する結果になることに躊躇し，往々にして政治的機関による消極的判断に追従する傾向にある。この結果，多くの条約は直接適用可能性を否定され，条約の内容は国内的実施立法を通じて実現されるにとどまる。

2　WTO協定の直接適用可能性

　WTO協定の個々の規定は，GATT 1947の経験を踏まえてその文言が十分に明確であり，無条件であり，かつ司法的な判断基準として十分に機能し

うること，そして，WTOの紛争解決手続が外交交渉中心の政治的な手続から上述のように高度に司法的でかつ精緻な手続へと進化してきたことは，多くの学者が認めるところである。しかし，WTO協定それ自体の中には，この協定が各加盟国において直接適用されるべきである，または直接適用されるべきでないとする明示的な規定は存在していない。たしかにWTO設立協定16条4項は，「加盟国は，自国の法令及び行政上の手続を附属書の協定に定める義務に適合したものとすることを確保する」と規定し，WTO協定に適合した国内的実施立法の制定を義務づけるようにも読めるかもしれない。しかし，この規定は，単に加盟国に対し自国の国内法令をWTO協定上の義務に適合させるべき当然の義務を確認するにとどまり，国内的実施の具体的方法はむしろ各加盟国に任せるという態度を表明するものと解すべきであろう。それゆえ，この規定もWTO協定の直接適用可能性を否定するものではないといえる。

　WTO協定の起草過程であるウルグアイ・ラウンド交渉においては，スイスがGATT協定の国内的実施の改善のための方法として次のような興味深い提案をした。それによれば，GATTの各締約国に特定のGATT規則を選択させ，それらを相互主義に基づいて各国内で直接適用させようとするものである。すなわち，各締約国に直接適用可能なGATT規定の選択権を与えるとともに，私人は，その本国が同様のGATT規定の直接適用を認めている場合に限り，輸入国が選択したGATT規定を輸入国の国内裁判所で直接援用できることにするというものである。スイスはこのような内容の規定を後にWTO協定となる文書の中に含めるべきことも提案した。しかし，この提案は，交渉参加国の関心を惹かず，採択されることはなかった。それにもかかわらず，この事実から，起草者たちがWTO協定の直接適用可能性を否定することを意図していたと即断するのは適切ではないであろう。結局，WTO協定それ自体は，この協定またはそのいずれかの規定が直接適用可能であるかどうかの判断を各加盟国に任せるという態度をとっているものと解することができる。

　WTO紛争解決機関によって設置されたある事件の紛争解決小委員会は，次のように述べている。「加盟国に向けられたいずれかのWTO協定中の義

務が，とくに特定の紛争において DSU〔紛争解決了解〕の手続を尽くした後の義務について，個人のために国内裁判所が保護しなければならない権利を創設するような状況が存在するかどうかは，未解決の問題である。……WTO の機関が今日までいかなる義務についても直接効果を生じるものとして解釈してこなかったという事実は，いずれかの加盟国の法体系において，国内の憲法原則に従いいずれかの義務が個人に権利を付与するものと認定されることを必ずしも排除するものではない」（「米国―通商法 301 条」事件（DS152，ケースブック[70]）の小委員会報告，para. 7. 72, note 661）。

　なお，この問題に関連し，WTO 設立協定附属書 4 の複数国間協定の 1 つである「政府調達に関する協定（2014 年改正）」（政府調達協定）は注目に値する。「国内の審査のための手続」と題する同協定 18 条は，締約国に苦情申立手続の設置を義務づけ，その手続は供給者である私人が国内裁判所または独立の国内的検討機関において直接協定を援用して調達機関の行為について苦情申立てを行うことを認めるものとしている。したがって，それは実質的に政府調達協定の締約国国内における直接適用可能性を認めるものとみることができるであろう。協定違反行為によって入札機会を失うなどの不利益を被った特定の供給者を実効的に救済するためには WTO の紛争解決手続では不十分であるという，政府調達分野に特有の事情によるものではあるが，WTO 協定の国内的実施方法として，他の分野でもこのような手続の導入の可能性を検討する余地はあるであろう（→第 9 章 3 参照）。

3　各国における WTO 協定の国内的実施

　本節では，WTO 体制の 3 極を構成する米国，欧州連合（EU）および日本における WTO 協定の国内的実施の方法について，とくに WTO 協定の直接適用の可否を中心に概観することにする。考察に必要な限りで，各国における条約の国内的受容体制一般および WTO 体制の前身である GATT 1947 の扱いにも論及しよう。

(1) 米国

(a) 条約の国内的受容体制

米国憲法6条2項は，上院の3分の2の多数によって承認された「条約（treaty）」（米国が締結した国際協定のうち，このようにとくに上院の承認を得たものを「条約」と呼ぶ）が憲法および法律とともに「国の最高の法（supreme law of the land）」となると規定している。そして，この規定は，「条約」が米国の国内法秩序にそのままのかたちで受容され国内的効力を与えられること，およびこのような「条約」と他の国内法との優劣関係については，少なくとも「条約」が連邦制定法と同等の地位を与えられること，を意味するものと解釈されている。そのため，米国では「条約」と連邦制定法が内容的に抵触する場合の解決規則が必要となり，*lex posterior derogat priori*（後法優先）の原則が適用されることが初期の最高裁判例以来確立している。

米国ではこのように「条約」という用語が限定された意味で使用されているが，上院の承認に付されない広い意味での条約または国際協定（international agreement）は，大統領限りのものとして「行政協定（executive agreement）」と呼ばれる。そして，「行政協定」も「条約」と同様に国内的効力を与えられるが，大統領が事前に議会の授権を得て締結したもの，または大統領が締結した後に議会が承認立法を制定するものについては，連邦制定法と同等の序列が与えられるのに対して，大統領が憲法上の固有の権限に基づき締結し，議会が事前または事後になんら関与していないものは，連邦制定法よりも下位の序列に置かれるとされている。

したがって，米国法において国際協定と国内法の効力関係を規律する決定的な要素は連邦議会の立法意思であるといえる。連邦法を変更しうる国際協定は議会がなんらかのかたちで承認した国際協定であり，さらに，議会は将来新たな制定法によってこのような国際協定の内容を国内的に変更する権限を留保している。もちろん，米国法として受容された国際協定が新たな連邦制定法により国内的に無効とされる場合でも，米国の国際法上の義務は依然として存続し，このような義務の不履行は国際法違反となるといわなければならない。

ところで，本章でいう「直接適用可能な条約」の理論は米国では国際協定

の「自動執行性」の理論といわれる。すなわち，米国法上，自動執行的な国際協定とは，米国を拘束すると同時にそれ自体直接かつ即時に適用可能となることを明示的または黙示的に指示しているものをいい，これに対して米国を拘束する国際協定がそれ自体適用可能となるために新たに国内的実施立法を必要とすることを指示する場合には，このような国際協定は非自動執行的とされる。国内的実施立法は，必ずしも議会による立法というかたちをとらず，大統領令（executive order）または大統領による布告（proclamation）という形式の場合もある。論理的には，米国を拘束するすべての国際協定が国内法への受容手続を経て国内的効力を与えられることになるが，国内的実施立法を伴わない非自動執行的な国際協定は，国内的には実施されえないから，事実上，国内的効力をもたないに等しいと考えられている。

　米国を拘束するある国際協定が自動執行的であるかどうかは，議会の意思によって明示的に決定される場合もあるが，そうでなければ米国裁判所によって決定される。もっとも米国の裁判所は，ある国際協定が全体として自動執行的であるかどうかを審査することはなく，当該国際協定の特定の条項について審査を行うにとどまっている。裁判所は，「条約の文言に表明された署名当事国の意図」を探求するため当該条項を分析したり，当該条項が「〔米国〕政府の司法部門に向けられており」，米国市民に権利を付与するものであるのか，またはたんに「政府に一定の行為を要求するもの」であるのかを検討したりしてきた。

(b)　WTO 協定の国内的実施方法

　米国憲法は，議会が「関税を課し，……徴収する」権限および「外国との通商を規制する」権限を有するものと規定している（1条8項）。したがって，大統領は，外国と通商協定を交渉し，それを締結し，かつ実施するためには，一般に議会からの何らかの協力を必要とする。通常，そのような協力は，議会から大統領への権限の委任によるか，大統領が締結した協定の議会による事後的な承認か，または国内的実施立法の制定という形式をとってきた。とくに国内的実施立法による場合，議会はその中で当該通商協定を承認し，大統領にそれを批准する権限を与えてきた。議会が大統領に通商政策権限を委任した最初の主要な「通商法」は1934年の互恵通商協定法であった。同法

の下で，大統領は外国と関税引下げのための相互的な通商協定を締結する権限を与えられた。ただし，同法以来，議会は，この権限委任の期間を通常1年ないし3年間に限定することによって，大統領の権限行使を監視してきた。

　GATT 1947の締結も大統領に与えられたこの権限に基づくものであったが，議会は，GATTを正式の条約としても，また事後的な実施立法を通じても，承認しなかった。このため，GATTは行政協定として大統領布告を通じて国内法に受容されることになった。1934年互恵通商協定法による議会の権限委任の範囲が不明確であったこと，および議会がGATTの承認を拒絶したことにより，米国法におけるGATTの法的地位は不明確なものとなった。州裁判所のなかにはGATTに違反する州法の無効を宣言するものもあったが，連邦裁判所はGATTの義務が内容的に抵触する連邦法に優先すると判断することはなかった。議会の承認を得られなかったGATTは連邦法よりも下位に位置するものと考えられたからである。この結果，GATTが自動執行的であるのかどうかという問題は裁判所によって十分には検討されないままであった。たとえば，米国のある裁判所は次のように述べている。

　　「われわれはそうは思わないが，たとえわれわれが商務省の解釈はGATTと抵触するということに納得するとしても，GATTは決定的なものではない。われわれはGATTに基づく米国の責任を遵守することにおける議会の利益を承認するが，われわれは，議会が行うべきことまたはおそらく行おうと欲したとわれわれが考えることによってではなく，議会が実際に行ったことによって拘束される。GATTは国内立法には優越しない。本件での制定法規定がGATTと適合的でない場合には，決定しかつ救済を行うのは議会の問題であって当裁判所の問題ではない」(Suramerica de Aleaciones Laminadas, C. A. v. United States, 966 F. 2d 660 (Fed. Cir. 1992))。

　この判示は，国内法や国内行政機関の行為を審査する際にGATTの遵守問題を実際上無視するため，しばしば他の裁判所によっても引用されてきた。

　ところで，1974年通商法は，それまでの通商法が関税引下げについての交渉権限を付与するものであったのに対して，初めて明示的に非関税障壁に

関する協定を締結する権限を大統領に付与した。しかし，この権限の拡大の代償として，大統領は，通商交渉の期間中常に議会や国内の利益団体と協議すること，およびいずれの通商協定も議会の制定法を通じて実施されるべきことを要求された。議会は，そのような要求を実現する手段として，非関税障壁に関する通商協定を通常の承認手続よりも迅速に承認するためのいわゆるファースト・トラック手続を創設した。

　このようにして，1974年通商法以来，通商協定の締結と実施のためには議会の事前および事後の承認手続を必要とすることが恒常化することとなった。議会は一定の目的を達成するため一定の通商協定を交渉する権限を大統領に与えたが，協定の受諾のためにはさらに上下両院の多数決による実施立法の成立が条件とされた。東京ラウンドの非関税障壁協定も，またウルグアイ・ラウンドのWTO協定も，このような方式に基づいて交渉されることとなった。

　東京ラウンドの非関税障壁協定は，1974年通商法により大統領に交渉権限が与えられ，1979年の通商協定法により承認され，かつ実施された。この結果，これらの非関税障壁協定は連邦法と同等の地位を与えられることとなったが，それはこれらの協定が自動執行されることを意味するものではなかった。議会は，非関税障壁協定を非自動執行的なものとして扱うことを明示的に宣言し，1979年通商協定法をその国内的実施立法とした。

　WTO協定を成立させたウルグアイ・ラウンドの交渉権限は1988年包括通商競争力法によって大統領に与えられた。当時，正式の交渉開始からすでに2年が経過していた。1993年12月15日，大統領はWTO協定の締結の意思を表明した。この日は，翌年の1994年4月15日のマラケシュにおける協定の正式署名の日から120日前の日に当たり，1993年に延長された大統領のファースト・トラック交渉権限による協定締結が可能な最終日であった。議会は，翌1994年12月1日にウルグアイ・ラウンド協定法を成立させ，WTO協定に承認を与えるとともに国内実施方法を定めた。この結果，議会は，1947年以来初めて明示的にGATTをWTO協定の一部として承認し，その国内法上の地位を規定した。東京ラウンドの非関税障壁協定もほぼすべてがウルグアイ・ラウンドで改定されたため，これらの協定もWTO協定

の一部として国内法上明確な地位を与えられた。

　ウルグアイ・ラウンド協定法は，まず，WTO 協定と米国法の効力関係について次のように規定する。「ウルグアイ・ラウンド諸協定のいずれの規定も，またはその規定のいずれかの人もしくは状況への適用も，それがいずれかの米国法に反する場合には，いかなる効果ももたない」(102 条(a)(1))。さらに，同法は，私人の救済申立てに関する協定の効果について，米国以外のいかなる人も，「いずれかのウルグアイ・ラウンド諸協定の下で……いかなる訴訟原因または防御ももたず」，または，「米国，州もしくは州の政治的下部組織のいかなる作為もしくは不作為についても，それらが〔ウルグアイ・ラウンド諸協定のいずれかに〕反することを理由に，異議申立てを行ってはならない」(同条(c)(1)) と規定している。

　要するに，ウルグアイ・ラウンド協定法は，米国国内法上，WTO 協定を米国法よりも下位に位置づけ，さらに，WTO 協定の自動執行性を私人との関係で否定した。したがって，米国では，WTO 協定はあくまで国内的実施立法であるウルグアイ・ラウンド協定法を通じて実施されるにとどまり，その直接適用可能性は否定されていることになる。このことは同時に，私人が米国政府や州政府による WTO 協定の実施を監視する権利を与えられてはいないことも意味する。

　ウルグアイ・ラウンド協定法についてさらに注目されるのは同法と他の連邦法との関係である。本来であれば，後法優先の原則が適用され，先行して存在する連邦法がウルグアイ・ラウンド協定法に抵触する場合には，前者は無効とされるはずであるが，議会はこの原則を大幅に制限した。ウルグアイ・ラウンド協定法 102 条(a)(2) は次のように規定する。

「解釈――本法のいかなる規定も以下の目的のために解釈されてはならない。
(A)　以下に関連するいずれかの法を含めて，いずれかの米国法を修正または変更すること――。
　(i)　人，動物もしくは植物の生命または健康の保護
　(ii)　環境の保護，もしくは
　(iii)　労働者の安全，または
(B)　1974 年通商法 301 条を含めて，いずれかの米国法の下で付与された

いずれかの権限を制限すること。

　ただし，本法に別段の規定が存在する場合にはこの限りではない。」

　この規定により，とくに既存の環境保護や製品基準に関する連邦法について，ウルグアイ・ラウンド協定法がそれらの変更を必要とするよう解釈される可能性は大幅に制限されることとなった。もとより後法優先の原則により議会はいつでもウルグアイ・ラウンド協定法に反する内容の新たな連邦法を制定することができることも考え合わせると，議会がWTO協定およびその国内的実施立法に与えた国内法上の地位は，他の連邦法には決して優越し得ない脆弱なものであり，WTO協定の国内的実施はつねに議会の意思に依存することになる。

(2) 欧州連合

(a) 域内における条約の受容体制

　戦後最大の地域経済統合として発展してきた欧州連合（EU）は，1992年12月までに域内単一市場を完成させ，1993年11月発効の欧州連合条約（マーストリヒト条約）およびその改正条約である2009年12月発効のリスボン条約により政治統合へと発展しつつある。ここでは，EUが第三国と締結する条約の，域内における受容体制を概観しよう。

　欧州連合条約と並びEUの「基本条約」を構成する欧州運営条約（Treaty of the Functioning of the European Union）の216条はEUが第三国または国際組織と条約を締結しうることを認め，218条はEUの主要な行政機関であるEU委員会が条約締結のための交渉を行うとともに，EUの主要な立法機関であるEU理事会が（一定の場合には欧州議会の同意を得た後に）これを締結すると規定している。そして，216条2項によれば，このようにして締結された条約はEUの諸機関および構成国を拘束する。この規定はEUが対外的に締結する条約をEU法秩序に受容することを宣言するものであり，欧州司法裁判所（EU裁判所）は，その判例において，この種の条約がそのまま「共同体法体系〔現行EU法体系〕の不可分の一部」を構成するものと判示してきた。さらに，EU裁判所は，EU法秩序における条約の序列についても，この規定の解釈として，これらの対外的に締結された条約は，EUを設立する基本条約（通常，「一次法」と呼ばれる）よりも下位に位置するが，規則，

命令または決定などの EU 機関の立法行為（通常，「二次法」または「派生法」と呼ばれる）よりは上位に位置するという判例法を形成してきた。

ところで，条約の直接適用可能性（および「直接効果」）の概念は EU では独自の発展を遂げてきた。EU は，単に構成国間の政府間協定として存在するのではなく，構成国の「個人」（EU 法では，自然人および法人を含む私人を指す）をもその構成主体とする超国家的な共同体を形成するものとされ，EU 法体系はこのような個人に構成国の国内法秩序の枠組みを超えて直接適用される必要があると考えられたからである。EU 裁判所は，このような観点から，当初は EU を設立する基本条約の，また後には EU 機関の立法行為の直接適用可能性を承認してきた。

たとえば，EU 運営条約 267 条によれば，構成国の国内裁判所は EU 法体系の国内的実施に関連して EU 裁判所に先決的判決（preliminary judgment）を求めることができるとされている。これにより，個人が構成国の国内的措置の効力を EU 法体系のいずれかの規定に違反することを理由に争う場合に，構成国の国内裁判所はこのような先決的判決を通じて当該 EU 法規定の直接適用可能性の判断を EU 裁判所に求めてきた。そして，EU 裁判所は，この手続による判例において，EU 法体系の諸規定は，それが明白かつ無条件で，その実施のために補足的な立法措置を必要とするようななんらかの留保によって制限されていないとき，構成国の国内法秩序において直接適用可能なものとして実施されると判示してきた。

同様に，EU が対外的に締結した条約の各構成国における国内的実施が問題となる場合には，上述のようにこのような条約は EU 法体系の一部を構成するのであるから，構成国の国内裁判所は当該条約の解釈適用について EU 裁判所の先決的判決を求めることができる。その場合，EU 裁判所は当該条約の構成国における直接適用可能性についても判断を求められることがある。

さらに，EU が対外的に締結した条約を含めて EU 法体系の直接適用可能性は，EU 法秩序のレベルでも問題となりうる。すなわち，EU 運営条約 263 条は，構成国および EU 機関に加えて個人が，他の EU 機関の行為の合法性を争うために EU 裁判所に直接訴訟を提起することを認めている。したがって，たとえば，EU が締結した条約の違反を理由として個人が EU 機関

の行為である二次法の合法性を争う場合には，EU 裁判所は，EU 法秩序のレベルで当該条約が直接適用可能であるかどうかを判断することになる。

(b) **WTO 協定の域内および構成国における実施方法**

まず，EU による GATT 1947 への参加から論じよう。GATT は，EU の成立（EU の原形である欧州経済共同体（EEC）の成立は 1958 年）以前にすでに個々の構成国によって締結されていた条約であったこと，およびその規律する分野が通商政策であったことにより，通常の条約の場合よりも若干の複雑さが加わった。EU 運営条約 351 条によれば，このように EU の成立以前に構成国が第三国との間に締結していた条約については，そこから生じる権利義務は EU 条約によっては影響を受けないものとされている。ところが，通商政策の分野は，EU 条約上，EU が関税同盟を形成し，全体で共通通商政策を採用することとなっていたため，各構成国から EU 機関に権限が委譲されることになっていた（EU 運営条約 206 条および 207 条）。したがって，EU 機関の見解によれば，EU は，その成立とともに GATT 上の権利義務を各構成国から承継したのであり，GATT の正式の加入手続を経ていないにもかかわらず，それ自身が GATT 上の義務により完全に拘束されているとされた。そして，実際にも EU 機関が構成国に代わって域外の GATT 締約国に対して GATT 上の権利義務を行使してきた。これに対して，ガットおよび域外の GATT 締約国も，EU による GATT 上の権利行使を黙認し，GATT 23 条に基づく多くの紛争解決手続が EU それ自体を相手方として提起されてきた。このようにして，EU は，ガットの事実上のメンバーシップを獲得してきたのである。

ところで，EU 法体系の直接適用可能性は，EU 法体系に受容された GATT についても当然に問題となった。しかし，EU 裁判所はこの問題に対して一貫して否定的な判断を下してきた。リーディング・ケースとされる事件は 1972 年の Third International Fruit Company 事件（Joined Cases 21-24/72, 1972 E. C. R. 1219）である。本件では，オランダの国内裁判所が，当時の EEC 条約 177 条（現 EU 運営条約 267 条）に基づき，第三国からの食用りんごの輸入を制限する EU 理事会規則が GATT 11 条に違反し無効であるかという先決的判決を EU 裁判所に求めた。

EU 裁判所は，まず，国際法の規則に基づき EU 機関の措置の効力を争うためには，EU がその国際法規則によって拘束されており，かつその国際法の規則が「共同体の市民に裁判所において援用しうる権利を付与しうる」という意味で直接適用可能でなければならないという一般原則を宣言した。そして，GATT が EU を拘束することを認めたうえで，裁判所は次に，GATT の直接適用可能性を検討するためには「〔GATT の〕精神，一般的構造および文言」が考察されなければならないとして，次のように判示した。

　「〔GATT〕は，その前文によれば，『相互的かつ互恵的な取極』の基礎の下に行われる交渉の原則に基づくものであるが，その規定，とくに義務免除の可能性，例外的困難に直面した場合にとられるべき措置および締約国間の紛争に関する規定の大きな柔軟性によって特徴づけられている」（1972 E. C. R. 1227）。

　この結果，「このような状況において検討すると，〔GATT〕11 条は，〔EU〕の市民に裁判所において援用しうる権利を付与することはできない。したがって，本件〔EU〕規則……の効力は，〔GATT〕11 条によっては影響を受けない」（1972 E. C. R. 1228）。

　EU 裁判所のこの判示は，直接には GATT 11 条の直接適用可能性を否定するものではあるが，その理由づけは，単に 11 条にとどまらず，GATT の他のすべての規定についても妥当するものであった。実際，EU 裁判所は，GATT の「精神，一般的構造および文言」を考慮することにより，本件と同様の理由づけによって他の GATT 規定の直接適用可能性も否定しており，GATT が全体として直接適用可能でないことは EU 判例上確立してきた。

　しかしながら，そのような中で，EU 裁判所は，1994 年のいわゆるバナナ事件判決（Case C-280/93, ドイツ対理事会）で，注目すべき判断を下した。本件は，バナナ市場の共通組織に関する理事会規則が GATT 規定に違反することを 1 つの理由としてドイツ政府が提起した無効の訴えにかかわるものであった。裁判所は，従来の判例に従い GATT の直接適用可能性を否定しながらも，GATT の規定がなお EU 法秩序において重要な効果を持ち，場合によっては EU 裁判所で援用可能であるとして，次のように判示した。

　「もっぱら共同体が GATT の枠組み内で引き受けた特定の義務を実施す

ることを意図した場合にのみ，または，もっぱら共同体の行為がGATT の特定の規定を明示的に参照した場合にのみ，当裁判所はGATT規則の観点から当該共同体行為の合法性を審査することができる」（1994 E. C. R. I-5073-5074）。

このようにして，バナナ事件判決は，GATTの直接適用可能性を否定する判例を維持したものの，EU機関があるGATT規定の特定の義務を積極的に履行しようとする場合には，当該GATT規定が履行措置の合法性を審査する基準となりうることを認め，一定の柔軟性を示した（なお，本件に先立つナカジマ事件判決（Case C-69/89, ナカジマ対理事会，1991 E. C. R. I-2069）およびFediol事件判決（Case 70/87, Fediol対委員会，1989 E. C. R. 1781）も参照）。

GATTと異なり，WTO協定はEU理事会および各構成国によりいわゆる混合協定として締結された。WTO協定の締結権限について委員会が求めたEU裁判所の意見（Opinion 1/94）が，WTO協定中のGATSおよびTRIPS協定についてはEUと各構成国が権限を共有していると述べたからである。EUはWTO協定中では各構成国とともに正式のメンバーシップを認められ（WTO設立協定11条），ガット時代の不安定なその法的地位は改善された。

1994年12月22日，EU理事会は，WTO協定の締結を承認する理事会決定（94/800/EC）を正式に採択するとともに，同時に一連の域内実施立法のパッケージを採択した。WTO協定の直接適用可能性に関連して注目されるのは，この理事会決定が，WTO協定は「その性質上，……〔EU〕裁判所または構成国裁判所において直接援用されうるようなものではない」と明示的に宣言していることである。この理事会決定の原案となった委員会提案は，このような宣言の必要性について次のような理由を述べている。すなわち，米国やその他多数の貿易相手国がWTO協定の直接適用可能性を排除することがすでに知られており，WTO協定を締結するEUの文書の中に直接適用可能性を排除する明示の規定が存在しなければ，EUと他の諸国の間にWTO協定の義務の実際の履行において著しい不均衡が生じる，というものである。

このようにして，EUの立法および行政機関は，WTO協定の直接適用可

能性を否定する根拠として消極的な意味での相互主義を主張している。しかし，EU 判例法上，条約がそれ自体として条約当事国の国内でいかなる効果を持つべきかを定めていない限り，EU 域内で当該条約が直接適用可能であるかどうかの最終的な判断は EU 裁判所の権限であるとされている。したがって，WTO 協定締結後，EU 裁判所が，WTO 協定の直接適用可能性に関して，以上のような立法および行政機関の意向をどのように評価するのか，あるいは，WTO 協定がきわめて精緻化され，明確化され，かつ強力な紛争解決手続とともに高度に司法化された点を考慮し，従来の GATT に対する判例を変更するのかが注目された。

　これらの問題に対する EU 裁判所の解答は，1999 年 11 月 23 日のポルトガル対理事会事件判決（Case C-149/96, 1999 E. C. R. I-8395）において示された。本件は，ポルトガル政府が WTO 協定を援用し，理事会決定の無効を争ったものであるが，EU 裁判所は，WTO 協定について初めてその直接適用可能性を否定する判断を下した。その理由は，WTO 協定が従来の GATT と同様に依然として「相互的かつ互恵的な取極を締結する」ための交渉の原則に基礎を置いていること，WTO の紛争解決手続も交渉による解決の余地を残していること，そして，EU の主要な貿易相手国が WTO 協定の直接適用可能性を否定していること，であった。EU 裁判所は，WTO 協定の直接適用可能性を否定した上述の理事会決定 94/800/EC と裁判所の解釈が一致していることにも言及している。

　EU 裁判所が，EU の立法および行政機関と同様に，消極的な相互主義を掲げた理由は，EU 法秩序における条約の序列に由来する次のような実際的考慮によるものとみることができる。すでに述べたように，EU が域外的に締結した条約は，（通常一次法と呼ばれる）EU 基本条約よりも下位に置かれるが，（通常二次法または派生法と呼ばれる）EU 機関の立法行為よりも上位にあるとされている。この結果，WTO 協定の直接適用可能性を認めることは，EU 機関が通商政策の域内実施について将来にわたって WTO 協定に拘束されることを意味する。これに対して，EU の主要な貿易相手である米国は，上述のように，WTO 協定の直接適用可能性をウルグアイ・ラウンド協定法によって明示的に否定している（102 条(c)）。すなわち，米国はその通商政策

の国内的実施についてWTO協定によっては将来にわたってなんら拘束されないといえる。したがって，EUだけがWTO協定の直接適用可能性を認めることは，著しく相互主義に反することになろう。実際，EUにおいてWTO協定が直接適用可能であるとすれば，たとえば米国企業のEU子会社は，EU裁判所または構成国裁判所においてWTO協定を直接援用し，この協定に反するEU規則を無効にすることが可能になる。これに反して，EU企業の在米子会社が米国の通商上の措置のWTO協定違反を争うためには，EU委員会や構成国政府を通じて，最終的には国際的実施手段であるWTOの紛争解決手続に頼るほかに途がないことになる。

ポルトガル対理事会事件判決は，上述のバナナ事件判決と同様に，EU機関がWTO協定の義務を積極的に実施しようとする特定の場合に，当該実施措置の合法性の判断基準としてWTO協定を援用することができることを認めた。この点も，結局は，相互主義を堅持しつつ，EUの政治機関に柔軟性を与え，WTO協定の特定の規定に選択的に直接適用の場合と同様の効果を与えようとするものとみることができるであろう。

③ 日　本

(a) 条約の国内的受容体制

日本国憲法は，98条2項で「日本国が締結した条約及び確立された国際法規は，これを誠実に遵守することを必要とする」と規定している。単に国際法の誠実遵守義務を述べるにとどまるが，この規定は，解釈上，わが国における条約の受容体制について次の2点を定めるものと理解されている。第1に，わが国は条約をそのままのかたちで国内法に受容する包括的受容説を採用し，条約それ自体に国内的効力を認める。第2に，国内的効力を認められた条約と他の国内法との効力関係（序列）について，少なくとも条約は通常の法律に優先する効力を与えられる（条約と憲法の優劣関係については，解釈上いまだに論争があるが，多数説は憲法優位説を支持している）。

条約の直接適用可能性の問題については，わが国でも，学説上，上述の米国法やEU法の影響もあって，国内法として裁判所が適用しうるのは，「条約がその内容上そのままの形で適用可能（self-executing）なもの」，または「それ以上の措置の必要なしに適用されうる」直接適用可能なものである場

合に限られるというのが有力である。わが国の裁判所は，従来このような条約の直接適用可能性の問題をほとんど意識することなく，憲法上，条約が国内的効力を有することを確認するのみで，直ちに条約の実体的解釈を行い，これを適用してきた。しかし，1980年代後半以降は，とくに人権条約の解釈適用に関連して条約の直接適用可能性または自動執行性を検討するようになってきた。

　(b)　WTO 協定の国内的実施方法

　わが国は，1955年9月，「関税及び貿易に関する一般協定への日本国の加入条件に関する議定書」（加入議定書）を通じて GATT 1947 に加入した。また，1979年の東京ラウンドで成立した非関税障壁協定についても，1980年4月にこれを受諾している。加入議定書および東京ラウンドの諸協定は，いずれも正式の国会承認条約であり，憲法上，わが国において国内的効力を持つものであった。

　わが国の国内法秩序において GATT が直接適用可能であるかどうかの問題はいわゆる西陣ネクタイ訴訟において提起され，裁判所は，事実上，この問題に否定的に答えている。

　本件では，養蚕農家の保護を目的として日本政府が生糸の一元輸入制度を導入した結果，国際価格より高い国内価格で生糸の購入を強いられた京都西陣のネクタイ生地製造業者が，本件一元輸入制度は GATT 1947 違反（17条および2条4項違反）であると主張し，国家賠償の請求を提起した。京都地裁は，本件 GATT 1947 違反の主張について注目すべき次のような判断を示した（京都地裁昭和59年6月29日判決，判タ530号265頁）。

「原告ら指摘のガット条項の違反は，違反した締約国が関係締約国から協議の申入や対抗措置を受けるなどの不利益を課せられることによって当該違反の是正をさせようとするものであって，それ以上の法的効力を有するものとは解されない。

　　したがって，本件〔措置〕がガット条項に違反し無効であって，本件立法行為を違法ならしめるものとまでは解することができない」（前掲271頁）。

　要するに，裁判所は，GATT 1947 規定の違反は，ガットの紛争解決手続

を通じてもっぱらガットの他の締約国に一定の協定上の権利を生じさせる「法的効力」をもつにすぎず，国内的には何の効果も生じないと断定し，原告の請求を棄却したのである。裁判所は，GATT 1947 の直接適用可能性にはなんら明示的に言及しておらず，そのような問題の存在すら意識していないようにみえる。しかし，私人が自らの権利を主張するため GATT 1947 規定を援用しうることを否定したのは事実であり，少なくとも結果的には GATT 1947 の直接適用可能性を否定したものとみなすことができよう。

　本件は，その後，大阪高裁への控訴を経て最高裁に上告された。しかし，控訴審判決は GATT 1947 違反の主張を失当であるとして訴えを棄却し，最高裁判決は原審の判決を支持するとのみ答えるだけで，原告の敗訴が確定した（大阪高裁昭和 61 年 11 月 25 日判決，判タ 634 号 186 頁。最高裁第三小法廷平成 2 年 2 月 6 日判決，訟務月報 36 巻 12 号 2242 頁）。

　WTO 協定は，1994 年 12 月 28 日，国会の承認を得て，条約第 15 号として公布され，わが国についても 1995 年 1 月 1 日に発効した。上述の米国や EU とは対照的に，日本政府は，WTO 協定の国内的実施にあたって WTO 協定の直接適用可能性についてなんら公式の見解を表明していない。たしかに，関連する国内法の改廃・整備が行われ，実際上，WTO 協定はこれらの国内的実施立法を通じていわば間接的に実施されている。しかし，日本では，国内的実施立法の存在は必ずしも WTO 協定の直接適用可能性が否定されるということを前提にしているわけではない。多くの場合，条約は交渉の結果としての妥協の産物であり，多義的で複数の解釈が可能であることを理由として，日本では条約の国内的実施に当たって実施機関の判断を明確にするために国内法の整備を行うというのがいわば慣行のようになっているにすぎない。

　日本政府が WTO 協定の直接適用可能性の可否について明示的な意思表明を行わなかった理由は，実際上，次のような考慮が働いていたとみることも可能であろう。すなわち，ここでいう「日本政府」には，外務省だけでなく WTO 協定の各分野に関係を持つ省庁が含まれている。これらの関係省庁としては自己が所管する事項については関係国内法を自ら用意することによりあくまで所管事務を確保したいと考え，行動するであろうと考えれば，

日本政府としての意思統一は必ずしも容易ではないであろう。また，仮に関係省庁間の調整が成立し，意思統一が可能であるとしても，政府のどのような権限に基づきWTO協定の直接適用可能性を否定することが可能であるのかは必ずしも明確ではない。さらに，だからといって国会に付託して直接適用可能性を否定する手続を踏むことも躊躇されよう。他方で，国内法をしっかりと整備すれば，実際上，WTO協定の実施には十分対応できる。このようにして，日本政府としてはあえて積極的に態度表明を行う必要性を認めなかったという推測も成り立つ。

もっとも日本政府は，国際的には1996年にWTOのアンチダンピング委員会において，「［わが国の］関税法は，WTO協定の規定は直接適用可能である（can be directly applied）と確認している。なんらかの抵触があれば，WTO協定が国内法に優越する」との見解を表明しているのが注目される（G/ADP/Q1/JPN/6）。日本政府は，アンチダンピング調査手続に関し国内法上の規定のない事項に関しては，アンチダンピング協定の規定が直接適用されると述べている。わが国の関税法3条も，輸入貨物への課税に関し，「ただし，条約中に関税についての特別の規定があるときは，当該規定による」と定めており，実際，わが国が行った不当廉売関税調査ではアンチダンピング協定が直接適用されてきた（阿部克則「豚肉差額関税事件——WTO農業協定の直接適用可能性」ジュリスト1479号286-287頁参照）。

このようにして，わが国の実行では，WTO協定の一部について行政府レベルで直接適用が行われているものの，WTO協定のその他の部分がなお直接適用可能であるかどうかについては，日本政府はなんら見解を表明してこなかった。

そうした中で，日本政府の措置や国内法令がWTO協定に適合していないとして私人が実際に日本の裁判所に訴えを提起した事例がいくつか登場した。このうち，東京高裁平成25年11月27日判決（平成25年（う）第857号，法人税法違反，関税法違反被告事件，高刑集66巻4号1頁，判タ1406号273頁）は，WTO協定の直接適用可能性についてわが国の裁判所として初めて明示的な判断を示した。

わが国では，豚肉の輸入に関して差額関税制度が適用されていたが，同制

度は，輸入価格が「分岐点価格」以下の場合に「基準輸入価格」と輸入価格の差を差額関税として徴収し，国内養豚農家を保護する一方，「分岐点価格」を超える場合には低率な従価税を賦課することにより関税負担を軽減し消費者の利益を図るもので，需要者と国内生産者のバランスを図る機能を有していた。被告人は，虚偽の輸入価格を申告し差額関税を逃れていたとして関税法違反を問われたが，差額関税制度はそもそも農業協定4条2項が明示的に禁止する「可変輸入課徴金」，「最低輸入価格」または「その他これらに類する通常の関税以外の国境措置」に該当するのであって，同条項に違反して無効であると主張した。

原判決（千葉地判平成25年4月10日，平24（わ）496号・896号）は，「輸入豚肉について差額関税を含むいかなる関税制度を採用するかは立法政策の問題」であり，「WTO設立協定付属書2のとおり，同協定違反は統一紛争解決手続により解決が図られるものであって，WTO農業協定が国内の裁判規範として直接適用されるものではな」く，「したがって，豚肉の差額関税制度が直ちに無効となるものではな」いと判示していた。これに対して，被告人らは控訴したが，控訴を棄却するにあたり，本判決は，次のように判示した。

「［WTO］協定は，その直接適用可能性については何ら規定しておらず，それを認めるか否かを含めて，協定の国内的実現の手段方法は各加盟国の判断に委ねられたものと解されているところ，日本政府はWTO協定の直接適用可能性に関して公式の見解を表明していない。そこで，WTO協定につき直接適用可能性が肯定されるか否かは，我が国の国内法に依拠して決まるものであるが，本件に即していえば，WTO農業協定4条2項の内容及び性質を基礎として，我が国における三権分立の在り方，国内法制の状況，訴訟における請求や主張の形態なども勘案して総合的に判断することになる。まず，WTO協定の内容は，GATTとの対比においてより詳細かつ明確になったとはいえ，なお交渉を通じた柔軟な紛争解決の余地が排除されたわけではなく，規律の柔軟性が残っている部分もあると考えられる。また，アメリカ合衆国及びEC……は，WTO協定を国内・域内に実施する法令において直接適用可能性を明示的に否定しているところ，

日本及びアメリカ合衆国及びEU加盟国との間では貿易が盛んに行われており，こうした状況下で日本のみがWTO協定の直接適用可能性を肯定することになれば，これらの国との関係でWTO協定上の義務履行に関して著しい不均衡が生じ，不利益を被ることにもなりかねない。このことは取りも直さず，立法及び行政による裁量権の行使がWTO協定に関する司法審査によって制約されるということになるが，これは日本国憲法が採用する権力分立の観点からも好ましいものとはいえない。そうすると，WTO農業協定との関係で差額関税制度の適法性ないし有効性が問題となっている本件においても，WTO協定の直接適用可能性を認めるべき根拠を見出し難い」（高刑集66巻4号1頁，6-8頁，判タ1406号273頁，278頁）。

さらに，その後，同様に豚肉の輸入に関する差額関税制度の農業協定4条2項違反が一つの争点とされた東京地裁平成28年3月17日判決（平成26年（行ウ）第226号・第228号更正処分取消等請求事件，LEX/DB25543236）も，「条約の直接適用可能性の有無は，それぞれの条約締結国において，当該条約の条項につき，国内において直接適用可能性を有するものとして当該条約を締結しているか否かという主観的基準と，その内容を具体化する法令を待つまでもなく国内で直接適用できるだけの明確性，完全性があるかという客観的基準によって判断されるべき」と述べて，WTO協定および農業協定4条2項について次のように判示した。

「[1] a WTO協定自体は，その基本的な性格として，国家と私人との間の権利義務を規定することを直接的な目的としているとは認められないこと，b WTO設立協定自体には，WTO協定について，当然に加盟国の国内における直接適用可能性を認めるかのような条項は存在せず，一方で，WTO設立協定16条4項が，加盟国において，自国の法令及び行政上の手続をWTO協定に適合したものにするように定めていること，c WTO協定では，信頼性の高い，包括的な紛争解決手続であるWTO紛争解決手続が整備されており，その内容も，加盟国相互間による協議（合意）による解決が優先されるものとなっていること，d WTOの主要国ではWTO協定には国内（域内）における直接適用可能性がないものとして取り扱われていることなどからすると，WTO協定自体について，WTO協

定が条約締結国の国内において当然に直接適用可能性を有するものとして締結されたものとは認められず，また，［2］WTO農業協定4条2項自体についても，これが国内産業の保護を目的とする関税について規定するものであり，当然に加盟国の国内において直接適用されるというような規定内容になっていないことからすると，WTO農業協定4条2項につき，加盟国の国内において当然に直接適用可能性を有するものとしてWTO協定は締結されたものではないと認めるのが相当である」。

本判決は，さらに続けて，「我が国は，WTO協定を締結するに際し，WTO農業協定4条2項が直接適用可能性を有することを前提とした対応を行っておらず，同項については，専ら関係する国内法の整備等によって間接的にこれを適用することが予定されていたものと解されるから，我が国は，同項について，直接適用可能性を有しないことを前提としてWTO協定を締結したものと認めるのが相当である」と判示した。

このようにして，わが国の裁判所は，結局，上述のEU裁判所とほぼ同様の理由により，WTO協定のうちの少なくとも農業協定4条2項について明示的にその直接適用可能性を否定したといえよう。

4 むすび

本章では，WTO協定の国内的実施方法として，とくにWTO協定が各国の国内法秩序において直接適用可能とされているかどうかを中心に考察してきた。その結果，米国，EUおよびわが国では，WTO協定またはその一部について直接適用可能性が明示的に否定されていることが明らかになったと思う。

WTO協定が直接適用可能であることは，WTO協定の実効性に飛躍的に貢献するはずである。私人が自己の権利を擁護するために国内裁判所でWTO協定を直接援用できれば，結局は，私人一人ひとりがWTOの自由貿易体制の擁護者となるであろう。しかし，本章でみてきたように，政治的現実はWTO協定が各国で直接適用可能とされることを許さない。たしかに，国際法は条約義務の実施を要求するが，実施方法は各国の裁量に委ねてきた。

国家が条約の直接適用可能性を否定することを認めることは，条約の実施方法について必要以上に広い裁量権を国家に与え，むしろ条約義務の形骸化を招き，さらには義務の実施そのものを危うくするおそれがあることに注意すべきである。WTO の加盟国は，消極的相互主義により膠着状態に陥るより，積極的相互主義に転じて，できるだけ多くの WTO 規則の直接適用可能性を相互承認していく努力をすべきであろう。実際，南米諸国を中心に少なからずの WTO 加盟国が WTO 協定の直接適用可能性を認めていることにも注意しなければならない。

　最後に，WTO 紛争解決手続（→第 3 章 4 参照）を WTO 協定の国際的実施方法と呼ぶとすれば，このような国際的実施方法と本章で扱った国内的実施方法がいわばミックスされた手続として，米国通商法 301 条手続やこれと類似する国内法手続に言及しておきたい。

　一方的措置として問題となってきた米国通商法 301 条手続は，米国政府が貿易相手国による GATT1947 などの通商協定違反行為の是正を迫り，これに応じない国に制裁を科すというものであったが，通商協定違反の認定や制裁発動が一方的である点で非難されてきた（→第 6 章 6 参照）。しかし，この点を別とすれば，手続開始のイニシアティブを通商協定違反によって不利益を被る私人にも認めている点では注目に値するものである。すなわち，私人は，本国政府ではないが，貿易相手国の通商協定違反を告発する機会を与えられており，そこでは通商協定の実施について私人の積極的な関与が認められている。WTO 成立後，米国政府は，この手続の運用にあたり，私人による WTO 協定違反の告発を受けて WTO の紛争解決手続に訴えるという方針を表明し，WTO 法上非難されるような一方的措置としての性格は弱まっていた。したがって，その限りで通商法 301 条手続は，私人の国内的な申立てを契機として WTO の紛争解決手続が開始されるという仕組みとして評価しうるものである。

　しかしながら，2018 年 3 月以降，米国トランプ政権は，中国による知的財産権の侵害を理由に，通商法 301 条に基づき中国産品に 25％ の追加関税を賦課する一方的制裁を発動し，その後も相次いで対象産品を拡大してきた。これらの措置は，WTO の紛争解決手続を経たものではなく，通商法 301 条

の一方的性質をまさに復活させるものである。中国は，DSU23条違反としてWTOの紛争解決手続を開始している（DS543, 565）が，同時に，対抗措置として米国産品に追加関税を賦課しており，こちらも一方的措置として問題となりうる。

なお，米国通商法301条と同様な手続は，EUでも「貿易障壁規則」と呼ばれる理事会規則3286／94（かつて「新貿易政策手段」と呼ばれた理事会規則2641／84を改正したもの）や，また中国でも2005年に制定された「外国貿易障壁調査規則」などにみられる。これらの手続では，私人の申立てを受けて実際にWTOの紛争解決手続に訴えるかどうかの判断についてはなお政府に大幅な裁量権が認められているが，とくにEUの手続ではそのような政府の裁量権の行使に不服がある私人はEU裁判所に訴えを提起することさえ認められている。そのような意味では，この申立権は単なる請願権以上のものとみることができるであろう（→第3章4参照）。

【参考文献】

清水章雄「ガット・ルールによる営業の自由及び財産権行使の自由の保障——西陣ネクタイ訴訟第一審判決をめぐって」『国際経済摩擦と我が国の産業政策』（小樽商科大学経済摩擦研究会，1987年）

平　覚「わが国におけるガットの法的地位——ガットの直接適用可能性を中心として」商大論集39巻4号（1988年）

松下満雄「西陣ネクタイ訴訟最高裁判決」ジュリスト956号（1990年）

平　覚「WTO関連協定の直接適用可能性——EC法からの示唆」日本国際経済法学会年報5号（1996年）

中川淳司「国内裁判所による国際法適用の限界——GATT/WTO協定の場合」国際法外交雑誌100巻2号（2001年）

東史彦「日本におけるWTO協定の直接適用可能性」亜細亜法学43巻2号（2009年）

阿部克則「豚肉差額関税事件——WTO農業協定の直接適用可能性」平成26年度重要判例解説（ジュリスト臨時増刊1479号）（2015年）

谷口安平「我が国の裁判所は日本法のWTO協定違反を判断し得るか？——最近の豚肉差額関税訴訟に関連して」NBL1069号（2016年）

小林友彦「WTO農業協定の直接適用可能性」平成28年度重要判例解説（ジュリスト臨時増刊1505号）（2017年）

Yuji Iwasawa, *Constitutional Problems Involved in Implementing the Uruguay Round in Japan*, John H. Jackson & Alan O. Sykes eds., IMPLEMENTING THE URUGUAY ROUND, Oxford University Press, 1997.

David W. Leebron, *Implementation of the Uruguay Round Results in the United States*, John H. Jackson & Alan O. Sykes eds., IMPLEMENTING THE URUGUAY ROUND, Oxford University press, 1997.

Peter L. H. Van den Bossche, *The European Community and the Uruguay Round Agreements*, John H. Jackson & Alan O. Sykes eds., IMPLEMENTING THE URUGUAY ROUND, Oxford University Press, 1997.

Thomas Cottier, *The Role of Domestic Courts in the Implementation of WTO Law: The Political Economy of Separation of Powers and Checks and Balances*, Amrita Narlikar, Martin Daunton, and Robert M. Stern eds., THE OXFORD HANDBOOK ON THE WORLD TRADE ORGANIZATION, Oxford University Press, 2012

Hélène Ruiz Fabri, *Is There a Case – Legally and Politically – for Direct Effect of WTO Obligations?* EJIL 25, 2014.

第5章 WTO体制の基本的規律

> *Summary*
> 　WTO体制においては，最恵国待遇と内国民待遇という無差別原則および市場アクセスの改善を国際貿易に関する基本的な規律としている。これは，原則として，輸入産品について原産国による差別を行わず，関税以外の輸入制限は禁止し，ただし関税率は加盟国間の交渉で引き下げ，輸入産品が国境を越えて国内市場に入ってから差別的な内国税や国内規制を課することは許されないというガットの貿易自由化のアプローチに従うものである。本章では，以上の基本的規律とその例外について考察する。
>
> *Key Words*
> 最恵国待遇　　内国民待遇　　同種の産品　　直接的競争産品または代替可能の産品　　関税譲許　　譲許税率　　譲許表　　関税引下げ交渉　　リクエスト・オファー　　スイス・フォーミュラ　　数量制限　　国家貿易　　一般的例外　　安全保障のための例外

1　無差別原則

　無差別原則は，WTO体制における中心的な原則である。WTO設立協定の前文によれば，加盟国は国際貿易関係における差別待遇の廃止に向けた取極を締結するとされている。貿易に関する無差別原則は，加盟国が他の加盟国と第三の加盟国を差別しないという最恵国待遇原則，そして加盟国の国内市場において内外差別をしないという内国民待遇原則という，2つの異なった局面における原則からなる。

(1)　最恵国待遇原則

　一般的な二国間条約における最恵国条項は，条約の対象となっている通商や事業活動等に関する相手国の国民の待遇について，現在および将来にわた

って，当事国が第三国に与えるものよりも不利でない待遇を与えることを約束するものである。最恵国待遇の概念は，11世紀の地中海貿易においてすでに存在していたといわれる。17世紀には最恵国という用語を用いた条約が現れ，以後，多くの通商条約に最恵国待遇条項が置かれたが，長い間，最恵国待遇は，より有利な待遇を少数の国々にのみ与えることを意味していた。19世紀後半以降，最恵国待遇条項を含む条約の増加に伴い，この概念は通商関係における無差別平等待遇の政策をあらわすものとなった。

その後，第一次世界大戦を経て世界経済の状況が大幅に変化した後，国際連盟規約23条は国際協力の対象とされるべき事項を並べるなかで「一切ノ聯盟国ノ通商ニ対スル衡平ナル待遇ヲ確保スル為方法ヲ講スヘシ」と規定していたが，戦間期にはいわゆる経済のブロック化が進み，第二次世界大戦後に初めて多数国間条約による最恵国待遇原則の制度化がGATTにより実現した。多角的最恵国待遇はWTOに受け継がれ，GATT以外の物品の貿易に関する協定（SPS協定2条3項，5条5項，TBT協定2.1条，5.1条，船積前検査協定2条1項，原産地規則協定3条(c)，輸入許可手続協定1条3項，セーフガード協定5条2項），GATS（2条1項），TRIPS協定（4条）などにも最恵国待遇条項が入れられている。

最恵国待遇原則の効果として，関税等の多寡に左右されずもっとも効率的な輸出者からの輸入が可能になること，二国間の約束が保護され，かつ，その利益が多数国間に広がることで多角的体制における自由化が進展すること，無差別待遇それ自体からより良い国際関係が築かれること，各国の関税および通商規則が簡素化されること，差別的貿易措置を主張する利益団体に対する抑制となること，などが挙げられる。

(a) GATT

(i) 1条1項　GATT1条1項は，ある締約国（WTO加盟国）が他国（WTO非加盟国を含む）からの輸入産品について与える待遇の中でもっとも有利なものを，他のすべてのWTO加盟国から輸入される同種の産品にも与えることを義務づけている。これは，WTO加盟国は，他のWTO加盟国により第三国と差別されない権利が保障されていることを意味する。なお，加盟国が自国の輸出産品について他国に有利な待遇を与える場合も同様であ

り，以下の説明は，とくに記していなくとも輸入についてだけなく輸出についても妥当する。

最恵国待遇義務は，すべての関税（バインドされた，すなわち，関税譲許により上限が設定された産品の関税に限られない）および税関利用料のような課徴金，輸出入手続および規則，内国税および課徴金，ならびに，国内における販売，販売のための提供，購入，輸送，分配または使用に関するすべての法令および要件に適用される。複数の輸出国から輸出された同一の産品に対する輸入許可制度の差異がGATT1条1項違反になると判断された事例がある（DS27，ケースブック[1]）。

GATT1条1項は，無条件の最恵国待遇義務を定めている。これは，A国がB国に課した何らかの条件をB国が充足したのでA国がB国の原産の産品に有利な待遇を与える場合であっても，A国は，たとえC国がそのような条件を充足していないにもかかわらず，この有利な待遇をそのC国原産の産品に与えなければならないことを意味する。最恵国待遇を，有利な待遇の許与を相互に行う場合に限るという相互主義の条件をつけること（条件付最恵国待遇原則）は，GATT1条1項に反することになる。特定の国内制度を有する国を原産地とする輸入産品に対してそのような制度を有さない国を原産地とする同種の輸入産品より有利な待遇を与えることは，その制度の存在を条件とした有利な待遇の許与となり，GATT1条1項に違反する。重大な麻薬問題を抱えた国とそうでない国を原産地とする輸入産品についての差別的な待遇は無条件の最恵国待遇の付与にあたらず，GATT1条1項に違反する（DS246，ケースブック[4]）。輸出国の労働者や環境の保護水準などに応じて同種の輸入産品に異なる待遇を与えると同様の問題が生じうる。

同種の産品について，原産国が異なることのみを理由とし，特定のWTO加盟国の産品に他国の同種の産品より不利な待遇を与えることは，明白な（de jure）差別として，後述の例外に該当する場合でなければ，最恵国待遇義務違反となる。もっとも，特定のWTO加盟国の産品すべてを差別するような場合は，同種性の問題を考慮するまでもなく，最恵国待遇義務違反となる。同種の産品に対して原産国を問わずに同等な待遇を与えることとしていても，各々の輸入者が常に決まった原産国の産品しか輸入しない場合に，

特定の輸入者が輸入した産品についてのみ関税上の優遇措置を認めることは，その輸入者が輸入した産品の原産国以外のWTO加盟国からの同種の産品に対する事実上の (*de facto*) 差別となり，最恵国待遇義務に違反する（DS139, ケースブック[3]）。

「同種の産品」の解釈は，ガットの1970年国境税調整作業部会報告書の議論を前提として行われるのが通例である。この作業部会は，この用語の解釈から生じる問題はケースバイケースで検討されるべきであるという結論を出し，産品が同種か否かをケースバイケースで判断するための基準として，一定の市場における産品の最終用途，国ごとに異なる消費者の選好および習慣，産品の属性・性質および品質が提案されたと記している（*BISD 18S*/97, 102）。その後，ガットおよびWTOの紛争解決小委員会および上級委員会は，主として，以上の3つに関税分類という基準を加えて，同種の産品の解釈を試みている。しかしながら，「同種」の絶対的な定義は存在しない。同種の産品という用語は，GATT1条だけでなくWTO諸協定のいくつかの条項において使われている。「日本―酒税Ⅱ」事件（DS8, 10, 11, ケースブック[8]）において，上級委員会は，同種性の概念を相対的なものとしてアコーディオンのイメージになぞらえ，その意味と範囲が条項により伸縮すると述べた。

GATT1条1項において同種性が問題になるのは，WTO加盟国が，同種の産品と認められる可能性がある複数の輸入産品に対して，異なる関税率を設定する場合および異なる国内措置を定める場合である。同種の産品に対する同一の取扱いが求められる理由は，産品間の競争関係の維持にある。しかしながら，関税率についての場合と国内措置についての場合で同種性を同様に解釈することは必ずしも適当ではない。「同種の産品」の解釈は，条項ごとに適切な解釈が存在するばかりでなく，同一の条項が異なった状況に適用される場合にもそれぞれについて適切な解釈がなされる必要がある。

最恵国待遇原則の下でも，関税率に関しては，同種の産品をより狭く解釈することが正当化されよう。相互主義に基づく交渉による関税引下げを促進するためには，関税引下げを行わない国（フリー・ライダー）に関税譲許の利益が及ばないことをある程度は認めることが必要である。これは最恵国待遇原則の精神と矛盾するが，関税引下げが相互に利益を与え合う加盟国間の

譲許という考え方に基づいて行われる以上，最恵国待遇義務に違反しないフリー・ライダーに対する差別が可能でなければ，関税引下げ交渉が困難になる。また，GATT において，原則としては，各国が関税を設定して国内産業を保護することを許している以上，必然的に関税分類についても各国の裁量がかなりの程度で認められる。

　第三国に対する最恵国待遇義務を踏まえつつ，二国間協定の相手国にのみ利益を与えるために産品の詳細な分類を設定したものとして，「海抜 300 メートルの場所で飼育し，かつ，海抜 800 メートルの場所で毎年最低 1 ヵ月放牧した大型のまだら山岳牛」についてのドイツの関税を引き下げた 1904 年のスイス・ドイツ協定の例が有名である。このように明白に原産国を特定するための分類は GATT 1 条 1 項に違反すると考えられる。しかしながら，フリー・ライダーの産品をある程度排除するために，産品の一定の客観的要素により，競争関係にある産品について関税目的のために異なった分類を設定することは許容されると考えることが GATT の慣行に合致する。

　ガットの時代に紛争解決手続小委員会が扱った「日本―トウヒ・マツ・モミ（SPF）材の差別的関税」事件（L/6470, 36S/176, 1989 年採択）において，日本は，ディメンション・ランバー（2×4 木材）としては用途が同じカナダ産の SPF 材（関税率 8％）に米国産の非 SPF 材（無税）と異なる待遇を与えていたが，紛争解決小委員会は，SPF 材と非 SPF 材の同種性を認めず，日本の GATT 1 条 1 項違反を認めなかった。紛争解決小委員会は，ディメンション・ランバーという概念は日本の関税率表にはなく，また，国際的に受け入れられた関税分類ではないことをその判断の主な理由としているが，同時に，国際的に受け入れられた関税分類である HS（統一商品）分類より詳細な関税分類が国内産業保護の必要性および関税貿易交渉上の要請から正当化されると述べている。

　ただし，1981 年採択の「スペイン―生コーヒー豆に対する差別的関税」事件（L/5135, 28S/102）の小委員会は，種類が異なるコーヒー豆について，最終用途等を理由に同種の産品であるとして，特定の種類（7％）とその他の種類（無税）の関税率に相違があり，前者が主に申立国から輸出されている場合に，最恵国待遇義務違反を認めていた。異なる関税率を設定するため

に細かい関税分類を許し，産品の同種性を限定的に判断したSPF事件の小委員会はコーヒー事件の先例に従っていないが，コーヒー事件における関税率の差異は関税貿易交渉上の要請とは関係ないことに注意しなければならない。

最恵国待遇原則の下で，産品の同種性が関税率ではなく国内措置の適用に関して問題となる場合（「第3条2及び4に掲げるすべての事項」（GATT1条1項））は，関税率が問題となる場合のような政策的要請はないので，産品間の競争関係の有無を念頭に置き，同種性をより広い範囲で判断すべきである。

(ii) その他の条項　GATTには，他にも1条と同様に無差別待遇を他の締約国に与えるものがある。その中でも数量制限の無差別適用を定める13条はその違反がしばしば主張され，重要である。他に，4条(b)（映画の映写時間），3条7項（産品の混合規則），5条2項，5項，6項（貨物の通過），9条1項（原産地表示），17条1項（国家貿易企業），18条20項（経済開発に対する政府の援助），20条（一般的例外）等が適用される場合に，締約国による差別が禁止される。

(iii) 最恵国待遇原則に対する例外　最恵国待遇原則に対するGATTの重要な例外として，第1に，24条において規定されている特恵制度がある。24条に基づき，WTO加盟国は，本質的には最悪国待遇に反する関税同盟または自由貿易地域を設立することができる。関税同盟および自由貿易地域については，第10章2参照。

第2に，一般特恵制度（GSP）に基づく例外がある。途上国に対して，異なるかつ一層有利な待遇を与えるために1971年にウェーバーが採択されたが，1979年に東京ラウンド合意の一環として，授権条項（enabling clause）と呼ばれるガット締約国団の決定により，この特恵制度の恒久的な法的基礎が確立された（→第2章5(4)参照）。この授権条項に基づき，GATT1条の規定にかかわらず，先進国は，開発途上国を原産地とする産品に一般特恵制度に従って特恵関税待遇を与えることができる。授権条項で定められている特恵制度の無差別要件について，上級委員会は「EC—関税特恵」事件において注目すべき判断を示している（DS246，ケースブック[4]）。すなわち，先進国は，特恵関税待遇を開発途上国に与える際に，すべての開発途上国に同一

の待遇を与える必要はなく，客観的基準に従えば一定の同様の状況にある開発途上国にのみ特恵関税待遇を与えることが可能であるという見解である。

第3に，以上のほかに，次のような無差別待遇の広い意味での例外を許すいくつかの規定がGATTには存在する。すなわち，6条により，アンチダンピング税および相殺関税を特定の締約国からの輸入産品について賦課することが可能である。また，14条により，国際収支上の理由により無差別待遇の義務の例外が許されうる。20条所定の理由により，また21条により安全保障上の理由から，最恵国待遇義務を逸脱することが許されうる。23条2項は，他の締約国によりGATT上の利益を無効化または侵害された締約国がその他国に対して譲許を停止することに対する許可について定める。

(b) GATS 2条

GATS 2条は，加盟国が他の加盟国のサービスおよびサービス提供者に対し最恵国待遇，すなわち他のすべての国の同種のサービスおよびサービス提供者に与える待遇より不利でない待遇を即時かつ無条件に与えることを定めている（同条1項）。なお，経済統合に関しては，最恵国待遇からの逸脱が許される（5条，5条の2。GATSについては，→第8章1参照）。

(c) TBT協定2条1項

強制規格に関し，加盟国は，他の加盟国の領域から輸入される産品について，同種の国内原産の産品および他の国を原産地とする産品に与えられる待遇より不利でない待遇を与えることとされている（詳しくは，→第7章2(1)(b)）。

(d) TRIPS協定4条

従来，知的財産権の保護を規定する国際条約では内国民待遇が基本原則として規定され，最恵国待遇は必要ないと考えられていた。しかしながら，自国民より有利な待遇を外国人に与える加盟国がある場合に，他の加盟国の国民が不利な待遇を受けないように最恵国待遇を保障する必要があるという考えから，TRIPSでは最恵国待遇原則が定められた（4条第1文）。ただし，既存の条約上の義務に基づき外国人に与えられている待遇が最恵国待遇原則に適合しない場合でも，通報を条件に，より不利でない待遇を他の加盟国の国民に与える必要はない等，いくつかの例外が定められている（同条第2文）

(詳しくは，→第8章2⑵(a)参照)。

⑵ 内国民待遇原則

　最恵国待遇は輸入産品間の無差別を求めるのに対し，内国民待遇は輸入産品と国内産品との間の無差別を求めるものである。輸入産品が，関税その他の輸入を限定する措置をすべて充足し，国境を越えて国内に入った後は，内国民待遇原則により，国内産品より不利な待遇は受けないことが保証される。内国民待遇の内容は，第二次世界大戦前の通商条約においては限定的であったが，戦後の通商条約ではその対象はかなり広くなっている（たとえば，日米通商航海条約の関連規定）。

　内国民待遇原則は，最恵国待遇原則と並んで，GATTおよびWTOの主要なルールとされている。とくにGATTにおいては，「日本―酒税Ⅱ」事件（DS8, 10, 11，ケースブック[8]）における上級委員会報告で明らかにされたように，内国民待遇原則は，2条の関税譲許に関する義務を補強すると同時に，締約国が市場アクセスに関する義務を一方的に緩和することを防ぎ，隠れた保護主義に制限を加える。内国民待遇原則の基本的な目的は，国内措置（内国税の賦課および内国規則）の適用による保護主義の回避である。この目的を達成するために，国内産品の競争条件と平等な競争条件を輸入産品に提供することが締約国に義務づけられる。また，内国民待遇原則は，一定の貿易量が達成されるという期待を保護するものではなく，国内産品と輸入産品の平等な競争関係についての期待を保護するものであるから，輸入産品に対する国内措置と国内産品に対する国内措置の相違により，実際の貿易量にどれだけ影響があったかを根拠として適用されるものではない。

(a) GATT3条

　GATT3条の目的は，内国税および国内措置の適用による保護主義の防止である。同条2項は内国税その他の内国課徴金（以下，「内国税」という）に関する内国民待遇，4項は産品の販売，使用等に関する法令および要件など内国税以外の国内措置に関する内国民待遇を定める。GATT3条の他の条項はそれぞれの状況における内国民待遇義務の適用および不適用について定めるが，8項が政府調達（なお，政府調達協定の締約国には同協定4条により政府調達にも内国民待遇義務が課せられる）および生産者補助金についての内

国民待遇原則の重要な例外を設けている。以下では，これらの条項の中でとくに重要な2項および4項について述べる。

　GATT3条2項および4項の目的は，より具体的には，同条1項に示されている。すなわち，締約国は，「国内生産に保護を与えるように」内国税および内国規則を適用してはならないということである。国内産品と輸入産品が競争関係にある場合，国内産品に比べてより不利な待遇が輸入産品に与えられると，国内産品が保護されることになる。そこで，内国民待遇により，輸入産品と国内産品に対する平等な競争関係を保証することがWTO加盟国に義務づけられている。

　これらの条項では競争関係にある国内産品と輸入産品という表現ではなく，「同種の産品」という用語が使われている。しかしながら，具体的な国内産品と輸入産品の同種性を判断するに当たっては，市場における両者の間の競争関係の有無を考える必要がある。原材料が異なる国内産品であるウイスキー等と輸入産品であるウィスキー等について，市場におけるこれらの産品の競争関係が特に考慮された例も存在する（DS396, 403,「フィリピン―蒸留酒税」事件）。

　GATT3条2項の注釈及び補足規定（GATT附属書I）において，同種の産品ではなく，「直接的競争産品又は代替可能の産品」（以下，「直接的競争産品」という）が問題とされる場合が規定されていることから，同種の産品間の競争は，3条2項の場合には，直接的競争産品の場合より狭い範囲の競争をいうと考えられる。3条2項において同種の産品と直接的競争産品を区別する意味は，同種の産品の場合，国内産品に課せられる内国税を超える内国税が輸入産品に課せられると，当然に3条2項違反となるのに対して，直接的競争産品の場合，国内産品に課せられる内国税を超える内国税が輸入産品に課せられていることに加えて，内国税の賦課が国内生産に保護を与えるように適用されていることが示されないと，3条2項違反にならないところにある。直接競争産品を規定する3条2項第2文は「前項に定める原則に反するその他の方法で」という文言で国内生産に保護を与えるように国内措置を適用してはならないという3条1項の原則に言及しているが，3条2項第1文は同条1項の原則に言及していないところから，このような解釈が導かれ

た。まず国内産品と輸入産品が同種の産品であるかもしくは直接的競争産品
または代替可能産品かを判断し，次に国内産品と輸入産品それぞれに対する
課税状況を検討するという2つの段階を経て3条2項違反の有無を検討する
方法は，二段階アプローチと呼ばれている（DS8, 10, 11, 75, 84，ケースブック
[8]，[10]))。

　これは，「日本—酒税Ⅱ」事件（DS8, 10, 11，ケースブック[8]）において両
紛争当事国が主張した，また「韓国—酒税」事件（DS75, 84，ケースブック
[10]）において被申立国が主張したいわゆる目的効果アプローチを否定する
ものである。同アプローチは，GATT3条1項の「国内生産に保護を与え
るように……適用してはならない」という文言から，内国税および国内措置
の規制目的および市場に対する効果を産品の同種性の判断に加える。そして，
規制および効果が国内生産に保護を与えるものではない場合，産品の同種性
を否定する。この解釈は本来的に保護主義的ではない規制措置を救う道を開
くものであったが，3条の文言解釈からは無理があることを主な理由として，
「日本—酒税Ⅱ」事件上級委員会報告により否定された。さらに，同報告に
よれば，3条2項第2文の適用に必要な「国内生産に保護を与えるように」
についての判断は，問題となった課税措置の基本的な規準，構造および全体
的な適用を客観的に検討することより導かれ，さらに措置の「構図，構造お
よび表出した構成」から識別されるとした。ただし，後の報告において，
個々の立法者の主観的意図を探求する必要はないもの，加盟国またはその政
府全体としての立法目的はそれが制定法において客観的に示されているかぎ
りにおいて検討に関係ないものではないとされている（「チリ—酒税」事件，
DS87, 110, para. 62)。

　3条4項は，同種の産品についてのみ規定する。直接的競争産品について
は規定しておらず，同条1項にも言及していない。したがって，3条4項違
反については，問題の国内措置が国内生産に保護を与えるかどうかという判
断を必要としない（「EC—バナナⅢ」事件上級委員会報告（DS27，ケースブッ
ク[1], para. 216))。したがって，3条4項における産品の同種性は，産品間
の競争関係の程度によって決まることになる。また，3条4項において同種
とされる産品の範囲は，同条2項の場合より広く考える必要がある。さもな

いと，国内措置による差別が内国税による差別より許されやすくなるからである。しかしながら，3条4項にいう同種の産品の範囲は，2項にいう同種の産品の範囲と直接競争産品の範囲を合わせたものを超えることはなかろう。

(b) GATS 17 条

GATS においては，内国民待遇は一般的義務とはされず，加盟国が自国の約束表に掲げた分野について，約束表の条件および制限に従ってのみ義務となる。内国民待遇それ自体が各加盟国の自由化の特定の約束として扱われることが，GATT とは根本的に異なる。

約束された分野における内国民待遇は，形式的な待遇についてだけでなく，実質的な待遇についても保障される（17条2項）。

内国民待遇は，他の加盟国のサービスおよびサービス提供者に対する「自国の同種のサービス及びサービス提供者に与える待遇よりも不利でない待遇」と定義される（17条1項）。国内のサービスおよびサービス提供者に与えられる待遇と同等な待遇では外国のサービスおよびサービス提供者に実質的に平等な競争条件が与えられない場合は，それ以上の待遇が与えられなければならないことになる（同条3項。なお，GATSにおける内国民待遇については，第8章1も参照）。

(c) TBT 協定 2 条 1 項

同項は，上述のとおり最恵国待遇を定め，さらに内国民待遇義務も定めている。

(d) TRIPS 協定 3 条

TRIPS 協定においては，内国民待遇は，基本的原則の1つとされる。知的財産権の保護に関し，自国民に与える待遇よりも不利でない待遇が外国（他の加盟国）の国民に与えられる。GATT の内国民待遇は産品の待遇を問題とするのに対し，TRIPS 協定の内国民待遇は，人の権利を問題とする。既存の知的財産権条約においても内国民待遇原則は定められているが，TRIPS 協定の対象とする，より広い範囲の知的財産権保護についても内国民待遇原則を保障するものである（なお，TRIPS 協定については，第8章2も参照）。

2　市場アクセスの改善

　GATTの前文において，締約国が行う具体的な行為として明示されているのは，関税その他の貿易障壁の実質的な削減に向けた取極を締結することである。これはWTO設立協定の前文においても明言されており，そこではさらに過去の貿易自由化の努力の結果に立脚する多角的貿易体制を発展させると述べられている。

　GATT 1947の起草作業において，主な貿易障壁として認識されていたのは，関税，数量制限，補助金および国家貿易であった。これらはいずれも保護主義の実現手段として利用できるが，それぞれに対するガット・WTOのアプローチは同一ではない。

　関税は禁止されず，締約国（WTO加盟国）が自国の特定の産品の関税率を限定することに合意しないかぎり，すなわち，特定の産品を譲許品目として譲許税率を定めないかぎり，各国は自由に関税率を定めることができる。しかしながら，関税の引下げはガットの基本的な目的であり，これは，主として，累次のラウンドにおける多角的関税交渉によって各国が関税譲許を行うことにより達成されてきた。

　関税とは対照的に，数量制限は禁止され，一般的廃止が規定されている（GATT 11条）。数量制限は，外国の産品がいかに効率的に生産されようとも関税のように克服が可能な障壁ではないこと，内容が関税に比べてより不透明であること，関税のように政府の歳入とならないことなどの理由で，関税と比べ，貿易制限の手段として好ましくないと考えられている。

　GATT（およびWTO協定）は，補助金および国家貿易についても規制している。その他の非関税障壁の規律（関税評価協定，輸入許可手続協定，船積前検査協定，原産地規則協定，TBT協定とSPS協定（第7章2を参照），TRIMS協定，政府調達協定（第9章を参照）等）も，市場アクセスの改善につながる。WTO発足前後に検討が始められた貿易円滑化と呼ばれる貿易手続の簡素化および調和も同様である。

　なお，WTO協定においてはサービス貿易についても市場アクセスが定め

られているが，これについて詳しくは，第8章1で述べる。
(1) 関税交渉と譲許
(a) 関 税 交 渉
　第2章で述べたように，ガットにおいて8回の交渉ラウンドが開催され，関税引下げに関しては大きな成果が挙げられた。1954年の再検討会期における合意に基づいて追加されたGATT 28条の2が関税交渉について定めており，そこでは締約国団が関税引下げのために「相互的かつ互恵的な」交渉を，随時，主催することができるとされている。
　GATT 28条の2第2項(a)によれば，関税交渉は，個々の産品について，または関係締約国が受諾する多角的手続を適用して，行うことができる。第5回多角的関税交渉（ディロン・ラウンド，1960-62年）までは産品別交渉が行われたが，ラウンドの回数を重ねるにつれて，交渉が複雑になり，成果が限られたものとなった。そこで，ケネディ・ラウンドの開催を決めた1963年5月の閣僚会議において，一律の関税引下げを行うことが決められた。
　リクエスト・オファー方式と呼ばれる産品別交渉では，ある国が他国に対する特定の産品の輸出を増加したい場合，まず，前者がその要求（リクエスト）リストにおいて，後者にその産品の関税の上限を下げるよう提案する。次に，各国は，自国の出したリクエストについて同様の譲許を得る場合に，他国のリクエストに対してどれだけの譲許を行う意思があるかを示す提供（オファー）リストを作成する。その後，特定の産品に関して，一連の交渉が行われる。通常は，第1に，交渉対象とされる産品の主要供給国と輸入国が交渉を行う。第2に，主要供給国に対する輸入国の譲許から最恵国待遇により他の供給国に生ずる利益に見合う譲許を得るために，輸入国と当該の他の供給国が交渉を行う。このような交渉の積み重ねの結果，各国の譲許から生じる利益が互恵的なものになるとされる。最後に，各国は，自国の行う譲許全体と他国の譲許全体が等価値かを検討し，最終的な提供リストを作成する。ここでオファーが撤回されると交渉がさらに行われることになる。
　ケネディ・ラウンド（1964-67年）においては，フォーミュラ方式が採用され，産品別交渉が維持された農産物を除き，現行税率の高低に関係なく一律に50%の引下げがまず合意され，各国が産品のセンシティブな性格を理

> **図表 5-1　東京ラウンドの関税引下げに使われた公式**
>
> $Z = \dfrac{aX}{a+X}$
>
> Z：引下げ後の税率
> X：現行税率
> a：係数（たとえば EC は 16。10% の税率は 6.15% となる。日本，米国等は 14。10% の税率は，5.83% となる）

由に一律引下げから除外したいものについて例外リストを作成した。例外は最低限のものとし，コンフロンテーション（対決）およびジャスティフィケーション（正当化）という抑制のための手続が用意された。農産物の輸出が多いオーストラリア，カナダ，南アフリカおよびニュージーランドには一律引下げが求められず，GATT 第4部の規定に基づき開発途上国もこれが免除された。

　東京ラウンド（1973-79年）の関税引下げ交渉においてもフォーミュラ方式が使われたが，高率関税の 50% 削減と低率関税の 50% 削減とでは意味が異なり，関税率が相対的に平準である EC のような国は不利であるというディスパリティー（不均衡）の問題に対処するために，現行関税率の高低が反映される非線型関税引下げ公式（スイス・フォーミュラ）による関税引下げが行われた。なお，農産物については，産品別交渉が行われた。

　ウルグアイ・ラウンド（1986-94年）の関税引下げ交渉においては，フォーミュラ方式には多くの例外が付けられうるので適切でないとして，米国は，リクエスト・オファー方式を主張し，その他の主要貿易国がフォーミュラ方式を主張した。最終的には，産品セクターごとのフォーミュラ方式で関税引下げが行われることとなった。医薬品，医療機器，建設機械，ビール，蒸留アルコール飲料，一定の家具，農業機械等はゼロ税率セクターとして，関税相互撤廃が原則として 5 年の間に段階的に行われることになった。その他，化学品についての関税率の統一化，15% 以上の関税（ピーク・タリフ）の半減目標，特定の産品についてのタリフ・エスカレーション（加工度に応じての関税率の上昇）の削減等が約束され，先進国の農産物に関する平均税率は 6.3% から 3.8% へ下がることになった。また，譲許品目も，先進国では 77% から 99% へ，開発途上国でも 21% から 73% へ上昇した。

このほか，ウルグアイ・ラウンド交渉の結果，農産物の市場アクセスの改善が農業協定で定められる（詳しくは，→第7章1参照）。

WTO の発足後，情報技術（IT）セクターの産品の関税撤廃をめざす交渉が行われ，1996 年12月の閣僚会議における情報技術製品の貿易に関するシンガポール閣僚宣言により，情報技術協定（Information Technology Agreement, ITA）が成立した。これに署名した加盟国29ヵ国および後に参加した加盟国をあわせて82ヵ国は，このセクターの産品の関税および課徴金を撤廃することとした。情報技術協定の参加国の譲許は，最恵国待遇原則に基づき，非参加国にも利益を与えるものである。2012 年6月には対象となる産品の拡大に関する交渉が開始され，2015 年12月にナイロビで開催された閣僚会議において交渉が妥結し，2017 年7月から新たな関税の撤廃が行われることとなった。以上の IT 産品の関税撤廃についての合意は，最近の WTO における貿易自由化の重要な成果である。さらに，関連する非関税障壁についての問題について交渉を続けることも約束された。

(b) 譲　　許

関税引下げ交渉および新加盟国の加入交渉（→第3章参照）によって各国が許与する譲許は，各国ごとの譲許表に収録される。譲許表は，各ラウンド交渉において作成された議定書または加入議定書に含まれ，GATT に附属する譲許表として，GATT 第1部の不可分の一体をなすことになる（GATT 2条7項）。各国は，他の加盟国との通商において，それぞれの譲許表に定める待遇より不利でない待遇を許与しなければならない（同条1項(a)）。譲許税率は各国に許される関税の上限であり，実際には，各国がそれより低い関税率を定めることも多い。譲許表には譲許税率だけでなく，「1994 年の関税及び貿易に関する一般協定第2条1(b)の解釈に関する了解」で定められたように，「その他の租税又は課徴金」や，農業協定に基づく農産品についての補助の制限に関する約束等のような非関税障壁に関する約束等も収録される。

(c) 原産地規則

原産地規則とは物品の原産国を決定するための加盟国の法令および行政上の決定をいうが，それ自体が貿易の不必要な障害とならないことが求められる。WTO 協定においては GATT 9条に原産地表示に関する規定があるほ

かは「原産地規則に関する協定」が加盟国の原産地規則の調和を目指す作業計画を定めるのみである（→第3章1(3)(d)(iii)参照）。この協定の附属書Ⅱは特恵に関する原産地規則についての規律を定めているが，2013年12月のバリ閣僚会議において採択された「後発開発途上国のための特恵的原産地規則」という決定（WT/MIN(13)/42—WT/L/917）では，後発開発途上国に対する非互恵的特恵制度に特恵付与国が適用する原産地規則に関する多数国間ガイドラインが初めて示された。さらに2015年12月のナイロビ閣僚会議において，後発開発途上国が有利になるような一方的特恵制度のもとでの後発開発途上国からの物品の輸出を容易にする規定を含む決定（WT/MIN(15)/47—WT/L/917）が採択された。

(d) 関税評価・関税分類

関税が輸入貨物に対する従価税として課せられる場合，その関税額は貨物の課税価額（customs value）に関税率を乗じて決められる。1994年のガット第7条の実施に関する協定（関税評価協定）は，その1条で取引価格を課税価額の決定（8条に基づく加算を含む。）の主たる方法と定めた上で，1条に規定されている条件が満たされない場合は同種の（identical）貨物の取引価格（2条），これで課税価額を決定することができない場合は類似の（similar）貨物の取引価格（3条），さらに5条に定められている方法により決定される取引価格，または輸入者が要請する場合は6条に定められている積算価格，以上のいずれによっても課税価額を決定することができない場合は関税評価協定およびGATT7条の原則ならびに一般条項に適合する方法により決定する価額が課税価額として決定される。

関税分類に関しては世界税関機構（World Customs Organization, WCO）による商品の名称及び分類についての統一システム（Harmonized Commodity Description and Coding System）に関する国際条約（HS条約）が関税分類を規律しており，WTOにおいてはGATT2条の一般的条項が関税分類に適用されるだけである。関税分類に関する2つの重要な事件である「ECのコンピューター機器関税分類」（DS62, 67, 68 ケースブック[6]）および「ECの鶏肉」（DS269）おいても被申立国のGATT2条1項違反が争われた。

⑵　**数量制限の禁止**

　GATT 11 条 1 項は，割当，許可（ライセンス）制，その他関税・課徴金以外の輸出入制限を広く禁止している。法令に基づく輸出入の強制的な制限・禁止だけでなく，かつての日本の行政指導のような非強制的な措置であってもその措置が実施されるための十分な誘引および抑制があり，かつ，政府の行為または介入があれば，同項の適用がある。これまで紛争解決手続において同項に違反するとされた措置には，最低輸入価格制度，最低輸出価格制度，特定されていない条件に基づき許可が与えられる裁量的輸入許可制度，産品の実際のユーザーのみ輸入が許される制度等がある。

　TRIMs 協定では，その附属書の例示表の 2 項において，ガットの時代に進出企業に対する輸出入均衡要求，進出企業に対する為替規制による輸入制限，進出企業に対する輸出制限が GATT 11 条 1 項に違反することが明示されている。

　GATT 11 条 2 項は，同条 1 項の例外を定めている。その中の農水産物についての規定(c)により，紛争解決手続において自国の農水産物輸入制限を正当化しようとした例がいくつか存在するが，いずれも(c)の規定は適用されないと判断されている。また，輸入国が社会政策上の目的により（たとえば，少数者グループの構成員の依存度が高い国内産業を保護するために）数量制限措置を行う場合であっても，他の例外条項の対象とならないかぎり，GATT 11 条 1 項違反を免れることはできない。

　GATT 13 条 1 項は，特定の産品の輸出入に対する数量制限が許される場合においても，同種の産品に対する数量制限の無差別適用を定めている。

　同種の産品である輸入産品および国内産品の両方に適用のある国内措置により輸入が制限される場合，その国内措置に GATT 3 条および 11 条の両方の適用があるのか，または，3 条のみが適用され，11 条の適用は排除されるのかは，必ずしも明確ではない。「インド―自動車」事件（DS146, 175, ケースブック[12]）の小委員会は，同一の国内措置の異なった側面が 3 条の適用の対象となったり 11 条の適用の対象となったりするとした。しかしながら，GATT 附属書 I の 3 条についての注釈及び補足規定は，同種の輸入産品と国内産品の適用される内国税・国内措置が，輸入産品については輸入の時に

または輸入の地点で徴収・実施される場合，内国税・国内措置とみなして3条の適用があると定めている。①この規定が存在すること，②3条と11条にそれぞれ独自の意味を持たせるべきであること，③さらに3条違反とされない国内措置を輸入産品について輸入の時または輸入の地点に適用できないとすることは不適当であること，等から，3条の適用がある措置については11条の適用が排除されると考えられる。

⑶　国家貿易

　WTO協定は市場経済を前提としており，その規律は，大部分，国際市場において活動する私企業・私人に対する加盟国の規制を制限するものである。しかしながら，特定の農産物貿易などを国家貿易企業に行わせる例は，先進国および開発途上国の両方において存在する。加盟国自体が必ずしも市場を考慮せずに貿易を行ったり，私企業の貿易を支配したりする場合，その規律が機能しないことがある。市場経済国と非市場経済国の間の輸出入や市場経済国の独占的国営企業の貿易等について，このような問題が生じることがある。

　GATTにおける国家貿易に関する主要な規定は，17条である。同条は，国家企業だけでなく，「排他的な若しくは特別の特権が正式に若しくは事実上許与された企業」にも適用がある。「1994年の関税及び貿易に関する一般協定第17条の解釈に関する了解」では，作業のための定義として，国家貿易企業を「政府又は非政府の企業（販売に従事する機関を含む。）であって，購入及び販売を通じ輸入又は輸出の水準又は仕向け先に影響を及ぼす排他的又は特別な権利又は特権（法令又は憲法上の権限を含む。）を付与されたもの」としている。

　GATT 17条1項(a)により，国家貿易企業が無差別待遇原則に従って行動することをWTO加盟国は約束しており，同項(b)は，(a)の規定から，国家貿易企業が商業的考慮のみに従って購買および販売を行うことが要求されると定める（DS276，ケースブック[45]）。

　GATT 11条に違反する輸出入制限を国家貿易企業の利用によって正当化することはできない（GATT附属書I 11条，12条，13条，14条および18条について）。

　GATT 2条4項は，国家が輸入の独占により譲許表に定める保護を超え

る保護を行ってはならないとしている。

以上の実体的な規律のほかに，GATT 17 条 4 項(a)および上述の 17 条の解釈に関する了解の規定は，WTO 加盟国に国家貿易企業について通報を行うことを求め，透明性の確保を図っている。

GATT の国家貿易に対する規律はあまり厳格ではなく，国家貿易企業を有する国が有利になるという懸念から，ウルグアイ・ラウンドにおいてその規律について交渉があったが，合意が成立したのは，定義と通報に関してのみであり，規律の強化は実現していない（1994 年の関税及び貿易に関する一般協定第 17 条の解釈に関する了解）。

3 例　外

WTO 協定には，無差別原則または市場アクセスの改善の達成に反する作用を持つさまざまな例外が設けられている。本章においてもそのいくつかに触れているが，その他にも本書の随所において例外が検討される。例外が多いことは，原則が貫かれない場合が多く認められることになる。しかしながら，原則に基づく義務の遵守が困難な状況についての例外をあらかじめ定めておかなければ，義務を遵守しないという選択をした国家が自由な行動をとることになる。義務の不遵守についても規律を設けることは，貿易関係を規律する制度上の枠組みの維持を図るために有用であると考えられる。

例外条項には，GATT 11 条 2 項のように特定の義務に対する例外を定めるものと，同 20 条（一般的例外）および 21 条（安全保障のための例外）のように GATT 上のすべての義務の例外を定めるものがある。GATS にも，GATS 上のすべての義務の例外を定める規定（14 条（一般的例外）（DS285，ケースブック[109]）および 14 条の 2（安全保障のための例外））がある。その他，輸入許可手続協定，TBT 協定，TRIMs 協定，TRIPS 協定および政府調達協定に一般的例外条項が含まれている。ここでは GATT 20 条および 21 条について，さらにある程度詳しく述べる。

(1) GATT 20 条——一般的例外

GATT の規定の大部分は，貿易に関連する国家の規制に規律を加えるも

のである。GATT 20 条は，これとは異なり，GATT のいずれかの規定に基づく義務の違反があっても，義務違反を問わずにそのような国家の規制を可能にするものである。したがって，20 条は，国家の措置が GATT の他の規定に違反する場合にのみ適用されうる。これは，同条の援用が他の条項の義務違反に対する積極的抗弁（affirmative defense）となることを意味する。紛争解決手続において，被申立国によるなんらかの GATT 上の義務違反を主張する申立国にその義務違反についての証明責任が課せられるが，被申立国が 20 条によりその義務違反を免れようとする場合，同条の適用に関する証明責任は，その適用を主張する被申立国に課せられる。この点，例外条項であっても，たとえば補助金協定 27.2 条のように，単なる積極的抗弁ではなく，その条項が独自の権利（autonomous right）を定める場合とは異なる（DS46，ケースブック[29]）。

　GATT 20 条を援用するには，まず，問題の措置が同条(a)〜(j)の各号の少なくとも 1 つに該当することを示さなくてはならない。(a)〜(j)のいずれかに該当することを示すには，第 1 に，その措置により追求される政策が各号の主題（たとえば，(b)であれば人，動物または植物の生命または健康の保護，(g)であれば，有限天然資源の保護）を目的とする政策であること，第 2 に，各号の要件（たとえば，(b)であれば問題の措置が「必要」かどうか，(g)であれば「に関する」，「と関連して」いるかどうか）を充たすことを示さなくてはならない。20 条は例外条項であり厳格な解釈がなされなくてはならないことから，ガットの時代の紛争解決手続の小委員会は，各号の要件をかなり狭く解釈する傾向にあった。WTO の上級委員会は(g)の解釈をゆるめたり（DS2, 58，ケースブック[54], [55]），(b)の要件の充足が可能になる解釈を行ったりして（DS135，ケースブック[56]），GATT 20 条の利用を可能にした。その後，20 条については，いくつかの重要な条文解釈が上級委員会により示されている（特に「必要性」について，→第 12 章 1(3) *Column* 参照）。

　GATT 20 条を援用するには，以上に加えて，問題とされる措置の適用が，同条柱書にある条件をみたしていることを示さなくてはならない。この柱書は措置の適用の態様を問題とするものであって，恣意的もしくは不当な差別の手段となるような態様でまたは貿易に対する偽装した制限となるような態

様で措置を適用していないことを示さなくてはならない。そのような態様で(a)～(j)のいずれかの例外を適用することは例外の濫用となる（DS2，ケースブック[54]）。なお，GATT 20条については，環境問題に関連した紛争における適用可能性が特に重大な問題として関心を集めているが，これについて詳しくは第12章1で述べる。

⑵　GATT 21条──安全保障のための例外

　GATT 21条は，国家安全保障および国連による国際的安全保障に関する措置についての例外を定める。同条は，20条と同様に，国家の措置がGATTの他の規定に違反する場合にのみ適用されうる。20条と異なり，例外の濫用を防止する柱書はない。よって，措置の適用について国家の裁量が広く認められることになろう。ある措置が安全保障上必要かどうかは各国が決定するところによる。ただし，21条のすべてについて完全に各国の主観的な自己解釈に委ねられるかは疑問とされる。国家の措置が21条(b)の(i)(ii)(iii)のいずれかに該当するかどうかについては，客観的な判断の余地があろう（なお，平覚「ロシア領通過運送問題とGATT 21条の安全保障例外」令和元年度重要判例解説（ジュリスト臨時増刊1544号）284-285頁を参照）。

　GATT 21条(c)により，国連憲章に基づく義務に従う措置については他のGATTの規定に基づく義務違反を免れることが可能であるが，国連憲章に基づき特定の措置を強制されるのではなく，単に一定の措置をとることが加盟国に許可されるにすぎない場合，加盟国はGATTの規定に基づく義務に違反しない選択肢を採用すべきである。

【参考文献】

内記香子『WTO法と国内規制措置』（日本評論社，2008年）

松下満雄「ガット二〇条（例外条項）の解釈に関する事例研究」成蹊法学48号（1998年）

William J. Davey and Joost Pauwelyn, *MFN Unconditionality: A Legal Analysis of the Concept in View of its Evolution in the GATT/WTO Jurisprudence with Particular Reference to the Issue of "Like Product"*, in Thomas Cottier & Petros C. Mavroidis, eds., REGULATORY BARRIERS AND THE PRINCIPLE OF NON-DISCRIMINATION IN WORLD TRADE LAW, University of Michigan Press, 2000.

Robert E. Hudec, *Like Product: The Difference in Meaning in GATT Article I and III*, in Thomas Cottier & Petros C. Mavroidis, eds., REGULATORY BARRIERS AND THE PRINCIPLE OF NON-DISCRIMINATION IN WORLD TRADE LAW, University of Michigan Press, 2000.

第6章 WTOと通商救済制度

Summary

通商救済制度は，貿易自由化の結果，輸入の増加によって損害を被る国内産業を救済するための制度である。WTO協定においては，セーフガード措置，アンチダンピング措置，そして補助金相殺措置が規定されているが，原則として禁止されている数量制限や追加的な特別関税の賦課を認める措置であることから，保護主義的な手段として用いられることを抑制するための要件および手続が定められている。これとは別に，自国の国内産業に不利な影響を及ぼす貿易相手国の慣行を一方的に不公正と認定し，是正に応じない場合に一方的に制裁を課す一方的措置に訴える国もあったが，WTO協定では禁止されることとなった。

Key Words

セーフガード　市場攪乱　輸出自主規制　対中特別セーフガード　繊維協定　国際繊維貿易に関する取極（多繊維取極）　アンチダンピング　ゼロイング　フォワード・プライシング　迂回防止措置　補助金　輸出補助金　相殺関税　一方的措置　不公正貿易　知ることができた事実

1　貿易の自由化と通商救済制度

　通商救済制度とは，輸入によって国内産業が損害を被った場合に，輸入規制を行い，国内産業を保護する制度である。GATT2条は，譲許表に記載された譲許関税率を超えて課税することを禁止し，11条は，輸出入について「関税その他の課徴金以外のいかなる禁止又は制限」も禁じている。通商救済制度は，これらの規定の例外として，一定の要件の下に譲許関税率を超える特別関税の賦課や数量制限の実施を認めるものである。WTO諸協定には，そのような国内産業保護のための制度として，本章で検討するセーフガード措置，アンチダンピング措置，補助金相殺措置などが規定されている。

WTOは，関税引下げや数量制限の撤廃など貿易障壁の削減を通して，貿易自由化を進め，世界的な福利の増大を図ることを主要な目的としている。自由化が進めば輸入が増加することは，通常予想されることであり，そうした目的を有するWTOにおいて，このような国内産業保護措置が認められるのは，一見矛盾しているようにも思われよう。しかし，WTOの下での貿易自由化は，現在の国際社会における主権国家体制を前提とし，完全な自由貿易を要求するものではなく，加盟国がそれぞれの経済政策を自由に決定することまでも否定するものではない。WTO体制の下では，将来的に自由貿易体制を確立することをめざしていると考えることはできるが，現在はあくまでも交渉によってより自由な貿易の実現をめざすにとどまり，後に述べるように一定の条件の下で国内産業を保護する制度の必要性を認めている。GATTが，国内産業保護の手段として関税の賦課を容認し（2条），譲許表の修正・撤回およびそのための再交渉を規定しているのも（28条），同様の考え方に基づくものといえる。

　例外が認められる要件は，セーフガード措置については，GATT 19条およびセーフガード協定，アンチダンピング措置と補助金相殺関税措置については，GATT 6条，16条そしてAD協定および補助金協定において，それぞれ詳細に規定されている。

　WTO協定に規定された措置以外に，国内法で規定する輸入規制措置もある。その代表的な例は，「不公正貿易慣行」に対抗するために設けられた米国の通商法301条手続に基づく制裁措置である。この制度は，WTO協定に基づかずに米国の判断に基づいて，相手国の慣行を「不公正」と認定し，制裁を背景に市場開放を要求することから，一方的措置の代表的なものとされてきた。こうした国内法に基づく一方的措置は，通商政策をめぐる対立を一方的判断に基づいて解決しようとするものであるが，実際には輸入競争から国内産業を保護するために輸出国による自主規制を引き出す手段として用いられる場合もあるため，便宜上本章で取り扱う。

2　セーフガード措置

　セーフガード措置は，自由化によって輸入が増加し，その結果国内産業に重大な損害が発生した場合に，国内産業を救済するための措置である。自由化を進めれば輸入が増加し，輸入競争に直面する国内産業にとって困難が生じることが予想される。そのような場合，各国の政府や産業は，自由化に際して産業調整計画を策定実施するのが通常である。調整計画は，合理化や技術革新など競争力の向上をめざすもの（積極的調整）が多いが，国内産業に競争力向上の見込みがない場合には，市場からの退出とそれに伴う資本や労働の他産業への円滑な移転をめざす（消極的調整）ことになる。GATT 19条は，産業調整について言及していないが，セーフガード協定は，前文および7条，12条においてその促進や実施に言及しており，セーフガード措置が調整計画の実施を前提としていることを示唆している。

(1)　セーフガード措置発動の要件および手続

　セーフガード措置は，GATT 19条とセーフガード協定（以下本節では「協定」という）によって規律されている。WTO協定の不可分の一部を構成している協定は，GATT 19条に定める規律を「明確なものとし及び強化」（協定前文）するものとして，詳細な要件および手続を定めている。また，協定13条は，協定の運用などを討議する場として，セーフガードに関する委員会（以下本節では「セーフガード委員会」という）を設置した。

(a)　要　　件

　セーフガード措置の要件は，(i)事情の予見されなかった発展，(ii)GATTに基づく義務の受諾，(iii)輸入の増加，(iv)輸入品と同種または直接的競争関係にある産品を生産する国内産業の重大な損害の発生またはそのおそれがあること，そして，(v)輸入増加と損害の因果関係である。

　(i)　事情の予見されなかった発展　　これは，輸入国が義務を受け入れるとき，すなわち関税引下げなどの自由化約束の際に予測されなかった状況の変化を意味する。セーフガード措置は，貿易の自由化が国内産業に対して予測を超えた損害をもたらした場合に安全弁として機能することが予定され

ている。予想の範囲内の損害である場合は，国内産業への悪影響がどれほど重大なものであっても，調整計画を実施することで対応することが可能であろう。実際のところ，競争力の向上が見込めないために産業転換を図ろうとするとき，輸入増加に対応して生産や雇用を縮小する場合には，国内産業の経済指標は極度に悪化することになる。そのような場合にまで救済を認める必要はない。

この「予見されなかった発展」というGATT 19条の文言は，協定2条に含まれていない。当初の草案では，同様の文言が挿入されていたが，交渉の過程で削除されたため，この要件は削除されたとする見解もあった。しかし，「韓国—乳製品」事件および「アルゼンチン—履物」事件で，上級委員会は，協定成立後も要件として充足することが必要であることを示した（DS98，ケースブック[46]，DS121，ケースブック[47]）。

(ii) GATTに基づく義務の受諾　この義務は，関税引下げ合意などの自由化義務が該当するが，他の協定上の義務一般がこれに含まれるかは明確ではない。しかし，すべての加盟国は，ガットまたはWTO加盟の際に，関税上の約束や数量制限の撤廃をしており，特に問題は生じていない。

(iii) 輸入の増加　輸入の増加は，絶対的増加のみならず，相対的増加，つまり国内市場における占拠率の上昇も含まれることが協定2条で明記されている。

(iv) 同種のまたは直接的競争産品を生産する国内産業の損害　同種のまたは直接的競争産品は，市場における代替性を基準にして判断される。たとえば，「韓国—乳製品」事件では，脱脂粉乳の輸入が問題となったが，国内産の原乳と粉乳が同種または競争産品とされ，調査対象となった国内産業は，粉乳生産者（乳製品メーカーと酪農協同組合）および酪農家であった。他方で，「米国—ラム肉」事件（DS177, 178, ケースブック[49]）では，子羊の生産肥育農家を国内産業に含めたことが協定違反と認定されている。

国内産業の「重大な損害」について，協定4条は，「国内産業の状態の著しい全般的な悪化」と定義し（1項(a)），また，「重大な損害のおそれ」についても協定4条1項(b)において，2項の規定に従って認められる「明らかに差し迫った重大な損害」と定義する。そして，その認定は，事実に基づくも

のでなければならず，単に申立て，推測または可能性の希薄なものに基づくものであってはならない。国内調査当局は，それらの認定に際して「当該国内産業の状態に関係を有するすべての要因であって客観的なかつ数値化されたもの」を評価しなければならない（2項(a)）。2項には，国内市場占拠率や販売，生産，生産性など検討すべき具体的な経済指標が列挙されている。しかし，GATTと同様に，協定においても「重大な損害」を認定する際の明確な数値上の基準は規定されていない。そのため，「重大な損害」の認定は，結局，国内調査当局の判断に委ねられることになる。

　ガット時代には，調査に関する規定すら存在しなかったため，「重大な損害」要件は，セーフガード措置の濫用を抑制するのに十分機能しなかった。1951年の「米国―婦人用毛皮帽子」事件に関する作業部会報告（GATT／CP／106）の多数意見は，「重大な損害」といえるか否かは主観的要素を含む経済的・社会的判断であるとした上で挙証責任の問題として扱い，チェコが「重大な損害」がなかったことを立証できなかったとして米国政府の判断を容認した。この判断は，「重大な損害」の要件を無意味なものにするとして批判されたが，WTO発足後は，協定の締結によって状況に変化が生じている。

　WTOの紛争解決手続において，小委員会は，「重大な損害」の認定そのものは，国内調査当局の判断を尊重しているが，調査手続の審査をかなり厳格に行っている。小委員会は，協定4条に規定されたすべての要素，そして国内調査手続で利害関係者が別の要素を指摘した場合などには，それらも含めてすべての関連する要素の検討を要求し，さらに調査当局が結論を導くにいたった理由の説明を求めている。以上の点は，調査当局の認定に際して，その決定（調査報告書）において明確にされていることが必要であり，認定そのものを国内調査当局に委ねるとしても，その認定の仕方に厳格な枠をはめることになった。それによって，安易な発動を抑制することが期待されている。

　(v)　因果関係　　協定4条2項(b)において，因果関係は，客観的な証拠に基づいて立証されなければならないと規定され，さらに輸入の増加以外の要因による損害の責めを輸入の増加に帰してはならないと規定されている。

輸入以外の要因とは，たとえば需要の変化や後退，あるいは国内産業構造の問題などである。2000 年の「米国—小麦グルテン」事件（DS166，ケースブック[48]）で，小委員会は，輸入増加が単独で国内産業の重大な損害の原因であることが立証されなければならないとしたが，上級委員会は，小委員会の判断を覆して「真に実質的な原因と結果の関係を含む」ことを立証すればよいとした。

(b) 手　続

セーフガード措置を発動する場合，まず権限のある国内当局が調査を行い，その調査に基づいて損害の発生など，協定の要件を充たしているか否かを決定しなければならない。この国内調査は，あらかじめ規定され，GATT 10 条に基づいて公表された手続に従って行われなければならない。GATT 19 条では調査について言及していないが，協定 3 条に明記されている。日本においては，外国為替及び外国貿易法に基づいて，その実施のための輸入貿易管理令が定められている。そして輸入貿易管理令 3 条 1 項に基づき，調査手続の詳細については「貨物の輸入の増加に際しての緊急の措置等に関する規程」が定められている。

国内当局の調査の結果，措置を発動しようとする場合，GATT 19 条は，締約国団への通報と利害関係を有する輸出国に対して協議の機会を提供すべきことを規定している。それを受けて協定 12 条 1 項および 2 項は，調査の開始，損害の認定，措置の決定という 3 つの段階で，セーフガード委員会に対して調査や措置に関する情報を含めて通報すべきことを規定し，3 項で，利害関係を有する輸出国との協議を規定している。セーフガード委員会は，必要と認める追加の情報を求めることができる。

利害関係を有する輸出国との協議では，措置の適法性やその内容だけでなく，輸出国に対する代償についても交渉される。GATT 19 条は，代償措置について明記していないが，従前から代償の提供が必要であると理解されてきた。協定 8 条 1 項は，そのような加盟国間の理解を明確に規定し，等価値の譲許を維持する努力を輸入国に求め，協議を通じて輸出国に対する補償について合意できる旨を規定している。協議において合意が成立しない場合でも措置の発動は可能であるが，その場合，実質的に等価値であって，物品の

貿易に関する理事会が否認しない対抗措置を発動することが輸出国に認められる（GATT 19条3項(a), 協定8条2項）。ただし，セーフガード措置が輸入の絶対量の増加の結果とられた場合には，当該措置がとられる最初の3年間は，対抗措置をとることができない（協定8条3項）。

(c) 措置の発動

セーフガード措置には，通常の措置と暫定措置がある。通常の措置の場合，国内調査当局が調査を終了し，最終決定をした後に発動される。発動が認められる措置については，協定5条に規定されている。セーフガード措置は，損害を防止または救済し，調整を容易にするために必要な限度でなければならない。措置の形態としては，数量制限と関税引上げが認められるが，数量制限を用いる場合は，統計が入手可能な最近の代表的な3年間の輸入の平均を下回ってはならない。数量を輸出国間で割り当てる場合は，関係国間で合意によって配分することができる。合意が得られないなど，事実上実行不可能な場合，当該産品の貿易に影響を及ぼす特別の要因に考慮を払い，過去の代表的な期間の割合に基づいて配分する。

セーフガード措置は，輸入国の国内産業を輸入競争から保護することを目的としているため，輸入の増加それ自体が問題であって，輸出国がいずれであるかは問題とならない。したがって，輸入制限措置を発動する場合は，すべての輸出国に対して措置を適用することが義務づけられている。しかし，実際には，特定の輸出国からの輸入が急激に増加する場合が多く，そのため1970年代に，特定の輸出国に対する選択的セーフガード措置を許容すべきであると主張された。東京ラウンドにおいてセーフガード協定の交渉が行われたが，選択的セーフガード措置をめぐって対立が生じ，結局合意にはいたらなかった。ウルグアイ・ラウンドにおいても，この対立は維持されたが，最終的に，特定の輸出国から均衡を失する比率で輸入が増加した場合に，当該輸出国への配分を重点的に減らし，他の輸出国の配分の割合を相対的に増加させるといった修正が認められることとなった。これは，クォータ・モデュレーションと呼ばれ，セーフガード委員会に対して，特定国からの輸入の急増が均衡を失していること，選択的措置をとる理由が正当化されること，措置の適用の条件がすべての供給者にとって公平であることを明確に示すこ

図表 6-1　GATT 時代のセーフガード措置の発動状況

国／年	1970～74	1975～79	1980～84	1985～89	1990～94
米　国	3	6	4	0	0
Ｅ Ｕ	1	2	7	7	4
カナダ	6	7	3	1	1
豪　州	1	16	4	0	1
その他	1	4	5	6	6
合　計	12	35	23	14	12

出典：経済産業省「2018年版不公正貿易報告書第Ⅱ部第8章
(http://www.meti.go.jp/committee/summary/0004532/2018/pdf/02_08.pdf)

とが条件とされた（協定5条2項(b)）。

　セーフガード措置の発動期間は、原則として4年以下、調査の結果必要と認める場合には8年まで延長が認められる（協定7条1項、3項）。発動期間が1年を超える場合は、漸進的に措置を緩和させることが必要で、3年を超える場合には、中間時点以前に見直しを行わなければならない（協定7条4項）。

　「遅延すれば回復し難い損害を与えるような危機的な事態が存在する場合」には、輸入の増加により「重大な損害」もしくはその「おそれ」についての明白な証拠があるという仮決定に基づいて暫定的セーフガード措置を発動することができる（協定6条）。暫定措置は、200日を超えるものであってはならず、また関税引上げのみが認められる。調査が終了して通常の措置を発動することを決定する場合、暫定措置が発動された期間は、通常の措置の期間に算入される。調査の結果、「重大な損害」が存在しないとの決定がなされた場合は、徴収された追加的関税は還付されなければならない。

　セーフガード措置は、米国、EU、カナダ、オーストラリアなどが主要な発動国であった。しかし、WTO設立後は、その他の加盟国、特にインド、チリなどの途上国の発動が目立っている。これは、途上国の多くが、関税引下げなどの自由化を進めた結果、輸入の増加に直面するようになったからである。

Column 農産物3品目に対する暫定セーフガード措置

　2001年4月23日から11月8日までの200日間、日本政府は、ねぎ、生しいたけ、畳表（イグサ）の農産物3品目の輸入に対して、暫定セーフガード措置を

figure 6-2 WTO発足以降の主要国のセーフガード措置（調査・確定措置）の発動状況

（2017年12月31日現在）

		1995〜2000年	2001〜2005年	2006〜2010年	2011年	2012年	2013年	2014年	2015年	2016年	2017年	合計
米国	調査	9	1	0	0	0	0	0	0	0	2	12
	確定	5	1	0	0	0	0	0	0	0	0	6
EU	調査	0	4	1	0	0	0	0	0	0	0	5
	確定	0	3	0	0	0	0	0	0	0	0	3
カナダ	調査	0	3	0	0	0	0	0	0	0	0	3
	確定											
豪州	調査	1	0	1	0	0	2	0	0	0	0	4
	確定											
日本	調査	1	0	0	0	0	0	0	0	0	0	1
	確定											
中国	調査	0	1	0	0	0	0	0	0	1	0	2
	確定	0	1	0	0	0	0	0	0	0	1	2
フィリピン	調査	0	6	3	0	0	2	0	0	0	0	11
	確定	0	5	1	1	0	0	0	1	0	0	8
インド	調査	11	4	12	1	1	3	7	2	1	1	43
	確定	6	3	3	1	2	0	4	0	2	0	21
インドネシア	調査	0	2	10	4	7	0	3	1	0	0	27
	確定	0	0	3	7	1	1	2	3	0	0	17
トルコ	調査	0	5	10	1	0	1	3	1	0	2	23
	確定	0	2	10	0	0	1	1	1	0	1	16
ロシア	調査	0	0	0	1	3	0	0	0	0	0	4
	確定	0	0	0	0	0	1	1	1	0	0	3
ウクライナ	調査	0	0	8	2	0	0	1	1	1	0	13
	確定	0	0	2	0	0	1	1	0	1	0	5
ヨルダン	調査	1	9	5	0	1	0	1	0	1	0	18
	確定	0	5	2	0	0	1	0	0	0	1	9
エジプト	調査	3	0	1	1	4	0	2	2	0	0	13
	確定	2	1	1	0	0	1	0	1	0	0	6
チリ	調査	5	5	2	0	1	2	0	4	0	0	19
	確定	2	4	1	0	1	0	0	0	1	0	9
ベトナム	調査	0	0	1	0	1	0	0	2	1	1	6
	確定	0	0	0	0	0	1	0	0	2	1	4
その他	調査	29	42	22	2	6	7	7	4	7	1	127
	確定	6	25	9	1	0	3	2	5	0	6	57
合計	調査	60	82	76	12	24	18	23	17	11	8	331
	確定	21	50	32	11	6	8	11	11	6	10	166

（注）カナダ，豪州，および日本については確定措置の通報がWTO統計（https://www.wto.org/english/tratop_e/safeg_e/SG-MeasuresByRepMember.pdf）に掲載されていないが，発動がなかったと解される。

出典：経済産業省「2018年版不公正貿易報告書第Ⅱ部第8章（http://www.meti.go.jp/committee/summary/0004532/2018/pdf/02_08.pdf）
（WTO統計を参照し，一部修正追加）

発動した。これら3品目の輸入は，1996年から2000年までの5年間で，それぞれ25倍，1.7倍，1.8倍に増加し，そのほとんどが中国からの輸入であった。日本政府は，中国がWTO加盟前であったにもかかわらず，これまでの政策との整合性と今後のわが国の立場を考え，WTO協定に従って手続を進めるとの方針を打ち出した。この暫定セーフガード措置に対して，中国政府は，強く反発し，自動車，クーラー，携帯電話の3品目に対して追加的関税賦課という対抗措置を発動した。ある試算によると，セーフガード措置によって保護された利益が200億円であったのに対して，上記3品目の関税引上げによる損失は600億円であったとされている。暫定措置が発動されている間も，日中両国は協議を続け，暫定措置終了後の12月20日に，生産者，輸出者および輸入者による協議会を設置し，生産ならびに輸出について情報交換を行うことで合意した。この協議会の運営は，協定11条で禁止している自主規制とならないよう，日中両国政府はこの協議会には参加せず，民間の協議会として運営されることになっていた。他方で，輸出数量規制を行うことになれば，カルテルとして独占禁止法に触れるおそれも否定できなかった。

⑵ 繊維貿易におけるセーフガード措置

産業革命以来，繊維産業は，多くの国において産業化の初期の段階で発達し，経済発展を遂げる上で重要な役割を果たした。現在でも産業化を進めようとする途上国において重要な位置を占めている。このような経緯から，離陸産業と呼ばれているが，それは，繊維産業が労働集約型の産業であり，安価で豊富な労働力を有している多くの途上国が国際市場で競争力を持ちうる産業であることによる。

1950年代に欧米諸国において，最初は戦後の復興を遂げた日本，続いてアジアの新興諸国から繊維製品の輸入が急増し，問題となった。輸入の急増は，特定の輸出国からのものであり，すべての輸出国に対するセーフガード措置を規定するGATT 19条では対応できないとの主張が強まり，1961年7月，ガットで繊維貿易に関する会議が開催され，「綿製品貿易に関する短期取極」が成立した。1962年には，「長期取極」が合意された。綿製品に関する取極は，1973年まで延長され，1974年には，適用対象が綿製品以外の繊維に拡大された「国際繊維貿易に関する取極」（通称 Multi-Fibre Arrangement: MFA—多繊維取極) が合意され，修正・延長されながら 1995 年まで適用された。

　これらの取極は，特定の輸出国からの安価な製品の急激な流入に対応する制度をガットの枠内に設けた。取極は，一方的輸入制限措置の発動も認めていたが，基本的には，輸入国と輸出国との間で二国間協定を結び，恒常的に輸入数量を制限することを認めた。このような取極は，管理貿易として批判されたが，綿製品に関する短期取極から始まって 35 年にわたって実施された。ウルグアイ・ラウンド交渉では，「繊維及び繊維製品（衣類を含む。）に関する協定」（以下では繊維協定）が締結され，それまでの多繊維取極に基づく既存の措置を 10 年間で漸次撤廃し，多繊維取極の下に置かれていた繊維製品を GATT の規律の下に統合することを規定した。

　繊維協定 6 条は，GATT に統合されていない産品について経過的セーフガード措置の発動を認めた。一般のセーフガード措置と異なる点は，同条 4 項で特定の輸出国に対する措置の発動を認めたことである。そのため，因果関係の認定に当たっては，当該国からの輸入の影響について他の輸出国と比較することが必要とされた。この経過的セーフガード措置は，繊維製品が GATT に統合されるまでの経過措置であり，2005 年をもって終了した。

③　セーフガード措置の意義

　セーフガード措置は，貿易自由化の際の安全弁としての制度であるが，その機能としては，調整政策の円滑な遂行や自由化コストの配分を通して自由化に対する国内での反対を抑制することが挙げられる。

　WTO 体制の下では，貿易を自由化することによって世界的に福利の増大を図ろうとしている。貿易を自由化すれば，輸入が増加することは当然の結果であり，国内産業に一定の否定的な効果が発生することは予想しうることである。競争力のない国内産業は，直接その影響を受けることになり，自由化に反対することが多いため，自由化のための国内合意を形成することが困難となる。特に，先進国において，国際競争力が低下している産業は，古くから確立され組織化された産業が多く，政府の政策決定に大きな影響力を有している場合が多い。他方で，消費者や競争力のある産業は，輸入規制による影響が分散したり，間接的であったりするため，自由化に反対する産業ほ

どに影響力を行使することはまれである。

　こうした国内的な状況の下で貿易自由化を進めていくためには，自由化に対する反対をどのように抑えるかが重要となる。上述のように，自由化によって一定の悪影響が生じることは予測され，通常は調整政策を通して悪影響を受ける産業に援助を与える。しかし，予測を超えた損害が生じた場合には調整政策が円滑に進まず，場合によっては，社会的混乱が生じる可能性もある。そのような場合に調整政策を円滑に進めるためにも輸入の急激な増加を抑制する必要性が認められる。それはまた，自由化に伴うコストの配分が必要であるとの認識にもつながる。自由化の利益は，消費者やユーザー産業などに広く行き渡るが，自由化のコストは輸入競争産業に集中する。通常の場合は，調整援助など政府の財政的支出によって輸入競争産業に集中するコストが補填され，結局広く国民全体で負担することになる。予測を超えた輸入の増加の結果，損害が重大なものとなる場合，当該産業に予測を超えた分のコストが付加される。このような場合に輸入制限を行うことは，消費者やユーザー産業なども自由化による利益の享受が制限されることによって，追加的なコストを分担することを意味する。

(4) 市場攪乱と輸出自主規制

　セーフガード措置は，以上のような意義を有するが，それはもっぱら輸入国内における産業の保護を目的とするものであり，そのため，措置の対象となる輸入産品がいずれの輸出国から輸出されたものであるかは重要ではない。つまり，国内産業保護の観点からは，すべての輸入が問題となるのであり，そのためすべての輸出国に対して最恵国ベースで措置を適用することが要求されるのである。しかし，実際には，特定の輸出国からの輸入が急増する場合が多く，そのような場合にも，すべての輸出国からの輸入に対してセーフガード措置を発動しなければならないとすれば，輸入国にとって厄介なことになる。上述のように，セーフガード措置を発動する場合，輸出国に対して代償を提供する必要があるが，実際に問題となっている輸出国以外の国とも交渉しなければならないということは煩雑であるし，合意が成立しなければ対抗措置の可能性もある。こうした理由から，ガット時代にはセーフガード措置はそれほど発動されていない。

上述のように，1950年代に主に繊維貿易分野において，労働コストの低廉な途上国からの輸入が急増したため，特定の輸出国からの輸入のみに対してセーフガード措置を発動できる取極が，1961年以降数次にわたって合意された。ここで問題とされたのは，「特定の輸出国から低価格の特定産品の輸入が急増し，国内産業に重大な損害もしくはそのおそれが存在する」という「市場攪乱」の状況である。取極が合意される前は，日本やアジア諸国と欧米諸国との間に輸出自主規制協定が結ばれて「市場攪乱」に対応していた。1950年代は綿製品のみが対象であったが，1970年代に入ると化学繊維や絹・麻などに対象が拡大された。

　繊維貿易分野においては，「市場攪乱」に対応するため選択的セーフガード措置の発動を可能とする枠組みが構築されたが，その他の分野はGATT 19条の下に置かれたままであった。最恵国ベースでのセーフガード措置の発動は，多数の利害関係国を巻き込み問題を複雑にするため，そうした状況を回避するために採用されたのが，輸出自主規制である。1970年代以降は，家電製品や自動車，さらには半導体などのハイテク製品にまで拡大し，GATTの規律の低下が懸念されるようになった。

　輸出自主規制は，さまざまな形態で実施されたが，基本的には，輸出国と輸入国との交渉で数量を設定し，輸出国側が実施するものである。貿易当事国が合意して実施するため，ガットへの申立てが行われず，その違法性が公式に認定されなかったこともあり，「灰色措置」と呼ばれた。しかし，1988年，日米半導体協定に基づく価格監視システムに関する事件（L／6309, *BISD* *35S*／116）で，小委員会は，価格監視が一定価格以下の輸出を制限するもので，GATT 11条違反になると判断した。

　ウルグアイ・ラウンドで合意されたセーフガード協定は，原則として選択的セーフガード措置を認めなかったが，例外的に数量割当の配分を修正するクォータ・モデュレーションを認め，ある程度「市場攪乱」に対応している。他方で，協定11条において協定に基づくセーフガード措置以外の措置，すなわち輸出自主規制の実施を禁止した。ただし，協定11条1項(b)の注釈1では，セーフガード措置として実施される輸入割当を輸出国が管理することを認めており，この方法を採用すれば，輸出国間の割当の配分と輸出国によ

る管理を通して実質的に輸出自主規制と類似したものになる。しかし，この場合でも，あくまで調査を行って損害や輸入との因果関係などを認定した上でセーフガード措置の発動を決定することが必要となり，自主規制とは本質的な違いが認められる。

Column 対中特別セーフガード

　2001年11月，ドーハで開催されたWTO閣僚会議において中国のWTO加盟が承認された。中国のWTO加盟については，その巨大な市場へ期待もあるが，同時に，中国製品の輸入が増大することへの懸念もあった。そうした懸念に答えるため，米中二国間加盟交渉で合意されたのが，対中特別セーフガードである。これは，中国の加盟議定書（議定書16項）および作業部会報告書（paras. 245-250）に挿入されており，全加盟国が適用可能であった。

　この対中特別セーフガードは，加盟後12年間維持されたが，中国からの輸入が増加し，市場攪乱の発生またはそのおそれがある場合に発動できるもので，一般セーフガードに比べ，中国にとって過酷ともいえる条件が設定されていた。逆の言い方をすれば，このような条件を受け入れても加盟を実現しようとした中国の決意は，並のものではなかったといえよう。

3　アンチダンピング税

　アンチダンピング税とは，ダンピング輸出された産品に対して，輸入国が賦課することが認められる特別関税である。国内法においてもダンピングに関する規定があるが，ここで議論されるダンピングは，国際通商法上の概念であって，国内法のダンピングとは異なる。国際通商法上のダンピングは，正常価額未満の価格で輸出することをいい，正常価額と輸出価格の差をダンピング・マージンという。アンチダンピング税は，このダンピング・マージンを上限として，賦課することが認められる。アンチダンピング税については，GATT 6条ならびにAD協定（以下本節では「協定」という）によって規律されている。また，協定16条は，協定の運用などにかかわる事項を討議する場として，ダンピング防止措置に関する委員会（以下本節では「AD委員会」という）を設置した。

(1) アンチダンピング税賦課の要件

アンチダンピング税は，(i)ダンピングされた産品の輸入，(ii)国内産業の実質的損害または産業の確立の遅延（以下本節では「損害等」という），(iii)ダンピングされた輸入と損害等との間の因果関係，が存在する場合に賦課することが認められる。

(i) ダンピング　　ダンピングとは，正常価額未満の価格で輸出することをいう。GATT 6 条ならびに協定 2 条によれば，正常価額とは，通常は輸出国市場における同種の産品の比較可能な価格をいい，比較可能な国内価格がない場合は，第三国向け輸出価格または生産費に妥当な経費および利潤を加えて算出された構成価額をいう。この正常価額と比較してそれを下回る価格で輸出される場合にダンピングとなる。構成価額は，原価割れ販売などの場合に，頻繁に用いられている。

この価格比較は，ダンピングの認定だけでなく，賦課されるアンチダンピング税率の決定の基準となるもので重要な意味を有する。正常価額について，輸出国の国内価格や第三国向け輸出価格を採用する場合は，商取引の同一の段階，通常の場合は工場渡しの段階で，価格比較に影響を及ぼす差異を考慮に入れて比較することになる（協定 2.4 条）。つまり，製品の仕様や各市場の特殊性を考慮し，比較可能な価格となるよう調整を行わなければならない。輸出国の国内価格や第三国向け輸出価格がない場合，もしくは原価割れの販売が長期かつ大量に行われている場合は，構成価額を採用することになる（協定 2.2.1 条）。構成価額は，生産費に管理費，販売経費，一般的な経費および妥当な利潤を加えて算出する（協定 2.2 条）。費用については，輸出者または生産者が保有する記録に基づき算定されなければならない。ただし，その記録が輸出国で一般的に認められる会計原則に従ったものでなく，あるいは問題となる産品の生産および販売にかかわる費用を妥当に反映していない場合は，その限りではない（協定 2.2.1.1 条）。

この価格の調整や費用の算定の仕方は，GATT 6 条や東京ラウンド協定では明確に規定されず，ダンピングの認定が恣意的なものとなる可能性があった。実際，費用の算入について輸出価格と国内価格で異なる基準を適用したり，構成価額を採用する際に，費用や利潤の割合を恣意的に設定したり，

あるいは，価格比較において個別の輸出価格と加重平均による正常価額を比較し，マイナスのダンピング・マージンを無視してダンピング・マージンを算出するいわゆるゼロイングなど，様々な方法で恣意的または人為的に高いダンピング・マージンを算出する例が多く見られた。ゼロイングについては，1994 年の「米国─ノルウェー産サケに対するアンチダンピング税」事件（ADP／87, *BISD 41S*／229）において，小委員会は，ノルウェーの「公正な比較」ではないという主張に対して，仮定に基づく主張であり，「公正な比較」に反するという証拠はないと判断した。つまり，東京ラウンド協定の下では，公正でないと思われるような方法であっても，具体的に不公正なダンピング認定が行われたことを立証しなければならなかったのである。

　ウルグアイ・ラウンドで合意された現行協定では，こうした問題に対応するため，算出の基準を明確にし，輸入国の恣意が働く余地を限定した。協定 2.4.2 条は，加重平均によって算出された正常価額と比較可能なすべての輸出取引の加重平均価格の比較，あるいは個別取引における正常価額と輸出価格の比較のいずれかで算出すべきことを規定した。例外的にその必要性を説明することを条件として，加重平均による正常価額と個別の輸出価格を比較できるが，原則として上記のようなゼロイングを禁止したといえる。この点は，「EC─ベッドリネン」事件（DS141，ケースブック[18]），「米国─対 EC ゼロイング」事件（DS294，ケースブック[27]）において，明確に判断された。日本も米国のゼロイング慣行を WTO に申し立て，パネル・上級委員会は違反を認定し，2007 年 1 月に報告書が採択された。米国は，勧告履行の意思を表明したがゼロイング慣行を継続し，履行確認手続においても 2009 年 8 月のパネル・上級委員会報告で不履行が確認された（DS322）。日本政府は，対抗措置の承認手続を進めながら米国と協議を続け，2012 年 2 月，米国との間でゼロイング慣行の撤廃に合意した。

　また，価格比較に影響を及ぼす差異を考慮すべきことは東京ラウンド協定でも規定されていたが，現行協定は，影響を及ぼすことが立証されたあらゆる差異を含むとした上で，より詳細に例示し（協定 2.4 条），通貨の換算についても，販売日の為替相場を用いるとし，為替変動による影響を抑制する規定をおいている（協定 2.4.1 条）。

図表 6-3　不公正な価格比較の事例（ゼロイング）

	国内価格（$）	輸出価格（$）	各月のダンピングマージン
製品 A（1月期）	115	95	20
製品 A（2月期）	80	70	10
製品 A（3月期）	100	150	−50（これをゼロとみなして計算）
製品 A（4月期）	105	85	20
製品 A（5月期）	95	125	−30（これをゼロとみなして計算）
製品 A（6月期）	85	115	30

販売量については計算の都合上すべて1単位として計算

(注)　ゼロイングを使用しない場合，ダンピングマージン（DM）は次のようになる。

$$DM = \frac{20+10-50+20-30+30}{95+70+150+85+125+115} \times 100 = 0\%$$

とダンピングマージンが発生していないにもかかわらず，ゼロイングを行ったために

$$DM = \frac{20+10+0+20+0+30}{95+70+150+85+125+115} \times 100 = 12.5\%$$

と人為的にダンピングマージンが創出されてしまう。

　特筆すべきことは，フォワード・プライシングをダンピングの定義から除外したことである。フォワード・プライシングとは，新規製品の販売当初に，研究開発費や設備投資などの費用の一部を繰り延べ，価格に乗せずに価格を設定することである。従来は，この価格設定の場合，輸出価格と国内価格が同額であっても，原価割れ販売として構成価額を用いて比較されることが多かった。このフォワード・プライシングは，広く一般に行われており，これをダンピングと認定することには強い批判があった。協定 2.2.1 条は，原価割れ販売が，長期にわたり，相当な量で，かつ合理的期間内に原価の回収ができない場合にのみ，構成価額を用いることを認めた。

　このように，現行協定は，恣意的あるいは人為的なダンピング・マージンの算出を抑制するための規定を有しているが，必ずしも十分とはいえない。というのも，価格決定にかかわる情報は，企業にとって重要な秘密事項であり，輸出企業は，国内調査手続の過程でそれを提供することに消極的である。輸出企業の協力が十分得られない場合に，調査当局は，「知ることができた事実」に基づいて決定を行うことができる（協定 6.8 条）。また「生産及び販売に係る費用を妥当に反映している」か否かは，何が妥当であるかの基準が

明確でなければ主観的な判断が入る可能性もある。このように，依然として調査当局の恣意が働く余地があり，実際に，これまでの国内調査においてダンピング調査段階で輸出企業の主張がとおった事例はわずかである。このような状況の下で，ダンピング調査を受けた企業は，ダンピング認定手続の過程で争うことを諦めることもある。そのため，WTO 設立以前に比べれば改善されたものの，輸出国からは，現在も協定の見直しが要求されている。

(ii) 損害　GATT 6 条および協定は，「実質的な損害」についての定義を規定していない。従来，セーフガード措置との比較で「重大な損害」よりは軽微な損害でよいとする解釈は確立していたが，それ以上の基準は存在しない。協定は，損害認定について，実証的な証拠に基づき，客観的な検討を行うべきことを規定し (3.1 条)，セーフガード協定と同様に，関連するすべての経済的な要因および指標を評価するとして，検討すべき経済指標を列挙している (3.4 条)。

基本的には，セーフガード措置における損害認定と同様であるが，アンチダンピング税の場合，協定 17.6 条(i)で紛争解決にかかわる特別規定を有しているため，紛争解決手続において，国内調査当局の損害認定の審査がセーフガード措置の場合と異なる扱いになる可能性がある。この規定は，紛争解決手続における紛争解決小委員会の権限を，国内調査当局による事実の評価が公平かつ客観的であったか否かを決定することであるとして，当局による評価が公平かつ客観的であれば紛争解決小委員会が当局と異なる結論に達した場合でも当局の評価を尊重すると規定した。この規定は，ガット時代にアンチダンピング税に関する紛争解決小委員会で言及された審査基準に由来すると言われていた。その代表的な紛争解決小委員会判断は，1994 年の「米国—ノルウェー産サケに対するアンチダンピング税」事件（ADP／87, *BISD 41S／229*）であり，紛争解決小委員会は，「調査当局が実証的な証拠に基づいて客観的な検討，つまりすべての関連する事実を検討し，事実が決定をどのように支えるかを合理的に説明したか」を検討するのが紛争解決小委員会の任務であると判断した。

前述したセーフガード措置における損害認定に関する審査基準は，紛争解決了解（DSU）11 条に規定する「客観的評価」の意味を具体的に説明した

ものであるが，今述べた「米国―ノルウェー産サケに対するアンチダンピング税」事件の基準と同一である。したがって，協定17.6条(i)で規定される審査基準が，それとはどのように異なるものであるかが問題となる。「EC―ベッドリネン」事件（DS141，ケースブック[18]）で，小委員会は，事実の認定が適切であったか否か，適切であるならば，公平かつ客観的な調査当局が同様の結論に達しえたか否か，を判断する（para. 6.45），と述べた。「米国―ステンレス鋼板」事件（DS179）では，小委員会は，協定17.6条(i)が，事実の認定だけでなく，事実の評価についても言及していることから，小委員会が検討すべきことは，事実認定の適切さだけではなく，それらの事実に付与された意味や重要性が適切か，そしてそれが偏りなく客観的になされたか否かである（para. 6.18）と述べた。これらの事件は，主にダンピング認定の適否が争われた事例であるが，審査基準についての判断は，損害認定においても適用されうるであろう。

　前述のセーフガード措置に適用されたDSU 11条に規定された「客観的評価」に基づく審査基準と比較して，「事実に付与された意味や重要性が適切か否か」についても評価すると述べている点で，より踏み込んだ審査基準といえる。協定17.6条(i)は，アンチダンピング税に関する紛争において，国内調査当局の判断を尊重することを明確にするために規定されたが，これまでの運用を見る限り，考えられていたよりも厳格に適用されている。「実質的損害」の認定は，原則として国内調査当局の判断に委ねられるが，調査当局は，協定3.4条で列挙された経済的な要因および指標を含む関連するすべての要因を検討する必要がある。紛争処理小委員会によるこの点の審査は，セーフガード措置同様に厳格に行われており，十分ではないが安易な発動に対する制約となりうる。

　(iii) 因果関係　　因果関係は，協定3.5条で規定されている。そこでは「他の要因による損害の責めをダンピングに帰してはならない」と規定され，特にダンピングされていない産品の輸入量や需要の減少ならびに消費態様の変化など検討すべき要素を列挙している。東京ラウンド協定と比較すると，注で列挙されていたダンピング以外の要素を規定本文に挿入し，若干厳格な姿勢を示しているものの，基本的には同様の規定と見ることができる。

ガット時代は，因果関係について比較的緩やかに解釈されていた。1994年の「米国—ノルウェー産サケに対するアンチダンピング税」事件（ADP／87, *BISD 41S*／229）では，ノルウェーが第三国からの輸入を損害の主要な原因として主張したのに対して，小委員会は，他の要因も検討した上で結論を出しているとして，必ずしも説得力があるとはいえない米国の決定を容認した。WTO設立後の紛争解決小委員会の審査は厳格になっているが，協定3.5条の規定がアンチダンピング税の濫用防止にどれほど機能するかは，疑問である。

(2)　アンチダンピング税賦課の手続

　アンチダンピング税は，国内手続に従った国内当局の調査の結果，要件が充たされていると認定された後に賦課することができる。わが国では，「関税定率法」，「不当廉売関税に関する政令」，「相殺関税および不当廉売関税に関する手続等についてのガイドライン」によって調査手続を定めている。

　協定16条は，その実施に関する事項を協議する場としてAD委員会を設置した。加盟国は，アンチダンピング税にかかわるすべての措置についてAD委員会に報告しなければならない。したがって，調査開始，仮決定，最終決定をする場合にはそれぞれAD委員会に報告することになるが，セーフガード措置と異なり，代償を提供する必要はなく，輸出国との事前の協議は必要ない。輸出国がアンチダンピング税の賦課に異議申立てをする場合は，協定17条の規定および紛争解決了解に従って処理される。

　アンチダンピング税にかかわる調査においては，ダンピングの認定のために，輸出企業ごとに輸出価格および正常価額を算出し，比較しなければならない。そのため，一般に各国政府は，輸出企業に質問状を送付して原価や諸費用に関する資料を収集し，あわせて実地検証を行うなどして産品価格の算出・調整を行っている。アンチダンピング税に関する国内調査については，輸出企業もかかわることとなり，調査対象となる企業の利益も考慮しなければならない。実際に，ダンピング調査の開始自体が輸入を抑制する，いわゆるチリング・エフェクトという現象が存在しており，そうした観点から，国内調査手続，特に調査開始の手続や情報の収集を含めた輸出企業など利害関係者の利益を保護するための手続が重要となる。

(a) 調査開始

　ダンピング調査は，特別な事情がある場合には，申請によらず職権で開始することができるが（協定5.6条），原則として「国内産業によって又は国内産業のための書面による申請に基づいて開始」される（協定5.1条）。輸出企業と競争関係にある国内産業による申請を原則とするため，協定4条は，国内産業の範囲を限定している。協定において「国内産業」とは，調査対象となる輸入産品と「同種の産品の国内生産者の全体又はこれらの国内生産者のうち当該産品の生産高の合計が当該産品の国内総生産高の相当な部分を占めている生産者をいう」（協定4.1条）。ただし，国内生産者が調査対象となっている産品の輸出者もしくは輸入者と関係を有する場合，その生産者は国内産業から除外できる（協定4.1条(i)）。また，国内市場が分割され別個の市場として存在しているような場合には，それぞれを別個の国内産業とみなすことができる（協定4.1条(ii)）。

　「国内産業によって又は国内産業のために」申請が行われたか否かは，その申請に対する国内生産者の支持の程度で判断される。申請を支持する生産者の生産高が，支持または反対のいずれかの態度を表明している生産者の総生産の50％を超える場合には，「国内産業によって又は国内産業のため」の申請とみなされる。ただし，支持する生産者の生産高が，態度を表明していない生産者も含めた国内総生産の25％未満の場合は，調査を開始してはならない（協定5.4条）。

　申請には，ダンピング，国内産業の損害，そしてその両者の間の因果関係についての証拠が含まれなければならない。この証拠は，輸入品の価格や国内産業の状況に関する資料を意味するが，調査当局は，それらの正確さや妥当性を検討し，調査を開始するか否かを決定する。証拠が十分でないと判断すれば申請を却下する（協定5.3条，5.8条）。ダンピング・マージンやダンピング輸入の量が僅少である場合も調査を開始できない。ダンピング・マージンが2％未満であるとき，また輸入量が輸入国における同種の産品の輸入量の3％未満であるときは，僅少であるとみなされる。ただし，輸入量については，ダンピングされた輸入量が単独では3％未満であっても，合計して7％を超える場合には調査を開始することができる（協定5.8条）。

(b) 利害関係者の保護

上述のように,情報提供は,企業にとって企業秘密の流出を懸念させ,消極的になる場合が多いが,他方で,ダンピングの否定またはダンピング・マージンの低減のため,自己の見解を主張する機会でもある。協定は,6.1条で,ダンピング調査の利害関係者すべてに,当局がどのような情報を必要とするかの通知を受け,関連を有すると考えるあらゆる証拠を書面により提供する機会が与えられるべきことを規定している。提供された証拠は,秘密情報を除き,利害関係者が入手できるようにしなければならない(協定6.1.2条)。秘密情報に関しては,提供者の明示の同意なくして開示してはならないが,秘密情報の提供者は,その実質を合理的に理解することが可能な要約を提出しなければならない(協定6.5条,6.5.1条)。

証拠の提出のほかに,利害関係者は,「自己の利益の擁護のための機会を十分に与えられる」。そこでは,すべての利害関係者が見解の対立する者と会合し,対立する見解の表明や反論が行われる。利害関係者は,出席の義務はなく,欠席によって不利に扱うことはできない(協定6.2条)。このように利害関係者に意見表明や証拠提出の機会を与えることに加え,最終決定および措置の見直しについては,迅速な司法的救済の提供が義務づけられている(協定13条)。

(c) 知ることができた事実(facts available)

協定6.8条は,利害関係者が「妥当な期間内に必要な情報の入手を許さず若しくはこれを提供しない場合……に知ることができた事実に基づいて……決定を行うことができる」と規定している。調査に非協力的であったりそれを妨害したりする利害関係者から十分な情報を得ることは困難であり,そのような場合であっても調査当局が決定できるようにするために,この規定は設けられた。この規定の適用にあたっては,協定附属書Ⅱ「6.8に規定する入手可能な最善の情報」の規定に従わなければならない。附属書Ⅱは,提供すべき情報の内容や形式,その取扱い等について規定しており,7項で二次的情報の利用は慎重にすべきこととその可能な限りの確認を要求した上で,利害関係者が非協力的な場合には,当該利害関係者にとって不利な結果となることを明言している。

「知ることができた事実」の利用は，間接的な情報，すなわち申請者が提出した証拠や他の調査対象企業の情報を基礎にダンピング・マージン等を決定することになる。非協力的な態度のため，懲罰的な扱いになることがしばしば見られた。しかし，この点に関しては，附属書Ⅱが慎重な態度と可能な限りの検証を要求していることから，懲罰的なものではないことが「メキシコ―コメに対するアンチダンピング税」事件（DS295，ケースブック[28]）で明確にされた。

③ アンチダンピング措置

(a) 暫定措置

調査が開始されて最終決定にいたるまでの期間に駆け込み輸入が生じて損害が発生・拡大することがある。このような場合，ダンピングおよび損害の仮決定を行った上で，暫定措置をとることができる（協定7条）。暫定措置は，できるだけ短期間でなければならず，その期間は，原則として4ヵ月，輸出者の要請があった場合でも，6ヵ月を超えることはできない（協定7.4条）。輸出者の要請による延長は，拙速な決定を回避し，慎重な調査を行うために認められるものである。

(b) アンチダンピング税

調査当局の最終決定によってダンピングおよび損害の存在が認定された後に，アンチダンピング税が賦課されることになる。アンチダンピング税は，ダンピング・マージンを限度として賦課できるが，損害を除去するのに十分であれば，それ以下の額を徴収するのが望ましい（レッサー・デューティー・ルール）とされる（協定9.1条）。

(c) 価格約束

ダンピングおよび損害についての仮決定の後に，輸出者からの価格引上げ約束を受け入れ，アンチダンピング税を賦課しないことも認められる（協定8.1条，8.2条）。これは，ダンピング調査手続が，当局ならびに輸出者にとって費用と労力がかかるために認められたものである。輸入国は，輸出者の価格約束を受け入れる義務はない（協定8.3条）。約束違反があった場合，輸入国は，迅速に暫定措置をとることができ，暫定措置がとられた日から90日を超えない期間遡及して確定的なアンチダンピング税を賦課することができ

る（協定8.6条）。かつてECは，積極的に価格約束を勧奨していたが，約束の履行を監視することの煩雑さなどから，近年ではほとんど受け入れなくなっている。

(d) アンチダンピング税賦課の期間・見直し

アンチダンピング税が賦課された時から合理的な期間が経過した後に，見直しの必要性を裏付ける証拠を伴った利害関係者からの要請があった場合には，アンチダンピング税の賦課を継続する必要性を検討しなければならない（協定11.2条）。この見直しは，ダンピング調査と同様の手続に従って行われる（協定11.4条）。また，見直しの結果，ダンピングおよび損害の存続または再発の可能性があることを決定した場合を除いて，アンチダンピング税は，5年以内に撤廃しなければならない（協定11.3条）。東京ラウンド協定の下では，存続期間に関する規定がなかったため，長期にわたって課税される事例が多く見られた。その結果，原則として賦課決定後5年で失効するものと規定されたのである。

アンチダンピング措置の発動も，従来は，米国，EU，カナダ，オーストラリアが主要な発動国であったが，WTO設立後には，インド，南アフリカ，アルゼンチン，ブラジルなどが新たな発動国として名を連ねるようになった。セーフガード措置と同様に，新規発動国の輸入自由化が進んだことがその背景にある。なお，わが国の発動事例としては，「豪州，スペイン，中国および南アフリカ産電解二酸化マンガン」事件（2008年），「中国産トルエンジイソシアナート」事件（2014年），「韓国および中国産水酸化カリウム」事件（2015年）など数件がある。

(4) 迂回防止

迂回とは，ダンピングが認定され，アンチダンピング税を賦課された輸出者が課税を回避することである。迂回の方法としては，輸入国迂回，第三国迂回，カントリー・ホッピングの3つが挙げられる。輸入国迂回とは，輸入国に工場を設置し，部品を輸出して組立て生産を行って，輸入国内で販売することである。第三国迂回は，輸入国ではなく第三国に工場を設置する。カントリー・ホッピングは，従来から生産活動を行っていた第三国からの輸出に切り替えることである。

図表 6-4　WTO 発足以降の主要国の AD 調査開始件数の推移（2017 年 12 月 31 日現在）

調査開始国 \ 開始年	1995年～1999年	2000年～2004年	2005年～2009年	2010年～2014年	2015年	2016年	2017年	合計（1995～2017）
米　　　国	134	222	84	87	42	37	54	660
Ｅ　　　Ｕ	186	117	102	63	11	14	9	502
カ ナ ダ	56	77	18	45	3	14	14	227
イ ン ド	132	268	192	148	30	69	49	888
中　　　国	5	104	69	40	11	5	24	258
韓　　　国	41	36	31	19	4	4	7	142
インドネシア	32	28	20	42	6	7	1	136
ト ル コ	13	76	55	36	16	17	8	221
メ キ シ コ	37	42	18	32	9	6	8	152
ブ ラ ジ ル	68	48	64	189	23	11	7	410
アルゼンチン	93	92	73	59	6	25	8	356
日　　　本	0	2	4	2	2	1	2	13
そ の 他	455	322	272	307	66	90	57	1,569
合　　　計	1,252	1,434	1,002	1,069	229	300	248	5,534

出典：経済産業省「2018 年版不公正貿易報告書第Ⅱ部第 6 章」
(http://www.meti.go.jp/committee/summary/0004532/2018/pdf/02_06.pdf)（WTO 統計を参照し，一部修正追加）

　迂回防止措置については，ウルグアイ・ラウンド以前から問題とされ，そのGATT適合性について議論があった。ガット時代には，日本からECに輸出されていた電子タイプライターや複写機など，5品目に対する迂回防止税について小委員会判断（L／6657, BISD 37S／132）が出されている。小委員会は，迂回防止税を輸入部品に対する内国税であるとして，GATT3条違反を認定した。この事例で，ECは，迂回防止措置をアンチダンピング措置として主張せず，ECのアンチダンピング規則の遵守を確保するために必要な措置であるとして，GATT 20条(d)の一般的例外を主張した。そのため，小委員会は，GATT 6条あるいは協定を根拠に迂回防止措置が正当化されるか否かに関する判断をいまだしていない。

　ウルグアイ・ラウンドでは，アンチダンピング措置を頻繁に発動していた米国やECなどの輸入国は，迂回防止措置の必要性と協定による合法化を主

張し，日本や韓国などの輸出国はそれに反対した。交渉の途中までは，草案に規定が設けられていたが，米国議会で迂回防止措置の範囲が限定されてしまうとの反対があり，結局削除された。協定草案から削除されたことをどのように解釈するかが問題となるが，米国などは，禁止されない行為は適法であるとの見解に立ち，迂回防止措置を維持している。迂回防止措置の適用にあたっては，新たに輸出国となった生産国での付加価値を基準としている。

　確かに，単純な組立てなど，ほとんど付加価値がない現地生産に移行したような場合には，脱法的な行為として迂回防止措置を正当化することはできるだろう。しかし，迂回防止措置は，ダンピングや損害に関する調査を経ずに適用されるものであるため，この点は厳格に解釈すべきである。組立て生産の場合であっても，原則は，調査を行った上で部品にアンチダンピング税を賦課すべきであり，明らかに脱法行為とみなされるような特別の場合にのみ，迂回防止措置が認められると解釈すべきである。禁止されない行為は適法であるとの主張は，そもそもGATTが譲許関税率を超えて課税することを禁じている以上，成り立たない。アンチダンピング税は，GATT 6条および協定に規定された一定の条件の下で賦課が認められるということを忘れてはならない。

4　補助金相殺措置

　国際通商法上の補助金とは，政府によって特定の企業もしくは産業，または企業団体もしくは産業団体に給付される財政的援助である（補助金協定1条，2.1条）。各国政府は，さまざまな政策目的を実現するため，補助金交付の制度を有している。国内生産者にのみ補助金を交付することは，国内産品と輸入品との無差別待遇を規定する内国民待遇原則に反することになるが，GATT 3条8項(b)は，国内生産者に対する補助金の交付を例外として認めている。国内産業保護の手段としても，輸入規制によらず補助金を交付することが，貿易歪曲効果が少なく，経済政策上好ましいとされている。

　補助金の必要性について，ガット締約国の間では大きな対立はなかったが，補助金によって貿易が歪曲されることがあるため，その方法や形態について

一定の規制が必要であることは認識されていた。また，国内生産者に対する補助金の交付は，そのコストの一部を政府が負担することを意味し，その産品が輸出される場合には，国際通商における企業間の競争条件を歪め，さらには効率的な競争相手を排除することもある。そのため，GATT 6 条は，補助金が交付された産品が輸入され，その輸入の結果国内産業に実質的損害が発生した場合に，輸入国政府が補助金を相殺するための措置をとることを認めている。その措置を相殺関税（countervailing duty, CVD）という。補助金が輸入制限よりも貿易歪曲効果が少ないとはいえ，政府の援助を受け競争条件が歪められた産品が輸入されることによって輸入国の国内産業に損害が発生した場合には，それを是正することを認めるという趣旨である。相殺関税についてもアンチダンピング税と同様，「不公正貿易」に対抗するものと説明されることが多い。

　このように，補助金については，補助金それ自体の規制と相殺関税の規制という2つの問題がかかわってくるが，旧来のガットにおける議論は，相殺措置の規制に重点が置かれ，補助金の規制について十分な議論がなされなかった。ウルグアイラウンドにおいて補助金の規制についても議論がなされ，補助金の規制について大幅に改善された。現在，補助金ならびに相殺措置に関しては，GATT 6 条（相殺関税），16 条（補助金の規制），そして補助金協定（以下本節では「協定」という）によって規律されている。また協定の運用などにかかわる事項を討議する場として補助金及び相殺措置に関する委員会（以下本節では補助金委員会と省略）が設置された（協定24条）。農業補助金については，農業に関する協定に規定され，協定から除外されている（→第7章1参照）。

(1) 補助金の定義とその規律

　上述のように，補助金とは，政府によって特定の企業もしくは産業，または企業団体もしくは産業団体に給付される財政的援助である（協定1条，2.1条）。直接金銭的な給付を行う場合はもちろん，税額の控除や保証などの信用の供与など，金銭的給付がなくとも政府の負担によって何らかの形で財政的な援助が与えられる場合も含まれる。WTO協定の下では，補助金の交付が輸出に直接関連づけられているか否かで，輸出補助金と国内補助金に分類される。

輸出補助金は，輸出実績に基づいて交付される補助金であり，輸出国の国内価格よりも低い価格で輸出することとなるようなものをいう。GATT 16条B3項は，輸出補助金について一次産品については回避に努め，世界輸出貿易に占める衡平な持分を超える方法で与えてはならないと規定している。同条4項では，一次産品以外の産品について輸出補助金の交付を禁止した。東京ラウンド補助金協定は，GATT 16条の解釈適用に関する協定という性質上，一次産品から鉱産物を除外するという修正を加えた上で，一次産品とそれ以外の産品とに分けてより詳細な規定をおいた。

　ウルグアイ・ラウンドでは，補助金の規制について大幅な改善がなされた。協定は，政府または公的機関が資金面で貢献をし，その結果企業に利益がもたらされた場合に補助金が存在するものとし，特定の企業または産業，もしくは企業集団または産業集団に対して交付されているという特定性を有する補助金を協定の対象とした（協定1条）。その上で，補助金を禁止補助金，相殺可能補助金そして相殺不可能補助金の3つのタイプに分類した（信号の色になぞらえてレッド補助金，イエロー補助金，グリーン補助金と呼ばれる）。

　第1の禁止補助金は，輸出補助金および国産品の優先使用に基づく補助金である（協定3条）。これらの補助金は，直接輸出入に影響を与えるもので貿易歪曲効果が大きいため禁止された。国産品の優先使用に基づく補助金については，現行協定で禁止が明記されたが，1958年の「イタリア―農業機械」事件（L／833, BISD 7S／60）で，国産の農業機械の購入に対してのみ交付される補助金が内国民待遇違反と認定されており，従前から禁止されていたものを協定で明文化したものといえる。

　禁止補助金に対しては，協定4条に規定された救済措置または協定第5部に規定された相殺措置の発動が可能である（→本章4(2)）。協定4条の救済措置は，補助金にかかわる紛争解決手続の特例ともいえ，通常の紛争解決手続よりも短期の期間が設定されている。また，通常の紛争解決手続とは異なり，利益の無効化または侵害を要せず，補助金が禁止されている性質のものであれば適用可能である。また，小委員会は，補助金が禁止補助金に該当するか否かを決定するため，協定24条で設置された常設専門部会に援助を要請することができ，その場合，常設専門部会の結論を修正なしで受け入れる（協

定4.5条)。これまでのところ、この常設専門部会を利用したケースはない。当該補助金が禁止補助金と認定される場合、小委員会はその廃止を勧告するものとされ(協定4.7条)、小委員会が定める期間内に廃止されない場合、申立国は、DSBの承認を条件に対抗措置を発動できる(協定4.10条)。対抗措置を発動する場合には、相殺関税を賦課することはできない(協定10条注)。

第2の相殺可能(actionable)補助金は、補助金の交付自体は禁止されないが、相殺措置の対象となる補助金である。その範囲は、協定の対象となる補助金のうち、禁止補助金を除く補助金である。協定5条は、補助金の交付によって他の加盟国に悪影響を及ぼすべきではないと規定する。「悪影響」として、他の加盟国の国内産業に対する損害、他の加盟国のGATTに基づき直接または間接に与えられた利益の無効化もしくは侵害、他の加盟国の利益に対する著しい害の3つが列挙されている。なお、著しい害に関する協定6.1条は、同31条に基づき現在は適用されていない。

補助金による「悪影響」を受けた他の加盟国は、救済措置に訴えることができる(協定7条)。協定7条に規定される救済措置は、禁止補助金における救済措置と同様、紛争解決手続の特例であるが、手続の期間は禁止補助金の場合よりも長く、DSUに規定された期間と同じである。悪影響の存在が認められた場合、補助金交付国は、それを除去するための適当な措置をとるか当該補助金を廃止しなければならない(協定7.8条)。補助金交付国によっていずれかの措置がとられなかった場合、DSBの承認を条件に対抗措置の発動が可能であるが、その場合、相殺関税の賦課はできない(協定10条注)。

第3の相殺不可能補助金は、交付が禁止されず、相殺措置の対象とならない補助金である。協定2条に規定する特定性を有しない補助金、ならびに研究開発補助金、地域開発補助金、環境設備補助金がこれに該当する(協定8.1条、8.2条)。特定性を有しない一般的に利用可能な補助金は貿易歪曲効果を有しないと考えられており、そのため相殺措置の対象から除外された。他の3つの補助金は、特定性を有し、貿易歪曲効果を有する可能性があるが、経済的および社会的観点から有用性が認められるため、厳格な条件の下で相殺措置の対象から除外された。また、規定された条件を充たしているか否かを決定するための仲裁手続も規定している(協定8.5条)。

この第3の相殺不可能補助金は，WTO 設立後5年間適用するという暫定的なものとして規定された（協定31条）。その後も継続して適用するか否かなどは，期間が経過する 180 日前までに委員会で検討されることになっていたが，継続して適用することについて合意が成立しなかったため，1999 年末をもって相殺不可能補助金に関する規定は失効した。これは，相殺不可能補助金と認定される際の条件が厳しく，実際には適用事例がなかったという事情も影響している。

(2) 相殺措置

　禁止補助金ならびに相殺可能補助金については，補助金の交付を受けた産品の輸入によって国内産業に実質的損害またはそのおそれの存在，もしくは国内産業の確立の実質的遅延がある場合に，補助金を相殺するために相殺関税を賦課することができる。相殺関税を賦課する場合は，国内調査当局による調査の結果，補助金の存在と額，補助金を交付された産品の輸入による損害について最終決定を行わなければならない（協定19条）。そして補助金の額を超えない額を相殺関税として賦課することができる（協定19.4条）。なお，確定的な相殺関税の賦課に先立って，必要な場合は暫定的な措置（協定17条）をとること，または一定の条件に従う輸出加盟国の政府もしくは輸出者の約束を輸入加盟国の当局が認める場合は，相殺関税賦課手続の停止または取りやめがある（協定18条）。

　調査は，補助金の存在と額，そして損害認定とその輸入との因果関係について行われる。この調査は，ダンピングと損害について調査するアンチダンピング税における調査と対応している。「国内産業」の定義（協定11.4 条，16条），証拠の取扱い（協定12条），損害の決定（協定15条），暫定措置（17条），価格約束（協定18条），期間および見直し（協定21条）など，AD 協定とほぼ同様の規定を置いている。相殺措置の付加についても，AD 措置と同様に濫用や恣意的な運用が問題となり，規律の強化が図られた。

　損害認定および因果関係の審査については，アンチダンピング税の場合と同様であり，ここで問題となるのは，補助金の存在とその額の認定である。

　補助金の存在と額の認定については，協定14条で，政府による出資，政府による貸付け，政府による債務保証，政府による物品もしくは役務の提供

または物品の購入について，補助金と認定する場合の指針を規定している。補助金額の算定については，政府による債務保証や債務の繰り延べ，政府系金融機関からの有利な融資などの現金給付以外の場合，問題となる。通常は，市場価値を基準に算定され，たとえば，政府の債務保証であれば，保証がない場合の市場金利との差を補助金として算定する。また，補助金が認定されるためには，受領者が利益を得ていることが必要とされる（協定1.1条(b)）。問題となるのが，産業再編などの際に給付される一回限りの補助金である。給付後，長期間が経過したり，後に産業再編や公営企業民営化が行われ，補助を受けた工場等が，市場価値で譲渡された場合などは，利益がないとみなされた例もある（DS138, ケースブック[34]）。「日本—DRAM」事件（DS336）では，上級委員会は，韓国の産業再編にともなう債務免除や融資等において補助金交付があったとする日本の相殺関税賦課について，日本の主張を一部は認めながらも，利益の存在に関する決定等の違反を認定した。

補助金額が産品価格の1％未満である場合，および輸入量もしくは損害が無視できる程度の場合には，手続を取りやめる（協定11.9条）。

以上の手続に従って，要件が充たされていると決定した後に，相殺関税を賦課するか否か，どの程度の額を賦課するかを決定することになる。この決定は，裁量行為であることが望ましく，また相殺関税の額は，補助金額よりも少ないことが望ましい（協定19.2条）。

わが国では，WTO協定および関税定率法（7条）等の関係法令により相殺関税の課税要件や課税手続が定められている。原則として，一定の国内生産者による課税申請があった場合に課税要件の有無（補助金を受けた貨物の輸入の事実，同種の貨物を生産している国内産業に実質的な損害等の事実，以上の事実の因果関係，国内産業を保護するために必要であること）を財務省，経済産業省および産業所管省が調査し，課税（原則として5年以内）が決定される。

わが国は，韓国のハイニックス社製DRAMに対して2006年1月から2009年4月まで相殺関税を賦課したが，韓国はこの課税に関して，上述のとおり（DS336），WTO紛争解決手続の申立てを行った。

(3) 漁業補助金

ドーハ開発アジェンダ（ドーハ・ラウンド）では，漁業補助金の規制がそ

の交渉議題となった。従来，漁業補助金に関する明文規定はなく，特に大きな貿易上の問題はなかった。しかし，補助金交付による過剰漁獲の問題が認識され，漁業補助金規制が議論されることになった。漁業補助金規制の議論は，貿易的側面よりも資源管理，広く見れば環境保全の関心に基づいているのである。

補助金協定による補助金規制は，本来は補助金による貿易歪曲効果を抑制することを目的とするが，協定に前文がないため，必ずしもその規制の対象を貿易的側面に限定する必要はない。交渉においては，漁獲能力の拡大や漁獲の増加につながる補助金の禁止を中心に議論されている。日本政府は，資源管理を強化することを前提に，加工流通分野，漁港等のインフラ整備などの直接漁獲増加につながらない支援の禁止からの除外，漁船取得等の支援・操業経費のうち燃料や漁具などの直接経費に対する直接経費を原則禁止としながらも，減船措置実施などの一定の条件の下での例外扱い，排他的経済水域内における小規模漁業の適用除外などを提案している。

2017年12月のブエノスアイレス閣僚会議では，2015年に国連全加盟国によって採択された「持続可能な開発目標（SDGs）」（→第2章8節参照）の目標14.6を実現する漁業補助金協定を2019年の閣僚会議において採択することを目標とする交渉を妥結する作業計画を決定した。

農業補助金については，補助金協定の対象外とされ，農業協定で規制されているが（→第7章1参照），基本的には貿易歪曲効果の抑制を目的としている。漁業補助金規制が貿易的側面よりも資源管理に関する関心を基本とするならば，資源管理に関する専門性のないWTOの場で議論することが適切であるのか，疑問が提起されている。漁業補助金について特別な規制を設けるのであれば，この疑問に答えるためにも慎重に検討することが望まれよう。

5　通商救済制度と「不公正貿易」

GATT6条は，ダンピングを「非難すべきものと認める」と規定しているため，アンチダンピング税は，「不公正貿易」に対抗する措置と説明されることが多い。また，補助金相殺措置も，政府の補助によって競争力が増大

した補助金付きの輸出に対抗するものであるから，同様に「不公正貿易」に対する措置と説明されることがある。このことは，セーフガード措置が「公正貿易」に対抗する措置であるという説明と対比される。そのため，アンチダンピング措置や相殺関税を発動する場合の損害は「実質的な」ものでよく，セーフガード措置の場合のように「重大な」ものである必要はない。また，アンチダンピング措置や相殺関税は，特定の輸出国に限定して措置を発動することができ，セーフガード措置のように最恵国ベースでの適用が義務づけられない。

　前述の通り，GATT 6条の規定によれば，国際通商法上のダンピングは，正常価額よりも低い価格で輸出することをいい，その結果輸入国の国内産業に実質的損害が発生した場合に，はじめて「非難すべきものと認め」られる。GATT 6条は，ダンピングそのものを非難すべきものとは規定していない。ダンピングは，その邦訳である「不当廉売」という文言が示すように，「不公正な」行為であると一般にも理解されているが，そこには国内競争法（独禁法）上のダンピングとの混同が見られる。

　国内競争法上のダンピングは，市場における優越的な地位を利用し，安値販売を継続することによって競争相手を市場から排除し，その後独占価格を設定して過剰な利潤を得るという行為である。そのような場合の低価格を「略奪的価格」という。この略奪的価格設定は，膨大な資本力によって可能であるが，財政基盤の弱い効率的な競争相手を排除することになるため規制されている。国際通商においても輸出業者が自国市場で超過利潤を得て，それを資金に安値輸出を行い，輸入国市場における競争相手を排除する場合もありうる。しかし，このような略奪的ダンピングは，輸入国市場が閉鎖的である場合にのみ可能であって，実際にそれを成功させることは不可能であるといわれている。というのも，輸入国市場における競争相手を排除した後に価格を引き上げれば，かなりの低価格である「略奪的価格」が設定された市場では対応できなかった新規参入者が現れるからである。国際的な略奪的ダンピングは，自国市場ならびに輸入国市場の両方が閉鎖的で，市場における支配力を行使できなければ成功しない。

　原価割れ販売についていえば，前述のフォワード・プライシングのように

新製品の発売当初に価格を抑えて需要を喚起するため，あるいは新たな市場に参入する際に企業名や商品名を浸透させるために一般に行われている。また在庫の処分や工場の操業度を上げ，スケールメリットを生かすために，原価割れ販売を行うことが企業にとって利益となることもある。したがって，コスト回収が困難なほどに長期にわたるものでなければ，通常の価格設定の一つといえよう。そもそも，グローバル化したといわれる現在においても市場は国家単位で形成されており，それぞれの市場に合わせた価格設定を行うことは企業にとって当然のことであり，複数の市場で製品を販売している企業であれば，異なった価格で輸出することは十分ありうることである。

　国際通商におけるダンピングの場合，それによって国内産業に損害が発生する場合に，はじめて「非難すべきものと認め」られる。つまり，ダンピング自体は，「非難すべきもの」とされていないというのであれば，ダンピングによって国内産業に損害が発生すると，なぜ「非難すべきもの」となるのか，が問題となろう。この点については，現在でも様々な議論がされている。そこでは，そもそも根拠が不十分であるため「公正・不公正」の区分を廃止し，アンチダンピング税や相殺関税を特別なセーフカード措置として理解する立場から，各国市場の条件の相違から生じる摩擦を緩和するための緩衝措置として理解する立場，あるいは，「公正・不公正」の区分を維持し，自由な競争を阻害する行為に対抗しなければならないとする立場などが主張されている。

　補助金の場合は，一見するとダンピングに比べて「不公正貿易」とみなされることに問題がないように思われよう。相殺関税は，補助金の交付が企業の効率性に基づかない人為的な競争上の優位を創り出す，あるいは非効率的な企業に過剰な資源配分を行うことによって市場における資源の最適配分を妨げ，世界の経済厚生を低下させるという理由で，正当化されている。私人間の自由な競争を前提とする市場経済において，一部の競争者が政府の援助によって競争上の優位を獲得する補助金の交付が「不公正な競争」であるという認識は，容易に受け入れられるだろう。

　しかし，競争条件の不利な地域への企業誘致のための補助金交付などは，必ずしも人為的な競争上の優位をもたらすとはいえないし，市場の不完全性

などを修正するために交付される場合などは、逆に経済厚生を増大させることにもなる。また、補助金付きの産品の輸入によって損害を被った国内産業に対して輸入国政府が補助金を交付しているような場合は、その補助金額を相殺関税から控除するのでなければ対等な競争、すなわち「公正な」競争状態を回復するという理由でそのような補助金を正当化することはできない。GATT 6条および補助金相殺関税協定の規定にはそのような調整は規定されておらず、輸出国政府の補助金交付のみが問題とされるのである。

以上のように、WTO協定において、ダンピングおよび補助金の交付が「不公正」なものであるかについては、疑問の余地がある。確かに、それらの中に「不公正」とみなされるものが含まれることにはなるが、「不公正」ではないものも多く含まれている。協定には、措置の発動に当たって、「不公正」であることを確認する要件は含まれていない。ガット時代から現在のWTO協定にいたるまで、アンチダンピング税や相殺関税の規定は、例外措置としてその濫用を防止するために規定されてきたことを想起すると、ダンピングや補助金の交付が「不公正」であることをことさらに強調することが適切さを欠くことは明らかであろう。

6　一方的措置

(1) 多角的貿易体制と一方的措置

WTO体制は、無差別で多角的な貿易体制の構築をめざしている。ここでいう多角的貿易体制とは、多数国間の枠組みの中で、交渉を通じたルールの形成や自由化の実現、そしてルールに従った問題の処理を行うものである。その中で二国間交渉なども行われるが、その結果は、最恵国待遇原則によってすべてのWTO加盟国に均霑されることになる。加盟国間の問題についても、二国間協議によって処理された場合であっても、各種委員会や理事会などで討議の対象となり、WTO諸協定との適合性が確保されることが予定されている（→第8章1(1)参照）。

ガット時代においても基本的には多角的貿易体制を確立しようとしていたが、協定の規定は必ずしも十分なものではなかった。そのため、ガットの枠

組みの外で当事国による二国間協議だけで問題を処理するといったことも見られ，また，一方的措置を背景とした問題の処理が行われることもあった。この一方的措置とは，貿易相手国の慣行をガットの手続によらずに独自の判断に基づいて「不公正」と認定した上で，交渉による問題の解決を図るが，交渉によって満足できる合意が得られない場合に，発動する対抗措置である。米国の1974年通商法301条の手続が代表的なものである。これらの二国間協議は，多数国間の枠組みを無視し，一方当事国の一方的措置という強制を背景に問題を処理するため，多角的貿易体制の基礎を脅かすものである。

　このような状況は，規定や紛争解決手続の不備によるものであり，ルールに照らせば不利益となる合意を受け入れる国家は，積極的にそうした対応をとってきたわけではない。「不公正貿易国」と認定された国家は，一方的措置によってより不利な取扱いを受ける可能性が高い以上，次善の策として，二国間協議を受け入れざるを得ない状況であった。当事国の選択として，積極的であるか消極的であるかは別として，合意している以上，当事国によって当該問題が紛争解決手続に付託される可能性は低い。他の締約国も当該合意の効果が二国間に限定されたものである限りで，紛争解決手続に付託することができない。このような状況の下で，拡大していったのが，上述の輸出自主規制であった。

　このようなガット枠外の措置の採用は，個別の事例における問題だけではなく，その拡散によって，規律の低下，ならびにガットの枠組み自体に対する信頼の低下を招き，他の分野にも波及していく危険を伴う。その先にはガット多角的貿易体制の崩壊が懸念されたのである。ウルグアイ・ラウンドは，多角的貿易体制の強化を目的の一つとし，交渉の結果，紛争解決手続の強化，規定の明確化および改善が図られ，一方的措置の禁止も規定した。

　第1に，紛争解決手続においてネガティブ・コンセンサス方式が採用され，相手国の合意なくして紛争解決手続を利用することができ，WTO協定との整合性が確実に判断されることになった。これによって，貿易相手国の慣行に不満を持つ国は，そのWTO適合性の判断を求めて付託することができ，また「不公正貿易国」と認定された国家は，その認定の当否ならびに対抗措置のWTO適合性を争うことができるようになった。第2に，一方的措置

の禁止である。DSU 23 条は，多角的体制の強化を目的とし，加盟国が自国の利益の無効化・侵害の是正を求める場合，DSU に定める手続に従って解決を図ることを義務づけた。利益の無効化もしくは侵害の認定を DSU の手続によらずに行ってはならず（2項(a)），対抗措置の発動も，22条の手続に従わなければならない（2項(c)）と規定したのである。

(2) 米国の通商法 301 条

一方的措置の代表的なものは，米国の 1974 年通商法 301 条以下に規定された「不公正貿易慣行」に対する対抗措置である。この規定は，1988 年包括通商競争力法によって改正・強化され，1994 年ウルグアイ・ラウンド協定法によって改正された。

通商法 301 条は，命令的措置（mandatory action）と裁量的措置（discretionary action）の 2 つの措置を規定している。命令的措置については，①米国の通商協定上の権利が侵害されているとき，または②通商協定違反または通商協定によって米国が得られる利益を否定しているとき，または③外国の行為，政策もしくは慣行が，不当でありかつ米国通商に負担を課すか制限するときに，通商代表は，あらゆる適切な措置をとらなければならない。裁量的措置は，外国の行為，政策もしくは慣行が，不合理もしくは差別的で米国通商に負担を課すか制限し，かつ米国による行為が適切であると通商代表が判断する場合に適用される。命令的措置に関しては，通商代表によって措置が適当か否かの判断がなされない。

いずれの場合も，大統領の指示に従うべきことも規定されており，大統領が不必要と判断すれば制裁措置は発動されず，最終的には大統領の裁量に委ねられることになる。また，命令的措置については，WTO の紛争解決機関（DSB）によって協定違反がない旨の報告が採択された場合に，通商代表は措置をとることを要求されない（not required）と規定している。

米国通商法 301 条の適用事例として重要なのは，1995 年の日米自動車協議である。米国は，従前から様々な分野で日本市場の閉鎖性を指摘し，市場開放を強く求めていた。この自動車協議では，日本の自動車メーカーによる外国製自動車部品の購入拡大，外国製自動車を扱う販売拠点の増加，車検制度等の緩和を要求した。その際に，米国が主張した数値目標とその達成の約

束を日本側が拒否したため,米国通商代表は,閉鎖的な市場が不合理な慣行によるものであるとして,通商法301条に基づく制裁措置として,日本製高級車に対する100％の関税賦課を決定した。これに対して日本政府は,GATT 22条に基づく協議要請を行い,紛争解決手続に付託する姿勢を示した。こうした状況の下でも,日米政府は交渉を継続し,制裁措置発動期限の1995年6月28日に合意が成立した。合意の内容は,日本政府による車検制度等の緩和,日本の自動車メーカーによる外国製部品購入のグローバルプランの作成と北米における生産の拡大,さらに日本の自動車販売会社団体が外国製自動車の販売を促進することである。

この問題で米国が指摘した日本市場の閉鎖性は,主に系列取引などの日本企業の取引慣行によるものである。私企業の慣行についてWTO協定は規定を有しておらず,そのため,米国は,この問題の解決をWTO協定に基づいて日本に要求することができなかった。交渉を通じて市場開放を要求し実現することは,WTO協定の目的に合致するが,前述のようにその交渉が一方的判断に基づく制裁を背景に行われる場合には問題となる。譲許関税率を超えて関税を賦課することは,WTO協定で認められた例外的な状況を除いて協定違反となる。つまり,違法な措置を背景に何らかの合意を迫ることは,WTO協定の目的に反するものと言わざるをえない。

ガット時代には,GATTに違反する規定を有する法律であっても,それが裁量的なものであって,GATT整合的に運用することが可能であるならば,法律の存在自体がGATT違反になることはないという見解が多数であった。つまり,GATT規定に違反する具体的措置がとられてはじめて,問題となしうるということである。米国通商法301条のWTO適合性については,ECの提訴により,小委員会手続が進められ,1999年に報告が採択された(DS152,ケースブック[70])。小委員会は,DSU 23条が,DSUの手続に従わずに利益の無効化・侵害の認定を行ってはならないことを明記していることを根拠に,DSU 23条を誠実に解釈すれば,DSUに規定する手続によらずに行政府が決定を行う権限を認める立法を許容しないと判断した(para. 7.67)。最終的に,小委員会は,米国通商法301条手続がWTO協定,特にDSU 23条2項に違反しないと判断した。

小委員会が，301条手続をDSU 23条違反ではないと判断したのは，大統領による行政行動宣言とこれまでの実行の分析による。大統領による行政行動宣言は，DSBで採択された小委員会または上級委員会報告に基づいて，301条手続に基づく決定を行うことを米国議会に対して表明するものであった。この内容は，小委員会手続においても繰り返し明確にされており，小委員会は，米国がDSU 23条を遵守する保障を与えるものであるとして，上記の違反が治癒されたと判断したのである（para. 7.109-112, 125-126）。これまでの実行についても，日本の自動車部品などの事例からは，違反を認定できないとした（para. 7.129-130）。しかし，小委員会が，この判断は行政行動宣言に依拠するものであり，それが守られなければ，この判断の有効性が失われると述べている（para. 8.1）ことに注意しなければならない。

　2018年には米国は中国との貿易内容についての不満から301条手続により制裁関税を課しており，中国はこの制裁関税に対する報復関税を課している。米国は同様の手法を他の国々に対してもとる可能性があり，これは多角的貿易体制性を揺るがしかねない。

③　EC理事会規則3286／94

　米国の通商法301条に類似したEUの手続は，理事会規則3286／94に規定された手続である。これは，WTO体制発足に対応して，「新通商政策手段」と呼ばれた従来の理事会規則2641／84に替えて制定された。この規則は，国際通商規則，特にWTOの下で確立された規則に基づくEUの権利行使を確保するための手続を設定するものである。

　「新通商政策手段」が制定された際には，EUも米国と同様に一方的措置に関する手続を整備したとの認識が広がった。しかし，実際には米国通商法301条と異なり，貿易相手国に通商協定違反があった場合に，共同体産業または企業，あるいは構成国の要請に基づいて委員会は措置をとるが，当該協定に規定された手続に付託することを義務づけるものであった。米国の関税法337条に関してECがガットに提訴した事例（L／6439）が代表的なものである。1994年に制定された理事会規則3286／94は，WTO体制の下でサービス貿易も規律の対象となったことを受けて制定されたものであり，基本的には従来の「新通商政策手段」と同様のものとなっている。

この手続に基づいてとられる措置は，問題となる国際協定が規定する協議や紛争解決手続を事前に経ていなければならず，制裁措置について国際的な紛争解決機関の承認が必要な場合には，その機関の勧告に従うものでなければならない（規則12条2項）。その他の内容も，EUの国際的義務に合致するものでなければならない（規則12条3項）。このように，EUの規則は，貿易相手国の慣行を問題にするという点では，米国の通商法301条に類似した手続であるが，その規定内容は，WTO協定に従って運用されることが規定されており，通商法301条と同様の問題は生じない。

このEC理事会規則のもう1つの注目すべき点は，産業や企業という私人にWTO提訴を要請する機会を設けたという点である。WTO協定は基本的に国家間の権利義務を規定するものであり，その紛争処理手続を私人が利用することはできない。しかし，EUの産業または企業は，この規則に基づいてWTO提訴を委員会に要請することができ，間接的ではあるが，WTO協定違反によって損害を被る私人がイニシアティヴをとることが可能となるのである。WTOに提訴するか否かは，最終的に委員会が共同体の利益にとって必要であるか否かを決定することになるが，こうした手続を設けることによってより手厚い私人の権利保護が可能となる（国内裁判所への提訴については，→第4章参照）。

【参考文献】
セーフガード措置
荒木一郎＝川瀬剛志編『WTO体制下のセーフガード』（東洋経済新報社，2004年）
清水章雄「国際通商における法の支配」『二十一世紀の国際法』（成文堂，1987年）
松下満雄「WTOにおけるセーフガード条項の最近の動向」貿易と関税2000年2月号
間宮勇「WTO体制における貿易自由化と国内産業保護」国際法外交雑誌99巻6号（2001年）
柳赫秀『ガット19条と国際通商法の機能』（東京大学出版会，1994年）
経済産業省『2018年版不公正貿易報告書』第Ⅱ部第8章［https://www.meti.go.jp/committee/summary/0004532/2018/pdf/02_08.pdf］

アンチダンピング措置
阿部克則「ガット6条の起源」日本国際経済法学会年報8号（1999年）
阿部克則「ガットにおけるダンピング防止税の位置（一）（二）（三・完）」千葉大学法

学論集 15 巻 3 号, 4 号, 16 巻 1 号（2001 年）

P. K. M. タラカン／E. ベルムースト／J. タラカン「アンチ・ダンピング政策と競争政策の接点」貿易と関税 1999 年 8 月号

東條吉純「相殺関税制度における対象補助金概念の範囲(上)(下)」立教法学 49 号（1998 年），52 号（1999 年）

長岡貞男「アンチダンピング措置の動向と今後の改革」貿易と関税 1997 年 4 月号

福永有夏「アンチダンピング制度の意義　上・下」貿易と関税 2000 年 6 月号・7 月号

経済産業省『2018 年版不公正貿易報告書』第Ⅱ部第 6 章［https://www.meti.go.jp/committee/summary/0004532/2018/pdf/02_06.pdf］

補助金相殺措置

八木信行「環境的関心事項の分析視角から見た WTO 漁業補助金交渉」RIETI Policy Discussion Paper 09-P-001（2009 年）

K. W. Abbott, Trade Remedies and Legal Remedies: Antidumping, Safeguards, and Dispute Settlement after the Uruguay Round, A. Panagariya, M. G. Quibria and N. Rao eds., THE GLOBAL TRADING SYSTEM AND DEVELOPING ASIA, Oxford University Press for the Asian Development Bank, 1997.

J. Bhagwati and R. Baldwin, The Dangers of Selective Safeguards, Bhagwati, J. ed., A STREAM OF WINDOWS: UNSETTLING REFLECTIONS ON TRADE, IMMIGRATION, AND DEMOCRACY, MIT Press, 1998.

R. A. Cass and R. D. Boltuck, Antidumping and Countervailing Duty Law: The Mirage of Equitable International Competition, J. Bhagwati and R. E. Hudec eds., FAIR TRADE AND HARMONIZATION: PREREQUISITES FOR FREE TRADE? VOL. 2. LEGAL ANALYSIS, MIT Press, 1996.

B. Hoekman and P. C. Mavroidis, Dumping, Antidumping and Antitrust, JWT 30-1, 1996.

N. Jinji, Subsidy, Fisheries Management and International Trade, RIETI Discussion Paper 10-E-023, 2010.

Y. S. Lee, The WTO Agreement on Safeguards: Improvement on the GATT Article XIX?, INTERNATIONAL TRADE JOURNAL 14, 3, 2000.

J. Nakagawa ed., ANTI-DUMPING LAWS AND PRACTICES OF THE NEW USERS, Cameron may, 2007.

D. Palmeter, Trade Remedies and Legal Remedies: Antidumping, Safeguards, and Dispute Settlement after the Uruguay Round: Comments, A. Panagariya, M. G. Quibria and N. Rao eds., THE GLOBAL TRADING SYSTEM AND DEVELOPING ASIA, Oxford University Press for the Asian Development Bank, 1997.

第7章 WTO 体制における農業貿易と TBT/SPS

Summary

本章では，WTO体制下で貿易自由化のための規律の強化と拡大が実現した農業貿易とTBT/SPSを扱う。WTO農業協定は，ガットの下で規律が形骸化していた農業貿易に対し，市場アクセス，国内助成および輸出競争の側面で，実質的に強化された市場指向型の規律を導入した。「貿易の技術的障害に関する協定」（TBT協定）は，加盟国による産品の技術的な基準や規格の制定や適用を規律し，また，「衛生植物検疫措置の適用に関する協定」（SPS協定）は，食物関連の危険や動植物が媒介する病気から人や動植物の生命や健康を保護することを目的とする加盟国の基準や規格の制定と適用を規律する。2つの協定は類似した性質と構造をもち，加盟国が正当な目的のために基準や規格を輸入品に適用する主権的権利をもつことを承認するが，同時に，このような権利が保護主義的に濫用されないことを確保し，各国の基準や規格の国際的調和による貿易障壁の低減もめざしている。

Key Words

食糧安全保障論　非貿易的関心事項　残存輸入制限　ウェーバー　EU共通農業政策　市場アクセス　国内助成　輸出競争　関税化　特別セーフガード　コメ条項　ミニマム・アクセス　輸出補助金　非商業的取引　TBT協定　ナイロビ・パッケージ　SPS協定　強制規格　任意規格　適合性評価手続　適正実施規準　国際的調和　同等性　相互承認　危険性評価　ALOP　予防原則

1　農業貿易

(1) 農業の特殊性

　農業貿易は，ガット体制下で，GATTの一般原則からの逸脱が事実上許容される例外分野として特別の扱いを受けてきた。今日のWTO体制の下でさえ，WTO諸協定の一般原則が一部適用されない分野として特別の規律

枠組みに服している。その理由は，農業が自由貿易体制に馴染まない次のような特殊性をもっていると考えられてきたからである。

　第1に，経済的な観点からは，比較優位理論に基づき，比較劣位にある自国の特定農業部門を廃止し，国際分業と自由貿易に依存しようとしても，農地の他産業への転換が必ずしも容易ではないため，他産業に比べて産業構造調整を行うことが困難なことである。また，農産物は人為的な生産調整が困難で天候などの自然条件により収穫量が大きく変動するため，世界市場における農産物価格も激しく変動し，他方で各国の農業従事者は，その大多数が小規模零細であるためこのような価格変動の影響を直接に受けやすい状況に置かれている。そのため，各国政府は，世界市場における農産物価格の変動に対し，自国の農家の所得を保障し，同時に消費者に安定した合理的な価格で農産物を供給するため，さまざまな農業保護政策を採用する必要性に迫られてきた。

　第2に，政治的には，収穫量が大きく変動する農産物について，自国民への食糧の安定供給や食糧を他国に依存しない自給自足体制の確立のために，自国の農業を保護する必要性があるという食糧安全保障論が主張されてきた。また，多くの先進民主主義国では，人口規模ではなく地理的基準で代議員定数が決定される選挙制度が採用されているため，結果的に都市部よりも地方農村部の代議員が政治的な多数派を形成し，政府の意思決定にも決定的な影響力を行使する傾向にある。このため，政府の農業保護政策には支持が集まりやすいという政治的背景が存在する。

　第3に，社会的および文化的側面として，多くの諸国では，農業が，農村人口の維持，伝統的な農村文化や社会生活様式の維持，農村地域開発，農村景観や環境の保護，生物多様性の保護，および災害の防止などに貢献する多面的機能を有していると考えられている。これらの機能は，上述の食糧安全保障論とともに，いわゆる「非貿易的関心事項」と呼ばれ，それに対する配慮の必要性が主張されてきた。

　以上のような農業の特殊性が，もっぱら市場メカニズムに依拠する自由貿易には馴染まないものとして，農業貿易の特別扱いを事実上正当化してきたということができる。

⑵　ガット体制下での農業貿易

たしかにGATT 1947は，上述の農業の特殊性を考慮して設けられた農産物に関する唯一の例外である11条2項を除き，農産物も他の産品と区別なく一般的規律の対象としていた。しかし，この例外条項やGATTの他の一般的規律が厳格に適用されるようになるのは，ようやく1980年代末になってからである。

(a)　GATT 11条による規律とその形骸化

GATT11条1項の数量制限禁止原則に対して，同条2項は農産物について一定の例外を規定していた。同項(a)は輸出国における危機的な食糧不足を防止するための一時的な輸出禁止または制限を許容し，また，同項(c)は国内の過剰農産物について政府が実効的な生産調整を行うために必要な輸入制限を許容していた。しかし，この例外規定が厳格に適用されるようになるのは，すでにウルグアイ・ラウンド交渉が開始されていた1988年の「日本―農産物I」事件（L/6253, BISD 35S/163）を契機としてである。本件の紛争解決小委員会は，初めて11条2項(c)(i)の援用要件を明確化し，その厳格な適用により日本の多数の農産物の輸入制限をGATT違反と認定した。

ガット時代にGATT 11条の規律が形骸化するようになったのは，上記の農業の特殊性に加えて，とくに次のような2つの事情が存在したことによる。第1は，GATT 1947の25条5項に基づき米国の農産物輸入制限に対して与えられた1955年のウェーバーである。米国の農業調整法に基づく当該輸入制限は，国内生産制限を伴わず明らかに11条2項(c)の例外に該当するものではなく，したがって，ウェーバーが与えられなければ11条1項違反となるものであった。このウェーバーは，期間および対象品目の限定がない点できわめて包括的なものであったが，当時の米国の外交力が他を圧倒していたこと，他の多くの締約国も国際収支上の理由から輸入制限を維持していたこと（GATT 12条の国際収支例外による），ウェーバーが認められなければ米国がガットから離脱する可能性もあったことなど，当時の特異な政治状況の中で認められたものであった。しかし，それは米国が農業貿易について11条1項の義務を無期限に免除されることを意味した。これに対して，他の諸国も米国の例に倣ってウェーバーを獲得したり，加入議定書中に例外条項を

1　農業貿易　　169

設けたりしたため，ガットの締約国間では，輸入数量制限や高関税，さらに様々な国内助成が農業保護のためにむしろ適切でかつ必要なものと認識されるようになっていった。

第2の事情は，1958年の欧州経済共同体（EEC）の創設とその共通農業政策に対する，米国をはじめとする他の諸国の容認である。1961年から翌年にかけて開催されたディロン・ラウンドの結果，EECは一定の農産物の関税譲許と引換えに可変輸入課徴金制度（低価格で輸入される農産物に課徴金を賦課してEEC域内市場において域内産農産物と価格を均衡させる制度）の導入を認められ，域内の農業生産者は世界市場における競争圧力から完全に隔離されることとなった。さらに，農産物の輸出についても，共同体市場価格と世界市場価格との差額を補償する輸出払戻金制度の導入を認められた。共通農業政策の根幹を構成するこれらの制度は，GATTの自由貿易体制と抵触する可能性があったが，欧州の政治的安定と統合を支持する米国およびその他の諸国は，EECの組織的基盤である共通農業政策について，当初，そのGATT違反性を問題視することはなかった。

(b) 輸出補助金規制の非実効性

GATT 1947 は，1955年の改正によって追加された16条Bにより，一次産品以外の産品に対する輸出補助金の一定期間内における終止義務を課していたが（4項），農産物を含む一次産品に対する輸出補助金については，「過去の代表的な期間における」「当該産品の世界輸出貿易における当該締約国の衡平な取分」を超えないことを条件にその交付を許容していた（3項）。その後，1979年に採択された東京ラウンドの補助金協定は，GATT 16条3項のこれらの文言の意味をより明確化しようと試みた（東京ラウンド補助金協定10条2項）。

しかしながら，一次産品に対する輸出補助金を規制するGATT規定のこのような明確化にもかかわらず，これらの規定の実際の適用は困難を極めた。ガットの紛争解決小委員会は，いくつかの事件で当該輸出補助金が衡平な取分を超えて当該産品の市場シェアを増加させたかどうかを決定することができず，また紛争解決小委員会報告の採択がしばしばブロックされたことにより，農産物に対する輸出補助金規制は，ウルグアイ・ラウンド直前には明ら

かに実効性を欠くものとなっていた（たとえば「EEC—小麦粉補助金」事件（SMC/42，未採択）など）。

(c) ウルグアイ・ラウンド農業交渉の契機

ウルグアイ・ラウンド農業交渉の契機となったのは，交渉開始直前における農業貿易の次のような状況であった。米国とEUは，ともに世界の農業貿易における輸出入のいずれについても1位または2位のシェアを占め，両者は，それぞれ自給自足状態に達していたため，余剰農産物の輸出市場の争奪戦を行っていた。当時，他の先進諸国も同様に自給自足状態にあり，また多数の途上国は債務不履行状態に陥っていたため，輸入代金の支払が可能な世界市場はすでに飽和状態であった。このため余剰農産物の在庫がいっそう拡大し，輸出促進効果を持つ輸出補助金の，米国とEUによる支出競争はますます激しさを増していた。そしてそれは，米国とEUに，それぞれ国内的または域内的に重い財政負担を強いるものであった。さらに，多額の輸出補助金は，農産物の世界市場価格を大幅に下落させ，他の輸出国も不利益を被っていた。

以上のような状況が，米国およびEUを中心として，農業への政府の介入について協調的調整を行うための国際交渉を開始することが急務であるとの認識をもたらした。米国はEUの輸出補助金削減によってもたらされるはずの自国農産物のシェア拡大をめざしウルグアイ・ラウンド交渉に臨もうとしたが，EU側は輸出補助金問題だけではなく農業保護全体についての包括的交渉を希望し，結局，1986年のプンタデルエステ交渉では，EUのアプローチを採用することで妥協が成立した。

(3) 農業協定

(a) 協定の性格と適用範囲

WTO体制の発足とともに，農業貿易は，「農業に関する協定」（農業協定）が特別の逸脱規定を設けている場合を除いて，WTOの一般的規律に服することになった。農業協定は，3つの主要な分野，すなわち，市場アクセス，国内助成および輸出競争（輸出補助金）に関してWTOの一般的規律からの逸脱を許容する特別規定を設けているが，それらでさえ，ガット体制下の形骸化していた規制に比べれば，農業貿易に市場指向型の実質的に強化された

規律を導入するものであった。

　しかしながら，農業協定は，農業貿易および国内農業政策について確定的な規律を定める性格のものではない。協定前文によれば，協定はあくまで「農業貿易の改革過程を開始させるための基礎」を提供するものであり，「公正で市場指向型の農業貿易体制の確立」と「助成及び保護に関する約束についての交渉を通じ」，ならびに「強化されかつ一層効果的に運用されるガットの規則及び規律の確立を通じて」，「改革過程を開始させる」という長期目標をもつ交渉の過程を開始させるものである。「改革過程の継続」と題される協定20条は，「実施期間［1995年からの6年間──1条(f)］の終了の1年前にその過程を継続するための交渉を開始すること」を規定していたため，この交渉は2000年3月から開始された。翌2001年11月のドーハ閣僚宣言は，上記の長期目標を再確認し，上述の3つの分野での更なる保護削減の方式（モダリティ）を遅くとも2003年3月末までに確定することを決定したが，各国の意見の対立のためこの期限までには合意できなかった（その後のドーハ・ラウンドの経緯については後述）。

　なお，農業協定の適用範囲については，旧GATT16条の「一次産品」の概念が論争を提起してきたことから，協定は，規律の対象となる「農産品」のリストを附属書1に掲げている（2条）。それによれば，「商品の名称及び分類についての統一システムに関する国際条約」（いわゆる国際商品統一分類（HS）条約）の主として第1類から第24類までの産品で，魚および魚製品を除くとされている（(i)。ただしそれ以外の対象産品について(ii)を参照）。したがって，農業協定はこれらの「農産品」に適用されるすべての国内措置を規律することになる（以下，農業協定のこの用語法に従う）。以下では，上記の3つの主要な分野について，現行農業協定の規律の概要をみることにしよう。

　(b)　**市場アクセスに関する約束**

　市場アクセスに関する約束は，主に非関税措置の関税化，関税引下げ合意，および特別セーフガード制度からなる。

　(i)　非関税措置の関税化　　「関税化」とは，農業関連の非関税措置を同等の保護水準の関税に転換することを意味し，そのようにしていったん関税化した後，将来的に関税引下げ交渉を通じて市場アクセスを段階的に拡大し

ていこうとするアプローチである。農業協定4条2項は，従来加盟国が維持してきた農産品に関する非関税措置を原則として「通常の関税」に転換することを義務づけ，非関税措置の利用を禁止した。これらの非関税措置には，輸入数量制限，可変輸入課徴金，最低輸入価格，裁量的輸入許可，国家貿易企業を通じて維持される非関税措置，輸出自主規制その他これらに類する「通常の関税」以外の国境措置，さらにGATT 1947の下で獲得されたウェーバーに基づき維持されてきた非関税措置が含まれる（ただし，GATT 1994またはWTO設立協定付属書1Aに含まれるその他の多角的協定における国際収支に関する規定，セーフガードおよび一般的例外などの産品一般に適用される規定に基づく非関税措置の利用は妨げられない（4条2項注））。この結果，GATT 1994の11条2項(c)の例外は，依然として「魚及び魚製品」に対する非関税措置を許容するものの，農業協定が適用される農産品についてはもはや適用されないことになった。

　関税化は，無数の非関税措置が農業貿易を阻害してきた状況から農業保護のためにはもっぱら関税による保護だけが許容されるという体制への転換を意味する。それは，貿易障壁をより透明にし，障壁の高さの測定をより容易にし，それゆえ譲許のための交渉を促進する。さらに，関税化は，加盟国が自国の関税譲許について非関税措置を導入することによって「後戻り」することを防止するものでもあり，市場アクセス拡大のための重要な前進といえる。

　「チリ―価格帯制度」事件（DS207，ケースブック[63]）では，上記4条2項における関税化義務の範囲がより明確化された。紛争解決小委員会は，関税化の対象が数量制限的効果を伴う措置のみに限定されるというチリの主張を却け，「4条2項によって要求される転換〔後〕の義務的結果を『通常の関税（ordinary customs duties）』に意図的に限定することによって，農業協定の起草者は，一定の他の種類の『関税（tariffs）』が同様に転換されることが必要になる可能性を排除しなかった」と述べた（para. 7.29）。この結果，数量制限とは区別される可変輸入課徴金や最低輸入価格制度（これらは4条2項注に明記されている）と類似する本件の価格帯制度は，関税化義務の対象となるとされ（paras. 7.47 and 7.102），上級委員会もこれを支持した（para.

262)。

　もっとも4条2項は関税化義務に対する2つの例外を規定している。第1に，加盟国は5条に規定する手続に従って特別セーフガードを発動することができる（後述 (iii)）。第2に，加盟国は附属書5に規定される特例措置により特定の産品について関税化の義務を免れることができる。後者の例外条項はいわゆる「コメ条項」として知られているが，それは，とくに日本および韓国について，コメに適用される輸入数量制限措置を暫定的に6年間関税化の義務から免除するために作成された。この特例措置の適用条件はおよそ次のようなものである。①ミニマム・アクセスを一定率引き上げること，②基準期間（1986-1988年）において当該農産物の輸入量が国内消費量の3%未満であること，③輸出補助金が交付されていないこと，および④効果的な生産制限措置がとられていること。さらに，農業協定20条の交渉の一部として，この特例措置の受益国が引き続き関税化を延期しようとする場合には，これらの国は追加的かつ受入れ可能な譲許を与えなければならないとされていた。　日本は，この特例措置の適用により，当初コメの輸入数量制限について関税化を免れたが，ミニマム・アクセスの段階的拡大よりも関税化による高関税のほうが有利との判断から，1999年4月1日現在でこの特例措置の適用を停止し，コメの関税化に踏み切った。

　そのほか関税化のパッケージとして，すべての加盟国は，現行の輸入アクセス機会を1986年から1988年までの基準期間と同水準に維持すること（貿易量の現状維持），および国内消費量の5%に相当するミニマム・アクセスを，先進国については2000年までに，また開発途上国については2004年までに，保証することを要求された。

Column のりは「農産品」か

　2004年12月1日，韓国は，日本ののりの輸入割当制度についてWTOの紛争解決手続に訴えた（DS323）。小委員会における当事国の主張は非公開のため詳細は不明だが，韓国の主張は，日本ののりの輸入割当制度が農業協定4条2項の関税化義務に違反するというもののようである。本文で述べたように，農業協定附属書1の対象産品の定義によれば，「乾燥のり」（第12類）および「味付けのり」（第21類）が対象産品に含まれており，のりは「農産品」として関税化義務の対

象となるというのが理由らしい。これに対して，日本はのりが水産物であり，農業協定上の「農産品」ではないため関税化義務の対象にはならないこと，および本件の輸入割当制度は11条1項の下で一般的に廃止すべき輸入数量制限に該当するものの，例外を認める同条2項(c)(i)の要件を満たすためWTO協定に適合的であることを主張したようである（外務省ウェブサイト：https://www.mofa.go.jp/mofaj/gaiko/wto/funso/ds323.html）。

このようにして，本件では，のりは「農産品」か，という興味深い争点が提起されたが，日韓両国は2006年1月23日に和解し，本件小委員会が検討を終了したため，結局，この争点は未解決に終わった（詳細は，荒木一郎「東アジアの経済関係における法的制度化の現状——日中韓ノリ摩擦を題材に」法律時報77巻6号参照）。

(ii) 関税引下げ合意　ウルグアイ・ラウンドの交渉者は，関税化だけではなく関税の実質的な引下げについても合意した。先進国は，自国の農産品関税を1986年から1988年の基準期間における水準から当初の6年間に段階的に36％引き下げることを約束した。また，途上国は自国の関税を10年間にわたって24％引き下げることとし，後発途上国は農産品に関する現行関税を義務的とするが，引下げ約束の義務は負わないこととされた。

もっとも，これらの約束はあくまで平均値であり，先進国はすべての産品について36％の引下げ義務を負うわけではなかった。ただ，すべての産品について少なくとも15％の削減義務を負うこととされた。関税がとくに高かった1986年から1988年の基準期間を採用することによって関税引下げの実質的影響は緩和され，加盟国は農業分野で依然として高率関税を維持することが可能であった。

(iii) 特別セーフガード　農業協定5条の下で，加盟国は，関税化の対象とされた農産品について特別セーフガードを発動することができる。当該農産品が特別セーフガードの対象となることを自国の譲許表で指定していることを条件に，WTOセーフガード協定よりもより緩やかな要件（国内産業への重大な損害またはそのおそれの要件がない）で発動が可能である。発動要件は，実質的な譲許がなされている場合に発動を容易にし，市場アクセスが限定的である場合に発動をより困難なものとするように構成されている。

(c) 国内助成に関する約束

　農業協定の交渉担当者は，国内助成の規律を作成するに当たり，次のような困難な3つの目的を達成しようとした。第1に，国内助成の規律を強化し，かつ削減すること，しかし，第2に，一定の国内助成を許容し，加盟国に自国の農業部門の多様な状況に応じて国内農業政策を策定するための広範な裁量権を残すこと，第3に，市場アクセスおよび輸出競争の分野での加盟国の約束が国内助成措置によって侵害されないことを確保することである。

　この結果，国内助成を規律する農業協定の規律の構造は必ずしも単純ではなく，国内助成は次の3種類（緑，黄色および青のボックス）に分類される。すなわち，貿易と生産に対する影響がないかまたは最小限と考えられる助成（廃業・転職などの構造調整援助，自然災害補償援助，環境援助など）は「緑のボックス」に分類され，規制されない（6条1項，附属書2の1(a)および(b)）。それ以外の，貿易と生産に直接影響を及ぼすと考えられる他のすべての国内助成は，「黄色のボックス」に分類される。そして，加盟国は，「助成合計総量（Total Aggregate Measurement of Support）」として算定された，1986年から88年の基準期間に農業生産者に行われた助成の毎年の水準を，先進国については実施期間の6年間に20％，後発途上国を除く途上国は1995年から10年間で13％削減しなければならない（6条1項）。しかし，さらに，この「黄色のボックス」から除外されるものとして「青のボックス」が設けられ，そこでは生産制限を条件とする一定の直接支払が削減約束から除外されている（6条5項(a)）。この最後のカテゴリーは，EUの1992年の新共通農業政策の中心であった直接援助を規律の対象から除外するため，交渉の最終段階で設けられたという経緯がある。したがって，削減約束の対象となるか否かという観点からは，国内助成は，結局，削減約束の対象になるもの（黄色のボックス）と削減約束の対象にならないもの（緑および青のボックス）に二分されることになる。

(d) 輸出補助金に関する約束

　ウルグアイ・ラウンド農業交渉の契機が米国・EU間の輸出補助金競争であったことはすでに述べた。それゆえ，輸出補助金の廃止または削減が農業交渉の主要な目的となったのは当然のことであった。農業協定の輸出補助金

に関する改革の核心は，輸出補助金のための予算上の支出額および補助金交付の対象となる輸出農産品の数量の削減約束であった（3条3項）。

(i) 農業協定における「輸出補助金」　農業協定は，9条において「輸出補助金」の類型を規定する。輸出補助金を定義する1条は，9条に規定するもの以外に「その他輸出が行われることに基づいて交付される補助金」と定義している（1条(e)）が，「補助金」という用語それ自体についてはなんら定義をしていない。このため，9条に規定される輸出補助金以外に，ある輸出助成措置が農業協定の規律に服する輸出補助金であるのかが問題となりうる。

実際，「カナダ―酪農品」事件（DS103，ケースブック[96]）ではこの問題が提起された。本件では，輸出品の加工業者に低価格で原料となるミルクを供給する助成制度が問題とされたが，上級委員会は，農業協定の意味での輸出補助金が存在するかどうかを決定するため，補助金協定における補助金の定義（1条1項）を参照した（para. 87）。したがって，この事例に従えば，補助金協定の意味で補助金とみなされるすべての輸出助成措置は農業協定の規律に服する輸出補助金ということになるであろう。

(ii) 輸出補助金の規律の一般原則　「輸出競争に関する約束」と題された農業協定8条は，輸出補助金の規律に関する一般原則を定める。それによれば，各加盟国は農業協定および自国の譲許表に明記されている約束に従う場合を除いて輸出補助金を交付しないことを約束するとされている。

農業協定において，加盟国は輸出補助金に関して基本的に次の2つの約束を行った。すなわち，9条1項に掲げられる輸出補助金を削減することと，10条1項に従い9条1項に掲げられる輸出補助金以外の輸出補助金を用いて自国の削減約束を回避しないことである。

(iii) 削減約束の対象となる輸出補助金　9条1項は削減約束の対象となる輸出補助金として次の6類型を掲げる（図表7-1参照）。きわめて一般的な文言で定義された輸出補助金の類型を掲げているため，実際上は，農産品に対するほとんどの輸出補助金がこれによってカバーされることになる。

9条1項に掲げられる輸出補助金の交付は3条3項により次の2つの制限に服する。第1に，加盟国が9条1項に掲げられる輸出補助金を自国の譲許

図表 7-1　農業協定 9 条 1 項

削減約束の対象となる輸出補助金の類型
(a)　現物支払を含む直接の輸出補助金
(b)　世界市場における国内市場価格よりも低い価格での非商業的在庫の販売
(c)　政府の措置によって資金の供給がなされる輸出品に対する支払（公的勘定による負担があるかないかを問わない）
(d)　輸出農産品についての市場活動のための費用を軽減するための補助金
(e)　国内貨物よりも有利な条件で輸出貨物に課される国内運送の料金
(f)　輸出される産品の一部であることを条件に農産品に交付される補助金

表に特定される産品に交付する場合，当該輸出補助金はそこに示された予算上の支出および輸出数量の約束水準（9条2項(a)，後述）を超えてはならない。第2に，加盟国の譲許表に特定されていない産品については，9条1項に掲げられる輸出補助金の交付が禁止される。

　9条1項に掲げられる輸出補助金の類型については，すでにいくつかの判例を通じてその内容が明確化されている。たとえば，「EC—砂糖輸出補助金」事件（DS265, 266, 283, ケースブック[98]）では上記(c)類型の輸出補助金の存在が争われた。上級委員会は，9条1項(c)における「政府の措置によって」という文言を解釈し，補助金が存在するためには，「……たとえ政府がそれ自身で支払を負担しない場合であっても，政府は私的当事者が『支払』を負担する過程において十分に重要な役割を果たさなければならず，その結果，『政府の措置』と『支払を行うこと』との間に必要とされる関連（nexus）が存在しなければならない」（para. 237）と判示した。本件のEU制度は，A糖およびB糖の生産者に補助金を保証するものであるが，A糖，B糖およびC糖は単一の生産ラインで生産されているためにA糖およびB糖の生産者は一様にC糖もまた生産しており，また，これらの生産者はA糖およびB糖についてきわめて高額な販売価格を受領していた。上級委員会は，それらが輸出を義務づけられるC糖の生産に対する補助金となる可能性があるとして，EUは，実際上，9条1項(c)の意味での支払を行っていると認定した（paras. 238-239）。

　(iv)　加盟国による削減約束　　すでに述べたように，GATT 16条は補助金交付国が世界輸出貿易における「衡平な取分」を超えたかどうかを測定

することによって輸出補助金を規制しようとするアプローチを採用していた。ウルグアイ・ラウンドの交渉担当者は，このようなアプローチを放棄し，交付される補助金について数量的規制を導入した。

　米国とEUを中心に最終的に合意された数量的基準は，6年間の実施期間の終了時に，1986年から1990年までの基準期間の水準に比較して輸出補助金のための予算上の支出を36％および補助金交付の対象となった数量を21％削減するというものである（9条2項(b)(iv)）。さらに，この基準期間に交付されたもの以外の新規の輸出補助金を交付しないことも合意された。そして，以上の数量的基準を達成するため，各加盟国は，自国の譲許表において，実施期間中の各年次ベースで交付対象となる特定産品の予算上の支出額および数量の上限を約束するものとされた（9条2項(a)）。

　ただし，この約束には一定の柔軟性が認められた（「下流への柔軟性」と呼ばれる）。加盟国は，約束した数量または予算上の支出を特定の年次に利用しなかった場合に，年次約束水準が完全に遵守された場合の累計を超えないことを条件に，他の特定の年次にこれらを利用することができる（9条2項(b)）。また，これとは別に，加盟国は，当該輸出数量についていかなる輸出補助金も交付されなかったことを証明することを条件に，削減に関する約束水準を超えた数量を輸出することができる（10条3項）。

　(v)　9条1項に掲げられていない輸出補助金の規律　農業協定は農産品に対して交付可能な輸出補助金の種類について明示的な制限を課しているわけではない。したがって，理論的には，加盟国は9条1項に明記されたもの以外の輸出補助金を交付することができるが，実際上は10条1項により，そうすることがきわめて困難となっている。

　ある輸出補助金が9条1項に掲げられたいずれかの補助金に該当しない場合には，その補助金は10条1項に規定された次の規則に服さなければならない。すなわち，当該輸出補助金は「輸出補助金に関する約束の回避をもたらし又はもたらすおそれのある方法で用いてはならない」。

　それゆえ，9条1項に掲げられたもの以外の輸出補助金は，「輸出補助金に関する約束」を実際に回避するものではないとしても，回避を「もたらすおそれ」のある方法で交付されているだけで違法とされることになる。

（vi）非商業的措置に適用される取決め　10条1項によれば，加盟国の約束の回避をもたらすおそれのある輸出補助金だけではなく，「非商業的取引」もまた約束を回避するために用いてはならないとされている。「非商業的取引」として，10条はとくに輸出信用と食糧援助に言及する。

　輸出信用は，たとえば途上国の輸入業者が農産物輸入のため資金の借入れを行う場合に，先進輸出国の政府系金融機関などが融資，信用保証，貿易保険の引受けなどを行う制度のことをいう。償還期間や利子率などの条件次第では輸出補助金に近い性質をもつことから，ウルグアイ・ラウンドでは輸出補助金に関する約束の回避を防止するため，規律の策定に向けた交渉が行われたが，結局，合意には至らなかった。農業協定10条2項は，したがって，厳密にいうと輸出信用を規制する規律を含んではいない。事実，この規定は，加盟国がWTO以外の他の国際的フォーラムで「規律の作成に向けて努力すること」の義務，および「そのような規律について合意が得られた後は」その規律に服する義務を定めるにとどまる。

　その後，農産品についての輸出信用に関する共通の規則の作成についての議論は，2000年11月にOECD公的輸出信用ガイドラインに関する取決めの参加国によっても交渉されたが合意には至らなかった。このような状況から，「米国―陸地綿」事件（DS267, ケースブック[40], [99]）において，米国は，農産品についての輸出信用は，農業協定の輸出補助金に関する一切の規律を免れると主張したが，本件上級委員会の多数意見は，10条2項には国際的規律が合意されるまで輸出信用を10条1項の適用から除外する明示的規定が含まれていないとして，輸出信用がなお10条1項の規律に服すると判示した（para. 610）。そのため，10条1項に従えば，輸出信用が輸出補助金に関する約束の回避のために利用される場合には「非商業的取引」として同項の下での義務に違反することになろう。さらに，これらの輸出信用が輸出補助金であることが証明されれば（通常の商業的条件より有利な条件で公的機関によって提供される場合），輸出信用は「輸出補助金に関する約束の回避をもたらすおそれがある」ものとしてやはり10条1項に不適合とされる可能性がある。これに関連して，非農産品に対する輸出信用は，すでに補助金協定の下で「禁止される補助金」と判断されているのが注目される（「カ

ナダ—航空機」事件（DS70, ケースブック[30]上級委員会報告））。

　他方，食糧援助は，本来，開発援助や人道援助のカテゴリーに入るものではあるが，10条4項は，輸出補助金に関する約束の回避を防止するため，食糧援助の供与が，商業的輸出に関連づけられていないことや食料援助規約等の関連する国際ルールに従って行われることを要求している。ドーハ・ラウンドでは，食糧援助の重要性について認識を共有しつつ，輸出補助金の規律の回避とならないようにするための方策について交渉が行われてきた。

(e) 途上国および後発途上国のための特別規定

　農業協定15条は約束に関する「特別かつ異なる待遇」がこれらの諸国に与えられることを規定する。この特別待遇は，市場アクセス，関税譲許および輸出補助金の削減約束についての譲許表において認められる。

　たとえば一定の条件の下に，途上国は関税化の規則に従って通常は関税に転換しなければならない種類の措置を維持することができる。また，輸出補助金の削減に関する約束を，10年を限度とする期間にわたって実施する柔軟性を認められている。後発途上国は削減約束を行うことさえ要求されない。

(4) 農業協定と他のWTO協定との関係

　以上に述べてきたように，農業協定には，市場アクセス，特別セーフガード，国内助成および補助金など，他のWTO協定からの逸脱を定めるさまざまな規定が存在する。しかしながら，それにもかかわらず，農業貿易は他のWTO協定の規律から必ずしもまったく自由というわけではない。

(a) 農業協定が優先する場合

　交渉担当者の立場からは，農業協定において交渉された規則，とくに補助金を交付する権利が他のWTO協定に基づいて開始される紛争解決手続によって問題とされないことを確保することが不可欠であるという事情が存在した。とりわけEUは，1992年にEUの大豆生産への補助金に対して米国によって開始された2件の紛争（「EC—油糧種子」事件のフォローアップ報告（DSR28/R, *BISD 39S*/91））で敗訴していたため，同様の紛争が補助金を支払う権利を問題としないようにすることに関心をもっていた。この結果，交渉担当者は，農業に適用される措置は，それが農業協定の規則に従うことを条件に，他の協定に基づいて開始される手続によって問題とすることができな

いようにすることを意図したという。このようにして，農業協定には，他のWTO協定とは異なり，農業協定の規定が他の協定の規定に優先するという規定が含められた。すなわち，農業協定21条1項は，GATT 1994およびWTO設立協定附属書1Aに掲げられる多角的貿易協定（したがって，TRIPS協定，GATSおよびDSUは除かれる）は農業協定の規定に従うことを条件として適用すると規定する。

　しかしながら，その後の紛争事例において，紛争解決小委員会および上級委員会は，農業協定21条1項についてそのような交渉担当者の意図とは異なった解釈を示してきた。たとえば，上述の「米国―陸地綿」事件では，上級委員会は21条1項が次のことを意味すると述べている。すなわち，GATT 1994および附属書1Aの他の多角的貿易協定の規定は，「農業協定が同一の事項を明示的に扱う特別の規定を含む場合を除いて」適用される（para. 532）。その結果，上級委員会は，農業協定には補助金協定3条1項(b)で禁止される国産品優先使用補助金を明示的に扱ういかなる規定も存在しないので，本件の米国の措置には補助金協定3条1項(b)が適用されると判示した（para. 550）。すなわち，農業協定は，あくまで他のWTO協定と抵触する場合にのみ優先適用されるにとどまり，抵触が存在しない限り，農産品にも他のWTO協定が当然に適用されるということである。ただし，農業協定14条は衛生植物検疫措置協定（SPS協定）（→本章2参照）に直接言及しており，仮に両協定の間に抵触が存在する場合にはSPS協定が優先的に適用されると解される。

(b) 休戦条項

「妥当な自制」と題される農業協定13条は「休戦条項」として知られている。この規定は，さまざまな農業助成措置を補助金協定およびGATT 23条1項(b)（いわゆる非違反申立てについての規定）に基づく紛争解決の申立てから保護することを確保しようとするものである。農業協定の実施期間のみに適用され，その効力は2003年12月31日までとされていたため，すでに失効した。

　ところで，補助金協定3条の下での「禁止される補助金」の申立てからの保護は，補助金協定3条1項の本文中でも確保されている。同規定は，「農

業に関する協定に定める場合を除くほか」，輸出補助金は禁止されると規定する。注目されるのは，ここで言及されているのが上述の農業協定13条ではなく，加盟国の譲許表を含む農業協定全体であるということである。このことから，加盟国の約束において許可された農業輸出補助金は，補助金協定3条1項の適用に対する恒久的な例外としての意義を有するものと解釈することができる。それゆえ，そのような農業輸出補助金は，休戦条項の消滅後もなお禁止されるものとはみなされないことになろう。

⑸ 結論——改革過程の継続

農業協定の成立によって農業貿易がWTOの規律に服するようになったのは，ウルグアイ・ラウンド交渉の主要な成果である。それは農業貿易を依然として特別扱いし，WTOの一般的規律からの逸脱を一定の範囲で許容することによって実現した。しかし，ともかく農産品は，いまや農業協定が特別の逸脱規定を含まない限りでWTOの一般的規則に服することになった。

農業協定はそれ自体，公正で市場指向型の農業貿易体制の確立を長期目標とする改革過程の出発点と位置づけられているが，ウルグアイ・ラウンド以後の改革過程は，農業協定中のこれらの特別の逸脱規定の範囲をいかに限定し，農業貿易をどれだけWTOの一般的規律の下に置くことができるかという課題を主要な交渉のテーマとしていくことになる。

農業協定20条に従い，2000年3月から改革過程の継続のための新たな交渉が開始され，翌2001年11月のドーハ閣僚宣言は，ドーハ・ラウンド（ドーハ開発アジェンダ）の開始を宣言するとともに，農業交渉については，開発途上国のための「特別かつ異なる待遇」の必要性を考慮しつつ，市場アクセスの実質的改善，貿易歪曲的な国内助成の実質的な削減，およびすべての形式の輸出補助金の段階的撤廃のために包括的な交渉を行うことを宣言した。そして，実質的な交渉のための農業保護の削減方式（モダリティ）の交渉が開始され，2005年1月1日までには他のすべての交渉分野の合意とともに新たな農業合意が「一括受諾」されるものとされた。

しかしながら，ドーハ・ラウンド農業交渉は，とくに先進国と開発途上国の対立が激しく，当初予定された2003年3月末の期限までにモダリティについて合意することができず，交渉期限は数次にわたり延期されてきた。

2008年12月には農業交渉議長の改訂モダリティ案が出され，これをめぐって交渉が継続されてきたが，交渉11年目を迎えた2011年12月の第8回ジュネーブ閣僚会議において，閣僚会議議長は農業交渉を含むドーハ・ラウンド交渉が行き詰まりの状態にあり，近い将来に一括受諾合意が困難であることを認めた。

しかし，2013年の第9回バリ閣僚会議は，新たに選出されたブラジル出身のアゼベド事務局長の強力なイニシアティブの下に部分合意（ミニ・パッケージ）を目指し，「バリ・パッケージ」と呼ばれる閣僚決定を採択した。そこでは，食糧安全保障のための公的備蓄プログラム問題についての交渉継続，関税割当制度の透明性確保，附属書2の「一般的な役務」のリストへの追加による「緑のボックス」の拡大，およびすべての形式の輸出補助金の最大限の抑制が合意された（WT/MIN(13)38, 39, 40）。

続く2015年12月の第10回ナイロビ閣僚会議では，農業，綿花および最貧国問題に関する「ナイロビ・パッケージ」と呼ばれる一連の決定が採択された。このうち，農業に関しては，とくに「輸出競争」の分野において重要な進展があった。すなわち，先進国は，一部のわずかな例外産品を除き，輸出補助金を即時に撤廃すること，および開発途上国も2018年までにはほぼ同様に行動することに合意した。そのほか，政府による輸出金融プログラムについて返済条件の上限設定，ならびに農産品輸出に従事する国家貿易企業および国際食糧援助が貿易歪曲をもたらさないことを確保するための規律の導入も合意された（WT/MIB(15)/45）。ナイロビ・パッケージのこれらの決定は，あらゆる形式の農業輸出補助金を完全に撤廃することによってWTOがその成立以来追求してきた農業貿易の自由化に大きな前進をもたらす画期的なものである。

2 TBT/SPS 協定

(1) TBT 協定と SPS 協定の趣旨

少なくとも今日の先進諸国では，生活水準の向上により消費者の需要はより安全で高品質な産品に向けられている。また，環境保全の必要性が意識さ

れるとともに，社会全体が環境にフレンドリーな産品を求めるようになってきた。この結果，各国の政府も産品に関するさまざまな技術的基準や規格を設定して，消費者の需要や社会全体の要請に応じようとしている。しかし他方で，これらの技術的基準や規格は国際貿易においては偽装された貿易障壁として保護主義的に濫用される危険がある。また，国ごとに異なる技術的基準や規格は，産品の生産者や輸出業者にそれらに適合した産品を供給するためのコストの負担を強いることになり，やはり貿易障壁となるおそれがある。

　WTO の「貿易の技術的障害に関する協定（Agreement on Technical Barriers to Trade）」（TBT 協定）と「衛生植物検疫措置の適用に関する協定（Agreement on the Application of Sanitary and Phytosanitary Measures）」（SPS 協定）は，ともに加盟国による産品の技術的その他の基準や規格の制定と適用を規律するもので，類似した性質と構造をもつ。これらの協定は，加盟国が一定の正当な目的の下に産品の基準や規格を制定し，それらを輸入品に適用する主権的権利をもつことを承認する。しかし，同時にこのような権利が保護主義的に濫用されないことを確保するとともに，各国の基準や規格の国際的調和を奨励することによって，それらの貿易障壁性を低減しようとする。

　各国が適用する産品の基準や規格は，GATT 1947 の下では1条，3条，11条および20条などの規定により，一般的に規律されるにとどまっていた。しかし，これらの基準や規格が重大な非関税障壁を構成するという認識の下に交渉が行われ，1979年の東京ラウンドの終了時に，32のGATT締約国が貿易の技術的障害に関する複数国間協定に署名した。いわゆる「スタンダード協定」と呼ばれたこの協定は，産品の技術的規格とこのような規格への適合性を評価する手続の制定および適用に関する規則を定めていた。WTOのTBT協定は，このスタンダード協定の規律を強化しかつ明確化したものであり，WTO設立協定の下では多角的貿易協定として一括受諾の対象とされ，WTOのすべての加盟国を拘束するものとなった。

　他方で，SPS協定は，技術的なものであるかどうかを問わず，とくに食物関連の危険や動植物が媒介する病気から人や動植物の生命や健康を保護することを目的として各国が適用する基準や規格（「SPS措置」）を規律するものである。WTO協定成立以前には，もっぱらSPS措置だけを規律する特別

の多数国間協定は存在せず，上述の GATT 1947 の一般的な規定とスタンダード協定が存在するにすぎなかった。後者は，SPS 措置を規制することを主要な目的とするものではなかったが，食品の安全性を確保したり，動植物の健康を保護したりするための技術的基準をその適用範囲に含んでいた。また，GATT 1947 の 20 条(b)は GATT の義務を免除する一般的例外の一つとして SPS 措置を明示的に認めていた。ウルグアイ・ラウンドにおいては，とくに農業協定によってもたらされる農業貿易の自由化の利益が，SPS 措置として偽装された保護主義的な貿易障壁によって損なわれないことを確保するため，GATT 20 条(b)の規定の詳細化を目的として SPS 協定が交渉された（SPS 協定の前文参照）。農業協定 14 条がとくに SPS 協定の実施に言及するのはそのためである。しかし，合意された SPS 協定は，単なる GATT 20 条(b)の解釈規定という性質を超え，いくつかの新たな義務を規定することによって GATT 20 条(b)とは異なる独立した存在となった。SPS 協定は，TBT 協定と同様に多角的貿易協定として締結され，WTO のすべての加盟国を拘束する。これにより各国の SPS 措置の保護主義的な濫用を防止するための規律の拡大と強化が実現した。

　TBT 協定と SPS 協定の適用範囲は相互排他的である。TBT 協定は，SPS 協定の適用範囲に入る SPS 措置を除き，その他のすべての技術的基準や規格およびそれらが適用されるための手続に適用される（TBT 協定 1.5 条および SPS 協定 1.4 条）。それゆえ，両協定の適用範囲は SPS 措置とは何かによって画定される。SPS 協定および TBT 協定と GATT 1994 の間では，WTO 設立協定の「附属書 1A に関する解釈のための一般的注釈」に従い，前 2 者が優先的に適用される。一方で，SPS 協定 2 条 4 項は，SPS 協定に適合する措置が GATT 1994，とくに 20 条(b)に適合するものと推定すると規定している。しかし，他方で，TBT 協定にはこのような推定規定は存在せず，TBT 協定と GATT 1994 は，両者の間に抵触が存在しない限り，それぞれ別個の義務を規定するものと解釈されている。したがって，TBT 協定に適合する措置が自動的に GATT 1994 に適合すると推定される訳ではない（「米国—マグロ II」事件（DS381）上級委員会報告 para. 405）。

　上述のように SPS 協定と TBT 協定はいくつかの共通要素を持つが，両者

に共通の最大の特徴は，これらの規制の対象となる国内措置がWTO法に適合的であるためには旧GATT時代のように単に無差別原則（GATT 1947の1条および3条）を充足するだけでは不十分であるという点にある。後述のように，TBT協定にあっては国際貿易に対する不必要な障害を構成しないことが，またSPS協定にあっては科学的証拠が，無差別原則に従うことに加えて求められる。

　他方で，両者には実体的な規律の仕方において異なる点もある。たとえば，今述べたようにSPS措置は科学的証拠に基づかなければならないが，TBT協定の適用対象となる措置は，規制目的によっては必ずしも科学的証拠に基づく必要はない。また，TBT協定では無差別原則が厳格に適用されるが，SPS措置については必ずしもそうではない。各国は有害動植物や病気について国ごとに異なった危険性を有するため，特定のSPS措置がしばしば特定の外国産品に対して差別的にならざるを得ない場合があるからである。2つの協定の間で加盟国が引き受けた義務が異なっているため，ある措置がSPS措置であるのか，TBT協定上の措置であるのかの識別は重要なものとなる。以下，2つの協定の概要をみることにする。

(2) TBT協定の概要
(a) 適用範囲と定義

　上述のようにTBT協定は，SPS協定の規律対象となるSPS措置を除いて，その他すべての技術的要件に適用される。協定は各国が定める技術的要件を「強制規格」（technical regulation）と「任意規格」（standard）に二分する。強制規格は，「産品の特性又はその関連の生産工程若しくは生産方法（process and production method, PPM）について規定する文書であって遵守することが義務付けられているもの（適用可能な管理規定を含む）」と定義される（附属書1第1項第1文）。また，任意規格は，「産品又は関連の生産工程若しくは生産方法についての規則，指針又は特性を一般的及び反復的な使用のために規定する，認められた機関が承認した文書であって遵守することが義務付けられていないもの」と定義される（同第2項第1文）。さらに，いずれの規格も，包装やラベル等による表示に関する要件で産品または生産工程もしくは生産方法について適用されるものを含むことができるとされる（強制規格に

について，附属書1第1項第2文）。

　強制規格の定義は，「EC―アスベスト」事件（DS135，ケースブック[11][56]）および「EC―鰯」事件（DS231，ケースブック[105]）において上級委員会により明確にされた。それによれば，ある「文書」が「強制規格」の定義の範囲に含まれるためには次の3つの要件を満たさなければならない。第1に，当該文書は確認可能な産品または産品グループに適用されなければならない。第2に，当該文書は当該産品の1以上の特性を規定していなければならない。この場合，そのような特性は積極的または消極的いずれかの形式で規定されてもよい。第3に，当該産品の特性の遵守は義務的でなければならない。

　「EC―鰯」事件で，上級委員会は，とくに第1の要件に関して，特定の産品が当該文書において明示的に言及されることは必要ではなく，当該文書の規制対象であることが，たとえば「特性」を通じて，確認可能であれば十分であると述べている（para. 176）。その結果，本件で問題とされたEU規則はもっぱら明示的に地中海鰯（Sardina pilchardus）だけが「保存鰯」として販売できると規定していたが，このことは，ペルー鰯（Sardinops sagax）を含む他のすべての鰯を，当該EU規則の適用される産品として確認可能とするのに十分であるとされた（para. 186）。

　さらに，上述の強制規格の定義は，「その関連の」生産工程若しくは生産方法（PPMs）について規定する文書を含んでいる。「その関連の」とは，「産品の特性に関連した」という意味であるとすると，強制規格にはいわゆる産品関連PPMs規制が含まれるが，非産品関連PPMs規制は含まれないことになる（産品関連PPMsと非産品関連PPMsの区別については，→第12章1参照）。この点に関連し，マグロの漁獲方法という非産品関連PPMが問題となった「米国―マグロII」事件では，小委員会は，本件のドルフィンセーフ・ラベル要件が，上述の附属書1第1項の第2文に言及される「ラベル等による表示に関する要件であって産品または生産工程若しくは生産方法について適用されるもの」に該当し，したがって，強制規格の定義に含まれると判示した（para. 7.78）。他方で，「EC―アザラシ産品」事件（DS400, 401）の上級委員会は，上述の附属書1第1項の第1文の文脈で，「ある措置が関連

の［PPMs］を規定しているかどうかを決定するためには，小委員会は，当該措置に規定された［PPMs］がある産品の特性に関連するとみなされるために当該特性と十分な連結（nexus）を持つかどうかを検討しなければならない」と述べ（para. 5.12），非産品関連PPMs規制は強制規格の定義に含まれないことを示唆した。上級委員会は，協定の適用範囲に入るPPMsとそうでないPPMsの境界線は重要なシステミックな問題を提起すると述べたが，本件のEUのアザラシ制度が「関連のPPMs」を規定するものであるかどうかについては，小委員会がこの問題について何ら認定を行っていないので法的分析を完遂することが適切であるとは考えないとして，判断を回避した（para. 5.69）。

　第3の要件は，任意規格が遵守を義務づけられていないのに対して，強制規格が遵守を義務づけられていることによる。「米国―マグロⅡ」事件の上級委員会は，当該ラベル表示をしなくても市場で販売できるという意味で「任意の」ドルフィンセーフ・ラベルの使用条件を定める米国の措置が，その義務的効果のゆえに強制規格であると判示した。上級委員会は，「特定のラベルを使用せずに産品を市場で販売することが法的に許容されているという単なる事実は，ある措置が『強制規格』であるかどうかを検討するにあたって決定的なものではない」と判示した（para. 198）。この結果，任意規格と強制規格の区別は必ずしも容易ではないことになるが，上級委員会は，その後，「EC―アザラシ産品」事件において，ある措置が強制規格であるかどうかを決定するにあたって，小委員会は，当該措置の「不可分のかつ本質的な」側面を確認しつつ，デザインと運用を含む当該措置の全体を注意深く検討しなければならないと述べている（para. 5.19）。

　なお，TBT協定の規律の対象となる強制規格は，中央政府機関によるものだけではなく，地方政府機関や非政府機関によるものも含まれる。加盟国政府は，地方政府機関や非政府機関による協定の規定の遵守を確保するため，利用可能な妥当な措置をとらなければならない（3.1条）。

　任意規格については，強制規格に適用される協定本体の実体的規律のほとんどが附属書3の「適正実施規準」（Code of Good Practice）を通じて適用される。この適正実施規準は，加盟国内の中央政府機関，地方政府機関または

非政府機関である標準化機関ならびに地域的な政府間および非政府間の標準化機関による受諾のために開放されている（附属書3第B項）。しかし，加盟国は，これらの標準化機関が適正実施規準を受諾しているか否かを問わず，標準化機関による適正実施規準の遵守を確保する義務を負う（4.1条）。

TBT協定はまた適合性評価手続も規律する。適合性評価手続とは，産品が強制規格や任意規格に規定される要件を満たしていることを確認する技術的な手続——試験，確認，検査および証明など——をいう（附属書1第3項）。不透明で差別的な適合性評価手続は実質的な保護主義的手段となりうる。TBT協定は，適合性評価手続が国際貿易に対する不必要な障害をもたらさないことを確保するため，強制規格や任意規格に適用されるものとほぼ同様の規律を適合性評価手続に適用する。加盟国は，適合性評価手続に関する規律を自ら遵守するとともに，地方政府機関による遵守を確保するため利用可能な妥当な措置をとらなければならない（7.1条）。また，非政府機関が関連する規律を遵守する場合にのみ，自国の中央政府機関が当該非政府機関によって用いられる適合性評価手続を認めることを確保しなければならない（8.2条）。

このようにして，TBT協定の適用範囲は規律の対象および主体についてきわめて広範であり，加盟国は多くの措置の立案，制定および適用に当たって協定の規律を遵守しなければならない。

(b) 無差別原則

TBT協定2.1条は，「加盟国は，強制規格に関し，いずれの加盟国の領域から輸入される産品についても，同種の国内原産の及び他のいずれかの国を原産地とする産品に与えられる待遇よりも不利でない待遇を与えることを確保する」と規定し，内国民待遇および最恵国待遇の双方を含む無差別原則の適用を要求する。

TBT協定に関わる紛争事例は増加傾向にあり，とくに2012年以降，上級委員会は注目すべき重要な協定解釈を示してきた。2.1条についても，「米国—クローブタバコ」事件（DS406）の上級委員会は，ある強制規格が2.1条の下で輸入産品に不利な待遇を許与するかどうかを検討するにあたっては，次のような2段階の分析を行うべきとの解釈を示した。すなわち，第1段階

では,当該強制規格が国内原産の同種の産品および(または)他国原産の同種の産品に比較して輸入産品に有害となるように (to the detriment of) 競争条件を変更するかどうかを検討する。次に,第2段階では,輸入品への有害な影響 (detrimental impact) が輸入産品グループに対する差別を反映するのではなく,もっぱら正当な規制上の区別にのみ由来するかどうかを評価する。そして,このような2段階の分析の結果,当該強制規格によって生じた有害な影響がもっぱら正当な規制上の区別にのみ由来する場合には,そのような強制規格は2.1条の意味で輸入産品に不利な待遇を許与してはいないと判断するというものである。

上級委員会は,その後の判例でとくに第2段階の分析をさらに精緻化してきた。それによれば,当該強制規格が当該事件の特定の事情に照らして,そのデザイン,構造,作用,および適用において公平 (even-handed) であるかを精査し,例えば,規制上の区別が恣意的または不当な差別の手段となるような態様でデザインされまたは適用されているため公平な態様でデザインされまたは適用されていない場合には,当該区別は「正当」とはみなされず,それゆえ,有害な影響は2.1条の下で禁止される差別を反映することになるとされてきた(「米国—COOL」事件上級委員会報告 para. 271)。

上級委員会による2.1条のこのような解釈は,GATTの無差別原則(1条および3条)が20条の一般例外の制約を受けることによって維持されるWTOの貿易自由化原則と加盟国の国内的規制権限のバランスを,GATT20条のような一般的例外規定を持たないTBT協定においても同様に維持しようとする考慮によるものである。

これらの無差別原則は同様に適合性評価手続にも適用される(5.1.1条)。たとえば,同種の産品にその供給源により厳格さの異なる試験を課すことは許されない。

(c) 正当な目的

TBT協定は,加盟国が,正当な目的が達成できないことによって生ずる危険性を考慮した上で,正当な目的を達成するために必要な強制規格を立案し,制定し,または適用することを認める。TBT協定2.2条は,正当な目的として「特に,国家の安全保障上の必要,詐欺的な行為の防止及び人の健

康若しくは安全の保護，動物若しくは植物の生命若しくは健康の保護又は環境の保全」を掲げる。「特に」という文言は，GATT 20 条と異なり，これらの事項が限定的に列挙されているのではなく，他の広範な事項が正当な目的となりうることを示唆している。このため，加盟国が掲げるある目的がいかなる基準に基づき正当とみなされるかが問題となりうる。「米国―マグロⅡ」事件の上級委員会は，2.2 条に明示的に列挙された上述の目的が，その他の目的が正当とみなされるための参照基準になること，および他の対象協定の規定において認められた目的が，何が正当な目的とみなされるかの分析にとって指針を提供し，または情報を提供しうることを指摘している（para. 313）。このことは，2.2 条の下で正当な目的として認められる事項の範囲が GATT 20 条の一般例外の下で認められる正当な目的の範囲とそれほど異ならないことを示唆するように思われる。

(d) 国際貿易に対する不必要な障害の回避

国際貿易に対する不必要な障害を回避することは TBT 協定の主要な目的である。TBT 協定 2.2 条は，「加盟国は，国際貿易に対する不必要な障害をもたらすことを目的として又はこれらをもたらす結果となるように強制規格が立案され，制定され，又は適用されないことを確保する」と規定する（任意規格については，附属書 3E 項）。このため，同条によれば，「強制規格は，正当な目的が達成できないことによって生ずる危険性を考慮した上で，正当な目的の達成のために必要である以上に貿易制限的であってはならない」とされる。「米国―マグロⅡ」事件の上級委員会は，ある強制規格が「必要である以上に貿易制限的」であるかどうかは，次のような要素の比較衡量によって判断されると判示した。第 1 に，当該の正当な目的に対する当該措置の貢献度，第 2 に，当該措置の貿易制限性，第 3 に，当該措置を通じて加盟国によって追求される目的が達成できないことによって生ずる危険の性質と結果の重大性。そしてさらに，ほとんどの場合には，当該措置と他の代替措置の比較が行われ，そこでは当該代替措置が，より貿易制限的でないかどうか，関連する正当な目的に当該措置と同程度の貢献を行うものであるかどうか，および合理的に利用可能であるかどうか，という要素が衡量される（paras. 318-322）。このような比較衡量アプローチは，GATT 20 条や GATS 14 条の

必要性要件の分析において，従前から上級委員会が採用してきたものと同一のものである（「ブラジル―再生タイヤ」事件（DS332）上級委員会報告 para. 178；「米国―越境賭博」事件（DS285, ケースブック[58][109]）上級委員会報告 paras. 306-308）。

さらに，2.2条によれば，「正当な目的が達成できないことによって生ずる危険性」は，「特に，入手することができる科学上及び技術上の情報，関係する生産工程関連技術又は産品の意図された最終用途」を含む多数の要素に基づき評価される。「特に」という文言は，ここでも危険性の評価に当たって考慮される要素の選択に一定の柔軟性が認められることを示唆している。

国際貿易に対する不必要な障害を回避するため，TBT協定は，加盟国に対し，デザインや記述的に示された特性よりも性能に着目した産品要件に基づく強制規格や任意規格の制定を奨励している（2.8条，附属書3第I項）。そのような産品要件は，生産者または輸出業者に不必要な調整コストを賦課することにより国内生産者を保護する政府介入の危険性を減少させるものである。たとえば，シートベルトは素材AまたはBにより製造されなければならないとする要件は2.8条に適合的でない可能性があるが，シートベルトは強度が30kNでなければならないとする要件はこの規定に適合的であると考えられる。

国際貿易に対する不必要な障害を回避する義務は適合性評価手続の立案，制定または適用についても規定されている。適合性評価手続は適合性を確保するために必要である以上に厳格に適用されてはならない（5.1.2条）。加盟国は，手続が緩和されることの危険性を考慮し，それが国際貿易に対する障害を低減することの利益を凌ぐものであるかどうかを決定しなければならない。

TBT協定はまた，加盟国に対し，適合性評価手続が可能な限り迅速に行われること（5.2.1条），要求される情報は必要なものに限られること（5.2.3条），情報の秘密は正当な商業上の利益が保護されるように尊重されること（5.2.4条），国内的に課される手数料が外国産品について課される手数料と同等であること（5.2.5条）等を確保することを要求している。

(e) 国際的調和

貿易の技術的障害は，一般に国ごとに異なる強制規格や適合性評価手続の立案，制定および適用から生じる。同一の産品をさまざまな形状においてデザインし，製造し，引き渡さなければならないとすれば，それは生産者にとって高い調整コストをもたらし，国際貿易に対する障害を形成する。強制規格や適合性評価手続の国際的調和（ハーモナイゼーション）は，産品やその部品の関連性および互換性を確保することによって生産者のコストを軽減することができる。同時に，そのような国際的調和は消費者の利益も増加させる。強制規格が調和された状況においては，消費者は競争によって産品について広範でかつ経済的に魅力的な選択の機会を与えられるからである。ただし，国際的調和に問題がないわけではない。国際的調和は，交渉コストが高く，さらに技術革新からの利益を確保するための再交渉コストも一層高くなる可能性があることに留意する必要があろう。

TBT協定2.4条は，加盟国に対し，国際的な規格，指針または勧告が存在するときまたはその仕上がりが目前であるときは，それらを強制規格の基礎として用いることを義務づけている。ただし，「気候上の又は地理的な基本的要因，基本的な技術上の問題等の理由により」，当該国際規格が「追求される正当な目的を達成する方法として効果的でなく又は適当でない場合は，この限りでない」（適合性評価手続については5.4条，また任意規格については附属書3第F項）。さらに，2.5条によれば，ある強制規格が2.4条の下で関連する国際規格に適合している場合には，その効果として，当該強制規格は国際貿易に対する不必要な障害をもたらさないとの反証可能な推定を行うものとされる。

後述のSPS協定と異なり，TBT協定は国際規格を制定する国際機関をとくに指名していない。さらに，任意規格と「国際機関または国際制度」の定義が存在するものの（附属書1第2項），国際規格それ自体の定義は存在しない。しかも，「国際機関または国際制度」は，「少なくともすべての加盟国の関係機関が加盟することのできる機関又は制度」として一般的に定義されているにとどまる。このため，このような国際機関または国際制度によって採択された規格であればいかなるものもここでいう国際規格であるのか，その

ような規格の正当性が問題となりうる。「EC―鰯」事件の小委員会は、食品規格（*Codex Alimentarius*）委員会の採択した規格が、附属書1の定義に適合していること、および両紛争当事国が食品規格委員会は「国際的な標準化のための機関」（附属書1第2項注釈）であることに合意していることを理由に、TBT協定の意味での国際規格であることを認めたが（paras. 7.65-7.66）、上級委員会もこの結論を支持した（para. 220）。他方で、「米国―マグロⅡ」事件の上級委員会は、国際イルカ保護プログラム協定（AIDCP）が2.4条の下での国際標準化機関であるとする小委員会の認定を覆したが、その理由は、AIDCPへの加盟資格は単なる形式的なものではなく、そのため「少なくともすべてのWTO加盟国」には開かれていないというものであった（para. 398）

　国際規格からの逸脱の許容性については、「EU―鰯」事件の上級委員会が、小委員会の判断を覆して挙証責任を申立国側に課し、当該国際規格が被申立国の目的の達成にとって効果的でかつ適当であることの立証を要求している（para. 282）。

　(f)　同等性と相互承認

　TBT協定は、加盟国が、他の加盟国の強制規格を、たとえ自国のものとは異なる場合であっても、自国の政策目的を十分に達成するものと認めるときは、自国の強制規格と同等なものとして受け入れることに積極的な考慮を払うべきことを規定している（2.7条）。強制規格の国際的調和へ至る過程は、長い時間がかかり、またコストもかかる。このためTBT協定は同等性の原則を技術の調和原則に対する補完的アプローチとして導入した。輸出国と輸入国の双方の規格が同一の政策目的を達成することを条件として、同等性の取決めを締結することにより、輸出国の強制規格に適合する産品が輸入国の強制規格に適合することが不要になる。これによって、国際貿易に対する障害が大幅に低減されることになる。

　適合性評価手続に関しても、TBT協定は、加盟国が、他の加盟国の適合性評価手続が自国のものと異なる場合であっても、可能なときは、自国のものと同等水準の信頼性を持つものであることを条件として、当該他の加盟国の適合性評価手続の結果を受け入れることを確保すべきものと規定する

(6.1条)。この規定の目的は，輸出国および輸入国の双方の市場における重複した産品試験およびそれらに付随する財政的その他のコストを回避することである。さらに，加盟国は，他国の適合性評価機関が国際標準化機関によって発表された関連する指針や勧告を遵守していることを，十分な技術的能力を示すものとして考慮すべきとされる（6.1.1条）。同等性を達成する特別の方法として，TBT協定は，加盟国が，二国間または多数国間で相互に適合性評価手続の結果を受け入れるために相互承認協定（mutual recognition agreement: MRA）を締結することを奨励している（6.3条）。もっとも，このようなMRAには，TBT協定2.1条およびGATT 1条1項の最恵国待遇原則が適用されるため，第三国が自国の強制規格または適合性評価手続の同等性を主張してMRA上の利益の均霑を求めてくる可能性があり，この種のMRAは「開かれたMRA」ということになる。なお，最近の傾向として，地域貿易協定内部でのMRAが増加している。この場合のMRAが当該地域貿易協定内部の排他的な「閉じられたMRA」とされる場合には，GATT 24条がGATT 1条1項だけでなくTBT協定2.1条に対しても例外として機能するという解釈によれば問題はないが，GATT 24条がTBT協定2.1条に対しては例外として機能しないという解釈によれば，TBT協定2.1条の最恵国待遇義務に違反する可能性がある。

(g) その他の規定

TBT協定には，その他に，透明性を確保するための通報義務（2.9.2条など）および情報提供のための照会所の設置（10.1条），協議と交渉の場として機能するTBT委員会（13条），途上国に対する「特別のかつ異なる待遇」（12条）ならびに技術援助に関する規定（11条）などが存在する。紛争解決手続については，TBT協定の実施にかかわる紛争はWTOの紛争解決機関による一般的紛争解決手続によって処理される（14条）。

③ SPS協定の概要

(a) 適用範囲と定義

もっぱら「国際貿易に直接又は間接に影響を及ぼす」「SPS措置（衛生植物検疫措置）」だけがSPS協定の適用対象となる（1条1項）。ある措置がSPS措置とみなされるためには，当該措置の目的が，主に(i)有害動植物や病

気から自国領域内の動植物の生命または健康を保護すること，(ii)食物関連の危険から自国領域内で人または動物の生命または健康を保護すること，(iii)動植物が媒介する病気から自国領域内で人の生命または健康を保護すること，または(iv)有害動植物の侵入によるその他の損害を自国領域内で防止すること，のいずれかでなければならない。SPS 措置にはとくに次のものが含まれる。最終産品の規格，PPM，試験，検査，認証および承認の手続，検疫，ならびに食品の安全に直接関係する包装およびラベル要件など（附属書A第1項）。

　したがって，ある措置がSPS措置であるかどうかは当該措置の目的によって決定される。ある措置は，国際貿易に影響を及ぼさず，または，上述に掲げられたいずれかの危険からの保護を目的としていない場合には，SPS措置ではなく，それゆえSPS協定は適用されない。

　SPS協定が成立する以前は，SPS措置はGATTの原則のいずれかの違反が認定された後にはじめて正当化される必要があった。実際，GATT 20条(b)はたとえば1条や3条の無差別原則の違反が確定した後にはじめて援用可能であった。SPS協定の下では，事前の差別が認定されなくても，すべての規律がGATT 1994から独立して適用される。また，SPS措置は，SPS協定に適合する場合には，GATTの関連規定，とくに20条(b)に適合しているものと推定される（2条4項）。

(b)　**基本的な権利と義務**

　協定2条1項は，加盟国が協定に従って必要なSPS措置をとる権利を有すると規定する。しかし，続いて同2項は，この権利の行使に当たって，加盟国は，SPS措置が「必要な限度においてのみ」適用され，かつ，一定の例外（後述する5条7項の暫定的措置の場合）を除き，「科学的な原則」と「十分な科学的証拠」に基づいてとられることを確保する義務を規定する。この科学性の要件はSPS協定の中心的概念である。この要件はさらに，後述する5条1項において，加盟国がSPS措置を危険性評価に基づいてとらなければならないとする義務に具体化されている。

　加盟国はさらに無差別原則に服する。2条3項によれば，加盟国はSPS措置により，同一または同様の条件の下にある，他の加盟国間で，および自国

と他の加盟国の間で，恣意的または不当な差別をしないこと，ならびに，SPS 措置が国際貿易に対する偽装した制限となるように適用しないことを確保しなければならない。

(c) **国際的調和**

協定3条は，各加盟国がさまざまな SPS 措置をとることを前提に，各加盟国に対して自国の SPS 措置を関連する国際的な基準に基づかせることを要求する。国際的な基準の利用を奨励する目的は，できるだけ広い範囲にわたり各加盟国の多様な SPS 措置を調和し，SPS 措置の貿易障壁性を低減することである。しかしながら，SPS 協定はより緩やかな SPS 措置へのいわゆる「下方調和」を要求するものではない。協定前文は明示的に，「加盟国が人，動物又は植物の生命又は健康に関する自国の適切な保護の水準を変更することを求められることなく」，加盟国間で SPS 措置の国際的調和を促進することを希望すると述べている。

さらに3条3項は，科学的に正当な理由がある場合，または5条の関連規定に従い自国の「適切な保護水準（appropriate level of protection: ALOP）」を決定した場合に，関連する国際的な基準よりもより厳格な SPS 措置を導入しまたは維持する加盟国の権利を明示的に承認する。

国際的な基準について，協定は，TBT 協定とは異なり，明示的に特定の国際機関を指名し，そこで制定された基準を「国際的な基準」と定義している。すなわち，協定附属書 A の第3項は，食品の安全については食品規格委員会，動物の健康および人畜共通伝染病については国際獣疫事務局（OIE），さらに植物の健康については国際植物防疫条約事務局（IPPC）を指定し，各国際機関が制定する基準を協定上の国際的な基準としている。しかし，これらの国際機関が制定する国際的な基準は本来法的拘束力を持つものではなく，たとえば OIE 陸生動物衛生規約は「参照文書」とされているにすぎない。協定3条はこれらの国際的な基準に単なる参照文書以上の法的効果を与える結果をもたらすことになった。

「EC—ホルモン」事件（DS26, 48，ケースブック[101]）の上級委員会は，3条各項が加盟国にそれぞれ独立した3つの選択肢を与えるものとの解釈を示した。それによれば，1項は，国際的な基準と一致した SPS 措置をとる即時

の義務を規定するわけではなく，国際的な基準に沿った措置の調和を将来に向けて実現していく義務を定めるにとどまる（para. 165）。1項の下で，加盟国は，国際的な基準の必ずしもすべての要素ではなくその一部を採用するにすぎない SPS 措置を国際的な基準に「基づく」措置としてとることができる。ただし，そのような SPS 措置をとる加盟国は2項の適合性の推定の利益を享受しない（para. 171）。

次に，2項は加盟国が国際的な基準に「適合する」SPS 措置をとることを奨励する。そのような措置は，国際的な基準を完全に具現化するものであり，事実上，当該国際基準を加盟国の国内基準に転換し，措置の国際的調和を実現するものである。2項は，加盟国がそのような SPS 措置をとることを奨励するため，当該措置が SPS 協定および GATT 1994 への適合性の推定の利益を享受するものとする（para. 170）。

さらに，3項は，加盟国自身が国際的な基準とは異なるより高い ALOP を決定し，この ALOP を実施するため国際的な基準に「基づかない」措置をとることを許容する。自国の衛生植物検疫上の ALOP を決定する加盟国の権利は，「重要な」「自律的な権利」であり，1項の下での「一般的義務」に対する「例外」ではない（para. 172）。

このようにして，上級委員会の解釈によれば，3条の1項ないし3項は，それぞれ独立した規定であるから，紛争解決手続における挙証責任は，通常の原則に従って各項への不適合を主張する申立国が負うことになる。したがって，国際的な基準を逸脱する SPS 措置をとる加盟国が3項の援用要件の充足について挙証責任を負うわけではない（para. 102）。

ところで，3項の援用要件は，①科学的に正当な理由があること，または②5条の関連規定に従い自国の衛生植物検疫上の ALOP を決定することである。これらの要件は，文言上「又は」が示すように明らかに異なる要件として区別されている。しかしながら，「EC―ホルモン」事件の上級委員会は，3条3項の末文但書が，「関連する国際的な基準……に基づく措置によって達成される衛生植物検疫上の保護の水準と異なる衛生植物検疫上の保護の水準をもたらすすべての措置」，すなわち，まさに上記①または②の要件を満たす3項の措置はいずれも，「この協定の他のいかなる規定にも反してはな

らない」と規定しており，そこには当然に5条が含まれること，および上記①の要件については同項の注で「入手可能な科学的情報のこの協定の関連規定に適合する検討及び評価に基づ」くものとされているが，このような検討および評価は5条1項で要求される危険性評価とその性質を共有するようにみえることを理由として，上記①と②の要件の区別は実際以上に表面的なものにすぎないと述べた（paras. 175-176）。その結果，上級委員会は，いずれの要件についても5条に従って危険性評価を行い自国のALOPを決定し，さらにそれが国際的な基準によっては十分に達成できないと判断する必要があるという解釈を示している。

(d) 危険性評価

上述した加盟国の基本的な権利と義務は，危険性評価と適切な保護水準の決定に関する加盟国の権利と義務によって，より具体的なものとされている。すなわち，5条1項によれば，加盟国は自国のSPS措置をそれぞれの状況に応じて適切な「危険性評価」に基づかせなければならない。ここでいう危険性評価とはどのようなプロセスであろうか。協定は危険性評価を定義している（附属書A4）ものの具体的な方法については何も述べていない。紛争解決小委員会および上級委員会は，とくに食物関連の危険性評価の方法について，これまでの判例を通じて少なくとも次の点を明らかにしてきた。

すなわち，①食物関連の危険性評価は，(i)特定の飲食物がもたらす人の健康に対する悪影響を確認し，(ii)そのような悪影響が発生する「可能性（potential）」を評価するという2段階のプロセスを踏まなければならない。②危険性評価は十分に特定的でなければならない。すなわち，評価の対象となる物質や危険が個別に特定されていなければならない。③危険性評価は，行われた評価に対する信頼性を確保するため，一定の客観性基準を満たさなければならない。④評価の対象となる「可能性」はより高い程度の可能性を意味する"likelihood"や"probability"である必要はない。しかし，科学が完全には払拭しきれない理論的不確実性であってはならず，証拠に基づく現実の，確認可能な可能性が対象でなければならない。さらに，その場合の評価は，定量的である必要はなく，定性的なものであってもよい。⑤SPS措置をとる加盟国自身が自ら危険性評価を行う必要はなく，他国のまたは国際機関の行っ

た危険性評価を利用することができる。

　次に，5条2項は危険性評価を行うにあたって加盟国が考慮すべき要素を列挙している。その文言（"shall"）が示すように，加盟国はそこに掲げられる要素を考慮することを義務づけられている。しかし，協定はそれらが限定列挙なのか例示列挙なのかを明らかにしていない。このため，加盟国は，2項に明示的に掲げられていない要素で，たとえば消費者の嗜好，文化的もしくは道徳的嗜好または社会的価値判断のような科学的証拠に基づかない要素をも考慮することができるのかどうかが問題となりうる。

　この点に関連し，「EC―ホルモン」事件の上級委員会は，2項において「入手可能な科学的証拠」が単に最初に掲げられているにすぎないことを指摘した。そして，危険性評価において評価されるべき危険は，「厳格に管理された条件下で行われる科学実験室での確認可能な危険」，すなわち科学に基づく危険だけではなく，管理・運営上の人為的または技術的な過誤や違法行為がもたらす危険といった「現実に存在する人間社会における危険」をも包含するものとして広くとらえた（paras. 187 and 205）。

　この点は，上級委員会が2項は考慮すべき要素を例示列挙するにすぎないと解釈していることを示唆する。しかし他方で，このように純粋の科学的証拠に基づかないその他の要素を考慮することになれば，協定の中心的概念である科学性の要件を希釈することになり，SPS措置の保護主義的な濫用を招くおそれもある。さらに，SPS措置が「十分な科学的証拠」に基づくべきことを要求する2条2項と不整合となりうることにも留意しなければならない。

(e) 自国の適正な保護水準（ALOP）の決定

　以上のようにして，適切な危険性評価が行われ，危険の存在が確認される場合には，加盟国は次のプロセスとして「衛生植物検疫上のALOP」を決定しなければならない。附属書Aの第5項によれば，「衛生植物検疫上のALOP」とは，「受け入れられる危険の水準」とも呼ばれ，「加盟国の領域内における人，動物又は植物の生命又は健康を保護するために衛生植物検疫措置を制定する当該加盟国が適切と認める保護の水準」と定義される。

　上述のように，3条3項によれば加盟国は国際基準が達成しようとする保護水準よりも高い自国のALOPを決定することができるとされ，また，

SPS協定の前文も，加盟国は自国のALOPを変更することを求められることがないと述べている。このようにして，ALOPの決定は，加盟国の「専権事項（prerogative）」（「オーストラリア―鮭」事件（DS18，ケースブック[100]）上級委員会報告para. 125）であり，紛争解決小委員会や上級委員会が立ち入ることができない事項であるとされている。

では，加盟国によるALOPの決定はどのようにして行われるのであろうか。「オーストラリア―鮭」事件の上級委員会によれば，加盟国は，自国のALOPを「ゼロリスク」（危険の完全な排除）とすることさえ決定できるとされている（para. 125）。結局，ALOPの決定は，加盟国がたとえば当該危険の社会的受忍の程度，経済的もしくは技術的実現可能性，適切な資源配分，さらには消費者の嗜好などを考慮して行う社会的経済的価値判断に基づくことになろう。その結果は（実際には実現不可能であろうが）「ゼロリスク」でもありうる。

ただし，SPS協定は，この権利の行使について，それが濫用されないための一定の規律を設けている。5条4項は，各加盟国が貿易に対する悪影響を最小限にするという目的を考慮すべきであるとし，また，同5項は，国際貿易に対する差別または偽装された制限をもたらさないように保護の水準について恣意的または不当な区別を設けてはならないとしている。

(f) SPS措置の選択

5条の下で危険性評価を行い，ついでALOPを決定した加盟国は，最後に当該ALOPを達成するために特定のSPS措置の選択を行うことになる。加盟国によるこの選択に対して，協定は次の2つの制約を課している。第1に，5条1項は，すでに述べたように，加盟国が危険性評価に「基づき」SPS措置をとることを要求している。この「基づく」の意味について，「EC―ホルモン」事件の上級委員会は，危険性評価の結果が当該SPS措置を「十分に是認する」または「合理的に支持する」ものでなければならないということであり，したがって，1項は当該SPS措置と危険性評価の間に「合理的な関係」が存在しなければならないという実体的要件を課すものであるとの解釈を示した（para. 193）。

なお，この点に関連し，上級委員会はさらに，同一の危険性評価において

科学的見解が多数意見と少数意見に分かれる場合で，とくに当該危険が人の生命に対する明白かつ急迫した脅威である場合には，誠実に行動する政府が信頼できる少数意見に基づき措置を決定しても，当該措置と危険性評価の「合理的関係」の存在は否定されないという注目すべき意見を表明している (para. 194)。

　第 2 に，5 条 6 項は，加盟国に対し，自国が決定した ALOP を達成するために採用する SPS 措置が，技術的および経済的実行可能性を考慮して，必要である以上に貿易制限的でないことを確保する義務を課している。6 項に付随する注釈によれば，他の措置が，①技術的および経済的実行可能性を考慮して合理的に利用可能であり，②加盟国の ALOP を達成するものであり，かつ③貿易制限の程度が選択された措置よりも相当に小さいものである場合には，当該選択された措置は，必要である以上に貿易制限的であるとされる。

　(g)　予防措置の援用要件

　いわゆる「予防原則」を導入しているとされる 5 条 7 項は，「関連する科学的証拠が不十分な場合に」SPS 措置を暫定的に発動することを許容している。同項は，そのために次のような 4 つの累積的な要件を課している。すなわち，①当該措置が「関連する科学的証拠が不十分な場合に」採用されること，②当該措置が「入手可能な適切な情報に基づき」採用されること，③措置を採用した加盟国が「一層客観的な危険性の評価のために必要な追加の情報を得るよう努める」こと，および④措置を採用した加盟国が，「適当な期間内に」当該措置を再検討すること，である（「日本―農産物 II」事件（DS76, ケースブック［102］上級委員会報告 para. 89））。

　しかしながら，5 条 1 項の危険性評価の義務を免れるために 5 条 7 項の規定を安易に援用することは許されない。「日本―リンゴ」事件（DS245, ケースブック［103］）の上級委員会によれば，上記①の「関連する科学的証拠が不十分な場合」とは，入手可能な科学的証拠が 5 条 1 項の下で要求される適切な危険性評価の実施を量的にも質的にも許容しない場合と解釈されている (para. 179)。

(h) その他の規定

協定には，その他，有害動植物の無発生地域など地域的な状況に対応した調整（6条），透明性の確保（7条および附属書B），管理，検査および承認の手続（8条および附属書C），技術援助（9条），途上国に対する「特別かつ異なる待遇」に関する規定（10条）などが存在する。さらに，紛争解決手続については，TBT協定と同様に，WTOの紛争解決機関による一般的紛争解決手続が利用される（11条）。

Column「韓国―日本産水産物等の輸入制限」事件（DS495）

韓国は，2011年3月の東日本大震災の際に発生した福島第一原子力発電所事故による放射能汚染を理由として日本産農水産物に対して輸入禁止や追加的検査要件などの輸入規制措置を発動していたが，日本は，2015年5月にSPS協定不適合を主張して，WTOの紛争解決手続に訴えた。2018年2月に第1審に当たる紛争解決小委員会は，日本の主張を認め，韓国の措置は，①不必要に貿易制限的でSPS協定5条6項に不適合，②差別的であり同2条3項に不適合，かつ③同5条7項の暫定措置とみなすこともできないなどの判断（WT/DS495/R）を示していたが，日韓共に上訴し，2019年4月上級委員会の判断（WT/DS495/AB/R）が示された。上級委員会は，上記3点すべてについて小委員会は誤りを犯したとして小委員会の判断を覆した。関連する上級委員会の判断の概要は以下のとおりである。

①5条6項の適用について：小委員会は，韓国自身によって明示された「適切な保護水準（ALOP）」を，(i)通常の環境において存在するレベル，(ii)「合理的に達成可能な最低限の」被曝（as low as reasonably achievable（ALARA）），および(iii)年間1ミリシーベルト（1mSv/year）という定量的な被曝量，からなる複合的なものとして受け入れながらも，その分析はもっぱら1mSv/yearという定量的要素に向けられ，日本の代替措置に関する小委員会の認定は，韓国のALOPに含まれるALARAおよび「通常の環境における」放射能レベルの要素を考慮したのかどうかは明らかではなく，実質的に1mSv/year以下の被曝という定量的要素に含めてしまっている。それゆえ，小委員会は，日本の代替措置は韓国のALOPを達成するという認定を行う際に5条6項の適用において誤りを犯したと認定する（paras. 5.38-5.39）。

②2条3項の適用について：2条3項の「同一又は同様の条件の下にある」という文言に係る分析は，当該規制目的と特定のSPS関連の危険に照らしていま

だ産品中には現れていないが関連する領域的条件を含めて，異なる加盟国におけるすべての関連する条件の考慮を伴う（para. 5.91）。もっぱら産品のサンプル中の実際の測定レベルにのみ基づく2条3項の下での小委員会の認定は，結局，異なる加盟国の領域において存在する関連する条件に照らして汚染の可能性を考慮することを怠っている（para. 5.92）。それゆえ，小委員会は，日本と他の加盟国の間には同様の条件が存在すると認定する際にSPS協定2条3項の解釈と適用において誤りを犯したと認定する（para. 5.93）。

　③5条7項の適用について：DSU7条1項および11条に反映される小委員会の権限は，紛争当事国が引用した対象協定の関連規定に照らして「問題」を検討し，紛争解決機関が当該協定に規定する勧告または裁定を行うために役立つ認定を行うことである。日本はその小委員会の設置要請において5条7項の下での主張を行わなかった。韓国は自国の反論の一部として5条7項に関連する陳述を行ったが，自国の措置が5条7項に基づく暫定的性質により正当化され，または2条3項，5条6項などの義務から免除されるとは主張しなかった。小委員会は，韓国の措置の5条7項適合性について認定を行うことによって権限を踰越し，それによってDSU7条1項および11条に不適合に行動した。この理由で，5条7項の下での小委員会の認定をムートでかつなんら法的効果を持たないものと宣言する（paras. 5.121-5.122）。

　なお本件小委員会報告に関して，濱田太郎「福島原発事故と韓国による日本産水産物の輸入規制」平成30年度重要判例解説（ジュリスト臨時増刊1531号）284頁以下，上級委員会報告に関して，平覚「韓国—日本産水産物等の輸入規制（上級委）」WTOパネル・上級委員会報告書に関する調査研究報告書（2019年度版）（https://www.meti.go.jp/policy/trade_policy/wto/3_dispute_settlement/33_panel_kenkyukai/2019/195.pdf）を参照。

【参考文献】
農業貿易
石田信隆『解読・WTO農業交渉――日本人の食は守れるか』（農林統計協会，2010年）
清水貞俊「WTOの農業協定について」日本国際経済法学会年報5号（1996年）
W. J. ディヴィー「ガットにおける農業貿易ルール」逸見謙三監修『農産物貿易とガット交渉』（農山漁村文化協会，1994年）
樋口修「GATT/WTO体制の概要とWTOドーハ・ラウンド農業交渉」レファレンス

2006 年 11 月号

Fabian Delcros, The Legal Status of Agriculture in the World Trade Organization: State of Play at the Start of Negotiations, JWT 36-2, 2002.

Mitsuo Matsushita et al., THE WORLD TRADE ORGANIZATION, THIRD ED., Oxford University Press, 2015, Chap. 9.

TBT／SPS 協定

内記香子「衛生植物検疫措置と貿易の技術的障害」柳赫秀編著『講義国際経済法』(東信堂, 2018 年) 第 7 章

内記香子『WTO 法と国内規制措置』(日本評論社, 2008 年) 第 4 章および第 5 章

山下一仁『食の安全と貿易』(日本評論社, 2008 年)

藁田純「WTO／SPS 協定の制定と加盟国の衛生植物検疫措置に及ぼす影響」貿易と関税 1999 年 2 月号

川瀬剛志「日本産水産物輸入規制事件の上級委員会報告」令和元年度重要判例解説 (ジュリスト臨時増刊 1544 号) (2020 年)

Mitsuo Matsushita et al., THE WORLD TRADE ORGANIZATION, THIRD ED., Oxford University Press, 2015, Chap. 13.

Joost Pauwelyn, The WTO Agreement on Sanitary and Phytosanitary (SPS) Measures as Applied in the First Three SPS Disputes: EC-Hormones, Australia-Salmon and Japan-Varietals, JIEL 2, 1999.

WTO Agricultural Negotiation [https://www.wto.org/english/tratop_e/agric_e/negoti_e.htm]

第8章 WTO体制におけるサービス貿易と知的財産権保護

> *Summary*
>   本章は，WTO体制において新たに導入されたサービス貿易と知的財産権保護に関する国際規律を扱う。サービスの貿易に関する一般協定（GATS）は，サービス貿易の自由化に関する基本的な原則を定めるとともに，サービス貿易の形態・分野ごとに加盟国が自由化を約束した内容を明記し，今後さらに自由化を進めていくための枠組みを設ける。「知的所有権の貿易関連の側面に関する協定」（TRIPS協定）は，不正商品の輸入規制など，知的財産権の国際的保護のための実体的および手続的規律をWTO体制に初めて導入するとともに，知的財産権をめぐる貿易上の紛争をWTOの紛争解決手続によって解決することを可能にした。
>
> *Key Words*
>   サービス経済化　GATS　モード　約束表　ポジティブ・リスト方式　最恵国待遇　透明性　内国民待遇　市場アクセス　ビルトイン・アジェンダ　TRIPS協定　知的財産権　医薬品へのアクセス　並行輸入

1 サービス貿易

(1) サービス貿易の重要性

　サービス貿易とは，金融，運輸，通信，建設，流通などのサービスの国際取引のことである。産業構造の高度化に伴ってサービス産業（第三次産業）の比重が高まること（サービス経済化）は各国経済に共通する傾向であるが，日本でも名目GDPに占めるサービス産業の割合は77.6%に達し（内閣府「2016年度国民経済計算」），サービス産業に従事する人が全雇用に占める割合は80%を超えた（総務省「労働力調査（基本集計）2017年平均（速報）」）。国際貿易においてもサービス貿易は着実に増加している。WTOの国際貿易統計によれば，2017年には世界のサービス貿易は輸出ベースで5兆2794億ド

ル，産品の輸出を合わせた世界の総輸出額の23.0% を占めた。

　サービス貿易においては，産品の貿易と異なり，関税のような水際措置よりも，海外からのサービスの提供や消費に当たって課せられるさまざまな国内規制の方が重大な貿易障壁となる。他方で，このような国内規制の多くは，国内サービス産業の保護・育成を主たる目的とするとは限らず，消費者保護，ユニバーサル・サービスの保証，信用秩序の維持など，多様な公共政策上の目的を達成するために設けられたものが多いという事情もあり，サービス貿易の自由化のためにサービス貿易に関する国内規制に対して国際的な規律を設けるという要請は最近まであまり強くなかった。

　しかし，サービス貿易が増大するにつれて，サービス貿易の一層の自由化と，そのためにサービス貿易に関する国内規制に対して国際的な規律を設ける必要性が次第に認識されるようになった。中でも，金融サービス，電気通信など，重要なサービス貿易分野の国際競争力において勝る米国（米国は世界最大のサービス貿易収支黒字国である）は，ウルグアイ・ラウンドの交渉議題にサービス貿易の自由化を加えることを強く主張した。そして，サービス貿易はガットの枠外に置くべきだと主張する途上国の強い反対を押し切って，サービス貿易の自由化とサービス貿易に対する国際的な規律の導入をウルグアイ・ラウンドの交渉議題に加えた。これは，貿易関連知的財産権（TRIPS）と並んで，ウルグアイ・ラウンドによって新たに国際的な規律が設けられた，いわゆる新分野に属するテーマである。ただし，サービス貿易は産品の貿易とはさまざまな面で性格が異っていること，また，1994年のGATTにはサービス貿易に関する規定が置かれていないことから，交渉結果は1994年のGATTとは別の協定としてとりまとめられることになった。これがWTO協定附属書1Bとして取りまとめられたサービスの貿易に関する一般協定（General Agreement on Trade in Services, GATS）である。

⑵　GATSの規律の概要

(a)　サービスの分野と4つのモード

　GATSは，政府の権限の行使として提供されるサービスを除くすべての分野のサービスの貿易に影響を及ぼす政府の措置を対象としている。ウルグアイ・ラウンド交渉中の1991年に，当時のガット事務局はサービス分野の

分類を策定した (MTN.GNS/W/120)。それによると，サービスは以下の12分野に分類される。すなわち，ビジネス・サービス（専門職業サービスおよびコンピュータ・サービスを含む），電気通信，建設およびエンジニアリング，流通，教育，環境サービス，金融サービス（銀行，保険など），健康サービス（医療，介護など），観光および旅行，文化およびスポーツ，輸送，その他である。以上の12分野はさらに155分野に細分類される（図表8-1参照）。

GATS はこれらのサービス貿易について，その供給の態様に着目して以下の4つの形態（モード）に分類する（1条2項）。

① 越境取引：サービス提供者は領域内にとどまり，通信手段（電話，ファクス，インターネットなど）を用いて海外の顧客にサービスを提供する。

　例：海外のコールセンターを通じた PC の不具合に対する対処，電話会議システムや電子メールを利用した海外の顧客への法務アドバイスの提供など。

② 国外消費：サービス消費者が国外に移動し，移動先の外国で当該国のサービス提供者からサービスを受ける。

　例：海外に旅行して，旅行先でホテルに宿泊したり観光したりする場合，海外の医療施設で先端医療技術に基づく治療を受ける場合（メディカル・ツーリズム）など。

③ 商業拠点：ある加盟国のサービス提供者が他の加盟国の領域に商業拠点を設けて，その拠点を通じてサービスを提供する。

　例：金融機関（銀行，証券会社，保険会社など）の海外拠点（支店，子会社など）を通じた金融サービスの提供，海外の事業会社を通じた水道事業・下水道事業の展開など。

④ 自然人の移動：ある加盟国のサービス提供者である自然人が他の加盟国の領域でサービスを提供する。

　例：プロの演奏家による海外公演，外国人の看護師や介護士による看護・介護サービスの提供など。

(b) **GATS の構成**

GATS は，以上の12大分類・155細分類に区分されるサービスの分野ご

figure 8-1 WTO事務局のサービス産業分類（MTN. GNS/W/120, 1991年7月10日）

1. 実務サービス 　A．自由職業サービス 　B．コンピュータ及び関連のサービス 　C．研究開発サービス 　D．不動産サービス 　E．運転者を伴わないレンタル・リースサービス 　F．その他の実務サービス	7. 金融サービス 　A．保険及び保険関連のサービス 　B．銀行及びその他の金融サービス（保険を除く） 　C．その他
2. 通信サービス 　A．郵便サービス 　B．クーリエサービス 　C．電気通信サービス 　D．AVサービス 　E．その他	8. 健康関連サービス及び社会事業サービス 　A．病院サービス 　B．その他の人に係る健康サービス 　C．社会事業サービス 　D．その他
3. 建設及び関連のエンジニアリングサービス 　A．建築物に係る総合建設工事 　B．土木に係る総合建設工事 　C．設置及び組立工事 　D．建築物の仕上げ工事 　E．その他	9. 観光及び旅行に関連するサービス 　A．ホテル及び飲食店（仕出しを含む） 　B．旅行業サービス 　C．観光ガイドサービス 　D．その他
4. 流通サービス 　A．問屋サービス 　B．卸売サービス 　C．小売サービス 　D．フランチャイズサービス 　E．その他	10. 娯楽，文化及びスポーツサービス 　A．興行サービス（演劇，生演奏及びサーカスのサービスを含む） 　B．通信社サービス 　C．図書館及び文書館のサービス 　D．スポーツその他の娯楽サービス 　E．その他
5. 教育サービス 　A．初等教育サービス 　B．中等教育サービス 　C．高等教育サービス 　D．成人教育サービス 　E．その他の教育サービス	11. 運送サービス 　A．海上運送サービス 　B．内陸水路運送サービス 　C．航空運送サービス 　D．宇宙運送 　E．鉄道運送サービス 　F．道路運送サービス 　G．パイプライン輸送 　H．全ての形態の運送の補助的なサービス 　I．その他の運送サービス
6. 環境サービス 　A．汚水処理サービス 　B．廃棄物処理サービス 　C．衛生サービス及び類似のサービス 　D．その他	12. 以上に含まれないその他のサービス

とに，サービス供給の4つのモードの組合せに従って，WTO加盟国がサービス貿易自由化交渉を通じて自由化を約束するとともに，自由化約束からの除外（留保）を行う仕組みを定めている。これにより，GATS上の義務は，

①自由化を約束すると否とを問わず，すべての分野のサービス貿易に関して加盟国が遵守すべき義務，②自由化約束を行った特定の分野およびモードのサービスに関して一般的に遵守すべき義務，③自由化約束の内容に応じて，特定の分野およびモードのサービスに関して個別具体的に遵守すべき義務，の3つのカテゴリーに分類される。第1のカテゴリーの義務には最恵国待遇（2条），透明性の確保（3条）などが，第2のカテゴリーの義務には国内規制に関する義務（6条），支払および資金移動に関する義務（11条）が，第3の義務には市場アクセス（16条），内国民待遇（17条）などが含まれる。

さらに，ウルグアイ・ラウンド交渉の結果，以上の義務を規定したGATSの協定本文とは別に，最恵国待遇義務（2条）の免除，自然人の移動（第4モード），航空運送サービス，金融サービス（第1附属書および第2附属書），海上運送サービス交渉，電気通信（電気通信サービスに関する附属書および基本電気通信の交渉に関する附属書）について，当該モードや分野に関する特則や将来の自由化交渉の進め方などを規定した附属書がとりまとめられた。以上の附属書はGATSの協定本文と不可分の一部を構成する（GATS 29条）。

金融サービス分野については，特定の約束に基づく自由化（市場アクセス，内国民待遇などの付与）の進め方について，金融サービスの特性に応じた細則（たとえば，電磁的手段によるデータの移転を含む情報の移転や金融情報の処理を妨げる措置の禁止）を盛り込んだ方式を規定した「金融サービスに係る約束に関する了解」が作成された。加盟国は，GATSの協定本文に定める特定の約束の方式に代わって，この了解が定める方式に基づいて金融サービス・セクターの自由化を進めることができる。ただし，この了解が定める方式を採用することは義務ではない。加盟国はこの了解が定める方式に基づかず，協定本文に定める方式に基づいて自由化を進めることもできる。また，基本電気通信セクター（電話，データ通信，テレックス，電信，ファックスなどの基本的な電気通信サービス）については，ウルグアイ・ラウンド後の1996年4月に，相互接続の確保，ユニバーサル・サービス，免許基準の公表など，このセクターにおける競争を促進する国内規制の枠組みを規定した参照文書（Reference Paper）が作成され，以下に見る追加的約束として多くの加盟国がその約束表にこれを自主的に添付した。

以上に加えて，ウルグアイ・ラウンドではGATSの協定本文および附属書が定める方式に従って各国が自国のサービス貿易を自由化する交渉が行われ，その結果，各国が自由化の内容を約束する国ごとの約束表（Schedule of Commitments）を提出した。約束表はGATSと不可分の一体として発効した。

(c) **GATSの基本的義務**

　加盟国がすべてのサービス分野において一般的に遵守しなければならない義務として，まず第1に，最恵国待遇原則が挙げられる（2条1項）。最恵国待遇原則は産品の貿易に関するGATTの基本原則の一つであるが，サービスの貿易に関しても同様に基本原則としての位置づけが与えられた。

　産品の貿易における最恵国待遇は，すべての国の同種の産品に対して同等の待遇を与えることを意味するが，サービス貿易における最恵国待遇は，すべての国のサービスやサービス提供者に対して同等の待遇を与えることを意味する。ただし，サービスの分野においては，特に地域統合その他の過去の経緯などから最恵国待遇を保証できない場合があるので，GATSは最恵国待遇原則の例外を認めた。国境隣接地域におけるその地域固有のサービス貿易（2条3項），地域経済統合の枠組みにおけるサービス貿易の自由化（5条），労働市場統合のための協定への参加（5条の2），特定の国で取得した教育，免許，資格などを自国でも有効と認める場合（7条）などがそれである。(3)で見るように，WTOの下でサービス貿易の追加的な自由化の交渉はあまり進んでいない。その一方で，最近は自由貿易協定や経済連携協定などの地域経済統合の枠組みにおけるサービス貿易の自由化が活発に進められている。

　この他，一定の要件を満たすことを条件として，個別の分野や業態に応じた最恵国待遇原則の適用除外が認められている（2条2項）。その際に満たすべき要件については(b)で触れた「第2条の免除に関する附属書」が規定する。それによると，加盟国は，GATS発効時に最恵国待遇原則の免除を登録することができる。WTOの下で設けられるサービスの貿易に関する理事会は，免除の期間が5年を超えるすべての免除を対象に審議する。審議においては，免除の必要性を生じさせた条件が引き続き存在しているかどうかを検討する。免除の期間は原則として10年を超えてはならない。日本は免除の登録を行

っていないが，たとえば米国は，衛星放送，銀行，保険，航空運送，宇宙運送，道路運送，パイプライン運送の各分野について，また分野横断的に人の移動，課税，土地取得，中小企業登録について，免除を登録している。

　すべての分野について一般的に遵守しなければならない義務の第2は透明性である。GATSは，サービスに関連する法律や規則などの公表を一般的に義務づけた（3条1項）。また，これらに関して他の加盟国からの情報提供の要請に迅速に応じることを義務づけた（3条4項）。さらに，サービス貿易に大きな影響を与える新たな法令や行政上の指針などを導入または変更する場合には，これを速やかにサービスの貿易に関する理事会に通報することも義務づけた（3条3項）。これにより，法令や行政手続の不透明性に起因する市場アクセスの障壁を除去できるとともに，その改善についての交渉を行うことが容易になる。

　(d)　**自由化の約束を行った分野のサービス貿易において一般的に遵守すべき義務**
　加盟国は特定のサービス分野に限って自由化約束を行うことができ，それを行う場合には，その分野においては約束表に掲げる条件を付した上で自由化義務を負う（ポジティブ・リスト方式）。

　加盟国は，特定の約束を行った分野に関して，サービス貿易に影響を与えるすべての国内措置が，合理的，客観的かつ公平に実施されることを確保する義務を負う（6条1項）。サービス貿易に影響を及ぼす行政上の決定に対しては司法審査その他の救済を確保しなければならず（6条2項），サービス提供のために許可が必要な場合には，権限ある当局は，許可申請が提出されてから合理的な期間内に決定を申請者に通知しなければならない（6条3項）。資格要件，資格審査に関する手続，技術上の基準および免許要件に関する措置は客観的で透明な基準に基づくものでなければならず，他の加盟国のサービスやサービス提供者に必要以上に負担を課するものであってはならない（6条4項，5項）。サービスに関する国内法令や行政手続およびその運用がしばしばサービス貿易に対する実質的な障壁として作用することを踏まえて，このような障壁（規制障壁ないし行政障壁）を設けないことを加盟国に義務づける規定である。

　また，加盟国は，国際収支擁護のための制限が認められる場合（12条）を

除いて，特定の約束を行った分野に関する経常取引のための国際的な資金移動および支払に対して制限を課してはならない（11条1項）。自由化約束を行ったとしても，サービス貿易に関連する国際的な資金移動や支払に対して制限が課されれば，自由化は実質的に阻害される。このことを考慮して，自由化に対する資金移動の面からの制約を取り払うことを義務づけたのである。

(e) 自由化の約束の具体的な内容に応じて守るべき義務

加盟国は，特定の自由化約束を行った分野については，約束の条件に従って市場アクセスを保証する義務を負う（16条）。具体的には，加盟国は，特定の約束を行った分野について，約束表に別に条件（留保）を設定しない限り，①数量制限（サービス提供者の数の制限，サービスの取引総額または資産総額に対する制限，サービスの総産出量に関する制限，サービス提供者の雇用者数の制限），②サービス提供者の企業形態の制限（外国企業は支店を設置しなければならない，外国企業は国内企業との間で合弁企業を設立しなければならないなど），③サービス取引への外資の制限（外国資本の株式保有比率や対内投資の総額の制限など）をしてはならない。加盟国は，各サービス分野およびモードについて，これらの措置をとらないことを約束するか（その場合は，約束表に「制限しない」（None）と記載する），その全部あるいは一部を留保する場合には，具体的な留保の内容を約束表に明記することになっている。

加盟国が約束に応じて守るべき義務の第2は内国民待遇原則である（17条）。これは，他の加盟国のサービスおよびサービス提供者に対して，国内のサービスおよびサービス提供者に比べて不利でない待遇を与えるという原則である。加盟国は，特定の自由化約束を行った分野については，原則として内国民待遇を与えなければならない。しかし，最恵国待遇原則と異なり，内国民待遇はすべての分野について加盟国が一般的に負う義務ではない。国内事情や公共政策上の理由などによって内国民待遇を与えることができない場合には，自国の約束表に条件や制限を明記することができる。すなわち，加盟国は，それぞれの分野について内国民待遇の義務を受け入れるかどうかを決めることができる（たとえば，金融サービス分野で銀行業は内国民待遇原則の適用から除外するなど）。義務を受け入れる場合には，約束表に「制限しない」（None）と記載する。また，この義務を受け入れる場合にも，内外差別

的な措置を一定の範囲でとることを留保することができる（たとえば，銀行業について預金業務を除いて内国民待遇を付与するなど）。留保内容は約束表に明記されなければならない。

　加盟国が約束に応じて守るべき義務の第3は国内規制に関する義務である。加盟国は，特定の約束を行った分野において，一般的に適用されるすべての措置であってサービス貿易に影響を及ぼすものが合理的，客観的かつ衡平に運用されることを確保する（6条1項）。

　GATSに関して，これまでにメキシコの電気通信サービスに影響を与える措置（DS 204, ケースブック[108]），米国の国境を越える賭博サービスの供給に影響を与える措置（DS 285, ケースブック[109]），中国の金融情報サービスと外国金融情報サービス提供者に影響を与える措置（DS 372, 373, 378）などがWTO紛争解決手続に付託されている。最初の案件ではパネルが当該措置の電気通信サービス附属書およびメキシコの約束表（参照文書）違反を認定し，上訴はなされなかった。第2の案件ではパネルおよび上級委員会が当該措置のGATS本文および米国の約束表違反を認定した。最後の案件では協議段階で中国が問題とされた措置を撤回した。

(3) サービス貿易の漸進的自由化

　以上の規定から明らかなように，GATSはサービス貿易の完全な自由化を達成したものではなく，加盟国が国別の約束表に自由化約束を記載することで，ウルグアイ・ラウンド終結時点で達成可能な自由化の水準を明らかにしたものである。その意味で，約束表は産品の貿易における関税譲許の上限を定めた譲許表と同じ性格を持っている。GATSの加盟国は，サービス貿易を拡大するためにサービス貿易の漸進的な自由化をめざして引き続いて交渉を行うことで合意した。GATS 19条は，WTO協定発効後5年以内にそのための交渉を開始し，その後も定期的に交渉することを規定している（ビルトイン・アジェンダ）。

　WTOの下でいくつかのサービス分野についてはすでに自由化交渉が行われてきた。基本電気通信分野については1997年2月に69ヵ国が参加して最恵国待遇ベースの合意が達成された。合意の受諾期限や発効手続を規定するとともに，各国が提出した追加的な自由化約束を盛り込んだGATSの第4

議定書は1998年2月に発効し，合意が実施された。金融サービスについては，1997年12月に70ヵ国およびECが参加して最恵国ベースの合意が達成された。合意結果はGATSの第5議定書として1999年3月に発効した。

　GATS19条が規定したサービス分野の漸進的な自由化のための交渉（ビルトイン・アジェンダ）は2000年2月に開始された。しかし，交渉開始に先立って行われた1999年11-12月のWTO第3回閣僚会議（シアトル）では交渉の進め方についての指針（GATS19条3項）に関して合意が成立せず，1年余りの議論を経て2001年3月に交渉の目的，原則，範囲，方法などを定めた交渉の指針（モダリティ）が策定された。その後，2001年11月のドーハ閣僚会議でサービス交渉を他の交渉項目とともにドーハ開発アジェンダの枠組みで扱うことが決まり，2005年12月の香港閣僚会議で，質的目標の設定および少数の利害関係国間での自由化交渉（プルリ交渉）方式を導入すること，リクエスト（他国に対するサービス貿易自由化の要請）やオファー（自国サービス貿易市場の自由化の提案）の提出期限を含む交渉のスケジュールが合意された。香港での合意に基づき，2006年2月から3月にかけて共同リクエストが提出され，7月末の再改訂オファー提出に向けた交渉が行われていたが，7月末に交渉全体が中断したため，再改訂オファーの提出期限も無効となった。その後，2007年1月に交渉が本格的に再開され，再改訂オファー提出期限の再設定，当該オファーに含まれるべき自由化内容の指針について各国から提案が出された。2008年2月にサービス交渉議長が各国提案を踏まえた議長報告書を提出，5月に改訂議長報告書を提出し，これがサービス交渉の実質的なテキスト案とされたが，閣僚会議全体での合意とはなっていない。

　2008年7月の閣僚会議決裂後はGATSのルールに関する技術的な議論が続けられてきたものの，まずは農業・NAMAのモダリティ合意（→第7章1を参照）を目指すという観点から，サービスの自由化交渉は進んでいない。

　サービス貿易に関するGATSの規律には，未完成の部分もある。たとえば，サービス貿易に関するセーフガード措置の発動要件や措置の態様などについてはウルグアイ・ラウンドで交渉がまとまらず，GATSは「無差別の原則に基づいて多角的交渉を行う」と規定した（10条1項）。GATSは，こ

図表 8-2 約束表の記入例
特定の約束に係る表

I. 各分野に共通の約束

分類	市場アクセスに係る制限	内国民待遇に係る制限	追加的な約束
この約束表に掲げるすべての分野	4) 次の分類に該当する自然人の入国及び一時的な滞在に関する措置を除く他約束しない。 i) 長として支店を管理する活動	3) 研究及び開発に係る補助金については,約束しない。	

II. 分野ごとに行う約束

分類	市場アクセスに係る制限	内国民待遇に係る制限	追加的な約束
1. A d) 経営相談に関連するサービス (注) 本表には,何らかの自由化約束を行う分野のみ記載。 従って,この欄に記載されていない分野は,特定の約束に係る義務(市場アクセス,内国民待遇等)を負わない(ただし,MFN義務は負う)。	1) 約束しない 2) 制限しない 3) サービス提供者に与える許可の数は,制限され得る 4) 各分野に共通の約束における記載を除くほか約束しない	1) 約束しない 2) 制限しない 3) 各分野に共通の約束における記載を除くほか,制限しない 4) 約束しない	(注) この欄は,第16条(市場アクセス)及び第17条(内国民待遇)の義務の対象とならない措置で自発的に自由化意思を表明する措置を記入。

供給形態: 1) 越境取引 2) 国外消費 3) 商業拠点 4) 人の移動
出典:経済産業省通商政策局編『2002年版不公正貿易報告書』(経済産業調査会,2002年)334頁

の交渉はWTO協定の発効から3年以内に効力を生じると規定していたが,今日に至るまでこの交渉は妥結しておらず,サービス貿易に関するセーフガード措置に関する国際規律は未確定のままである。

　ドーハ開発アジェンダのサービス交渉が進まない中で,WTOに加盟する23の国と地域(EUを含む)は2013年4月,サービス貿易協定(Trade in Services Agreement, TiSA)の交渉を開始した。GATSを上回る自由化を達

成することを目標に，可能な限り早期の妥結を目指して交渉を進めている。

2　TRIPS 協定

(1)　国際貿易における TRIPS 協定の意義
(a)　知的財産権の国際的保護

　知的財産権とは，特許権や著作権など，人の精神的活動の成果を対象とする権利であり，科学技術の高度化や経済のソフト化にともなって，重要な権利として認識されている。ウルグアイ・ラウンド交渉の結果，知的所有権の貿易関連の側面に関する協定（Agreement on Trade-Related Aspects of Intellectual Property Rights，以下 TRIPS 協定）が合意され，知的財産権は，WTO 体制の下で保護されることとなった。

　知的財産権は，「目的物を自由に使用，収益ならびに処分する権利」と定義される所有権（民法 206 条参照）と異なり，有体物を対象とする権利ではない。わが国の TRIPS 協定の公定訳では，"intellectual property" を「知的所有権」としているが，「所有権」という用語は，無形の情報やアイディア，イメージなどに対する権利という性質を適切に表すものではなく，誤解を招きやすいという理由で，協定の引用や国際機関の固有名詞として用いる場合を除いて，一般的には「知的財産権」が広く用いられている。

　知的財産権の国際的保護は，比較的古くから行われ，1883 年の工業所有権の保護に関するパリ条約，1886 年の著作権の保護に関するベルヌ条約に始まる。両条約は，数次にわたる改正を経て現在も効力を有しており，1893 年に設立された合同事務局が改組されて 1967 年に発足した世界知的所有権機関（WIPO）が両条約の運営と国内法の調和の促進，そして途上国に対する国内法整備の支援などを担っている。しかし，これらの条約は，各国法制度の独立性を前提として，内国民待遇原則や保護のための手続などの大枠を規定するものであった。そのため権利保護それ自体は必ずしも十分なものではなく，条約規定を遵守させるための手続も不十分であった。WIPO における国内法の調和も，一定の前進はあったものの，先進国と途上国の間の対立もあって，満足できるものではなかった。

(b) **TRIPS 協定成立にいたる経緯**

ガットにおける知的財産権保護の議論は，東京ラウンドの終盤に特許や商標を侵害する不正商品問題に対応するため，米国および EU を中心に始められた。東京ラウンドでは合意に至らず，その後，米国および EU による他の先進国への働きかけや途上国に対する説得などの結果，ウルグアイ・ラウンド交渉の議題として取り上げられ，TRIPS 協定の成立につながった。

途上国は，当初，知的財産権保護の問題をウルグアイ・ラウンドの議題とすることに強く反対していた。途上国は，知的財産権保護の強化が自国企業による技術の利用を制限することにつながり，経済発展を阻害すると考えていた。これに対して，先進国は，知的財産権保護の不十分さが技術の秘匿につながり，技術移転を妨げているとして，知的財産権の効果的な行使を可能にすること，紛争処理メカニズムを確立することが途上国への技術移転を促進することを強調した。このような議論を通して，当初，不正商品の輸入規制が中心的な関心であったものが，途上国における保護の強化を中心とした知的財産権一般の問題へ拡大されることとなったのである。

結局，米国や EU を中心とした先進国の説得が功を奏し，知的財産権の問題はウルグアイ・ラウンドで議論され，TRIPS 協定が成立した。この過程で，米国は，知的財産権の保護が不十分な国に対して是正を求める，いわゆるスペシャル 301 条（1974 年通商法 182 条）を用いてインドなどに圧力をかけた。こうしたことも交渉開始・合意の成立につながったといわれている。さらにここで注意しておくべきことは，途上国が最終的に TRIPS 協定に合意したのは，農業や繊維の分野で先進国に対する市場アクセスの拡大が認められたからであったという点である。農産物や繊維製品は，途上国の主要な輸出産品であるが，ガット時代は，恒常的に保護主義的措置がとられ，GATT の規律が及ばない分野であった。それがウルグアイ・ラウンドの結果，農業協定および繊維協定が成立し，GATT の規律の下に戻されることとなったのである。

このような合意の成立は，多数の分野の交渉を並行して行うラウンド交渉の有効性を示すものであるが，同時に，産業構造の変化にともなう国際分業体制の確立に向けた先進国による政治判断の結果でもある。多くの先進国に

おいて農業や繊維産業は，その強い政治力によって，手厚い保護が与えられてきた。TRIPS 協定の成立は，先進国がそれら国内産業に対する手厚い保護を断念することと引換えに得られたものであるといえる。

ウルグアイ・ラウンド交渉においては，主に医薬品や植物などの特許権（物質特許），特許の強制実施，並行輸入規制などが先進国と途上国の間で争点となったが，先進国間でも米国の先発明主義や知的財産権侵害商品の輸入規制手続などが議論の対象となった。米国の先発明主義については，外国の発明については出願時までしか遡らないという差別的な制度であったため，日本や EU が修正を要求していた。TRIPS 協定で統一を図るべく交渉が行われたが，合意が成立せず，米国は，内国民待遇原則に従って外国の発明についても発明時に遡るという特許法の修正を行った。米国の知的財産権侵害商品の輸入手続は，関税法 337 条に関するもので，侵害されたと主張する米国企業に米国国際貿易委員会（ITC）への申立てを認め，原則として 1 年以内に輸入制限ならびに販売禁止の可否を決定するものと規定されていた。この手続は，裁判手続よりも便宜であり，外国企業には利用できないものであったため，ガット時代に GATT 3 条違反とする小委員会報告（L／6439, *BISD 36S*／345）が出されている。この件について米国は，ウルグアイ・ラウンド協定法によって制度の改正を行っている。このような問題については，権利保護手続を規定する TRIPS 協定 41 条が適用されるものと理解されている。先進国と途上国あるいは先進国間の対立した問題のすべてについて，ウルグアイ・ラウンド交渉で合意が成立したわけではなく，一部に TRIPS 協定の運用に問題を残す結果ともなっている。

⑵ TRIPS 協定の基本原則と概要

TRIPS 協定は，この問題の議論が始まった頃に問題とされた不正商品の輸入規制だけでなく，知的財産権保護全般について規定している。この協定で重要な点は，一般原則を規定するとともに，保護の最低水準を規定したこと，知的財産権行使のための手続や権利者の救済手続を規定したこと，WTO 紛争解決手続に基づいて紛争を処理すべきことを規定した点である。

(a) TRIPS 協定の一般原則

TRIPS 協定は，GATT や GATS と同様に内国民待遇（3 条）および最恵

国待遇（4条）を規定している。これらの規定は，実質的な保護の水準についてのみならず，権利取得やその範囲，さらには権利行使のための手続を含めて協定全般についても適用される。従来，知的財産権保護の分野で自国民よりも外国人を優遇することはなく，内国民待遇を規定すれば問題は生じないと考えられていたために，パリ条約やベルヌ条約の下では最恵国待遇は規定されなかった。しかし，ウルグアイ・ラウンドの最中に，韓国が米国民に対して自国民よりも有利な待遇を与える知的財産権に関する米韓の合意があったことをきっかけに，最恵国待遇の規定の必要性が認識され，4条が規定されることになった。

　TRIPS協定における内国民待遇および最恵国待遇は，途上国に対する経過期間の延長がなく，1996年から全加盟国一律に適用されている。知的財産権の保護は，国内法制度の整備を必要とし，基本的には国内措置で対応すべきもので，国内サービス市場への参入障壁である国内規制の緩和を進めようとするGATSと類似した状況の下にある。しかし，内国民待遇について条件や制限を付すことを認めているGATSと異なって，TRIPS協定は，原則としてすべての加盟国に対して一律に適用し，例外を限定している点にその特徴がある。

　ここで認められる内国民待遇に対する例外は，パリ条約，ベルヌ条約など既存の多数国間条約で認められたもので，基本的には相互主義に基づく内国民待遇の制限である。こうした内国民待遇は，鏡像（ミラー・イメージ）内国民待遇とも呼ばれ，加盟国間で異なった待遇を認めることになる。これは，WIPOの下での知的財産権制度の国際的調和が，締約国の自主的な意思に基づいて進められてきたため，相手国における高度な保護水準を享受するためには，自国の保護水準を同等なものに高めなければならないという状況を利用する必要があったからである。つまり，差別的な待遇を回避したければ自らも同等の義務を負わなければならない，言い換えると義務を負わない「ただ乗り」を認めないということである。

　GATTは，自由化交渉においては相互主義に基づくが，その上で追加的な自由化を促すという意味での相互主義を排除している。東京ラウンド協定の扱いが問題となったように，GATTは「ただ乗り」を認めるのである

(→第5章1参照)。もっとも，TRIPS協定で追加された保護水準については，相互主義に基づく内国民待遇および最恵国待遇の例外は認められず，WIPOの下での条約運用を尊重した限定的なものといえる。

(b) 保護の最低水準

TRIPS協定は，2条1項および9条1項で，WTO加盟国が工業所有権に関するパリ条約と著作権に関するベルヌ条約を遵守すべきことを規定している。その結果，WTO加盟国は，両条約の締約国でなくとも両条約に規定された保護を他の加盟国の国民に与えなければならない。そして，TRIPS協定は，第2部において個別の知的財産権について権利の内容および保護の水準を規定し，個別の権利ごとに従来両条約に規定されていなかったり，不十分であったりした点を補充するための追加的義務を規定している。こうしてパリ条約，ベルヌ条約ならびにTRIPS協定第2部に規定される権利保護の水準が，TRIPS協定によって加盟国に義務づけられることとなった。

TRIPS協定上の義務は，原則としてすべての加盟国に等しく適用され，協定上，経過期間を除くと途上国などに対する特別措置は規定されていない。経過期間は65条に規定され，先進国は1年間の経過期間が，途上国はさらに4年間の延長（3条〜5条は延長なし，医薬品等の物質特許はさらに5年の延長），市場経済移行国は一定の条件の下に4年間の延長（3条〜5条は延長なし），後発開発途上国は10年間の延長（3条〜5条は延長なし）がそれぞれ認められた。後発開発途上国の経過期間は，2005年11月のTRPS理事会の決定により2013年7月まで，さらに2013年6月の同理事会の決定により，2021年7月まで延長された。加えて70条9項（医薬品の排他的販売権）の適用について，後発開発途上国は医薬品の排他的販売権付与義務が2033年1月まで免除されることが決定している。

以上のように加盟国が遵守すべき一定の保護水準を規定した上で，さらにTRIPS協定1条は，各加盟国が国内立法でより高度な保護を与えることを認めている。このことは，協定に規定された保護水準が最低の水準であることを示している。しかし，知的財産権は独占的排他的権利であるため，その保護の強化は必然的に経済活動の自由を制限し，その結果自由な貿易を制限することにつながる。必要以上に過度な保護を与えることは，WTO協定の

基本である貿易の自由化と矛盾するものである。

　TRIPS協定は，その前文で「知的所有権の行使のための措置及び手続自体が正当な貿易の障害とならないことを確保する必要性」に言及し，41条1項で行政手続が「正当な貿易の新たな障害となることを回避し，かつ，濫用に対する保障措置を提供」すべきことを規定している。したがって，知的財産権の保護は，貿易自由化・取引の自由とのバランスを考慮して進めることが必要であり，どの程度の保護が過度な保護となるのかについて一定の基準が示される必要性があろう。しかし，TRIPS協定は，競争制限的行為の規制（40条），特許権の強制実施（31条）を規定し，知的財産権の制限について規定しているが，それらは許容規定であって，過度な保護を規制する義務を課するものではない。権利保護の期間や並行輸入の可否などは，知的財産権保護の目的に則して貿易自由化とのバランスを考慮することが問題となるが，これらの点について過度な保護を抑制するための規定を有していない（6条参照）。

　Column 権利消尽——並行輸入の問題

　　知的財産権の消尽（または用尽）理論は，商品の販売によって付随する知的財産権が使い尽くされ消滅したとして，権利者の許諾なしに商品の転売を認める。権利の消尽は，国内では一般に認められているが，国境を越えた国際的消尽が認められるか否かは議論が分かれ，ウルグアイ・ラウンドでは合意が成立しなかった。TRIPS協定6条は，内国民待遇および最恵国待遇を除いて，TRIPS協定が知的財産権の消尽に関する問題を取り扱わないことを明記している。

　　輸入国の法制度の下で国際的消尽が認められていれば問題はないが，そうでない場合には，輸入国において権利者の許諾がない並行輸入が規制されることになる。問題は，並行輸入の規制がWTO協定の下で加盟国の裁量に委ねられたと認められるか否かである。

　　輸入規制の問題である以上，TRIPS協定で消尽の問題を扱うことができないのであればGATT 1994が適用されると解釈すると，並行輸入の規制はGATT 11条違反となる。しかし，TRIPS協定1条は，加盟国が協定が規定するよりも広範な保護を与えることを認めている。国際的消尽を認めず，並行輸入を規制することは，知的財産権の保護をより重視する立場であり，本条によって認められていると考えられる。また，内国民待遇義務および最恵国待遇義務は，消

尽の問題にも適用されるため，6条は，この問題について加盟国の制度が異なることを想定していると考えられる。さらに，従来，国際的消尽の問題は各国の法制度に委ねられ，取扱いはまちまちであった。したがって，加盟国間で合意が成立していない以上，消尽の問題は，各国の裁量に委ねられるという解釈が妥当であろう。

(c) 保護の範囲

　TRIPS協定で保護される知的財産権は，大きく2つの種類に分類できる。第1は，著作権およびそれに関連する権利であり，文化の発展を目的とする。第2は，工業所有権であり，産業の発展を目的とする。

　(i) 著作権および著作隣接権　著作権とは，書物，絵画，映画など文学的，芸術的作品に認められる権利であり，ベルヌ条約では少なくとも作者の死後50年間保護される。TRIPS協定は，ベルヌ条約の規定を前提としながら，作者の生存期間に基づかない場合の保護期間を規定し，著作物の公表の年の終わりから少なくとも50年間，または著作物の製作の年の終わりから少なくとも50年間保護されるとした（12条）。保護の水準については，ベルヌ条約の遵守を規定し（9条1項），コンピュータ・プログラムは，ベルヌ条約に規定する文学的著作物として保護される（10条1項）。

　協定9条1項の規定によって，ベルヌ条約の実体規定がTRIPS協定に取り込まれたが，「米国―著作権法110条(5)」事件（DS160，ケースブック[112]）において，ベルヌ条約の運用がTRIPS協定においてどのような意味を有するのかが議論された。この事件は，米国の著作権法110条(5)が，一定の演奏を家庭用受信機で流す場合（A号：家庭用免除）と一定の条件を充たす飲食店・小売店（B号：事業者免除）がラジオ・テレビを通じて流す場合，著作権侵害に当たらないものとして例外を認めていた。パネルは，事業者免除につきTRIPS協定違反を認定したが，その際，ベルヌ条約11条の運用によって許容されてきた限定的な例外（minor exceptions）が認められる範囲について，TRIPS協定13条に規定された「通常の利用を防げず，かつ，権利者の正当な利益を不当に害しない」という基準に基づき解釈した。

　著作隣接権は，実演者，録音物製作者，放送機関に認められる権利である

（14条）。この権利の保護については，1961年のローマ条約があり，この条約の規定の範囲内で，内国民待遇と最恵国待遇の例外（3条1項，4条(b)）およびTRIPS協定14条で規定された著作隣接権に対する条件や制限など（14条6項）が認められる。保護期間は，実演および録音については，それが行われた年の終わりから少なくとも20年間，放送については，放送された年の終わりから少なくとも50年間認められる。

　コンピュータ・プログラムに対して権利を付与することは，文化の発展に資するものというよりも産業の発展に資するものであるように思われ，著作隣接権についても，音楽などの芸術や放送にかかわる産業の保護という側面がある。したがって，知的財産権の区分としての文化の発展や産業の発展という目的は，必ずしも絶対的な基準とはいえない。

　(ⅱ)　工業所有権　　工業所有権は，産業上の標識や創作に対して認められる権利である。文化の発展を目的とする著作権と区別されるが，意匠などの中には，著作権として保護することが可能なものもある。ただし，工業所有権は，登録を要件とするものが多く，その点で区別することも可能である。

　産業上の標識に関する権利は，商品の品質や性能，生産者などを示す識別機能が保護の対象となり，TRIPS協定では，商標権（15条〜21条）および地理的表示（22条〜24条）が規定されている。

　地理的表示は，確立した品質や社会的評価を得た原産地表示を保護の対象とするものである（22条1項）。たとえば，シャンパンやスコッチ，カマンベールやパルマなどといった，その地名をあげれば，だれもが特定の商品を連想するような地名に保護を与えようとするものである。パリ条約では，虚偽の原産地表示をした商品の輸入時の差押えを規定しているだけであったが（パリ条約10条2項），TRIPS協定は，原産地について公衆を誤認させるような表示，あるいは虚偽の原産地表示を防止するための法的手段の確保を加盟国に義務づけている（22条2項）。また，ぶどう酒および蒸留酒については，誤認のおそれがない場合であってもその表示の使用を防止するという追加的な保護が与えられる（23条）。したがって，かつては原産地にかかわらず，一般名詞として発泡性ワインをシャンパン，ウイスキーをスコッチと表示することもあったが，現在では，その地方の原産のもの以外にはこの表示

を使用できない。

地理的表示については，各国で登録制度が設けられたが，EUの登録制度についてパネル判断が出されている（DS174, 290，ケースブック[113]）。問題とされたのは，域外の地理的表示について，域内とは異なる要件および手続を定めていた点である。特に，域内の地理的表示に対して同等の保護を与えない国の地理的表示の登録を認めない点（相互主義の採用）と手続において域外国政府の関与を必要とする点が問題とされ，ともに3条1項（内国民待遇）違反が認定された。

産業上の創作に関する権利は，新たに開発した技術，デザインなどが保護の対象となり，TRIPS協定では，意匠権（25条，26条），特許権（27条～34条），集積回路の回路配置（35条～38条）が規定されている。

中でも特許権は，発明や技術革新によって開発された技術を対象とするものであり，研究開発に莫大な投資を行う企業にとって特に重要な権利である。それだけに交渉においては先進国と途上国が対立し，特に，医薬品等に対する物質特許および特許の強制実施権の問題は，議論が分かれた。

医薬品等の特許は，通常の技術とは異なり，物質そのものが特許として認められるが，加盟国，特に途上国の中には，医薬品の価格を抑えるために物質特許を認めない国もあった。TRIPS協定27条1項は，「物であるか方法であるかを問わない」と規定し，物質特許を保護すべきことを明記した。その結果，物質特許を認めていなかった加盟国（主に途上国）が経過期間中にとるべき措置を70条8項，9項で規定した。

医薬品等の物質特許を認めていなかった加盟国は，経過期間中に法整備をすることになるが，70条8項は，メールボックスと呼ばれる制度を規定するもので，加盟国は，経過期間中であっても，協定発効の日から医薬品等の特許について仮出願ができるよう措置をとらなければならない（同(a)）。この規定に基づく出願がなされた場合，その出願日（または優先日）に本協定の特許の対象に関する基準を適用したものとして取り扱う（同(b)）。当該出願について特許が付与された場合，特許付与の日以降，当該出願日から20年以上の期間，保護される（同(c)）。

また，70条9項は，8項に基づいて特許出願された医薬品等の排他的販売

権を規定している。医薬品等の物質が同条8項(a)に基づいて出願された場合，当該加盟国で販売の承認を得た日から5年間または当該日から特許が与えられもしくは拒絶されるまでの間のいずれか短い期間，排他的販売権が認められる。この規定が適用されるのは，WTO協定発効後に，当該出願の対象物が他の加盟国で特許出願され，特許が与えられ，および販売が承認されている場合に限る（インド医薬品特許事件（DS 50, 79）参照）。

TRIPS協定31条に規定する強制実施権は，権利者以外の者が，権利者の許諾を得ずに知的財産権，特に特許権を実施できる権利であり，わが国においても，裁定実施権として権利者の不実施や公益，利用発明などに基づき認められている。強制実施権を広く認めれば特許権者の権利の制限につながり，限定的にのみ認めるならば，新しい技術の一般の利用がより限定される。

ウルグアイ・ラウンド交渉において，先進国は，限定的な立場をとり，協定で強制実施が認められる場合を限定列挙し，それ以外の場合に認めるべきではないと主張した。途上国は，強制実施の条件を規定し，条件を充たす場合にはいかなる理由に基づくものであっても強制実施を認めるべきであると主張した。TRIPS協定31条は，強制実施が認められる場合について(a)から(l)までの12項目の条件を列挙し，途上国の立場を採用した。

しかし，強制実施を認める場合の実体的基準については，具体的に規定されていない。たとえばわが国の特許法は，不実施の場合の許諾につき3年以上適当な実施がなされないことを条件としている（特許法83条）が，TRIPS協定はそのような期間を規定していない。またTRIPS協定31条(b)に規定される「緊急事態」や「公的な非商業的使用」の意味も明確ではない。したがって，実際の適用においては，加盟国の国内制度に委ねられることが多く，その意味でも，途上国の主張に沿った規定となっているといえよう。

TRIPS協定は，以上の他に公正な競争を確保するため，秘密情報の保護（39条）ならびに知的財産権の実施許諾等における反競争的な行為の規制（40条）も規定している。39条は，自然人もしくは法人の管理する情報と政府に提出された医薬品等の試験データなどの保護を規定する。40条は，知的財産権が排他的独占的権利であることから，実施許諾契約などにおける当事者の力関係の結果生じうる反競争的行為の加盟国による規制を認めるもの

である。同条は，反競争的行為として，排他的グラント・バック，有効性の不争条件，強制的な一括実施許諾を例示している。ただし，反競争的行為の規制が義務的とされていないことは，前述の通りである。

(d) 権利行使手続

TRIPS協定は，第3部で知的財産権行使のための手続や権利が侵害された場合の救済手続を規定している。まず，41条で手続一般にかかわる加盟国の義務を規定し，正当な貿易の障害となることや濫用を回避すること（1項），手続が公正かつ公平であるべきこと，不必要に複雑または費用を要するものでないこと，あるいは不合理な期限を付さずまたは不当な遅延をともなわないこと（2項），書面による決定や意見を述べる機会の確保（3項），決定に対する司法審査の機会の確保（4項）などを規定した。さらに，民事上行政上の手続および救済措置（42条〜49条），知的財産権侵害を防止するための暫定措置（50条），不正商品の貿易を規制するための国境措置（51条〜60条），そして刑事手続（61条）について規定している。

この権利行使に関する手続の規定は，TRIPS協定が規定した権利保護の水準を確保するための方法をある程度具体的な形で加盟国を義務づけるものである。保護の水準について実体的に規定しても，その実施の方法を広い範囲で加盟国に委ねるならば，手続が国際的に不統一なものとなるおそれがあり，また，結果として権利が保護されるとしても，複雑で不合理な手続などによって権利者に過大な負担をかけることにもなる。手続のあるべき姿をある程度規定することによって，統一的な知的財産権保護手続の形成が期待でき，統一的な手続の存在は，権利侵害などに対して迅速な対応が可能となり，権利者の立場を安定的なものとすることが期待できる。

(e) WTO紛争解決手続の適用

TRIPS協定成立の効果として最も重要なのが，WTO紛争解決手続の適用であろう。上述のように，WIPOの下での知的財産権の国際的保護が不十分であったのは，締約国の条約違反に対して有効な措置がとれなかったことによる。先進国が知的財産権の保護をガットの枠組みで議論することに積極的であったのは，貿易上の報復措置を背景に，途上国などにおける知的財産権保護の確立を図ることが可能になると期待したからである。

WTO 紛争解決了解（DSU）は，22 条で違反が認定された加盟国がその措置を協定に適合させない場合に，譲許その他の義務の停止，すなわち報復措置を認めている。そして同条 3 項は，違反が認定された同一分野または同一協定のその他の分野を対象とする報復措置が不可能または効果的でない場合に，その他の協定に関して報復措置をとることを認めている（クロス・リタリエーション）。たとえば，途上国の措置が TRIPS 協定違反と認定され，当該国が是正措置をとらなかった場合，TRIPS 協定に関して報復措置をとることは事実上不可能であるため，当該国の主要輸出産品に対する輸入制限措置を発動することが可能となる。こうして，WTO 紛争解決手続の適用は，パリ条約およびベルヌ条約に加えて TRIPS 協定で規定された保護水準の確保をより確実なものにしたといえよう。

③　TRIPS 協定と公衆衛生――医薬品へのアクセス

　上述のように，途上国は，当初，ウルグアイ・ラウンドにおいて知的財産権を交渉議題とすることに強く反対した。その理由の 1 つとして，アルゼンチンやブラジル，インドといった有力国を含めて，途上国の中には，医薬品等を安価に供給するために，物質特許を認めていなかった国があったことがあげられる。交渉の結果，TRIPS 協定は，物質特許も保護すべきことを規定し，経過期間の当初から仮出願と排他的販売権が認められることとなった。医薬品等の物質特許に関しては，経過期間がさらに 5 年延長されたが，その期間が過ぎた現在では，医薬品の特許権を認め，保護しなければならない。

　このような取扱いは，当然，途上国の医薬品価格を上昇させ，国民の医薬品へのアクセスを制限することになる。このことは，TRIPS 協定成立当初から予期されていたことではあるが，アフリカ諸国における HIV 感染者の拡大にともなって，対応が議論されるようになった。

　2001 年 11 月のドーハ閣僚会議において，「TRIPS 協定と公衆衛生に関する宣言」が採択された。この宣言は，HIV や結核，マラリアなどの感染症治療薬に対するアクセスを確保し，知的財産権と公衆衛生の調和を図ることを目的としている。同宣言は，TRIPS 理事会に，国内で十分な医薬品製造能力のない加盟国のための措置を 2002 年末までに提案することを指示した（6 項）。

その後，医薬品製造能力のない加盟国のための措置について議論され，2003年8月に合意が成立した。2003年8月31日に一般理事会で採択された決定は，強制実施によって製造した医薬品を製造能力のない加盟国に輸出することを認めた。強制実施によって製造した特許製品は，本来，強制実施を認めた加盟国の国内市場への供給に限定されている（TRIPS協定31条(f)）が，この決定によって創設されたシステムを用いる場合，31条(f)の義務は，免除される（決定2項）。

　このシステムによって医薬品を製造・輸出する場合，輸出国は，TRIPS理事会に当該医薬品の名称と製造する量，輸入国に製造能力がないこと，ならびに強制実施が認められたことを確認した旨を通報しなければならない（決定2項(a)）。また，製造量は，輸入国の必要量に限られ，すべて当該輸入国に向けて輸出されなければならず，このシステムの下で製造されたことが特定できるよう特別なパッケージや色を用いなければならない。製造者は，輸出前に出荷量と通常の製品と区別するための特徴（パッケージや色）についてウェブサイトで公表しなければならない（決定2項(b)）。その他，輸入国は，このシステムで製造・輸出された医薬品が再輸出されないよう合理的な措置をとることが求められる（決定4項）。この決定は，TRIPS協定の改正まで効力を有することとされ，TRIPS理事会が改正作業を開始すべきことを規定した（決定11項）。この規定を受けて交渉が行われ，2005年12月，一般理事会において決定の内容を「31条の2」として追加するTRIPS協定改正議定書が採択された。

　この改正議定書は，当初は2007年12月1日までに加盟国が受諾することにより発効するとされたが，その期限は延長され，2017年1月23日に3分の2の加盟国にあたる110ヵ国が受諾し，発効した。

　上述のように，物質特許を導入したことによって，途上国における医薬品の価格高騰は，予期されたものであった。したがって，このような状況は，TRIPS協定8条に規定する公衆の健康保護のための措置の実施や公益に基づく強制実施を含めた各国政府による対応あるいはWHOなどを通じた国際的な援助によって対応されるべきものと考えられていた。医薬品メーカーも途上国向けの価格については，ある程度考慮し，低い価格を設定していた。

特許権を制限して途上国により安価な治療薬を供給すべきであるとの主張が出された当初，欧米の医薬品メーカーは，特許権の保護を主張して消極的な姿勢をとっており，それ以上の対応は，必要ないと考えていたようである。WTO事務局の解説でも，医薬品の価格高騰の問題は協定8条の原則と強制実施権の運用によって対応すべきものとされている。

この問題は，特にHIV感染症の治療薬が開発されたことを契機として関心を集めたが，多数の感染者を抱えた途上加盟国は，財政上・技術上の理由で十分な対応ができず，また国際的な援助も不十分であった。そうした中で，欧米の医薬品メーカーの姿勢は世界的な非難を浴び，その後，HIV治療薬の安価もしくは無償の提供を申し出るなど，この問題への対応を変えている。他方で，並行輸入に関する議論において，欧米の医薬品メーカーは，一貫して厳しい規制を要求している。それは，途上国に対して安価で提供した医薬品が，高価格国に流入することを懸念したからである。しかし，そうした低い価格設定や無償提供も途上国においては，「焼け石に水」といった状態であったため，医薬品メーカーに対する非難が広がったのである。

こうした動きの背景で，アフリカ諸国を中心として医療援助活動をしているNGOが，広報活動を通じて世論を喚起し，加盟国政府の理解を広げるなど，重要な役割を果たした。こうした状況を踏まえて，TRIPS協定と公衆衛生に関するドーハ閣僚宣言が採択され，HIVやマラリア，結核などの感染症治療のための医薬品へのアクセスに配慮すべきことが規定された。現代の国際社会においてNGOの重要性は十分に認識され，国連経済社会理事会においてもオブザーバー資格を認められている。すでに人権分野においては，国際的なルールの形成・維持・発展に大きな役割を果たしているが，経済分野においてこれほどはっきりした形でルールの変更に役割を果たしたのは，これまで例のないことであろう。

(4) 地域貿易協定の知的財産条項

TRIPS協定による知的財産権の国際的保護の強化や同協定の対象となっていない分野についての新たな義務の追加を望む米国をはじめとする先進国は，地域貿易協定にいわゆるTRIPSプラスといわれる知的財産条項を導入している。TRIPS協定による現状の国際的知的財産保護にすら不満のある

開発途上国であっても，先進国との地域貿易協定の締結から得ることができる利益を考慮しTRIPSプラスを受け入れざるを得ないことになる。

　日本がこれまでに締結したほとんどすべての地域貿易協定にも知的財産章が存在し，知的財産の保護の強化や関係手続の簡素化などが図られている。2015年11月に案文が公表された環太平洋パートナーシップ協定（TPP 12）は高度の知的財産保護に関する規定が存在したが，この協定に変わって2018年12月に発効した「包括的及び先進的環太平洋パートナーシップ協定」（TPP 11，CPTPP）においては一般医薬品データや著作権等の保護期間の延長などの知的財産保護に関するいくつかの重要な規定が凍結されることとなった。2019年2月に発効した日EU経済連携協定にも知的財産章が含まれており，TRIPS協定よりも高度な規律が規定されている。

【参考文献】
サービス貿易
外務省経済局サービス貿易室編『WTOサービス貿易一般協定——最近の動きと解説』（日本国際問題研究所，1997年）
Panagiotis Delimatsis, INTERNATIONAL TRADE IN SERVICES AND DOMESTIC REGULATIONS: NECESSITY, TRANSPARENCY, AND REGULATORY DIVERSITY, Oxford University Press, 2007.
Juan A. Marchetti & Martin Roy eds., OPENING MARKETS FOR TRADE IN SERVICES: COUNTRIES AND SECTORS IN BILATERAL AND WTO NEGOTIATIONS, Cambridge University Press, 2008.
Nellie Munin, LEGAL GUIDE TO GATS, Kluwer Law International, 2010.
Marion Panizzon, Nicole Pohl and Pierre Sauvé eds., GATS AND THE REGULATION OF INTERNATIONAL TRADE IN SERVICES, Cambridge University Press, 2008.
Sebastián Sáez ed., TRADE IN SERVICES NEGOTIATIONS: A GUIDE FOR DEVELOPING COUNTRIES, World Bank, 2010.
Pierre Sauvé & Martin Roy eds., RESEARCH HANDBOOK ON TRADE IN SERVICES, Edward Elgar, 2016.
WTO Secretariat, A HANDBOOK ON THE GATS AGREEMENT, Cambridge University Press, 2005.
TRIPS協定
相澤英孝「コンピュータ・ソフトウェアとWTO／TRIPs協定第27条」日本国際経済

法学会年報 11 号（2002 年）
小原喜雄「TRIPS 協定における医薬品特許と強制実施——特にエイズ治療薬を中心に」日本国際経済法学会年報 11 号（2002 年）
小泉直樹「並行輸入の国際経済法的規制——国際工業所有権法・著作権法の視点から」日本国際経済法学会年報 6 号（1997 年）
田村善之「並行輸入と特許権——BBS 事件最高裁判決の意義とその検討」NBL 627 号（1997 年）
出口耕自「競争法・知的財産法」国際法学会編『日本と国際法の 100 年 第 7 巻 国際取引』（三省堂，2001 年）
中山信弘「特許製品の並行輸入問題における基本的視座」ジュリスト 1094 号（1996 年）
稗貫俊文「並行輸入の国際経済法的規制——国際競争法の観点から」日本国際経済法学会年報 6 号（1997 年）
本間忠良「TRIPS 協定がめざす 21 世紀世界像」日本国際経済法学会年報 5 号（1997 年）
間宮勇「知的財産権の保護と WTO 体制の変容」小寺彰編著『転換期の WTO』（東洋経済新報社，2003 年）
紋谷暢男 = 江口純一「GATT ウルグァイ・ラウンドと発展途上国——TRIPS 協定を中心として」『環境と貿易』国際経済法 3 号（1994 年）
紋谷暢男「WTO・TRIPs 協定とその国内的実施の批判的検討」日本国際経済法学会年報 5 号（1997 年）
「〈WTO・TRIPS 協定シンポジウム記録〉WTO の貿易関連知的所有権（TRIPS）協定の諸問題（1）・（2）」貿易と関税 2001 年 10 月号，11 月号
鈴木將文「地域貿易協定（RTAs）における知的財産条項の評価と展望」経済産業研究所（2008 年）[https://www.rieti.go.jp/jp/publications/dp/08j005.pdf]
山根裕子『知的財産権のグローバル化』（岩波書店，2008 年）
Frederick M. Abbott, First Report (Final) to the Committee on International Trade Law of the International Law Association on the Subject of Parallel Importation, JIEL 1-4 (1998)
Frederick M. Abbott, The Enduring Enigma of TRIPS: A Challenge for the World Economic System, JIEL 1-4 (1998)
Marco C. E. J. Bronkers, The Exhaustion of Patent Rights under WTO Law, JWT 32-5 (1998)
Marco C. E. J. Bronkers, More Power to the WTO?, JIEL 4-1 (2001)
S. Templeman, Intellectual Property, JIEL 1-4 (1998)
Jayashree Watal, INTELLECTUAL PROPERTY RIHTS IN THE WTO AND DEVELOPING COUNTRIES, Kluwer, 2001.

第9章 WTO体制における政府調達

> *Summary*
>
> 　本章は，WTO体制における政府調達に関する国際規律を扱う。ガットの下で複数国間協定として締結された政府調達協定（政府調達コード）を引き継いだWTO政府調達協定（政府調達に関する協定）は，物品およびサービスの政府調達において内外無差別原則を導入し，物品やサービスおよびそれらの供給者に公平な調達機会へのアクセスを保障するため，入札手続などの透明性を確保する詳細な規律を設けている。協定の適用を受ける調達機関は，中央政府機関だけでなく，地方政府機関や国営企業などにも拡大された。2001年に開始されたドーハ・ラウンドでは，政府調達の透明性が交渉アジェンダに追加され，政府調達の透明性向上の見地からWTO政府調達協定の規律を強化するとともに，協定の適用を受ける調達機関の拡大と調達額の引下げを通じた政府調達市場のさらなる開放と協定締約国の増大を目指して交渉が行われた。その結果，2011年12月に交渉が妥結し，改正されたWTO政府調達協定は，2014年4月6日に発効した。
>
> *Key Words*
>
> 政府調達　　国産品優先調達立法　　政府調達に関する協定　　複数国間貿易協定
> 透明性　　公開入札　　選択入札　　限定入札　　苦情申立手続

1　政府調達の意義

　各国の政府機関は，公共財や公共サービス——たとえば，教育，防衛，鉄道・バス・ガス・電気・水道事業などの公益事業，道路・橋などのインフラストラクチャーの建設を含む——を生産し，または提供するため，日常的に自ら物品やサービスを購入したり，リースしたりする。一国の政府機関によるこのような活動を政府調達という。

　各国の政府機関が政府調達にあたり外国供給者や外国産品よりも国内供給者や国産品を優遇する政策を採用するのは，国内産業の保護育成や安全保障

を理由として最近まで政治的には当然のこととされ，政府調達市場は国内経済の中でもっとも保護された市場であった。GATT 1947 が非商業的な政府調達や国内産品購入の方法による補助金を明示的に内国民待遇原則の例外とし，外国産品を差別する締約国の権利を認めた（3条8項(a)および(b)）のは，このことの反映であった。1994 年にウルグアイ・ラウンドで合意された GATS も，その主要な無差別原則の適用からサービスの非商業的政府調達を除外している（GATS 13 条 1 項）。

自国の政府調達の機会に外国供給者が参加するのを妨げるために各国政府が設けた障壁は多様であった。米国のバイ・アメリカン法（Buy American Act）のような露骨な国産品優先調達立法や事実上差別的な調達手続によって，外国供給者はしばしば一国の政府調達市場から事実上排除されてきた。後者の例としては，たとえば，外国供給者にとって取得が困難な資格要件，国内供給者を優遇する効果を持つデザインや仕様の利用，調達機会についての十分な公示や外国供給者が調達計画の招請に応じるための十分な期間を定めない規則，および違法な調達手続に対する異議申立手続の欠如などがあった。

しかしながら，政府調達において国内供給者や国産品を優遇する政策は，より自由な開かれた国際貿易を阻害するだけではなく，国内企業と外国企業との間の競争を阻害し，調達コストを上昇させるとともに，国内産業の合理化や技術革新へ誘引を減退させることによって資源配分の効率性を低下させ，一国の経済に悪影響を与える可能性がある。

2 国際的規律の強化と拡大

GATT 1947 が採択された当時は，1930 年代以来の各国の高関税がいまだ主要な貿易障壁とみなされていた。しかし，その後，数次の大規模な関税引下げ交渉を経て，1970 年代には次第に関税以外の貿易障壁——非関税障壁——がクローズアップされてきた。政府調達の分野でも，各国政府機能の拡大と多様化に伴い政府調達市場の規模が拡大し，従来の差別的な調達慣行が非関税障壁として国際貿易に及ぼす影響も無視し得ないものとなってきた。

比較優位にある外国供給者を差別することは，資源の適正配分と効率性を著しく阻害するとともに，国際的摩擦の原因となったからである。このような状況の中で，1973年から始まった東京ラウンドでは多くの非関税障壁が交渉の議題となり，交渉が正式に終了した1979年にはいくつかの非関税障壁協定（コードとも呼ばれる）が成立し，その中には政府調達協定も含まれていた。東京ラウンドで成立した「政府調達に関する協定」（1981年発効，以下，1979年協定と呼ぶ）は，差別的な政府調達慣行にかかわる貿易と競争力の問題を初めて多国間ベースで扱った。その適用範囲は慎ましいものではあったが，各国の政府調達市場に国際的に開放された競争を導入しようとする国際的規律としては最初の試みであった。

しかしながら，1979年協定は，その義務を受諾したGATT 1947の締約国だけを拘束するものとされ，その署名国は米国，当時の欧州共同体（EC）9ヵ国および日本など先進諸国を中心に23ヵ国にとどまった。

1994年4月15日に他のWTO諸協定とともにマラケシュで署名された「政府調達に関する協定」（以下，1994年協定と呼ぶ）は，1979年協定の国際的規律を承継強化し，とくにその適用範囲を物品だけでなくサービスにも拡大した。しかしながら，この協定の交渉は，本来ウルグアイ・ラウンドの交渉アジェンダには含まれておらず，1979年協定の下での政府調達委員会の権限に基づくものであった。このため交渉当事国は1979年協定の締約国に限定されることになり，最終的に協定それ自体もWTO協定のシングル・パッケージに含まれる多角的貿易協定ではなく，受諾が任意とされる複数国間貿易協定とされた。

その後，WTOでは，1996年12月にシンガポールで開催された第1回閣僚会議において，「政府調達の透明性に関する作業部会」を設置することが決定された。同作業部会は，政府調達協定の締約国以外のWTO加盟国の参加も得て，1997年5月以来，WTO加盟国間で政府調達の透明性を確保し，競争環境の改善に資するため，法的枠組みの策定作業を行った。

2001年11月にドーハで開催された第4回WTO閣僚会議では，閣僚宣言において，政府調達の透明性についてのこれまでの検討作業を継続し，多数国間のルールについて交渉を行うことが予定された。そして，2002年2月，

政府調達委員会は，1994年協定に基づく新たな交渉として，同協定の条文の改正，適用範囲の拡大，ならびに差別的措置および慣行の撤廃の3分野を一体として交渉し，2005年1月1日までに終結すること，および第5回閣僚会議までに政府調達協定の改正条文に暫定合意することなどのタイムテーブルおよび作業計画を採択した。

　このタイムテーブルは大幅に遅れることになったが，紆余曲折を経て2011年12月に，第8回閣僚会議開催に先立って開催された締約国会議において，改正交渉は最終的に妥結し，翌2012年3月に1994年協定を改正する議定書が正式に採択された。ドーハ・ラウンドの頓挫という状況の中での唯一明るい成果であった。その後，協定締約国の3分の2の批准を得て同議定書は，2014年4月6日に発効した（以下，この議定書によって改正された1994年協定を現行協定と呼ぶ）。

　なお，改正交渉における議論では，合意されるべき政府調達の透明性に関する協定については，複数国間貿易協定としてではなく多数国間貿易協定とすることについて意見の一致をみていた。このことは，改正協定がWTOの全加盟国を拘束し，政府調達分野の国際的規律がWTO体制の中で重要な一部を構成することを意味していたが，現行協定は従来どおり複数国間協定としての地位を維持するにとどまった。2020年5月現在，締約国・地域はEUと20ヵ国で，WTO加盟国数ではEU加盟の27ヵ国およびイギリスを含めると48ヵ国である。さらに，他のWTO加盟国35ヵ国および4国際組織がオブザーバー参加をし，このうち中国など12ヵ国が加入交渉の途上にある。このため，現行協定を受諾していない1994年協定の締約国（スイス）については，依然として1994年協定が適用され，また，いずれの政府調達協定も受諾していない他の多くの開発途上国については，依然としてGATT 1994の3条8項(a)および(b)ならびにGATS 13条が適用され，自国の政府調達を無差別原則の例外とすることができる状況にある。

3　政府調達協定の特徴

　現行協定は，全文22ヵ条と複数の附属書から構成され，政府調達分野に

おける締約国の国内法令，手続および慣行について締約国間の権利と義務を定める。以下ではその主な特徴をみてみよう。

(1) 適用範囲の拡大

現行協定2条によれば，協定は，附属書Ⅰの締約国の付表に掲げられた物品，サービスまたはこれらの組み合わせの調達で，非商業的目的で行われるものに適用される（2項(a)）。さらに，当該調達は，調達計画の公示を行う時点で，附属書Ⅰの締約国の付表において特定する基準額と同額であるか，またはこれを超えるものでなければならない（2項(c)）。

各締約国は，附属書Ⅰの自国の付表において，この協定の適用を受ける調達機関および調達対象に関する次のような情報を特定するものとされる（2条4項）。(a)付表1においては，中央政府の機関，(b)付表2においては，地方政府の機関，(c)付表3においては，その他のすべての機関，(d)付表4においては，物品，(e)付表5においては，建設サービスを除くサービス，(f)付表6においては，建設サービス，(g)付表7においては，一般的注釈。さらに，ほとんどの締約国の付表には，注釈が付されており，現行協定の適用範囲はこれらにより限定されている。

現行協定の最大の特徴はその適用範囲が大幅に拡大されたことである。1979年協定では，適用範囲は物品調達に限定されていたが，1994年協定では，建設サービスおよびその他のサービスの調達も適用範囲に含められ，さらに，調達機関も中央政府機関だけではなく地方政府の機関およびその他の機関にも拡大された。現行協定は，1994年協定の適用範囲をより一層拡大するものである。

現行協定の下で，付表1の中央政府の機関について，わが国は，衆参両院，最高裁判所，内閣，および各中央省庁など会計法の適用を受けるすべての政府機関を掲げている。物品および建設サービス以外のサービスの基準額については，主要国が13万SDR（SDRはIMFの通貨単位）であるなか，わが国は10万SDR（邦貨換算額1500万円）としている。また，建設サービスの基準額についても，主要国は500万SDRであるが，わが国は450万SDR（邦貨換算額6億8000万円）としており，市場開放に積極的である。

ただし，ほとんどの締約国は，厳格な相互主義を条件とし，特定のサービ

スが適用対象となることについて締約国が相互に承認する場合にのみ，当該サービスが協定の規律に服するとしている。たとえば，米国，EC，およびEFTA諸国は金融サービスを適用対象に含めたが，日本は含めなかった。このため，これらの諸国は日本の金融サービスのプロバイダーに対して金融サービス契約へのアクセスを開放する義務を負わない。さらに，各締約国は，協定が適用される建設サービス以外のサービスを付表5に掲げているが，GATSの下では，内国民待遇は，各国の約束表に掲げられ，かつそこに示された制限に服することを条件として与えられる特定のサービスについての個別的な約束となる。したがって，外国のサービス供給者が政府調達協定の下で提供される調達機会を利用できる可能性は，実際上，GATSの下でいまだ自由化されていないサービスの供給が一般的な市場アクセス制限を受ける限りで，否定されることになる。

1994年協定の下で，締約国はまた，付表2に掲げる地方政府の機関による物品，サービスおよび建設サービスの調達を，さまざまな程度で適用範囲に含めた。このことは政府調達のきわめて大きな部分が国際的規律に服するようになったことを意味する。

わが国は，地方政府の機関として，地方自治法の適用を受けるすべての都道府県および大阪市，名古屋市，京都市などの政令指定都市を掲げていたが，現行協定の下では，さいたま市，浜松市，堺市，岡山市など新たに政令指定都市8市を追加しており，政令指定都市は計20市となっている。

基準額については，日本，EU，韓国が地方政府の機関による物品およびサービスの調達について20万SDR（邦貨換算額3000万円）としているが，たとえば米国とカナダは35万5000SDRとしている。建設サービスの基準額については，ほとんどの締約国が500万SDRとしているが，日本と韓国は1500万SDR（邦貨換算額22億9000万円）としている。

現行協定はさらに，よりいっそうの相互主義と多様な制限の下に，各締約国が付表3に掲げる「その他の機関」による物品，サービスおよび建設サービスの調達にも適用される。各締約国が掲げる「その他の機関」は多様であり，またさまざまな適用条件が付されているため，このカテゴリーの機関は，明確な定義づけがなされていない。このカテゴリーに属する適用対象の範囲

図表 9-1 改正協定における主要国のコミットメントの概要

対象機関

	日本	米国	EU	カナダ	韓国
中央政府機関	すべての中央政府機関（立法・司法機関を含む）	連邦政府機関	EU 理事会・欧州委員会及び EU28 ヵ国の中央政府機関	中央行政機関（一部司法機関を含むが、立法機関は含まない）	ほぼすべての中央行政機関
地方政府機関	47 都道府県及び 20 政令指定都市	37 州	EU 28 ヵ国の地方政府機関（市町村レベルを含む）	10 州及び 3 準州	ソウル特別市等 16 市及び 3 市における区
政府関係機関	特殊法人、独立行政法人等の計約 118 機関	TVA、エネルギー省傘下の機関、セント・ローレンス航路開発公社等の計 10 機関	水道、電気、港湾及び空港、輸送分野の機関	10 の連邦政府関係企業（Crown Corporation）	韓国産業銀行等 25 機関

基準額（特段の記載ある場合を除き、単位＝万 SDR）

		日本	米国	EU	カナダ	韓国
①物品	中央政府機関	10	13	13	13	13
	地方政府機関	20	35.5	20	35.5	20（40）
	政府関係機関	13	25 万 USD＊（40）	40	35.5	40
②サービス（建設・エンジニアリング・サービスを除く）	中央政府機関	10	13	13	13	13
	地方政府機関	20	35.5	20	35.5	20（40）
	政府関係機関	13	25 万 USD＊（40）	40	35.5	40
③建設サービス	中央政府機関	450	500	500	500	500
	地方政府機関	1,500	500	500	500	1,500
	政府関係機関	1,500（450）	500	500	500	1,500
④建設・エンジニアリング・サービス	中央政府機関	45	13	13	13	13
	地方政府機関	150	35.5	20	35.5	20（40）
	政府関係機関	45	25万 USD＊（40）	40	35.5	40

＊米国は、米国ドルをもって基準額を通報している。

なお、1SDR＝約 1.47USD（米国が WTO に通報した 2016-2017 年に適用される換算率により算出）

出典：経済産業省通商政策局編『2018 年版不公正貿易報告書——WTO 協定及び経済連携協定・投資協定から見た主要国の貿易政策』第 14 章 314-315 頁

は，ケースごとに相互主義に基づく二国間交渉によって決定されるため，明確な定義づけを必要としなかった。実際上，このカテゴリーには国家によりなんらかの形で所有され，支配され，または関連づけられた機関が含まれている。

わが国は，首都高速道路株式会社，成田国際空港株式会社，日本電信電話株式会社，および日本郵便株式会社などの日本郵政公社を承継した機関を含むA群と，独立行政法人国立公文書館，国立大学法人などのB群に分けて，併せて118の機関を掲げている。なお，民営化されたJR東日本，JR東海およびJR西日本のいわゆるJR本州3社については，1994年協定のリストからの削除についてEUが異議を撤回したため，2014年10月に現行協定のリストから削除された。

適用対象となる調達の基準額は締約国により幅がある。物品およびサービスについて，米国やEUは40万SDRであるが，わが国は自主的措置として10万SDR（邦貨換算額1500万円）まで引き下げている。また，建設サービスについては，米国やEUは500万SDRであるが，わが国はA群の機関が1500万SDR（邦貨換算額22億9000万円），B群の機関が450万SDR（邦貨換算額6億8000万円）となっている。

以上のように附属書Iの付表において明示的に画定された各締約国の適用範囲は，協定の適用への同意という意味での「譲許」を意味するものであるが，締約国は，二国間交渉を通じて，または一方的に，適用の拡大を申し出る限りで，この「譲許」の範囲を修正することができる（ただし，「譲許」の修正は現行協定19条の手続による）。その結果として，将来的には，次第に後述の最恵国待遇原則の適用が拡大するとともに，相互主義の適用もそれに応じて減少していくことが期待されている。

なお，現行協定2条6項は，調達をこの協定の適用の対象から全面的または部分的に除外する意図の下に，当該調達を分割してはならず，また，調達価額を見積もるための特定の評価の方法を選択し，または使用してはならないと規定する。この規定は，締約国が単一の調達を多数の調達に分割し，または調達価額を操作することにより，各調達が付表に掲げられた基準額を下回るようにし，それによって協定の適用を免れることを防止するためのもの

である。

さらに，3条は，国家安全保障，公衆道徳および公序，人，動物もしくは植物の生命または健康の保護など，一定の非経済的理由による適用例外を設けていることにも注意を要する。

(2) 一般原則としての無差別待遇

1979年協定による国際的規律の目的は，いかなる国産品優遇政策からも開放された平等な商業的条件の下で，政府調達契約を国際競争に開放することであった。そのため，同協定は，締約国の物品およびその供給業者に対するいかなる差別も禁止し，協定に服するすべての調達機関に対し他の締約国の物品およびその供給業者に内国民待遇および最恵国待遇を与えることを要求した。現行の政府調達協定も，1979年協定の基本的規律をそのまま継承し，4条1項において無差別待遇を一般原則として掲げている。それによれば，締約国は，協定の適用を受ける調達について，他の締約国の物品，サービスおよび供給者に対して内国民待遇および最恵国待遇を与えなければならない。とくに注目されるのは，現行協定がより徹底した無差別待遇を要求している点であり，4条2項の下で，締約国は，自国の調達機関が国内に設立された特定の供給者を，当該供給者が有している外国企業等との関係（所有関係を含む）の程度に基づいて国内の他の供給者より不利に取り扱わないこと，および国内に設立された供給者を，供給する産品またはサービスの生産国に基づいて差別しないことを確保しなければならない。

ただし，上述のように，締約国は，附属書や二国間交渉の合意に示された自国の譲許を厳格相互主義に基づかせており，その限りで，無差別原則の適用は制限されることに留意する必要がある。

(3) 調達手続に関する詳細な規則

無差別原則の適用を確保し，かつ外国の物品，サービスおよび供給者に公平な調達機会へのアクセスを保証するため，現行協定は政府調達に関する手続について詳細な規則を設けている。主な規則の概要は次のとおりである。

(a) 調達方法に関する規則

現行協定は次の3種類の調達方法の利用を認めるが，詳細な手続規則（7条〜15条）に従うことを条件としている。

第1に,「公開入札」(わが国では一般競争契約と呼ぶ) は，関心を有するすべての供給者が入札を行うことができる調達方法である (1条(m))。

　第2に,「選択入札」(わが国では指名競争契約と呼ぶ) は，資格を有する供給者のみが調達機関から入札を行うよう招請される調達方法である (1条(q))。最適のかつ効果的な国際競争が行われるようにするため，調達機関はできるかぎり多くの外国供給者を入札に招請しなければならない。供給者の資格の審査手続および条件が他の締約国の供給者を差別することのないようにするため，詳細な規定が9条4項ないし6項に定められている。

　第3に,「限定入札」(わが国では随意契約と呼ぶ) は，調達機関が自己が選択した供給者と個別に折衝する調達方法である (1条(h))。協定はこの手続が利用できる状況を狭く限定しており，それらは，たとえば公開入札もしくは選択入札に応ずる入札がない場合または行われた入札がなれ合いによるものである場合，物品もしくはサービスが特定の供給者によってのみ供給可能である場合，または調達機関が予見することのできない事態によってもたらされたきわめて緊急な理由が存在する場合などである (13条)。

　現行協定は，国内および外国のすべての供給者が入札書を準備し，提出し，かつ受領されるために必要とされる最短の手続期限を定めている (11条3項)。一般に，公開入札の場合は調達計画の公示を行う日から最短でも40日でなければならない (同項(a)) (後述のように，わが国は自主的措置として原則50日)。

　調達機関は，供給者がその有効な入札書を準備し，かつ，提出するために必要なすべての情報を含む入札説明書を入手することができるようにしなければならない。それらの情報には，調達されるべき物品またはサービスの特質および数量ならびに技術仕様または設計図などを含む調達内容，供給者が参加するための条件，落札基準，調達機関が電子的手段により調達を実施する場合には，電子的手段による情報の提出に関する要件，支払条件，および物品の納入またはサービスの提供の期日などが含まれる (10条7項)。

　入札書の取扱い，開札および落札は，調達過程の公平性を確保するための詳細な手続規則に従わなければならない (15条)。

　調達計画の公示および入札説明書の基本的要件に適合し，かつ参加のため

の条件を満たした供給者から提出された入札書だけが落札の対象となりうる（15条4項）。調達機関は，契約の条件を履行することができると認めた供給者であって，公示および入札説明書に定める評価基準のみに照らして最も有利であると決定された入札を行ったもの，または価格が唯一の基準である場合には，最低価格を提示する入札を行ったものを落札者としなければならない（15条5項）。調達機関は，他の入札書に記載された価格よりも異常に低い価格を記載した入札書を受領した場合には，当該入札書を提出した供給者が参加のための条件を満たし，かつ，契約の条件を履行することができることについて，当該供給者に確認を求めることができる（15条6項）。

調達機関はさらに，入札の長所および短所を確認するため，入札を行う供給者と交渉を行うことができる。ただし，調達計画の公示において当該調達機関がその旨の意図を明示した場合，または入札の評価の結果，いずれかの入札が明白に最も有利であると認められない場合に限られる。さらに，調達機関は交渉において異なる供給者間の差別を行わないように一定の条件に服する（12条）。

(b) 電子的手段による調達

現行協定は，その全部または一部が電子的手段により行われるか否かを問わず，対象調達に係る措置について適用される（2条1項）。現行協定は，調達計画の公示における電子的手段の利用を奨励し（7条1項），入札期限に関して電子的手段を活用した場合は，入札期限の短縮を可能としている（11条5項）。また，従来のオークションに加えて，新たに電子オークションの規定を導入した。「電子オークション」とは，供給者が新たな価格または価格以外の入札の要素に係る新たな数値のいずれかまたは双方を提示するための電子的手段の使用を伴う反復的な手続であって，その結果により入札の順位を決定し，または更新するものと定義されている（1条(f)）。電子オークションに伴う情報提供義務が14条に規定されている。

(c) 手続の透明性を確保する規則

関心を表明するすべての供給者に調達機会と当該調達の内容を知らせるため，調達機関は調達計画への参加に対する招請を公示しなければならない。この公示は附属書Ⅲに掲げる適当な紙面または電子的媒体により行われる

(7条1項)。調達機関はまた，各調達計画についてWTOのいずれかの公用語で公示の概要を容易に閲覧することができる方法で公表しなければならない（7条3項）。

調達機関はさらに，落札の決定後，附属書Ⅲに掲げる適当な紙面または電子的媒体により，調達された物品またはサービスについての説明，落札した供給者の名称および住所，落札価額または落札の決定に当たり考慮された最高および最低の入札価額などの情報を開示しなければならない（16条2項）。締約国の供給者から要請があったときには，当該供給者が資格を失った理由および当該供給者が選択されなかった理由，落札者とされなかった供給者に対し，その者の入札を選択しなかった理由および落札した供給者の入札の相対的な利点を速やかに説明し，または情報を提供することも義務付けられている（16条1項）。

締約国は，他の締約国の要請に応じ，調達が公正かつ公平におよびこの協定に従って行われたか否かを判断するために必要な情報を速やかに提供しなければならない（17条1項）。手続の透明性を高めるために，締約国はさらに，毎年この協定の適用を受ける調達に関する統計をとり，協定の機関とされる政府調達委員会（21条）に報告しなければならない（16条4項）。

(d) その他の手続規則

調達機関は，国際貿易に対する不必要な障害をもたらすことを目的として，またはこれをもたらす効果を有するものとして，技術仕様を立案し，制定し，または適用してはならず，また，適合性評価手続を定めてはならない（10条1項）。調達機関はまた，技術仕様については，デザインまたは記述的に示された特性よりも性能および機能的な要件に着目して，また，国際規格が存在するときは当該国際規格，国際規格が存在しないときは国内強制規格，認められた国内任意規格または建築規準に基づいて定めなければならない（10条2項）。

調達の効果を減殺する措置——国内の物品もしくは国内のサービスを組み入れること，技術の使用を許諾すること，投資を行うこと，見返貿易を行うこと，またはこれらと同様の措置をとり，もしくは要求すること等，締約国内の開発を奨励し，または締約国の国際収支を改善する条件または約束（1

条(1))——は協定において明示的に禁止される（4条6項）。もっとも，開発途上国は，他の締約国の同意を得て，経過期間中（5条4項）に，調達の効果を減殺する措置を取ることができる。ただし，調達契約の公示において，当該措置を課することに係る要件または当該措置を課すことが考慮されることが明示される場合に限られる（5条3項(b)）。

(4) **開発途上国のための特別の規則**

現行協定は，開発途上国の協定への加入をよりいっそう促進するため，開発途上国に対する特別の待遇を導入した。5条1項は，締約国が，この協定への加入交渉においてならびにこの協定の実施および運用に当たり，開発途上国および後発開発途上国の開発上，資金上および貿易上のニーズおよび事情について，それらが国ごとに著しく異なることがあることを認識しつつ，特別の考慮を払うものと規定する。そのため，締約国は，要請に応じて，開発途上国および後発開発途上国に特別のかつ異なる待遇を与えるものとされている。開発途上国はまた，加入交渉の際に，協定に基づく特定の義務の適用を遅らせることができる。そのような経過期間は，後発開発途上国については加入後5年間，またそれ以外の開発途上国については，3年間とされている（5条4項）。

(5) **紛争解決手続**

1994年協定によって達成された規律の強化と拡大のうち，最後のかつ重要なものは紛争解決手続にかかわる。1979年協定は，締約国が他の締約国の供給者に対して国内司法手続を通じて調達手続についての苦情を申し立てる権利を認めることを義務づけていなかった。また，締約国間の紛争解決手続としてGATT 1947の23条手続が援用されたが，被申立国は紛争解決小委員会報告の採択や特定の救済の許可をブロックすることが可能であった。1994年協定はこれらの国内的および国際的な紛争解決手続の双方を強化し，現行協定はこの点を承継している。

まず，国際的平面では，紛争解決了解（DSU）に基づきGATT 1947の下での紛争解決手続よりもはるかに強化されたWTOの一般的紛争解決手続が援用される（20条2項）。ただし，協定独自の特別手続として，DSU 22条3項の下で認められるいわゆるクロス・リタリエーションは禁止されている。

すなわち，他のWTO協定の下で生ずるいかなる紛争も，この協定に基づく譲許その他の義務を停止する理由としてはならないし，また，この協定の下で生ずるいかなる紛争も，他のWTO協定に基づく譲許その他の義務を停止する理由としてはならない（20条3項）。

　実効的救済の実現という観点からより注目されるのは，現行協定が締約国に対して国内的平面での紛争解決手続として苦情申立制度の導入を義務づけている点である（18条）。1979年協定の下では，上述のように国際的平面での紛争解決手続としてGATT 1947の紛争解決手続が援用されていたが，それはあくまで国家間の紛争解決手続であり，私的当事者はこの手続からいっさい排除されていた。しかし，このような紛争解決手続は政府調達協定の実施の必要性に応じるには不十分であった。協定違反はほとんどが個別の事例レベルで特定の契約についてかつ特定の供給者について発生するからである。GATT 1947の紛争解決小委員会が設置された時点では，実際上，調達手続はすでに終了し，契約ははるか以前に落札され，かつ履行されており，紛争解決小委員会の決定は私的当事者にとっては無意味なものにすぎなかった。GATT 1947の慣行によれば，原状回復などの遡及的救済が認められないため，紛争解決小委員会は，救済措置として契約の無効化や調達手続のやり直し，または損害を受けた入札者に対する補償でさえ，勧告することはできなかった。

　1979年協定のこのような問題点は「ノルウェー—トロンハイム市」事件（GPR. DS2/R, *BISD 40S*/319）において例証された。本件では，1979年協定の適用対象となる政府機関が単一入札手続を利用し，外国供給者を排除した。同協定の下で設置された紛争解決小委員会は，ノルウェーが協定の義務に従っていないことを認めたが，当該外国供給者にはいかなる現実的な救済も与えることができなかった。紛争解決小委員会は，ノルウェーに対して単に将来にわたって協定が遵守されることを確保するため「必要な措置をとる」ことを命じたにすぎなかった。

　現行の政府調達協定は損害を受けた供給者に私的な申立権を導入することによってこの問題を解決した。現行協定上，締約国は「時宜を得た，効果的な，透明性のある，かつ，無差別な」行政上または司法上の審査のための手

続を設置することを義務づけられている（18条1項）。今やいかなる供給者も，調達機関から独立した公平な行政当局または司法当局において，関心を有し，または有していた調達について協定違反の主張を行うことにより苦情申立てを行うことができる（18条4項）。苦情申立機関が裁判所ではなく独立の審査機関とされる場合には，その審査機関の決定は司法審査に服するまたは協定に列挙される適正手続要件（18条6項）を満たさなければならない。

　苦情申立機関は，協定の違反を是正し，供給者が調達に参加する機会を維持するための迅速な暫定的措置をとる権限を与えられる。協定は，違反を是正する権限にはいまだ完了していない入札手続のやり直しやすでに落札された契約を無効化する権限も含まれることを示唆する（18条7項(a)）。もっぱらそのような契約の無効化が公共の利益等関係者の利益に著しい悪影響を及ぼす場合にのみ，苦情申立機関は，そのような無効化を差し控え，それに代わって損害賠償を命じることができる。もっとも，損害賠償の範囲は入札準備または当該苦情申立てに係る費用に限定されることがある（18条7項(b)）。この点は，言い換えれば，締約国は苦情申立機関が本来申立人に落札されるべきであった契約からの逸失利益として評価される積極的損害についての賠償や協定違反を抑制するための罰則的損害賠償を与えるのを禁止することができることを意味する。ただし，調達機関が苦情申立機関の権限に対するこのような制約を濫用する場合には将来的に問題となる可能性があろう。

　なお，この苦情申立手続は，国内の私人が国際協定それ自体に基づく申立権を認められるという意味で，実質的に国際協定の直接適用を認めるものとみることができ，WTO協定の国内的実施方法としても注目されるものである（→第4章参照）。

4　地域貿易協定における政府調達条項

　最近の地域貿易協定の中には，日本が締結している経済連携協定（EPA）のように政府調達条項を含むことが少なくない（たとえば，日本がシンガポール，メキシコ，チリ，フィリピン，ペルー，オーストラリアとそれぞれ締結した

EPA および米国離脱後に締結された CPTPP（TPP11）協定や日欧 EPA など）。これらの条項は，基本的にその内容が政府調達協定に沿ったものとなっており，協定当事国が協定非当事国と締結する場合には，実質的に協定と同水準の調達市場の自由化を達成できるためその意義は大きい。また，この種の条項が仮に政府調達協定よりも高い水準の自由化を含むものであっても，GATT 24 条または GATS 5 条の例外として他の WTO 加盟国に均霑する義務は生じない。もっとも，地域貿易協定が政府調達協定当事国間で締結され，政府調達協定より高水準の自由化条項が含まれる場合には，政府調達協定には地域的経済統合のための規定が存在しないため，同協定 4 条 1 項の無差別待遇原則が適用され，他の協定当事国にも均霑する義務が生じる。たとえば，2002 年 11 月発効の日本・シンガーポール EPA はそのような例であり，中央政府および政府関係機関の物品およびサービスの基準額を政府調達協定上の基準額である 13 万 SDR から 10 万 SDR に引き下げた。この結果，日本はこの引き下げた基準額をシンガポールに限らずすべての国籍の供給者に適用することとした。

5 わが国における政府調達協定の国内的実施

わが国における政府調達協定の国内的実施は，上述の苦情申立手続を除き，協定の直接適用によってではなく関連する国内的実施立法の整備を通じて行われている。

まず，「国の機関」の政府調達手続については，法律では会計法（昭和 22 年法律 35 号），政令では予算決算及び会計令（昭和 22 年勅令 165 号）および予算決算及び会計令臨時特例（昭和 21 年勅令 558 号）が制定されている。そして，政府調達協定が適用される調達のうち，中央政府の機関（付表 1 に掲げられる国家行政組織法および内閣府設置法に規定されるすべての機関とその内部部局，外局および附属機関その他の機関ならびに地方支分部局）については，国の物品等又は特定役務の調達手続の特例を定める政令（昭和 55 年政令 300 号）および国の物品等又は特定役務の調達手続の特例を定める省令（昭和 55 年大蔵省令 45 号）により，協定上の調達手続を国内法令上確保している。

図表 9-2 政府調達の総額及び総件数　　　　　　　　　　　　　　　　　　（単位：億円又は件）

区　分	平成 22 年	平成 23 年	平成 24 年	平成 25 年	平成 26 年	平成 27 年
政府調達総額 （前年比，%）	15,630 （−15.7）	14,110 （−9.7）	18,344 （+30.0）	20,570 （+12.1）	19,076 （−7.3）	20,089 （+5.3）
政府調達総件数 （前年比，%）	13,249 （−8.4）	12,613 （−4.8）	14,640 （+16.1）	17,811 （+21.7）	15,596 （−12.8）	15,396 （−1.3）

出典：内閣官房「平成28年度版政府調達における我が国の施策と実績——世界に開かれた政府調達へ」（http://www.kantei.go.jp/jp/kanbou/28tyoutatu/index.html）

　国の機関以外については，地方政府機関（付表2に掲げられる地方自治法の適用を受ける47都道府県および20の政令指定都市）は，地方自治法（昭和22年法律67号）に基づく政令等により，また，その他の機関（付表3に掲げられる118の公法人）については，特殊法人または独立行政法人ごとに定めている内規に協定と適合した規定を設け，協定の国内実施を確保している。

　わが国は，これら会計法令上の調達手続に加え，内閣に設置されたアクション・プログラム実行推進委員会が，政府調達協定上の手続を上回る内外無差別・公正・透明な手続を自主的措置として策定するとともに，そのフォローアップを実施している。たとえば，現行協定ではその他の機関の物品調達の基準額は13万SDRとなっているが，自主的措置では10万SDR以上13万SDR未満の調達契約についても，協定に準じて対処することとされている。また，協定上40日以上とされている応札期間については，自主的措置上50日以上とされている。また，物品一般に係る自主的措置の他，スーパーコンピューター，非研究開発衛星，コンピューター製品およびサービス，電気通信および医療技術の各個別分野ごとの自主的措置も定められている。

　現行協定18条に基づく苦情申立手続については，わが国は，上述のアクション・プログラム実行推進委員会が1994年2月に決定した政府調達に関するアクション・プログラムに基づき，自主的措置として1994年協定発効以前から苦情処理手続を実施していた。1994年協定の国内的実施の必要から，1995年12月1日の閣議決定「政府調達苦情処理推進本部の設置について」により，総理府に政府調達苦情処理推進本部を設置し，同本部において政府調達苦情検討委員会を開催し苦情を処理することが決定され，上述の自主的措置に基づく苦情処理手続は新体制に引き継がれることとなった。なお，

2001年1月6日の中央省庁再編に伴い，同本部は内閣府に設置されることとなり，政府調達苦情処理推進本部は，内閣官房長官を本部長とし，関係15府省庁等の事務次官等で構成されている。また，実際の苦情の受付・検討を行う政府調達苦情検討委員会は学識経験者からなる委員7名，専門委員16名で構成されており，日本政府の苦情処理体制（「政府調達苦情処理体制（CHANS）」）はこの2つの組織が中心となっている。1996年の発足以来，2018年12月までの処理件数は15件である。

そのような苦情処理案件の1つとしては，たとえば，2000年7月，米国会社であるモトローラ社が，当時1994年協定の適用対象機関であったJR東日本による鉄道出改札業務用ICカード・システムの調達に係る入札手続について，国際規格に基づいた技術仕様による入札条件で再度調達を行う是正策を調達機関であるJR東日本に提案するよう求めた事件がある。

本件では，モトローラ社が，①国際規格の不採用，②国際貿易に対する不必要な障害をもたらす技術仕様，③助言の不正使用，④試供品の提出期限および製品の納期の不当性，⑤開札手続の不適正性の5点により，本件入札手続が1994年協定等に違反するとする苦情を申し立てた。

政府調達苦情検討委員会は，上記①については，苦情申立期間の徒過により申立てを却下したが，参考意見として，苦情申立人の主張する当該規格は，国際規格案の段階にあり，国際規格として正式に成立していないので，協定にいう「国際規格」には当たらないこと，また，当該規格が交通機関で高い市場シェアを獲得していたものではないことは明らかであることから事実上の国際規格であると解することもできないとした。他方で，上記②〜⑤については，苦情申立期間は徒過しておらず，申立ては適法として，実質判断を行った。しかし，委員会は，たとえば上記④について，「およそ調達機関は，自らの必要に応じて，供給者の対応が可能であるような合理的な範囲内で製品の納期を設定することができるというべきであり，本件入札手続きにおいて定められた入札期限及び製品の納期に合理性がないとは認められないばかりでなく，参加者［落札者であるソニー社］以外の供給者を排除する意図をもってこれらの期限を定めたと認めるに足る資料は存在しない」と述べるなど，申立人の上記②〜⑤の苦情はいずれも認めることはできず，本件入札

手続が 1994 年協定に違反するものではないとの判断を示した（平成 12 年 10 月 3 日政府調達苦情検討委員会報告書 https://www5.cao.go.jp/access/japan/pdf/2-houkoku.pdf）。

【参考文献】

碓井光明「政府調達に関する苦情処理等について：カナダと日本の比較」小早川光郎＝高橋滋編『行政法と法の支配』（南博方先生古稀記念）（有斐閣，1999 年）

内閣府「チャンス：政府調達苦情処理体制」［https://www5.cao.go.jp/access/japan/chans_main_j.html］

西田隆裕「WTO における政府調達規律に関するウルグアイ・ラウンド後の動き」日本国際経済法学会年報 6 号（1997 年）

日本貿易振興機構（ジェトロ）経済分析部「各国の政府調達制度と WTO 政府調達協定との整合性」（2005 年）［https://www.jetro.go.jp/world/reports/2005/05000960.html］

M. Matsushita, T. J. Schoenbaum, P. C. Mavroidis, & M. Hahn, THE WORLD TRADE ORGANIZATION, LAW, PRACTICE, AND POLICY, THIRD EDITION, 2015, Chapter 18.

A. Davies, Remedies for Enforcing the WTO Agreement on Government Procurement from the Perspective of the European Community: A Critical View, WORLD COMPETITION 20, 1997.

J. H. Grier, Japan's Implementation of the WTO Agreement on Government Procurement, UNIV. PENN. JIEL17, 1996.

A. Reich, The New GATT Agreement on Government Procurement: The Pitfalls of Plurilateralism & Strict Reciprocity, JWT 31, 1997.

WTO, Overview of the Agreement on Government Procurement, ［https://www.wto.org/english/tratop_e/gproc_e/gproc_e.htm］

第10章 地域主義とWTO体制

Summary
　WTOは，加盟国相互の最恵国待遇付与を基礎とした多角的貿易体制を構築するものである。特定の加盟国間で貿易自由化を進める関税同盟および自由貿易地域の設立は，最恵国待遇原則に反するものであるが，GATT24条は，WTO体制を補完するものとしてそれらを例外として認めている。そこでは，当事国の利益だけを考えた単なる特恵取極とならないよう，WTOで許容されるための要件として，「実質上のすべての貿易」を自由化すること，統合後の域外国からの輸入に対して統合前よりも制限的ではないことなどを規定している。

Key Words
多角主義　地域主義　関税同盟　自由貿易地域　経済連携協定　ヨーロッパ連合 (EU)　ヨーロッパ共同体 (EC)　ヨーロッパ自由貿易連合 (EFTA)　北米自由貿易協定 (NAFTA)　南米南部共同市場（メルコスール）　アセアン自由貿易協定 (AFTA)　アジア太平洋経済協力会議 (APEC)　環太平洋パートナーシップ協定 (TPP)

1　多角的貿易体制と地域経済統合

(1)　多角主義と地域主義

　WTOは，多角主義（多数国間主義，multilateralism）に基づいて貿易秩序を規律する組織として，一般に理解されている。WTOの多角主義とは，加盟国全体による協議を通じて問題を処理しようとする考え方であり，加盟国が他の加盟国に対して無差別・平等な待遇を付与する義務を設定する無条件の一般的最恵国待遇原則を含んでいる。最恵国待遇原則は，第二次世界大戦前のブロック経済ならびに差別的な経済政策が世界貿易の急激な縮小をもたらしたことに対する反省に立ったもので，WTO体制における重要な原則の1つである（→第5章1参照）。最恵国待遇が含まれているということは，具

体的な問題を処理する際に，WTO協定の枠内で，かつその結果として生じる利益を他の加盟国にも及ぼすことを前提として，特定国グループまたは二国間で協議することも認めるということを意味する。ちなみに，不利益な取扱い，つまり新たな義務の設定などについては，国際法の原則に従って，すべての加盟国の同意がなければ他の加盟国には及ばない。

　以上のような多角主義との対比で，地域主義（regionalism）や二国間主義（bilateralism），複数国間主義（plurilateralism）が挙げられる。地域主義は，領域的な近接性に基づいて限定された諸国家間で問題を処理しようとするものであり，二国間主義と複数国間主義は，共通もしくは対立する利害を有する二国間あるいはそれより多い国家間で問題を処理しようとするものである。上述のように，WTO協定の趣旨や目的に合致する形で運営されるのであれば，広い意味での多角主義に含まれるといえるが，多角的な枠組みとは別の観点から当事国の利害のみを考慮するようなものであるならば，多角的体制に対立するものとなり，体制の弱体化を促すことになる。

　実際に各国が採用している通商政策は，多角主義や地域主義，二国間主義や複数国間主義を組み合わせたものであり，対象となる事項やその時々の状況によっていずれかの要素が強く現れる。したがって，WTOの多角的体制の視点からは，各国の通商政策における地域主義や二国間主義，複数国間主義が，多角主義を補完する機能を果たすのか，あるいは対立する形で機能するのかを見定めることが重要になる。

⑵　WTOにおける地域経済統合の位置づけ

　WTOは，GATT 24条4項において，「締約国は，任意の協定により，その協定の当事国間の経済の一層密接な統合を発展させて貿易の自由を増大することが望ましいことを認める」と規定し，最恵国待遇原則の例外として，特定の加盟国間での経済統合を認めている。同条5項以下では，地域経済統合が認められるための具体的な要件を規定している。地域経済統合として認められているのは，関税同盟と自由貿易地域ならびにそれらの設立に向けた中間協定であり，それらは構成国間においてのみ貿易の自由化を進めるものである。GATTの起草当時には，比較的小規模な統合，たとえばベネルクス3国のような統合を念頭においていたと言われているが，EUをはじめと

して，大規模な経済統合が進められており，当初の予想を超えて運用されている。

(a) 貿易創出効果と貿易転換効果

GATTの成立とともに原則として否定された特恵制度とこの地域的経済統合が異なる点は，構成国間の関税を含めた貿易障壁を実質上すべて撤廃するという点である。つまり，単なる特恵制度の場合，特恵を与え合う当事国間には，依然として関税その他の貿易障壁が残されているが，GATT 24条で認められる地域経済統合は，実質上すべての貿易障壁が撤廃されなければならず，少なくとも構成国にとっては，拡大された単一の市場となることが予定されているのである。市場の拡大は，競争を促進して構成国の中でより効率的な産業の産品が流通すると同時に，スケール・メリットを生かした効率化が進められ，経済の活性化につながる。統合された市場の経済が拡大すれば，域内の需要も喚起され，域外国からの輸入も増加するという貿易創出効果が現れる。貿易障壁を残したままの特恵制度の場合は，この貿易創出効果がそれほど期待できない。

他方で，特定国間だけで貿易の自由化をすることで，域外国のより効率的な産業が排除されることもある。たとえば，A国とB国の間で貿易を自由化する場合，B国産業よりも効率的なC国産業が，B国に対して適用されない関税等の貿易障壁のためにA国市場においてB国産業よりも競争力が劣るという逆転現象が生じる可能性がある。このような場合は，A国市場において，従来輸入されていたC国の産品に替わってB国の産品が流通することになるという貿易転換効果が生じる。この場合でも，上述のようにAB両国間の貿易自由化により，A国産品に替わってより競争力のあるB国産品が流通するというプラスの効果も同時に発生するが，その効果は，貿易転換効果によって減殺されることになる。

地域経済統合は，以上のような貿易創出効果と貿易転換効果という積極的な効果と消極的な効果の両方を有するが，世界的なレベルで貿易の自由化・拡大に役立つか否かは，必ずしも明らかではない。その評価は，構成国の経済構造，構成国の消費者の好み，あるいは統合前の貿易障壁の水準と統合後の対外的な貿易障壁の水準などによって定まる。GATT 24条が構成国の統

合を発展させることを望ましいとするのは，貿易創出効果が貿易転換効果を上回ることを想定しているからと考えることができるが，5項以下で規定されている要件は，統合による経済的効果の分析を要求しているわけではない。後に詳述するが，地域経済統合の主要な要件は，構成国間の貿易障壁を撤廃することと統合後の対外的障壁を高くしないことである。この要件が経済統合による貿易創出効果を高め，貿易転換効果を抑制するものということはできるが，この要件を充たすことによって貿易創出効果が貿易転換効果を上回るとは，必ずしもいえない。

(b) **GATT 24条4項の解釈**

GATT 24条4項は，第1文で経済統合を望ましいものと認め，第2文で，経済統合の目的が構成国間の貿易を容易にすることであり，構成国以外の加盟国との間の貿易障壁を引き上げることにはないと規定している。具体的な要件は5項以下で規定されていることもあって，4項の性質をどのように理解するかについては，見解が分かれている。

統合による経済的効果を重視する見解は，貿易創出効果が経済統合を経済的に正当化するものであることを理由に，5項以下の要件を充たしているとしても，貿易創出効果が貿易転換効果を上回らない経済統合は許容されないとして，4項に単独の要件としての意味を認める。これに対して，貿易創出効果による貿易の拡大が正当化の理由であることは認めるが，24条の解釈にあたってそれを考慮しない見解がある。この見解によれば，4項は，加盟国間の経済統合を許容することを宣言したものであり，5項以下の要件を充たせば当該経済統合は4項に合致するものと認められ，許容されるとする。

この2つの見解のうち，前者は，この制度の基礎にある経済理論との整合性もあり，制度論からは妥当な解釈といえるかもしれない。しかし，上述のように4項の文言は，経済統合が望ましいこと，そしてその目的が対外的な障壁を引き上げることにはないことを規定しているだけである。一般国際法上の条約解釈の原則に従えば，文言の通常の意味に沿って解釈しなければならないが，4項の文言から，5項以下の要件とは別に，経済的効果の分析に基づいた審査までを要求すると解釈することは困難であろう。また，現実の問題として経済統合の経済的効果を正確に予測することは困難であるし，後

に詳述するようにガット時代の地域統合に関する要件審査が形骸化していたことを考えると，4項は加盟国間の経済統合を許容することを宣言した規定であると解釈するのが妥当である。

(c) 地域経済統合の自由化促進機能

経済的効果よりも重要といえるのは，世界全体の貿易自由化を促す効果である。WTOは，経済の構造や発展段階の異なる国家によって構成され，国内の貿易自由化に対する支持の程度もさまざまであるため，貿易自由化を進めることには，多くの障害がともなう。特に全体が同意できるルールの作成には，長期間の交渉が必要となり，利害調整のための妥協も重なって，十分な規律を確保するルールを作成することが困難となる。これに対して，少数の国による貿易自由化は，はるかに容易に達成でき，意欲のある加盟国間で早期に自由化を進めることにはそれなりの合理性があるといえよう。

またWTOにおける個別国家間の貿易自由化は，最恵国待遇原則によって自由化義務を受け入れない加盟国に対しても均霑されるため，自由化に消極的な加盟国が義務の受入れに消極的な姿勢を維持することを容易にする。これは，いわゆる「フリー・ライダー（ただ乗り）」の問題であり，最恵国待遇の弊害として指摘されてきた。フリー・ライダーの存在は，本来自由化に積極的な加盟国の国内における批判を惹起し，あるいは消極的な加盟国の自由化を引き出すために自らの自由化を控えるという政策を採用することにつながるため，貿易自由化を停滞させる要因となる。

このような背景の下で，一部の貿易自由化に積極的な加盟国間で経済統合を進めることは，部分的であっても自由化を進めることになり，他方で自由化に消極的な加盟国に対する圧力となる。たとえば，ウルグアイ・ラウンド交渉の際には，1988年1月の米加自由貿易協定，さらに1992年のメキシコを加えた北米自由貿易協定の締結があり，ECによる1992年の「共同市場の完成」とあいまって，1992年のアセアン自由貿易協定の成立を促し，またウルグアイ・ラウンド交渉の妥結を促進する重要な要素としても評価された。

このように地域経済統合は，世界全体の自由化に向けたステップとして積極的な機能を果たすことが期待されるのである。最恵国待遇原則の例外とし

て，差別的な貿易政策の拡大の可能性，あるいは貿易転換効果による域外国に対する否定的な影響の可能性にもかかわらず，地域経済統合がWTO体制の下で認められる理由がここにある。そのため経済統合の要件審査においては，そうした弊害を完全になくすということではなく，いかに抑制するかという観点から見ることが重要になる。

2 地域経済統合の形態とその要件

(1) 地域経済統合の形態

GATT 24条で認められる地域経済統合は，関税同盟および自由貿易地域，そしてそれらの設立のための中間協定である。その他に，GATS 5条に基づく統合，および1979年のガット締約国団決定（授権条項）に基づく緩やかな条件が適用される途上国間の地域経済統合がある。

関税同盟とは，構成国間の実質上のすべての貿易，または少なくとも構成国原産の実質上のすべての貿易について，関税その他の制限的通商規則を廃止し，同盟の各構成国が実質的に同一の関税その他の通商規則をその同盟に含まれない地域の貿易に対して適用するため，単一の関税地域をもって2以上の関税地域に替えるものをいう（GATT 24条8項(a)）。それまで独立の関税地域としてそれぞれ独自の関税および通商規則を適用していた構成国が協定によって相互に関税および通商規則の撤廃を約束し，対外的に共通の関税および通商規則を適用する。関税同盟の特徴は，この対外的な共通通商政策の実施であり，構成国全体で単一の関税地域となる点にある。

自由貿易地域とは，関税その他の制限的通商規則がその構成地域の原産の産品の構成地域間における実質上のすべての貿易について廃止されている2以上の関税地域の集団をいう（同条8項(b)）。構成国間の貿易が実質上すべて自由化される点で関税同盟に類似しているが，自由化されるのが構成国原産の産品に限定されている点で異なっている。このような違いは，自由貿易地域の場合，各構成国が，統合後も独立の関税地域としての地位を維持し，域外国原産の産品の貿易に対してそれぞれ独自の関税および通商規則を適用することから生じる。構成国間の貿易で域外国原産の産品も自由化すれば，域

外国産品は，関税その他の貿易障壁の低い構成国を経由して輸入されることになり，貿易障壁の高い構成国の関税その他の通商規則は意味のないものになってしまうからである。

　関税同盟の場合は，域内貿易自由化の対象を構成国原産の産品に限定することも可能であるが，「少なくとも」という文言を用いていることから，原則としては域外国原産の産品の域内貿易も自由化されることを想定していると考えられる。実際のところ，構成国は，単一の関税地域として同一の関税および通商規則を適用するため，域外国原産品の域内での流通を規制する必要性はない。また，域外国原産の産品の域内での自由流通を制限するのであれば，構成国間で通関手続を維持する必要もあり，統合による効率化が限定されてしまうことにもなる。

　以上のように，関税同盟と自由貿易地域の決定的に違う点は，関税同盟の場合に共通関税や共通通商規則を適用することであり，関税同盟の方がより統合の度合いが高いということができる。しかし，両者は，自由貿易地域から関税同盟へと発展していくという段階的な関係にあるものではなく，現在ある自由貿易地域の多くは，将来的に関税同盟へ発展することは予定されていない。統合を目指す当事国は，当事国間関係の歴史的経緯や現状を踏まえながら，当初から統合の程度を確定させる場合が多いようである。もちろん，その後の統合の進展を踏まえて，関税同盟へと発展することは，ありえないことではない。

⑵　地域経済統合の要件と審査

　関税同盟が認められるための要件は，構成国間の関税その他の制限的通商規則を実質上のすべて（substantially all）の貿易について廃止すること（GATT 24条8項(a)(i)），関税同盟形成後の関税その他の貿易障壁の全般的水準が以前よりも高度もしくは制限的でないこと（同条5項(a)），共通の関税その他の通商規則を適用すること（GATT 24条8項(a)(ii)）である。自由貿易地域については，構成国間の関税その他の制限的通商規則を実質上のすべての構成国原産品の貿易について廃止すること（同条8項(b)），自由貿易地域形成後の関税その他の貿易障壁の全般的水準が以前よりも高度もしくは制限的でないこと（同条5項(b)）である。また，それぞれの中間協定については，妥

当な期間内に関税同盟もしくは自由貿易地域を形成するための計画および日程を含むものでなければならない（同条5項(c)）。これらの要件は，1994年のGATT 24条の解釈に関する了解（以下，解釈了解）によって補完されている。

また，サービス分野の統合については，GATS 5条に要件が規定されている。ここでは，「相当な範囲の分野を対象とすること」（1項(a)），「第17条の規定の意味における実質的にすべての差別が……存在しないこと又は……撤廃されること」すなわち内国民待遇が確保されること（同項(b)）が要求されている。サービス分野の統合については，いまだに十分な議論がなされていないため，以下では，GATT 24条に規定する要件を中心に議論する。

(a) 地域経済統合の審査

地域経済統合を行う場合，構成国はWTOに通報しなければならず，通報された地域経済統合については，作業部会が設置されて審査されることになっている（GATT 24条7項，GATS 5条7項，解釈了解7項）。ガット時代は，経済統合協定ごとに作業部会が設置されて審議されており，WTO設立時も，物品理事会，サービス理事会，そして授権条項に基づく途上国間の統合は貿易開発委員会の下で作業部会が設置され審議されることとされた。しかし，地域経済統合の増加が予想されたので，審査の効率化を図るため，1996年2月の一般理事会で常設の「地域貿易協定委員会（CRTA）」が設置され，そこで統一して審査されることとなった。しかし，委員会におけるコンセンサスが成立せず，今までに最終報告書が出されたことはない。

2006年12月の一般理事会で透明性確保メカニズムが採択された（WT/L/671）。これは，地域取極の交渉に参加する加盟国に早期の通報を求め（A. Early Announcement），批准前に当該取極に関する情報を定められたフォーマットにより通報することを要求している（B. Notification）。また地域貿易協定委員会での検討は，1年以内に終了するものとされ，原則として1回の会合で議論される。事務局は，会合に先立って，他の加盟国の検討のために通報に基づいて事実の概要を作成し，さらに追加的な情報や他の加盟国の質問あるいはコメントを加盟国に送付するといった透明性を確保する手続を定めている（C. Procedures to Enhance Transparency）。委員会での検討の後に

変更がある場合には，即時に通報しなければならず，経過期間の終了時には，自由化約束の実施状況を報告しなければならない（D. Subsequent Notification and Reporting）。

　作業部会であれ，常設の委員会であれ，政府代表によって構成されており，決定はコンセンサスで行われる。そのため，地域経済統合の審査は，要件を充たしているとする構成国と疑問を提起するその他の加盟国とがそれぞれの主張を展開し，ほとんどの場合に両論併記の形で報告書が作成されてきた。また，ガットの時代には，「EC—柑橘類特恵」事件（L／5776）や「EC—バナナ」事件（DS38）のように，紛争解決手続において紛争解決小委員会報告が出されたものもあるが，結局採択されずに終わっている。「EC—柑橘類特恵」事件の紛争解決小委員会にいたっては，作業部会報告が両論併記であったことを踏まえて，締約国間に合意が得られていない事項について判断できないとして，GATT 24条の解釈については判断を回避した。現在までのところ，地域貿易協定委員会は，実質的な審議は進めているものの，まだ最終報告書が採択されていない。しかも，報告書案は両論併記となっており，これまでと比べて大きな変化はない。しかし，専門の常設委員会の設置は，問題を明確にし，継続した検討を可能とするものであり，一定の評価がなされるべきであろう。

(b)　地域経済統合の要件

　(i)　実質上のすべての貿易の自由化（GATT 24条8項(a)(i), 5項(b)）　地域経済統合が認められるためには，まず「実質上のすべての貿易」が自由化されなければならない。「実質上」と規定されている以上，完全にすべて自由化されなければならないものではない。したがって，ある程度の貿易障壁が残ることは許容されることになるが，どの程度まで許容されるかが問題となる。これまでの審査で問題とされたのは，貿易の量的な側面と質的な側面をどのように評価するか，そしてセーフガード措置などの貿易救済措置の取扱いであった。

　1957年のEECの設立を審査した作業部会では，EEC構成国が貿易量の80％を基準として判断すべきことを主張したが，域外諸国は，特定の割合を示すことは適切ではないとして対立した（*BISD　6S*／100-101）。1960年の

EFTAの設立を審査した作業部会でも，農産物が除外されていたことについて議論がなされ，EFTA構成国が，一部の産品について自由化から除外することは許容されると主張したのに対して，経済活動の主要な分野を除外することまで許容するものではないとの異論が出された（*BISD 9S*／83-84）。この2つの作業部会報告以降，この問題についてのこれ以上の詳細な議論はなく，両論併記の報告が続いている。この問題については，ウルグアイ・ラウンドで議論されたが，主要産品を除外することは認められないとの提案がなされたものの，合意が成立せず，解釈了解で解釈に関する基準が明記されることはなかった。ただし，解釈了解の前文で「貿易の主要な部分が当該撤廃の対象から除外される場合にはそのような（世界貿易の拡大への）貢献が減少することを認め」（括弧内筆者）と述べられ，その否定的な側面が指摘されている。

このように，加盟国間に意見の対立があるため，この要件をどのように解釈するかは残された問題となっている。規定の解釈に当たって，まず確認しておかなければならないことは，このように加盟国間に対立があるとしても，協定の趣旨および目的と規定の文言に従っていずれかの解釈に確定されなければならないという点である。「実質上のすべて」という場合，この用語の通常の意味に従えば，形式的に障壁が残されているとしても，すべて撤廃された場合と本質的に異ならない場合を意味する。そうであれば，特定の分野が障壁撤廃の対象から除外されるとすれば，本質的にすべての障壁を撤廃した場合と異ならないといえるだろうか。

量的な基準だけで判断する場合，現実にあった過去の貿易実績を基礎に算定することになるが，ある産品について，制限の水準が高いために，貿易がほとんど行われていないということもありうる。この場合に，障壁を撤廃することによって生じると予測される貿易の量を算定の基礎に入れなければ，量的基準は不確かなものとなる。GATT 24条が最恵国待遇原則の例外であることを考えると，規定を厳格に解釈する必要があり，さらに，24条が単なる特恵制度と区別して地域経済統合の貿易創出効果を高めるための要件を定めていることを考えると，それに反する解釈を採用することは妥当ではない。

したがって，個別の品目について障壁が残ることが許容される余地はあるが，特定の分野を除外した地域経済統合は，この「実質上のすべて」の要件を充たさないものと解釈すべきであろう。この要件を充たしているか否かを判断するためには，量的な側面のみならず，質的な側面も考慮する必要がある。質的な側面としては，上記の特定分野の扱いや障壁が残る個別品目の性格，あるいは残存する障壁の構成国間のバランスなどが考えられよう。

　セーフガード措置などの貿易救済措置の取扱いについては，GATT 24 条 8 項(a)(i)および(b)が廃止すべき対象から「第 11 条，第 12 条，第 13 条，第 14 条，15 条及び第 20 条の規定に基いて認められるもので必要とされるもの」を除外しているために問題が生じた。通常，地域経済統合の構成国がセーフガード措置を発動する場合，他の構成国を措置の対象から除外するが，域外諸国は，GATT 24 条の援用は，GATT の他の規定の適用停止を認めるものではなく，19 条の選択的不適用は認められないと主張し，加盟国間の合意が成立していない（BISD 20S/156; 20S/169; 20S/181; 20S/194; 20S/207 参照）。

　たしかに，この除外規定を限定列挙ではなく例示と理解すれば，セーフガード措置も除外されると解釈することが可能である。しかし，セーフガード措置を他の構成国に対しても適用しなければならない，という域外諸国の主張は，奇異に思われる。というのも，GATT 24 条は最恵国待遇原則の例外として地域統合を認める規定であり，域外諸国に対して差別的な取極を許容している。実質上すべての貿易を自由化するという要件は，そうした差別的取極を許容する際に，単なる特恵取極にならず，貿易創出効果を増大させるために規定されている。それにもかかわらず，セーフガード措置を構成国に対しても無差別に適用しなければならないというのは，その趣旨を否定するものといえよう。規定の文言を素直に読めば，GATT 24 条 8 項の除外規定は，「必要とされるもの」に限定して廃止の対象から除外することを許容するものであり，そこに挙がっていない貿易救済措置の除外，すなわち構成国間で貿易救済措置を維持することを義務づけると解釈することは困難である。

　セーフガード措置などの貿易救済措置をさらなる自由化を進めるためのいわば「保険」として位置づけ，他の「制限的通商規則」と区別すべきである

とする見解もあるが，「実質上のすべての貿易」を自由化することが要求される地域経済統合の構成国間において，さらなる貿易自由化を想定する必要性はなく，したがって「保険」としての機能を考慮する必要性もない。関税同盟に関して言えば，その設立によって従来複数であった関税地域が1つの関税地域になり，一締約国として扱われる（GATT 24条1項）。セーフガード措置を構成国間で維持しなければならないとするならば，締約国内においてセーフガード措置を適用しなければならないというおかしな事態が生じることにもなる。

　（ii）　貿易障壁の全般的水準が以前よりも高度もしくは制限的でないこと（GATT 24条5項(a)(b)）　　この要件は，共通関税や共通通商規則を適用する関税同盟において特に問題となるものであるが，自由貿易地域についても問題となる。その意味は，統合後の貿易障壁の全般的水準が経済統合以前に各構成地域で適用されていた貿易障壁の包括的な水準よりも高いものであってはならないということである。共通関税等を適用する関税同盟の場合，統合前は，構成国がそれぞれ個別に適用していたため，どのような基準をもって統合後の水準と比較するのかが，また，その他の通商規則についても，共通の規則を適用することになるため，後述の貿易救済措置の扱いを含めて問題となる。自由貿易地域の場合は，統合後も，構成国それぞれが域外国に対して独自の関税等を適用するため，同様の問題は生じないが，後述する原産地規則の変更等によって全体として統合前よりも制限的になることもあるため，やはり検討を要する。

　関税水準について，EECを審査した作業部会では，国家ごとに個別品目について検討すべきであるとする域外国と全体の平均を算出して比較すれば良いとするEEC構成国の主張が対立した（BISD 6S／72）。その後の作業部会においても基本的には同様の対立が生じ，いずれの報告書も両論併記となっている。ウルグアイ・ラウンド交渉の結果，関税の全般的水準については，解釈了解2項で，加重平均関税率と徴収された関税の全般的な評価に基づいて評価することとされた。その他の通商規則については，数量化や総額の算定が困難であるため，明確な基準は設定されず，「個別の措置，規制，対象産品及び影響を受ける貿易の流れ」について検討することの必要性が確認さ

れただけである。

ウルグアイ・ラウンドにおいて，関税水準に関する基準が設定されたことにより，この要件は従来よりも明確にされたとは言える。しかし，その他の通商規則の評価については検討すべき要素を列挙しただけでこれまでと基本的には同様の状況であり，今後の明確化が求められている。

(iii) 共通関税および共通通商規則の適用（GATT 24条8項(a)(ii)）　関税同盟の場合は，共通の関税および通商規則を適用することになる。共通の関税や通商規則の適用が困難であれば，自由貿易地域の設立を選択すれば良いわけで，これは，関税同盟設立の要件というよりは，関税同盟を自由貿易地域から区別する要素として理解すべきものといえる。しかし，関税同盟を設立する際に，一部の構成国がセーフガード措置や国際収支の困難を理由とした数量制限措置を発動している場合などに問題が生じている。

これは，前述の「実質上のすべての貿易の自由化」に関して議論された問題の対外的側面にかかわるもので，それらの数量制限措置を当該構成国についてのみ継続しうるものであるのか，あるいは構成国全体の措置として継続しうるのかという問題として議論された。この問題は，さらに経済統合によって対外的な貿易障壁の水準が統合以前よりも高くなっていないか否かを検討する際の重要な要素となる。

この問題も，EEC設立に関する作業部会で議論されている。そこで問題とされたのは，ある構成国の国際収支擁護のための数量制限措置を当該構成国もしくはEECが採用しうるとするEEC条約108条および109条の規定であった。EEC構成国は，「その他の通商規則」に数量制限も含まれるとして，構成国間で数量制限を廃止するとともに，域外国に対しては共通の数量制限を適用できると主張した。これに対して，その他の国は，GATT 24条8項(a)(i)の「その他の制限的通商規則」は数量制限を含むが，同条5項(a)と8項(a)(ii)の「その他の通商規則」には数量制限が含まれないと主張し，対立した。EEC構成国以外の国は，同条8項(a)(i)が「制限的」通商規則と規定し，さらに国際収支擁護のための制限を除外していることから，単に「その他の通商規則」と規定する場合は，数量制限を含まないと主張したのである（BISD 6S/77-79）。

WTO 設立後，EC とトルコによる関税同盟設立に際して，従来 EC が適用していた国際繊維貿易に関する多繊維取極に基づく数量制限をトルコも導入することとなったが，これに対してインドが WTO に提訴し，この問題に対する上級委員会の判断が出されている（DS34，ケースブック[93]）。上級委員会は，GATT 24 条の規定によって GATT の他の規定に違反する措置を正当化することが認められるが，そのためには，第 1 にその措置が 24 条 5 項(a)と 8 項(a)の要件を完全に充たす関税同盟の設立に際して導入され，第 2 にそれが認められなければ，関税同盟の設立が妨げられるという 2 つの点を構成国が立証しなければならないと判断した。そして，第 2 の条件について，トルコが同一の数量制限措置を導入しなくても関税同盟の設立は妨げられないと判断した。上級委員会は，原産地の証明制度を利用すれば，域外国産品がトルコを経由して EC に流入することを防止でき，同時に 24 条 8 項(a)(i)の要件を充たすこともできるため，関税同盟の設立が妨げられることはない，と判断したのである。

　関税同盟の設立に際して，構成国の一部が適用していた数量制限措置を共通通商規則の実施という理由で他の構成国も導入することが正当化できるかという問題は，数量制限措置の性質によって判断すべき問題であろう。たとえば，セーフガード措置は，関税同盟全体について発動するだけでなく，個別の構成国について発動することも認められており，それぞれ関税同盟全体または個別の構成国でセーフガード措置を発動するための要件を充たしていなければならない（セーフガード協定 2 条注）。これを前提とすると，共通通商規則の実施を理由とする場合であっても，セーフガード措置を全構成国に拡大するのであれば，関税同盟全体でセーフガード措置を発動するための要件を充たしていなければならないと解釈するのが妥当であろう。関税同盟全体で要件を充たさない場合は，従前から措置を採用していた構成国がそれを維持するか撤廃するかいずれかの選択しか認められない。国際収支擁護のための数量制限は，関税同盟構成地域間で撤廃すべき制限的通商規則から除外することが認められていることから（24 条 8 項(a)(i)），関税同盟全体で国際収支上の困難が生じた場合を除いては，個別構成国の措置を維持するか撤廃するかのいずれかの選択しかないと解釈すべきだろう。以上の解釈は，24

条 5 項(a)が関税同盟設立以前よりも制限を高くしてはならないと規定していることと整合性を有するものとなる。

(iv) 計画および日程　関税同盟および自由貿易地域は，即時に設立する場合だけではなく，段階的に組織することも認められている。いずれの地域経済統合であっても，即時に要件を充たして完成させることは困難であり，通常は段階的に貿易障壁の撤廃や共通関税や共通通商規則の適用を行っていく。このような段階的な貿易障壁の撤廃や共通関税などの実施のための経過措置等を規定するのが中間協定である。

中間協定は，妥当な期間内に目標を実現するための計画や日程を含んでいなければならない（GATT 24 条 5 項(c)）。どの程度が妥当な期間であるかについての締約国間の合意は，ガット時代には形成されなかった。1961 年の EC とギリシャの連合協定が，ギリシャの輸入関税撤廃に 22 年間の経過期間を設けたことに疑問が提示されたことがある（BISD 11S／150）。しかし，総じてそれほど厳格な審査は行われていない（BISD 13S／62, 27S／131 参照）。締約国間で最終的な意見の一致は見られなかったが，ウルグアイ・ラウンドで採択された解釈了解 3 項は，「妥当な期間」は原則として 10 年を超えるべきでないとし，中間協定の当事国が 10 年では不十分であると考える場合には，物品貿易理事会において十分な説明を行うことを規定している。以上を踏まえるならば，少なくとも「妥当な期間」への言及と，その期間内の段階的な貿易障壁の撤廃を明確にする規定が含まれることは必要であるといえよう。

(3) 原産地規則

これまでに地域経済統合に関連して原産地規則が問題となったのは，これまでの各構成国のものよりも厳しい原産地規則を制定することが，構成国間の貿易の自由化を規定する 24 条 8 項，あるいは統合後の貿易障壁を高くしないことを要求する同 5 項に違反するという点であった。つまり，域内原産の産品と認定するための基準が，従来各構成国で適用されていた基準よりも厳しくなれば，それだけ域内の自由化が限定されることになる。また，域内に生産拠点を移して地域統合の利益を享受しようとする域外企業にとって，利益の享受が限定的なものとなってしまい，結果として貿易創出効果が抑制

されることになる。しかし、この問題についても、前述の要件と同様に、これまでの作業部会では結論が出ず、報告書は両論併記となっている。

3 地域経済統合をめぐる近年の動向

　前述のように、GATT が成立した当初は、ベネルクス 3 国のような比較的小規模の統合が念頭におかれていたが、1957 年設立の EEC が EC となり、さらに EU へと拡大を続けながら多数の国と自由貿易協定を締結するなど、実際には大規模な統合が進められている。また、地域統合とはいっても、米国とイスラエル間の自由貿易地域のように、地域的な近接性を有しない統合も見られる。

　ガット時代からのものも含めて WTO に通報された地域統合は多数に上るが（2018 年 10 月現在で 677 件）、その多くは 1990 年以降のものである。これは、EC が 1986 年の単一欧州議定書によって 1992 年の共同市場の完成をめざし、それに対応する形で 1988 年に米国とカナダが自由貿易協定を締結し、さらに 1993 年にメキシコを含めて北米自由貿易協定を締結したことがきっかけとなっている。また、ソ連、東欧における社会主義体制崩壊による市場経済への移行にともなって、EC や EFTA と東欧諸国、あるいは旧ソ連の諸国家間の自由貿易協定も多数締結されている。近年では、ドーハ・ラウンドの停滞のため、さらに地域統合が拡大している。これらの地域統合では、貿易のみならず WTO 協定が規定していない投資やビジネス円滑化など広範囲のルール作りが行われており、さらにはサービス市場の開放や知的財産権の保護などの領域でも WTO プラスと呼ばれる高水準の規定が置かれている。このような状況の下で、従来、地域経済統合に対して消極的な態度をとっていた日本政府も、2000 年以降多角的貿易体制を補完するものとして、地域経済統合を政策の選択肢として検討するという政策転換を行った。

　以下では、日本政府の取組みも含めて、欧州、米州、アジア太平洋及びアフリカにおける主要な地域経済統合を概観する。

(1) ヨーロッパにおける地域統合の拡大と深化

　現在欧州連合（EU）は、28 ヵ国によって構成されているが、1958 年に設

立された時の構成国は，西ドイツ（当時），フランス，イタリア，オランダ，ベルギーそしてルクセンブルグの6ヵ国であり，名称も欧州経済共同体（EEC）というものであった。1967年に同じ6ヵ国で構成されていた1952年設立の欧州石炭鉄鋼共同体（ECSC），1958年設立の欧州原子力共同体（EURATOM）という2つの共同体と合わせて理事会および委員会を統合し，ヨーロッパ共同体（EC）と呼ばれるようになった。その後，1973年にデンマーク，アイルランドそしてイギリス，1981年にギリシャ，1986年にスペインとポルトガル，WTOが設立された1995年にオーストリア，フィンランドそしてスウェーデンが加盟し，構成国は15ヵ国となった。2004年に，チェコ，ハンガリー，ポーランド，スロヴァキア，スロベニア，マルタ，ラトビア，リトアニア，エストニアそしてキプロスが，2007年にブルガリア，ルーマニアが，2013年にクロアチアが加盟した。今後さらに他の東欧諸国や旧ソ連諸国，そしてトルコの加盟も検討されており，東方への拡大が進められている。WTOにおいては，当初，ヨーロッパ共同体（EC）として加盟したが，2007年12月以降，ヨーロッパ連合（EU）と呼ばれるようになっている。

　上述の1986年の単一欧州議定書によって1992年の共同市場の完成を目指したECは，人・モノ・資本・サービスの域内自由移動を達成すると，さらに1992年の欧州連合条約（マーストリヒト条約）によって通貨統合を目指すとともに，外交・安全保障政策の協調や司法・内務の分野における協力を進めることに合意し，名称も欧州連合（EU）に改めた。その際，欧州経済共同体（EEC）を欧州共同体（EC）と改め，欧州連合は，欧州共同体，欧州石炭鉄鋼共同体そして欧州原子力共同体という3つの共同体を基礎として設立されるものと規定された。欧州連合条約およびEC条約（ローマ条約）は，1997年のアムステルダム条約，2001年のニース条約，さらに2007年のリスボン条約によって改正され，現在にいたっている。通商の自由化から始まったEECの統合は，現在，一部参加していない構成国（スウェーデン，イギリス，デンマーク）もあるが，通貨統合（ユーロの導入：2002年ユーロの流通開始）が実施され（→第15章1(4)参照），さらに投資条約の締結についても委員会の権限が認められ，経済全般にわたる統合が達成されつつある。なお，

欧州石炭鉄鋼共同体（ECSC）は，2002年で50年間の有効期間を経過し，終了した。

　WTO協定との関係で重要なのは，関税同盟としてのEUである。EUは，共通通商政策を策定・実施しており，各加盟国独自の通商権限を認めていない。WTOにはEUとして加盟し，投票の際には構成国数と同数の票が認められている（WTO設立協定9条1項）。EUの通商政策は，構成国によって任命される委員によって構成される委員会によって実施されるが，その法的基礎は，EU条約，構成国の閣僚級の代表によって構成される理事会で制定される理事会規則ならびに委員会が制定する委員会規則である。設立当初，諮問機関でしかなかったEU議会も，規則制定に一定の権限をもつようになっている。規則は，法的拘束力を有し，構成国全体に直接適用が可能である（EU運営条約288条）。さらに，司法裁判所（EC裁判所）が設置され，この裁判所には，構成国ならびにECの諸機関だけではなく，自己に対する決定または自己に直接かつ個人的に関係のある決定を含む規則について，自然人および法人の出訴権も認めている（EU運営条約263条）。

　EUは，それ自体の拡大と深化を進めながら，同時に域外国との間で自由貿易協定や連合協定を締結し，関税同盟を核としながら広大な自由貿易地域を形成している。1958年の発足以来，構成国の旧植民地諸国を中心に，地中海沿岸諸国やアフリカ，カリブ海，太平洋諸国（ACP諸国）との間に経済協力協定を締結してきた。特に，ACP諸国との間には，1963年のヤウンデ協定に始まり，1975年以降4次に渡るロメ協定に基づいて密接な協力関係を維持してきた。第4次ロメ協定が2000年で終了した後は，コトヌー協定を締結し，民主主義や人権の視点も加えた協力関係を維持している。コトヌー協定は，2007年までを経過期間としてEUが一方的に市場を開放するというロメ協定の非相互主義を維持しながら，ACP諸国の市場開放も義務付ける経済連携協定（EPA）を締結することを規定し（37条1項），現在では，多くのACP諸国との間に相互主義的な協定が締結されている。EUは，旧ユーゴスラビアや近東諸国とも自由貿易協定を締結し，さらにその対象を中南米諸国へ拡大し，2000年にはメキシコ，2003年にはチリとの間で自由貿易協定を締結した。2011年には韓国とも自由貿易協定を締結し，世界全体

にその協力関係の網を広げている。

西ヨーロッパにおいては，1973年，イギリス，デンマークの加盟を契機として，ECはヨーロッパ自由貿易連合（EFTA）構成国と自由貿易協定を締結した。EFTAは，EECの設立に対抗するためイギリスの提唱によって1960年に設立されたが，1973年にイギリスとデンマークが，1995年にオーストリア，スウェーデンそしてフィンランドが脱退してECに加盟し，現在は，アイスランド，ノルウェー，スイス，リヒテンシュタインの4ヵ国で構成されている。これら諸国との自由貿易協定によって，西ヨーロッパ諸国はすべてEUの関税同盟を核とした自由貿易地域に組み込まれた。1994年には，ECはスイス（1972年に自由貿易協定を締結）を除いたEFTA3ヵ国と欧州経済領域条約を締結し，人，モノ，資本およびサービスの自由移動と研究開発や環境等の分野における協力を強化・拡大する欧州経済領域（EEA）を設立し，一層緊密な経済協力関係を築いている。

(2) 米州における地域経済統合
(a) 北米自由貿易協定（NAFTA）

北米自由貿易協定は，1994年にカナダ，メキシコ，米国の3ヵ国によって締結された。カナダと米国は，1989年に自由貿易協定を締結しており，それを発展させてメキシコに拡大されたのがNAFTAである。この自由貿易協定は，3ヵ国の領域内で①貿易障壁の除去，②公正競争の促進，③投資機会の増進，④知的財産権の保護を図り，⑤協定実施および紛争処理のための効果的手続を創設し，⑥この協定の利益を高めるために3ヵ国，地域的および多角的な協力の枠組みを確立することを目的としている。

貿易障壁の撤廃については，米国とカナダ，米国とメキシコ，カナダとメキシコの3つの二国間協定によって撤廃される。カナダと米国については，米加自由貿易協定に基づく関税撤廃をそのまま継続して，1998年1月までに撤廃することとし，米国とメキシコ，カナダとメキシコの間では，原則として10年間，一部の品目については15年間で段階的に関税を撤廃することとされた。注目すべき点は，米国とメキシコの間の農産品貿易に関して輸入規制を即時に関税割当に転換し，15年で自由化することを規定したことである。これは，ウルグアイ・ラウンドで合意された農業協定が規定する関税

化と同様のやり方であり，ウルグアイ・ラウンド交渉に影響を与えるものであった。同様に，繊維・衣料の分野においても，かなり厳しい原産地規則が適用されることになったが，関税や数量制限の撤廃が規定された。

　紛争解決手続は，米加自由貿易協定に規定されたものを発展的に継承するものであるが，GATT の紛争解決手続も参考にしたものといわれている。NAFTA は，20 章に規定された一般的な紛争を取り扱う手続と 19 章に規定されたアンチダンピング税および相殺関税に関する紛争を取り扱う手続，そして 11 章に規定された投資紛争を取り扱う手続の 3 つの手続を用意している。一般的手続は，二国間協議，協定の実施と運用のために設置された自由貿易委員会における問題の処理，仲裁パネルの設置という 3 段階の手続からなる。パネル報告の法的拘束力は明記されておらず，当事国間の交渉を通じて報告とは異なった解決策に合意することができるが，合意が成立しない場合には申立国に制裁発動が認められているため，パネル手続は，調停と仲裁の両者の性格を有するものといえる。

　アンチダンピング税および相殺関税に関して，NAFTA は，構成国内のアンチダンピング法や相殺関税法に基づく最終的な行政決定を二国間パネルによって審査する手続を規定した。このパネル審査は，国内の司法審査に替わるものであり，締約国が，自己の発意だけでなく，最終的な行政決定について国内の司法審査を求める権利が認められる私人の要請に基づいて要請することが認められる。カナダやメキシコにとって，NAFTA 締結の最も重要な目的が米国によるアンチダンピング税や相殺関税の廃止もしくは緩和であったといわれており，この手続は，それに対応するものである。パネル審査は，国内司法審査に代えて行政決定の国内法適合性を審査するもので，国内の司法審査と同様の審査基準を適用する。この点が，WTO の紛争解決小委員会審査とは異なる。投資紛争に関する手続は，投資家と受入国政府との間の紛争を対象とするものであり，かなり高度な投資保護を規定するものになっている。

　この他，環境問題や労働問題に関する附属協定も締結され，そこでは，環境や労働に関連する構成国の国内法の遵守を規定し，環境および労働に関する委員会を設置している（→第 12 章 2 参照）。こうした問題を自由貿易協定

で規定することは，一般には見られないものであるが，メキシコが構成国に含まれるという NAFTA の特殊事情によるものである。しかし，NAFTA がウルグアイ・ラウンドの終盤に作成されたこと，さらに 1990 年代以降，貿易と環境の問題が注目を集め，現在 WTO において貿易と環境委員会が設置され，検討されていることを考えると，NAFTA における環境問題の取扱いは，今後の WTO における環境問題の議論に一定の教訓あるいは示唆をあたえるものといえるだろう。

(b) 南米南部共同市場（メルコスール：MERCOSUR）

ブラジル，アルゼンチン，ウルグアイ，パラグアイの 4 ヵ国は，1991 年のアスンシオン協定によって 2006 年に関税同盟の設立を目指すメルコスールを設立した。メルコスールは，①モノ，サービス，生産要素の自由な流通，②共通関税および共通通商政策の策定，③加盟諸国間の適正な競争条件の確保のための政策の調整，④統合過程の強化のための関連分野における立法の調整を目的としている。2006 年 7 月にベネズエラの加盟が承認されたが，パラグアイが批准していないため正式加盟が認められていない。

メルコスールは，上述の EU や NAFTA とは異なって，授権条項に基づく途上国間の地域統合として 1992 年にガットに通報された。この通報を契機として，ガットにおいて，途上国間の統合については，授権条項に基づいて審査するのか，GATT 24 条に基づくのか，あるいは両者を考慮して審査するのかについて議論となった。検討の結果，メルコスールは，理事会の下の作業部会ではなく，貿易開発委員会で授権条項ならびに GATT 24 条に照らして審査することとされた。1996 年に上記の地域貿易協定委員会の設置にともなって，同委員会で審議が行われている。

関税同盟は，1995 年 1 月 1 日に発足し，原則として域内関税が撤廃された。紛争処理手続については，ブラジリア議定書が基本枠組を定め，関税同盟の実施・運営機構を定めるオウロ・プレット議定書が貿易委員会の権限を規定している。ブラジリア議定書の第 5 章（25 条～32 条）は，私人の不服申立手続を規定している。さらに，2004 年のオリーボス議定書によって常設仲裁裁判所が設置された。域外諸国との関係では，チリ，ボリビア，メキシコなどラテンアメリカ諸国との間に FTA を締結しているが，FTA をイス

ラエル（2011年9月発効），エジプト（2017年9月発効）と，特恵貿易協定をインド（2009年6月発効），南部アフリカ関税同盟（2016年4月発効）と締結している。EU，モロッコ，トルコなど米州以外の地域・国との間でもFTAあるいは特恵協定の交渉を行っている。

③ アジア太平洋における地域統合
(a) アジア太平洋経済協力会議（APEC）

本章で主に取り扱う地域主義の形態は，最恵国待遇原則の例外としてGATT 24条に規定された関税同盟および自由貿易地域であるが，近年，WTO協定の規定に直接かかわらない地域主義の形態としてAPECのような協力関係も広がっている。APECは，アジア太平洋地域（環太平洋地域）の諸国によって，1989年に地域協力の枠組みを構築するために設立された。発足時には，12ヵ国だった参加国が現在では21ヵ国・地域となっている。

APECは，参加国の対話を通して経済的協力関係を構築し，貿易や投資の自由化・ビジネスの円滑化，経済・技術協力の推進をめざしている。APECの枠組みにおいて合意された自由化は，参加国以外のすべての国にも均霑されるものであり，開かれた地域主義，多角的貿易体制の推進・強化，WTO原則との整合性，アジア太平洋地域の多様性への配慮，コンセンサスの尊重を基本原則とする。

これらの原則に従って1994年のボゴール宣言で，貿易や投資の自由化に関する長期目標と今後の経済・技術協力の方向性を決定した。そこでは，自由で開かれた貿易・投資を2020年までに実現することとし，先進エコノミーについては2010年の達成を目標とした。2010年の横浜会合で先進エコノミーの達成評価を行い，さらに取り組むべき作業が残っているものの，目標達成に顕著な進展があったと評価した。この間，アジア経済危機への対応やWTO新ラウンドへの貢献等，その時々の課題に対応しながら，域内の協力関係の実現・強化が進められ，アジア太平洋地域で進行している地域統合を基礎としてさらに発展させて，アジア太平洋自由貿易圏（FTAAP）の形成をも提言している。

(b) アセアン自由貿易協定（AFTA）

AFTAは，1992年のアセアン首脳会議で合意され，1993年から関税引下

げを開始した。これに先立つ1977年にアセアン諸国は特恵貿易協定を締結していたが，この協定は，あくまでも特恵的取極であり，関税引下げを合意するのみであって，関税その他の通商規則の撤廃という目標を設定していなかった。この特恵協定は，規定どおりに実施が進まず，実効性を高める試みもあったが，十分な自由化も進められず，その後も最終的な関税撤廃の合意は形成されなかった。

1980年代には，経済停滞による先進国の保護主義化や地域統合の広がりがあり，また中国の改革開放政策の影響でアセアンへの外国投資が減少したこともあって，アセアン諸国は自由貿易地域の形成に合意したのである。AFTAにおいては，農産物の他にかなりの数の除外品目が認められているが，その他の品目については，原則として15年間で関税を撤廃し，その他の貿易障壁は，5年以内の撤廃が規定されていた。その後，アセアン首脳会議で対象品目の拡大と自由化を前倒しして実施することが合意され，フィリピン，タイ，マレーシア，シンガポール，ブルネイ，インドネシアの6ヵ国については，2002年にすべての関税を0～5％とするAFTAが完成し，さらに2010年1月に99％の品目について関税を撤廃した。

AFTAの機関としては，閣僚級の代表と事務局長によって構成される理事会が設置され，上級経済専門家会議と事務局がそれを補佐する。理事会の任務は，協定実施の監視，調整および審査と規定されている。構成国は，紛争が当事国間で解決できない場合に理事会に付託することができ，必要な場合には理事会が経済閣僚会議に付託する。しかし，紛争処理規定はこれだけであり，理事会が政府代表によって構成される機関であることを考えると，基本的には，構成国間の利害調整の手続といえる。

アセアンは，他の地域統合の場合と同じく，近年域外諸国との関係も強化している。アジアでは，日本，中国，韓国の3ヵ国（ASEAN＋3），さらにインド，オーストラリア，ニュージーランドを加えた6ヵ国（ASEAN＋6）との間に協議の機会を設け，さらにEUも含めた定期協議の場（ASEM）を設けている。また中国，インド，韓国，オーストラリア・ニュージーランドとの間で自由貿易協定を締結し，日本との間にも，経済連携協定が締結されている。

(c) 地域経済統合に対する日本の政策——東アジアの地域統合

　1980年から強まった地域統合の流れの中でも，日本は，経済統合協定を多角主義からは好ましくない取極であるとして消極的な態度をとっていた。APECやASEAN＋3のような地域協力の枠組みには参加していたが，そこでは，地域における協力関係の構築や政策の調整が議論され，貿易自由化が合意される場合でも最恵国ベースですべての貿易相手国に均霑されるものであった。しかし，主要な貿易相手国のほとんどが経済統合協定を締結しており，経済統合の拡大にともなって日本の輸出国市場における不利な立場も拡大した。また，1980年代後半から90年代にかけて締結された経済統合協定がウルグアイ・ラウンド交渉を促進する機能を果たしたこともあって，日本政府は，従来の経済統合に対する消極的な姿勢を改め，政策転換を図った。

　新しい政策の基本は，あくまでもWTOの多角的貿易体制を補完・発展させるための協定という位置づけである。そうした前提の下で，「新WTOラウンド交渉に向けての努力の継続と並行して，関心国・地域との間で機動的な取組みが可能な経済的連携協定等を活用して，ハイスタンダードなルールや制度の整備等を先行させる多層的アプローチを推進」するという政策を掲げた。また，経済連携協定等は，国際的事業活動の円滑化の観点から，人の移動の円滑化や紛争処理，その他経済諸制度の調和などの幅広い分野を対象としている。端的にいえば，合意可能な相手国との間で，国際事業活動の円滑化のため，ハイスタンダードなルールや制度の整備を先行させ，WTOにおけるルールや制度整備の牽引車の役割を担うものとして，地域経済統合を位置づけている。

　このような政策変更後の最初の成果がシンガポールとの間の経済連携協定である。この協定は，1999年12月に来日したゴー・チョクトン首相の提案を受け，産学官の共同研究と政府間交渉を経て，2002年1月に両国首脳間で署名され，同年11月に発効した。合意された内容は，上述の政策に従って，関税の撤廃だけではなく，検査・認証の相互承認や知的財産権に関する協力（手続の簡素化等），サービス貿易や投資の自由化，電子商取引関連制度の調和，人の移動の円滑化など幅広い分野にわたっている。他方で，農業分野を一括除外はしていないものの，農産物の除外品目があり，「実質上のす

べての貿易」を自由化するというGATT 24条に規定された要件との関係で問題を残している。実際のところ，シンガポールとの間の貿易において，農産物を自由化してもそれほど大きな影響があるとは考えられていなかった。しかし，その後に，経済連携協定の交渉に向けて産学官の共同研究が終了もしくは進められていたメキシコ，韓国，アセアンとの交渉や協定締結を考えると，本協定がその先例となることから，日本国内の農業保護論に配慮した結果がそこに現れている。

シンガポールとの経済連携協定を締結した後，メキシコ（2005年4月発効），マレーシア（2006年7月発効），チリ（2007年9月発効），タイ（2007年11月発効），インドネシア（2008年7月発効），ブルネイ（2008年12月発効），フィリピン（2008年12月発効），スイス（2009年9月発効），ベトナム（2009年10月発効），インド（2011年8月発効），ペルー（2012年3月発効），オーストラリア（2015年1月発効），モンゴル（2016年6月発効），そしてASEAN全体（2008年12月発効），EU（2019年2月発効）とも締結している。

また，日本と同様に，経済統合に消極的であった韓国もFTAを積極的に進め，EU（2011年7月発効）や米国（2012年3月発効）と締結した。

(4) アフリカにおける地域統合

アフリカにおいても，多数の地域協定が締結されている。その多くは，授権条項に基づくものであり，WTO非加盟国を含むものも多い。たとえば，東・南部アフリカ共同市場（COMESA）は，21ヵ国によって構成されているが，コモロ，エリトリア，エチオピア，リビア，スーダンの5ヵ国が非加盟国である。それらのうち，エリトリアを除く4ヵ国が加盟申請をしており，オブザーバー資格が認められている。また，多数の国によって構成されるものも多く，さらに複数の協定を締結している国もあり，ソマリアを除き，アフリカ諸国は，アフリカ域内の何らかの地域統合に参加している。

この地域の経済統合は，関税同盟の形態が多く，COMESAのほかにも西アフリカ経済通貨同盟（WAEMU），南部アフリカ関税同盟（SACU），西部アフリカ経済共同体（ECOWAS），中央アフリカ経済通貨共同体（CEMAC）などがある。アフリカ諸国は，EUとの間にロメ協定体制の下で緊密な関係を有していたが，2007年以降，上述の通り，コトヌー協定の規定に従って

経済連携協定の交渉が進められており，従来の非相互主義的な関係が見直されている。この経済連携協定は，個別に交渉している場合もあるが，上記の関税同盟を基礎として複数国家のグループごとに交渉が行われている。

4 環太平洋パートナーシップ（TPP）

2010年代に入り，主要国が参加して，3以上の国の間で高水準の貿易・投資の自由化と広範囲で高水準の貿易・投資ルールを盛り込む広域FTAの交渉が行われるようになった。ASEANと日中韓，オーストラリア，ニュージーランド，インドとの東アジア地域包括的経済連携（RCEP，2013年5月交渉開始），米国とEUとの環大西洋貿易投資パートナーシップ（TTIP，2013年7月交渉開始）などである。中でも，2010年3月に始まった環太平洋パートナーシップ（TPP）の交渉は2015年10月に大筋合意し，交渉参加12ヵ国は2016年2月に署名した。交渉が妥結した最初の広域FTAである。TPPの元になったのは，2006年にニュージーランド，シンガポール，チリ，ブルネイの4ヵ国が締結した環太平洋戦略的経済連携協定である。TPPはこの協定の拡大交渉として開始されたが，交渉を主導した米国の意向を反映して，包括的で高水準のFTAとなった。協定は本文30章と附属書で構成される。高水準の貿易（物品貿易，サービス貿易）・投資・政府調達市場の自由化を附属書に盛り込んだほか，協定本文では，電子商取引，国有企業，知的財産，労働，環境など，企業が国境を越えて円滑に事業展開するために必要な規制・制度環境を整備する広範囲のルールを定めた。

交渉を主導したのは米国であったが，2017年1月に就任したトランプ大統領の下で米国がTPPからの離脱を通告した。残る11ヵ国でTPPの一部の規定を凍結し，大半の規定と自由化約束を盛り込んだ環太平洋パートナーシップに関する包括的および先進的な協定（CPTPP）を取りまとめ，2018年3月に署名した。必要な6ヵ国の批准を得て，CPTPPは2018年12月30日に発効した。

図表 10-1　TPP の章立て

1. 冒頭の規定及び一般的定義	2. 内国民待遇及び物品の市場アクセス	3. 原産地規則及び原産地手続	4. 繊維及び繊維製品	5. 税関当局及び貿易円滑化
用語の定義	関税撤廃・削減，物品貿易の基本原則	TPP 域内原産とする要件，証明手続	繊維・繊維製品の原産地規則	通関手続の透明性確保と簡素化
6. 貿易救済	7. 衛生植物検疫 (SPS) 措置	8. 貿易の技術的障害 (TBT)	9. 投　資	10. 国境を越えるサービスの貿易
セーフガードの発動要件等	食品安全・検疫基準	製品規格・認証	投資保護，投資紛争解決手続	サービス貿易の原則
11. 金融サービス	12. ビジネス関係者の一時的入国	13. 電気通信	14. 電子商取引	15. 政府調達
金融サービスに特有の原則	商用の入国・滞在手続	電気通信事業者の義務	電子商取引の環境整備	政府調達のルールと自由化約束
16. 競争政策	17. 国有企業及び指定独占企業	18. 知的財産	19. 労　働	20. 環　境
競争法の整備，競争当局間の協力	国有企業の優遇や補助の規律	知的財産の保護，権利行使手続	中核的労働基準の保障など	貿易・投資促進のための環境基準緩和の禁止など
21. 協力及び能力開発	22. 競争力及びビジネスの円滑化	23. 開　発	24. 中小企業	25. 規制の整合性
技術支援・人材育成など	供給網の発展，中小企業の供給網参加支援	開発に係る共同活動，女性の能力の向上など	中小企業の TPP 活用支援など	規制や規則の透明性向上など
26. 透明性及び腐敗行為の防止	27. 運用及び制度に関する規定	28. 紛争解決	29. 例　外	30. 最終規定
協定の透明性確保，公務員腐敗行為の禁止	協定の実施・運用に関する事項	協定の解釈適用をめぐる締約国間の紛争解決手続	TPP 協定の適用の例外	TPP 協定の改正，加入，発効，脱退，協定の正文など

出典：内閣官房 TPP 政府対策本部「環太平洋パートナーシップ (TPP) 協定の大筋合意について」平成 27 年 10 月 20 日

【参考文献】

安藤勝美編『地域協力機構と法』（アジア経済研究所，1994 年）

尾池厚之＝国松麻季「自由貿易協定の効用と問題点」貿易と関税 2000 年 5 月号

尾池厚之「日本・シンガポール経済連携協定とその運用について」貿易と関税 2002 年 3 月号

川瀬剛志「地域経済統合における自由貿易と地球環境保護の法的調整 1・2・3」貿易と関税 2000 年 10 月号・12 月号，2001 年 1 月号

平覚「北米自由貿易協定（NAFTA）の紛争処理手続」国際経済法 3 号（1994 年）

平覚「論点20　WTOと地域貿易協定」渡辺惺之＝野村美明編『論点解説国際取引法』（法律文化社, 2002年）

外山晴之「NAFTA における金融サービスの自由化」国際経済法3号（1994年）

中川淳司「TPP で日本はどう変わるか？」貿易と関税 2011年7月号

間宮勇「GATT 体制における地域経済統合」法律論叢62巻4＝5＝6号（1990年）

間宮勇「地域経済統合と GATT——スペインの EC 加盟を中心に」貿易と関税1992年2月号

間宮勇「WTO 体制下における『グローバリゼーション』の意味」世界法年報27号（2008年）

T. Akaha, Northeast Asian Regionalism: Lessons from Europe, North America, Asia-Pacific, and Southeast Asia, GLOBAL ECONOMIC REVIEW 28-2, 1999.

R. E. Baldwin, The Causes of Regionalism, THE WORLD ECONOMY 20-7, 1997.

Jo-Ann Crawford and C. L. Lim, Cast Light and Evil Will Go Away: The Transparency Mechanism for Regulating Regional Trade Agreements Three Years After, JWT 45-2, 2011.

E. Neumayer, Greening the WTO Agreements-Can the Treaty Establishing the European Community be of Guidance?, JWT 35-1, 2001.

A. Panagariya, The Regionalism Debate: An Overview, THE WORLD ECONOMY 22-4, 1999.

D. Zissimos and B. Vines, Is the WTO's Article XXIV a Free Trade Barrier, Coventry, UK: Center for the Study of Globalisation and Regionalisation (CSGR), University of Warwick, 2000.

第11章　WTO 体制と途上国

Summary
　本章では，WTO 体制における途上国の地位を見る。ウルグアイ・ラウンドを契機として，途上国はそれまでのガットに対する消極的な姿勢を改め，多角的貿易体制の強化に積極的に参加するようになった。そのような姿勢の変化はなぜ生じたのか。ウルグアイ・ラウンドの結果設立された WTO において途上国はどのような法的地位を占めたのか。途上国は WTO 体制の諸制度，特に紛争解決手続を活用できているか。WTO は途上国の開発のためにどのような措置を講じているのか。本章は，WTO 協定における途上国の扱いと，WTO 発足後の途上国の「体制内化」を推進するためにとられている措置を中心として，これらの問題について検討する。

Key Words
　いわゆる新興工業国（NICs）　一括受諾方式　コンディショナリティ　ワシントン・コンセンサス　輸入代替工業化　輸出指向型工業化　ケアンズ・グループ　国際収支了解　TRIMs 協定　特別かつ異なる待遇（S&D）　実施（implementation）問題　キャパシティ・ビルディング　貿易のための援助（Aid for Trade）　グリーンルーム会合

1　ウルグアイ・ラウンドと途上国

　ヒュデック（Robert E. Hudec）は，途上国のガットに対するスタンスについて次のように述べている。「ガットの途上締約国が先進締約国と同じ規律の受け入れに同意したことはなかった。それらの国がまずしたことはガットの行動準則における義務の免除を求めることであった。後に，それらの国は途上国相互間及び対先進国間の双方で特別かつ有利な待遇を求める要求を追加した。ガットにおける途上国の地位は，主としてこうした特別な地位を要求する歴史として展開した」（Robert E. Hudec, 小森編訳（1992年），2頁）。

ウルグアイ・ラウンドに前後して，途上国のこのような姿勢は大きく変化した。途上国は，先進国による関税引下げの恩恵にあずかる一方で自らはGATTの義務の免除を求めるというそれまでの一方的な要求者ないし消極的な受益者としての姿勢を改め，ウルグアイ・ラウンド交渉に積極的に参加した。ウルグアイ・ラウンドにおいて途上国は，いわゆる新興工業国（Newly Industrialized Countries, NICs）を中心として相互主義に基づく関税引下げ交渉に積極的に参加したのみならず，WTO諸協定の新しいルールを策定する交渉にも深く関わった。

　途上国のこのような姿勢の変化は，1980年代に生じたいくつかの要因から説明できる。第1に，1980年代に広がった累積債務問題の影響である。1982年8月のメキシコの債務履行不能（デフォルト）を契機に深刻化した累積債務問題は，ラテンアメリカ諸国，アフリカ諸国やアジア諸国の一部に拡大した。累積債務問題に直面した途上国の多くはIMFや世界銀行の支援を仰いだが，IMFや世界銀行はこれらの国々に融資する条件（コンディショナリティ）として，新古典派の経済理論に基づく市場重視の経済政策（いわゆるワシントン・コンセンサス）の採用を求めた。コンディショナリティの内容は国により，また時期によりさまざまなヴァリエーションがあったが，マクロ経済の構造的な不均衡を是正するために，貿易や外国投資の自由化を柱とする，いわゆる構造調整政策の採用を求められることが多かった。

　第2に，多くの途上国が第二次世界大戦後から長年にわたって採用してきた，いわゆる輸入代替工業化戦略の失敗がこの時期に明らかになった。輸入代替工業化戦略の下で，途上国は工業製品の国産化を進め，先進国からの工業製品の輸入を減らすことをめざした。そのために，高関税やさまざまな非関税障壁によって国内産業を保護育成する政策（幼稚産業保護政策）を採用した。しかし，輸入代替工業化を進める過程で工業製品を国産化するための原材料・部品（中間財）や生産設備（資本財）の輸入が増加し，総合的な国際収支はかえって悪化した。これが累積債務問題を深刻化させる一因となった。そこで，これらの国は1970年代から80年代末にかけて輸入代替工業化戦略に代わって輸出志向型工業化の方針を採用し，貿易障壁を引き下げて積極的に外国企業を誘致し，世界市場での輸出競争に参加させる政策をとるよ

うになった。

　第3に，アジアやラテンアメリカのNICs，特に，韓国，台湾，香港，シンガポール，メキシコやブラジルの急速な経済成長は，これらの国からの工業製品の輸出急増によってもたらされた。この結果，先進国の間で，これらの国々を多角的な貿易体制により強固に取り込む必要があるという認識が広がった。他方で，NICsの側も，第二次石油危機後の不況の中で保護主義的傾向を強めてきた先進国に対して輸出品の市場アクセスを求めてゆくためには，多角的貿易システムに積極的に参加し，その規律を強化してゆく必要があると認識するようになった。

　以上の背景の下で，途上国はガットに対するそれまでの姿勢を改め，ウルグアイ・ラウンドに積極的に参加し，自らの要求を交渉結果に反映させるという姿勢に転じたのである。

　ウルグアイ・ラウンドに途上国が積極的に参加する姿勢に転じたことは，ウルグアイ・ラウンド交渉に注目すべき影響を与えた。第1に，交渉がきわめて広範囲の対象をカバーするようになった結果，従来のように，UNCTADなどの場で途上国が集団として意思統一し（たとえばグループ77），先進国に対して共通の要求を投げかけるという交渉戦術をとることが難しくなった。途上国の利害は交渉分野ごとに多様化し，利害の多様化は従来の先進国対途上国という図式を超えた新たな連合形成と対立を生み出した。たとえば，農業協定の交渉過程では，カナダ，オーストラリア，アルゼンチン，ブラジル，チリ，タイ，インドネシアなどが，先進国と途上国という立場を超えて農産物輸出国グループ（ケアンズ・グループ）を結成し，交渉の展開に大きな影響力を発揮した。

　第2に，ウルグアイ・ラウンド開始宣言（プンタデルエステ閣僚会議宣言）が一括受諾方式（シングル・アンダーテイキング）を交渉妥結の方針として採用したことにより，先進国と途上国が異なる交渉分野の間で取引し，妥協して合意すること（パッケージ・ディール）が可能となった。より具体的に言えば，先進国は途上国が受け入れることにより自らにとって大きな通商上の利益の見込まれるGATSや貿易関連知的財産権協定（TRIPS協定）の採択を途上国に要求し，途上国は先進国が譲歩することで自らにとって大きな通

商上の利益が見込まれる繊維協定，農業協定やセーフガード協定の採択を先進国に要求するという構図が成立し，双方の取引と妥協・譲歩により，ウルグアイ・ラウンド交渉が妥結したのである。

2　WTO協定と途上国

(1)　途上国による貿易自由化の進展

　ウルグアイ・ラウンド交渉により，途上国の貿易自由化は大きく進展した。第1に，途上国はウルグアイ・ラウンド交渉以前に比べてはるかに多くの産品について関税譲許を行った。ウルグアイ・ラウンド交渉の結果，先進国の譲許率（全輸入品の品目に占める譲許を行った品目の割合）は78%から99%になった。これに対して，途上国の譲許率は21%から73%へと飛躍的に上昇した。譲許品目の平均関税率を先進国と途上国で比べると，途上国の平均関税率は先進国よりも相対的に高かったものの，ウルグアイ・ラウンド交渉以前に比べると途上国の平均譲許関税率は大幅に低下した。第2に，途上国に対しても，先進国同様，工業製品だけでなく農業製品についても数量制限が原則として禁止された。後発途上国については，数量制限の撤廃について他の途上国よりも長い猶予期間が認められたが，猶予期間の経過後はこれらの国も原則として数量制限を撤廃しなければならなくなった。

　ただし，以上の変化は，厳密に見れば純粋にウルグアイ・ラウンド交渉だけの成果とはいえない。1で見たように，多くの途上国は，ウルグアイ・ラウンド交渉以前から，あるいはウルグアイ・ラウンド交渉と並行して貿易自由化政策を推進し，一方的に数量制限の撤廃や関税の引下げを進めていた。ウルグアイ・ラウンド交渉は，こうした途上国の自発的な貿易自由化を多国間の枠組みで追認し，あるいは促進してその方向性を確固たるものにする効果を持った。

(2)　途上国にとってのウルグアイ・ラウンド交渉の成果

　次に，途上国が特に利害関心を持っていた交渉分野で，ウルグアイ・ラウンド交渉がどのような成果を挙げたかを見ることにしよう。

　第1の成果は，繊維協定の締結により，国際繊維貿易に関する取極

(MFA)(→第6章2(2)参照)の段階的な撤廃が決まったことである。MFAの下で実施されていた数量割当は，WTO協定発効後10年の移行期間の間に段階的に撤廃されることになった。いうまでもなく，典型的な労働集約産品である繊維製品は多くの途上国にとって重要な輸出品目である。ある推計によれば，移行期間経過後に数量割当が撤廃されれば，繊維製品の輸出は世界全体で34％から60％増大すると予測された。そのかなりの部分が途上国からの繊維製品の輸出増加につながることが期待された。

第2に，農産物貿易の自由化である。農業協定の締結と並行して行われたウルグアイ・ラウンドの農産物関税交渉で，農産物の関税は平均で37％引き下げられた。なかでも，途上国にとって特に利害関心の大きい熱帯農産物に対する関税は43％引き下げられた。先進国が支出してきた輸出補助金や国内助成（市場価格支持，直接支払その他の国内補助金）の段階的削減についても，交渉の結果かなりの削減が合意された。これらの成果は，農産物輸出国である途上国にとって輸出機会の拡大をもたらすものである。ただし，可変輸入課徴金や最低輸入価格に代表される先進国の非関税障壁の関税化（農業協定4条2項）は，農産物貿易の自由化を直ちにもたらすものではなかった。これらの非関税障壁の対象であった農産物については，1986年から1988年までの期間を基準時点とする当該産品の先進国における内外価格差を反映した高率の関税の賦課が認められたからである。関税化の対象とされた農産物の関税については，ウルグアイ・ラウンド農業交渉における先進国の約束に従ったWTO発足後の漸進的な関税引下げと，約束の実施期間が終了する1年前に開始することが予定された新たな関税引下げ交渉（ビルトイン・アジェンダ，農業協定20条）に委ねられた（→第7章1参照）。

③ 途上国に対する規律の強化

他方で，ウルグアイ・ラウンド交渉の結果，途上国が従来採用していたさまざまな保護主義的な貿易政策や投資政策に対して，貿易および投資の自由化と投資保護を強化する方向での国際的な規律の強化・厳格化を図るいくつかの協定が新たに成立した。第1に，TRIPS協定である。TRIPS協定は，すべての加盟国を対象に，特許，著作権を初めとするさまざまな知的財産権について，国内法を通じて保証すべき保護の国際的な最低水準を詳細に設定

した。協定はさらに，これらの知的財産権を民事手続，水際規制を含む行政手続や刑事手続を通じて厳格に執行すること（enforcement）を加盟国に義務づけた。これは，知的財産権法制とその執行が不備であることが多い途上国にとって，大幅な規律の強化と厳格化を意味する（→第8章2参照）。第2に，貿易関連投資措置協定（TRIMs協定）である。TRIMs協定は，投資受入国が採用する外国投資家の活動に対するさまざまな制限・規制（パフォーマンス要求）の中で，貿易に対して制限的な効果を持つ規制措置（TRIMs）であって，1994年のGATT 3条（内国民待遇），11条（数量制限の一般的禁止）に違反するものを列挙し，これを禁止する（TRIMs協定2条）とともに，加盟国が現在採用しているこれらの措置を物品の貿易に関する理事会に通報することを義務づけた（5条）。これにはローカル・コンテント要求，輸出入均衡要求（以上1994年のGATT 3条違反），外国為替制限，輸出制限（以上1994年のGATT 11条違反）などが含まれる（詳しくはTRIMs協定附属書の例示表を参照）。

　TRIMs協定はパフォーマンス要求の中で1994年のGATT 3条，11条に違反するものを確認する意味で例示したものであって，パフォーマンス要求について加盟国に新たな義務を課するものではない。しかし，多くの途上国は，ウルグアイ・ラウンド以前，輸入代替工業化戦略の下でこれらの措置をしばしば採用しており，それらは国際収支擁護のための制限（GATT 12条）として，あるいは経済開発のための例外（GATT 18条）として容認されていた。TRIMs協定の成立は，途上国のこうした措置に対する国際規律が厳格化されたことを意味する。

　第3に，補助金協定である。1979年の東京ラウンド補助金協定は，「署名国は補助金が途上国の経済開発計画の不可分の一部をなすものであることを認める」と規定し（14条1項），さらに，「この協定は，途上署名国が自国の産業を補助するための措置及び政策（輸出部門における措置及び政策を含む）を採用することを妨げるものではない」と規定して（14条2項），途上国が経済開発のために自国産業を保護する目的で輸出補助金その他の補助金を交付することを容認していた。これに対して，WTO補助金協定は，「加盟国は，補助金が開発途上加盟国の経済開発計画において重要な役割を果たすこ

とがあることを認める」と規定するにとどまり（27.1条），途上国の補助金政策に対する容認の姿勢は大きくトーンダウンした。そして，輸出補助金や国産品優先補助金の原則禁止という WTO 補助金協定の規定（3.1 条）は，途上国にも原則として適用されることになった。

　ただし，以上の協定の規律を途上国に適用するに当たっては，先進国よりも長い猶予期間が認められた。TRIPS 協定上の義務の履行に当たって，先進国は WTO 協定発効後 1 年間の猶予期間しか与えられなかったが（TRIPS 協定 65 条 1 項），後発途上国は 10 年（66 条 1 項），その他の途上国は 5 年（65 条 2 項）の猶予期間を認められた。同様に，TRIMs 協定については，先進国の猶予期間（協定に違反する措置を維持できる期間）は 2 年であるが，後発途上国は 7 年，その他の途上国は 5 年の猶予期間を認められた（TRIMs 協定 5 条 2 項）。最後に，補助金協定の規律のうち，後発途上国に対しては，輸出補助金の交付禁止義務の恒久的免除と，国産品優先補助金の廃止について 8 年の猶予期間が認められ，その他の途上国に対しては，輸出補助金の交付禁止義務については 8 年，国産品優先補助金の交付禁止義務については 5 年の猶予期間が認められた（WTO 補助金協定 27.2 条(a)(b)，27.3 条）。ただし，猶予期間の経過後は途上国にもこれらの規律が適用され，現在は途上国もこれらの規律に服している。こうして，途上国は，経済開発のためにとりうる保護主義的な貿易政策や投資政策について，大幅な制約を受けることになった。この点をとらえて，WTO 協定の下で途上国の開発のための政策空間（policy space）が狭まったという指摘がある。

　最後に，途上国の輸入代替工業化戦略の重要な柱として用いられてきた 1947 年の GATT 18 条 B 項（途上国の国際収支擁護のための輸入制限手続）の利用に新たな規律が設けられた。幼稚産業保護育成のための輸入制限を認める 1947 年の GATT 18 条 C 項は，その援用手続が厳格であった（締約国団への通告と協議，締約国団の同意を得ることなどが要求された）ため，1960 年代以降，多くの途上国は援用手続がより緩やかな 1947 年の GATT 18 条 B 項を援用して輸入制限を実施し，維持してきた。特に，1972 年には，この条項に基づいて輸入制限を実施する場合に必要とされる協議手続を従来よりも簡素化する手続が導入され（*BISD 20S/47*），以後，この条項の援用について

は実質的には野放しの状況が続いてきた。

　ウルグアイ・ラウンドで合意された「1994年の関税及び貿易に関する一般協定の国際収支に係る規定に関する了解」（国際収支了解）は，途上国の要求を容れて，途上国がGATT 18条B項の援用に当たって1972年に導入された上記の簡易な協議手続を引き続いて利用できると規定した。他方で，この了解は，後発途上国を除いて，この手続の利用資格を，①従前の協議の際にWTOの国際収支制限委員会に提出した自由化計画に従って自由化の努力を継続している途上国，あるいは②同じ年に貿易政策検討制度（→第3章3(5)を参照）による審査の対象となっている途上国の2種に限定するとともに，この手続を連続して3回以上利用することはできないと規定して，途上国によるこの手続の利用に制限を設けた（国際収支了解8項）。さらに，GATT 18条B項に基づいて輸入制限を行う加盟国は，当該措置の撤廃時期を公表する義務を負い，公表しない場合はその理由を示さなければならない（国際収支了解1項）。当該加盟国はまた，輸入制限の導入，変更またはその撤廃の時期についての計画の変更をWTOの一般理事会に通報しなければならない（国際収支了解9項）。他のいずれの加盟国も，当該通報について国際収支制限委員会にその妥当性の検討を要請することができる（国際収支了解10項）。検討の結果，通報された措置の妥当性について協議が必要と判断した場合，同委員会は当該措置を実施する加盟国と協議する。委員会は協議の結果を一般理事会に報告するが，報告には原則として当該措置を実施する加盟国に対する具体的な是正の勧告が含まれることになっている（国際収支了解13項）。

　このように，国際収支了解は，途上国による国際収支擁護のための輸入制限に対して手続・実体の両面にわたる新たな規律を導入し，この手続を利用するためのハードルを大幅に引き上げた。この結果，ウルグアイ・ラウンド交渉中の1990年には13の途上国がGATT 18条B項を援用していたが，2002年以降，同項を援用する途上国は大幅に減少した。2017年6月，エクアドルが本条を援用して実施した輸入課徴金の廃止を国際収支制限委員会に通報し，それ以降本条を援用する途上国は現れていない。

(4) WTOにおける途上国への特別かつ異なる待遇（S&D）

ウルグアイ・ラウンド交渉の開始を宣言した1986年のプンタデルエステ閣僚会議宣言は，交渉を規律する原則の1つとして，1947年のGATT第4部その他の文書に明記された途上国に対する異なるかつより有利な待遇（differential and more favorable treatment）の原則の尊重をうたっていた。1947年のGATTやガットの時代に締結されたさまざまな協定や採択された宣言，了解は，途上国に対する特別かつ異なる待遇（special and differential treatment, S&D）の原則を盛り込んでおり，ウルグアイ・ラウンドはこうしたS&Dの廃止を意図していなかったのである。

ウルグアイ・ラウンドで締結されたWTO諸協定や了解，マラケシュ閣僚会議で採択された決定や閣僚宣言はさまざまなS&Dの規定を盛り込んでいる。WTOの貿易と開発委員会の要請に基づいてWTO事務局が2000年に作成した「WTO協定および決定の特別かつ異なる待遇規定の実施」と題された報告書（WTO（2000））は，これらさまざまなWTOの法的文書に盛り込まれた全部で145のS&D規定を以下の6つのタイプに分類している。

(1) 途上加盟国の貿易機会の増大をめざす規定
(2) 先進加盟国に対して途上加盟国の利益を保護することを求める規定
(3) 途上加盟国による約束，措置や政策手段の使用における柔軟性（flexibility）を許容する規定
(4) 途上国による協定その他の法的文書の実施に当たって猶予期間を認める規定
(5) 先進加盟国やWTOによる途上加盟国への技術協力に関する規定
(6) 後発途上加盟国への特別待遇に関する規定

(1)は，途上加盟国からの輸出品に対する先進加盟国の市場アクセスの改善を求める規定である。その例としては，たとえばガットの時代に採用されたGSP（一般特恵制度，→第2章4(3)(c)参照）が挙げられるが，WTOの下でも，たとえば先進加盟国が譲許表で途上加盟国に対して有利な譲許税率を適用することを規定する農業協定15条1項や，一定の要件を満たす場合に，輸入制限の対象となっている途上加盟国の繊維製品について優先的に市場アクセスの改善を進めることを先進加盟国に義務づける繊維協定2条18項などが

挙げられる。

(2)は，途上加盟国の利益を保護するために先進加盟国が途上加盟国に対して何らかの措置をとることを求めたり，また逆に不利益を与えるような措置をとることを控えるよう求める規定である。WTO の S&D の中でその数が最も多い。その例としては，たとえば，先進加盟国が新たな衛生植物検疫措置を導入する場合に，途上加盟国が関心を有する輸出産品については，その輸出の機会が維持されるよう，当該途上加盟国産品に対する衛生植物検疫措置の適用について先進加盟国よりも長い猶予期間を与えるべきであると規定する SPS 協定 10 条 2 項，アンチダンピング税の賦課が途上加盟国の重大な輸出利益に影響を及ぼす場合には，当該産品へのアンチダンピング税の賦課に先立って救済措置をとる可能性を検討するよう先進加盟国に求める AD 協定 15 条などが挙げられる。

(3)は，途上加盟国に対して協定その他の法的文書に基づく義務や約束からの免除や，あるいはより低い義務の水準（これを「柔軟性」と総称する）を許容する規定である。その例としては，たとえば，ある産品について国際規格が存在する場合であっても，開発上のニーズと両立する固有の技術，生産方法および生産工程を維持することを目的として，途上加盟国が当該産品についての独自の規格や適合性評価手続を定めることを認める，TBT 協定 12.4 条や，途上加盟国が一定の要件の充足を条件として TRIMs に関する協定上の義務から一時的に逸脱することを認める TRIMs 協定 4 条などが挙げられる。

(4)は，協定その他の法的文書に基づく義務の履行に当たって，途上加盟国に先進加盟国よりも長い猶予期間を認める規定である。先に見た TRIPS 協定 65 条 2 項，66 条 1 項や TRIMs 協定 5 条 2 項，補助金協定 27.2 条，27.3 条がその例であるが，他にも多くの協定が同様の規定を置いている。

(5)は，先進加盟国や WTO の諸機関に対して，途上加盟国が協定その他の法的文書に基づく義務を円滑に履行することができるよう，人員の訓練・養成や情報の提供その他の技術援助を行うことを求める規定である。その例としては，関税評価に従事する人員の養成，協定の実施に関する措置の準備に対する援助，関税評価方法に関する情報の提供などの技術援助を先進加盟

国に求める関税評価協定20条3項，サービス貿易の自由化やGATSの履行に関して，WTO事務局による途上加盟国への技術援助を規定するGATS 25条2項などが挙げられる。他にも多くの協定が同様の規定を置いている。

(6)は，後発途上国を一般の途上国と区別してさらに優遇する規定である。すでに見た，後発途上国に一般の途上国よりも長い猶予期間を認めたTRIPS協定66条1項やTRIMs協定5条2項，後発途上国に輸出補助金の交付禁止義務の恒久的免除を認めた補助金協定27.2条(a)などがその例である。

これらのS&Dに関する規定がWTO諸協定その他の法的文書にどのように織り込まれているかを一覧にしたのが図表11-1である。

⑸ WTOのS&Dに対する評価

WTOのS&Dをガットの時代のS&Dと比較すると，以下のいくつかの特徴を指摘できる。

第1に，協定上の義務の履行に当たって，基本的に途上国に対して先進国と異なる内容の優遇（義務の軽減や免除）を認めず，実施のための猶予期間や先進国から途上国への技術協力，あるいは自由化約束の提供に当たって先進国に途上国への配慮を認めるにとどまる協定が多い。

その典型はTRIPS協定である。TRIPS協定はその前文で，協定の目的として「国際貿易にもたらされる歪み及び障害を軽減させること」，「知的所有権の有効かつ十分な保護を促進し並びに知的所有権の行使のための措置及び手続自体が正当な貿易の障害とならないことを確保する」ことを掲げ，また，知的所有権が私権であることを宣言している。たしかにTRIPS協定は，同じく前文で，後発途上国が健全で存立可能な技術的基礎を創設することを可能とするために，国内における法令の実施に当たって最大限の柔軟性を確保する必要性を認めている。しかし，TRIPS協定の本文は原則としてすべての加盟国に対して一律の義務を課しており，後発途上国およびその他の途上国に対しては，義務の履行に関して先進国よりも長い猶予期間を認めているにすぎない（TRIPS協定65条2項，66条1項）。

また，GATSは，国別の約束表に基づいてサービス貿易の自由化を漸進的に図ってゆくことを規定しており，途上国に対しては，自由化を「国家の

図表 11-1　S&D 規定の類型別・協定別一覧

協定＼類型	(1)途上加盟国の貿易機会の増大を目指す規定	(2)先進加盟国が途上加盟国の利益を保護することを求められる規定	(3)途上加盟国の約束，措置や政策手段の使用における柔軟性を許容する規定	(4)猶予期間を付与する規定
農業協定	1		9	1
純食糧輸入途上国に関する決定		4		
SPS 協定		2		2
繊維協定	1	3		
TBT 協定		6	1	1
TRIMs 協定			1	2
AD 協定		1		
関税評価協定		1	2	4
単独業者等の輸入に係る最低評価額に関する決定		2		
船積前検査協定				
原産地規則協定				
輸入許可手続協定		3		1
補助金協定		2	8	6
セーフガード協定		1		1
GATS	1	1	2	
TRIPS 協定		2		
DSU		7	1	
1994 年の GATT 18 条			3	
1994 年の GATT 36 条	4	3	1	
1994 年の GATT 37 条	2	6		
1994 年の GATT 38 条	2	5		
授権条項	1		2	
後発途上国への優遇措置に関する決定				
後発途上国の特恵関税待遇に関するウェーバー				
合計	12	49	30	18

出典：WTO Doc., WT/COMTD/W/77, 25 October 2000, pp. 76-77.

(5)途上加盟国への技術協力に関する規定	(6)後発途上加盟国に関する規定	協定別の合計
	3	14
1		5
1		5
	2	6
7	1	16
	1	4
		1
1		8
		2
		0
		0
		4
		16
		2
2	1	7
1	3	6
1	2	11
		3
		8
		8
		7
	1	4
	7	7
	1	1
14	22	145

政策目的並びに分野全体及び個々の分野における個々の加盟国の発展の水準に十分な考慮を払いつつ進める」ことを求めるにとどまる(19条2項)。その結果，将来のサービス貿易自由化交渉において，途上国に対しては自由化約束の提供に当たって一定の柔軟性が認められることになった。

　他方で，先進国がサービス貿易の自由化を進めてゆく上で，途上国からのサービスを特に優遇することは義務づけられていない。「開発途上国の参加の増大」と題されたGATS4条は，1項で，将来のサービス貿易自由化交渉において，(a)特に商業的な原則に基づく技術の利用による開発途上加盟国の国内のサービスに関する能力ならびにその効率性および競争力の強化，(b)途上加盟国による流通経路および情報網の利用の改善，(c)途上加盟国が輸出について関心を有する分野および提供の態様における市場アクセスの自由化に関して，先進国が特定の約束を通じてサービス貿易への途上国の参加を促進することを求めている。しかし，これはあくまでも将来のサービス貿易自由化交渉における指

針を示したにとどまり，先進国に特定の約束を義務づけるものではなく，ましてや途上国を先進国よりも優遇するような約束を義務づけるものではない。産品の貿易に関する自由化交渉（関税交渉）の場合と同じく，サービス貿易自由化交渉においては，相互主義に基づく自由化のリクエスト（要望の提示）とオファー（自由化の申出）の交換が行われる。途上国といえども，自らの市場を開放することなしに先進国市場の開放を獲得するただ乗り（free riding）は認められないのである。

TRIPS協定とGATSが，協定上の義務の履行に当たって基本的に途上国に対して先進国と異なる内容の優遇（義務の軽減や免除）を認めず，途上国に対して実施のための猶予期間や先進国から途上国への技術協力，あるいは自由化約束の提供に当たっての先進国から途上国への配慮を認めるにとどまるのは，途上国における知的財産権保護を強化し，あるいは途上国によるサービス貿易の自由化を推進させたいという先進国，特にウルグアイ・ラウンドにおけるこれらの協定の締結交渉を主導した米国の強い意向の表れである。

第2に，途上国の法的能力や行政能力の不足ないし欠如を理由として，協定上の義務の免除や履行に当たって途上国に長い猶予期間を認め，あるいは先進国やWTOが途上国に技術援助を提供するというタイプのS&Dは，基本的にガットの時代のそれを継承している。

たとえば，関税評価協定は，複数国間協定であった東京ラウンド関税評価協定の当事国でなかった途上加盟国はこの協定の実施をWTO協定発効の日から5年間延期することができること（20条1項），協定6条の規定する積算価額（computed value）方式の採用をさらに3年間（合計8年間）延長できること（20条2項），先進加盟国は相互に合意する条件で途上加盟国に対して技術援助を提供すること（20条3項）を規定するが，これは東京ラウンド関税評価協定21条と全く同じ規定である。TBT協定や輸入許可手続に関する協定にも同様の規定がある。

以上の特徴から明らかなように，WTOのS&Dはガットの時代のS&Dとはその性格と機能をかなり異にしている。ガットの時代のS&Dは，新国際経済秩序（NIEO）の理念に基づいて，GATTの自由主義的理念とそれを体現する基本原則（無差別原則と相互主義）を修正し，先進国と途上国との

間の経済開発の格差を縮小させるための手段として位置づけられていた。これに対して，マラケシュ協定の前文が「成長する国際貿易において開発途上国特に後発開発途上国がその経済開発のニーズに応じた貿易量を確保することを保証するため，（締約国が——引用者注）積極的に努力する必要があることを認め」と述べたことに示されているように，WTO の下では，途上国の経済開発は，途上国が先進国と同様に自由主義的理念に基づいて WTO 協定の基本原則やルールを実施することを通じて達成される目標として位置づけられた。言い換えれば，WTO における S&D は，WTO 協定その他の法的文書に盛り込まれた基本原則やルールが先進国，途上国を問わず普遍的に適用されることを前提とした上で，途上国への原則やルールの適用における一定程度の柔軟性を許容するための現実的な手段と位置づけられることになったのである。以上の意味で，ガットの時代は一方的な要求者ないし消極的な受益者として，ガット体制のいわば「局外者」と位置づけられていた途上国は，WTO の下で「体制内化」した（参考文献の柳赫秀論文を参照）。

3　WTO 体制下の途上国問題

途上国を「体制内化」して発足した WTO 体制は，しかしながら，多角的自由貿易体制に途上国を円滑に取り込み，かつその経済開発を支援してゆく上でいくつかの困難に直面することになった。

(1) WTO 協定の実施 (implementation) 問題

1998 年 5 月にジュネーブで開催された第 2 回 WTO 閣僚会議に先立って，途上国が WTO 協定の義務を履行する上で大きな制約を抱えているという問題が提起された。途上国による WTO 協定の実施（implementation）をいかにして確保するかという問題（実施問題）が，WTO の重要な課題として提起されたのである。途上国，特に後発途上国は，財源の不足や人的資源の不足などの制度的な制約のため，膨大で複雑な WTO 協定の義務を国内で実施することが難しいと主張した。特に，実施のために先進国よりも長い猶予期間が設定されたいくつかの協定（TRIPS 協定，TRIMs 協定など）については，当初の猶予期間経過後に協定上の義務を完全に履行することは難しい

として，猶予期間の延長を求めた。さらに，一部の途上国は，WTO協定が，途上国の期待したような通商上の利益を自国にもたらしていないと批判した。特に，繊維協定，補助金協定，農業協定，TRIPS協定，アンチダンピング協定，SPS協定，TRIMs協定は，途上国の利害と関心を十分に反映していないので，途上国に確実に利益をもたらすよう，協定自体を改訂する必要があると主張した。

途上国からのこうした問題提起を受けて，第2回WTO閣僚会議宣言は，多角的貿易体制に対する信頼性を確保し，貿易の一層の拡大と雇用の創出，世界中の生活水準の向上に向けた努力を続けてゆくために，WTO協定の完全かつ誠実な実施が不可欠であること（8節），WTO協定の完全かつ誠実な実施を確保するために一般理事会の下で新たな手続を設けること（9節）を宣言した。1999年12月にシアトルで開かれたWTO第3回閣僚会議の直前に，一部の途上国はWTO協定の実施問題に含まれる約150の論点のリストを一般理事会に提出し，第3回閣僚会議ではこのリストをたたき台として検討が行われた。しかし，第3回閣僚会議はこの問題について具体的な結論を出すことができなかった。その後，一般理事会はWTO協定の実施問題を検討する特別会期（実施審査メカニズム〔Implementation Review Mechanism〕，IRM）を招集し，2000年から2001年にかけて4回の会合を開いてこの問題を集中的に検討した。2001年11月にドーハで開かれたWTO第4回閣僚会議は，IRMでの検討結果を踏まえて，実施関連の問題および関心に関する閣僚会議決定（WT／MIN（01）／17）を採択した。

実施関連の問題および関心に関するドーハ閣僚会議決定は，1994年のGATTを初めとする11のWTO協定（1994年のGATT，農業協定，SPS協定，繊維協定，TBT協定，TRIMs協定，アンチダンピング協定，関税評価協定，原産地規則協定，補助金相殺措置協定，TRIPS協定）を取り上げて，それらの協定の中で途上国が特に実施に困難を覚えている規定について，①実施要件を緩和すること，あるいは②先進国がそれらの規定を途上国に対して適用する場合に特別な配慮を払うべきことを規定した。①の例として，たとえば，TRIMs協定の実施に関して後発途上国に認められた7年の猶予期間（TRIMs協定5条2項）を延長する申請が物品貿易理事会に出された場合（同

条3項）、理事会はこの要請を前向きに検討する（consider positively）よう求めた（決定6.2節）。同様の猶予期間の延長は関税評価協定についても認められた（決定8.2節）。②の例として、たとえば、SPS協定10条2項が規定する、途上加盟国が関心を有する産品について新たな衛生植物検疫措置を導入する場合に、途上加盟国に対して認めるべき「遵守のための一層長い期間」については、これは通常最低6ヵ月を意味すると規定した（決定3.1節）。同じく、SPS協定附属書B（衛生植物検疫上の規制の透明性の確保）2節が規定する、途上加盟国の生産者がその産品および生産方法を輸入加盟国の要求に適合させるための期間を与えるために、衛生植物検疫上の規制の公表と実施の間に置くべき「適当な期間」についても、これは通常最低6ヵ月を意味すると規定した（決定3.2節）。

実施関連の問題および関心に関するドーハ閣僚会議決定が盛り込んだのは、第4回閣僚会議およびそれ以前に決着した事項である。それ以外の実施問題に関する未解決の論点については、引き続いて検討が行われ、検討の結果は、ドーハ開発アジェンダの他の議題と同じく、ドーハ交渉の最終成果に盛り込まれることになっている（ドーハ閣僚会議宣言12節、香港閣僚会議宣言39節）。

(2) 途上国のキャパシティ・ビルディング

WTO協定の実施問題をめぐる議論は、途上国がWTO協定を実施する能力を高めるために、先進国やWTO諸機関が積極的に技術援助を実施する必要があるという議論と密接に関連する。実施関連の問題および関心に関するドーハ閣僚会議決定は、WTOの技術援助が、途上国がWTO協定の義務を実施し、将来の多角的貿易交渉に効率的に参加する能力を増大させることに重点を置くことを確保するよう、WTO事務局長に要請した（14節）。

2(4)で見たように、WTO諸協定その他の法的文書は随所で途上国に対する技術援助について規定している。これを受けて、先進加盟国やWTOの諸機関は、途上国のキャパシティ・ビルディング（WTO協定実施能力の向上）を目的とするさまざまな技術援助のプログラムを実施している。たとえば日本は、2001年から2004年にかけて、国際協力事業団（JICA、2003年10月以降は独立行政法人国際協力機構）を通じて、タイ、インドネシア、マレーシア、フィリピンの通商政策担当者を対象に、これらの国によるWTO協

定の履行支援を目的とする技術援助（研修）を行った。その後も，アフリカ諸国やアフガニスタン，イラク，APEC加盟国であるWTOの途上加盟国等を対象に，JICAを通じたWTO協定履行支援のための技術援助が続けられている。また，日本は，WTOの諸機関によるキャパシティ・ビルディングのための信託基金への拠出などを通じて，財政的な支援を行っている。

WTOの諸機関もさまざまなキャパシティ・ビルディングのプログラムを実施している。WTOの諸機関によるキャパシティ・ビルディングは，セミナー，ワークショップ，専門家派遣，ブリーフィング，電子媒体による技術援助の5種に大別される。セミナーは個別の途上加盟国や地域的な途上加盟国グループを対象に実施される。WTO協定全般をテーマにする場合もあれば，特定のテーマ（たとえば，アンチダンピング，関税評価，紛争解決手続など）について行われる場合もある。ワークショップは通常特定のテーマについて実施され，一般的・理論的な説明に加えてケーススタディやシミュレーションによる訓練が行われる。専門家派遣の目的は，WTO協定を実施するための国内法制の整備や個別のWTO協定に関するさまざまな通報義務の履行に関して派遣先の途上加盟国を支援することにある。そのほか，派遣先の途上加盟国が関心を持つ特定の貿易政策についてのレクチャーが行われることもある。ブリーフィングは，ジュネーブ駐在の加盟国代表団のメンバーやジュネーブを訪問した通商政策担当者を対象に，WTOの活動についての最新情報を提供することを目的として実施される。電子媒体による技術援助として，WTOに関する多様なEラーニングのプログラムが製作され，インターネットを通じて提供されている（参照，https://ecampus.wto.org/）。

従来，WTOを通じた技術援助のプログラムは主としてWTO事務局のさまざまな部門によって個別に実施されてきたが，2001年に事務局内にWTO訓練センターが設立され，技術援助活動を統轄することになった。同センターは後に訓練・技術協力センター（Institute for Training and Technical Cooperation, ITTC）と改称され，WTOの技術援助活動を統括し，活動の年次計画を策定している。

Column WTO法助言センター（ACWL）

米国やEUなどの先進国を初めとして，多くのWTO加盟国がWTOの紛争解

決手続を積極的に活用してきたが（→第3章4を参照），途上国による利用，特に申立国としての利用は少ない。WTO 紛争解決手続を活用するためには，紛争当事国（申立国および被申立国）あるいは第三国として係争案件の事実関係や法的論点について詳細かつ説得的な議論（書面および口頭審理）を展開しなければならず，そのためには，過去の多くの上級委員会報告やパネル報告を通じて形成されてきた WTO の膨大な「判例法」に関する知識を含む，WTO 法や WTO 紛争解決手続に関する高度の専門知識が必要である。しかし，途上国にはこのような専門知識を備えた人材が不足していることが多く，かといって WTO 法・紛争解決手続に精通した欧米の弁護士を雇う高額の費用を負担することも財政的に難しい。こうしたボトルネックを打開するため，2001 年に，29 の WTO 加盟国（先進国9，途上国20）が協定を結んで WTO 法助言センター（Advisory Centre on WTO Law, ACWL）をジュネーブに設立した。ACWL の主要な任務は途上国・地域，特に後発途上国と移行経済諸国に対して，①WTO のさまざまな意思決定や交渉（加入交渉，多角的通商交渉など）に関わる法的問題，②これらの国の国内法令や措置の WTO 法適合性，および③WTO 紛争解決手続の遂行（特に，他の加盟国の法令や措置の WTO 協定適合性を争う可能性など）について法的な助言を提供することである。以上の中で，③は途上国による WTO 紛争解決手続の利用を促進する上で重要な意義を持つ。ACWL のメンバーとなった途上国・地域（WTO 加盟国・地域だけでなく加盟交渉中の国・地域もメンバーになることができる）は，所定の割安な料金を支払って，ACWL のスタッフである国際通商法の専門家や外部の弁護士から，協議要請から対抗措置の発動に至る WTO 紛争解決手続の遂行に関して法的助言を受けることができる。後発途上国には特別の割引料金が適用される（たとえば，これらの国が紛争当事国ないし第三国として関与する WTO 紛争解決案件についての助言の料金は1時間当たり40スイスフラン）。ACWL の活動に必要な資金は主としてメンバー国・地域からの拠出金でまかなわれる。特に，先進国であるメンバー（2018年10月現在はカナダ，デンマーク，フィンランド，アイルランド，イタリア，オランダ，ノルウェー，スウェーデン，英国，スイス，オーストラリアの11ヵ国と準メンバーであるドイツ）が拠出金の多くを負担している。2001年の設立以来，2018年10月までに，ACWL は 63件の WTO 紛争案件で途上国・地域に法的助言を提供した。途上国による WTO 紛争解決手続の利用実績について包括的な分析を行ったシェファー（Gregory C. Schaffer）とメレンデス＝オルティス（Ricardo Meléndez-Ortiz）は，途上国，特に後発途上国が WTO

紛争解決手続を活用する能力を阻害してきた加盟国間の財政能力の不均衡を是正する上で ACWL が多大な貢献をしたと評価している。

③ 貿易のための援助（Aid for Trade）

キャパシティ・ビルディングを通じて途上国が WTO 協定を国内実施する能力や紛争解決手続を利用する能力を高めたとしても，WTO 体制の下でもたらされる通商機会の拡大を十分に生かす能力を途上国が獲得しない限り，途上国の経済開発にはつながらない。拡大した通商機会を途上国が活用する能力を伸ばすための援助こそが必要である。そのためには，世界の途上国向け援助をこの方向に沿って調整し，結集させて，援助の実効性と効率性を高めてゆく必要がある。そこで，2005 年の WTO 香港閣僚会議宣言は，特に途上国の輸出向け生産能力を向上させ，通商拡大に不可欠の経済インフラストラクチャー（港湾，道路，鉄道，電力，上下水道，電気通信など）を整備するため，これらの目標・分野を対象とする国際機関（IMF，世界銀行，地域開発銀行，国連工業開発機関（UNIDO）や国連開発計画（UNDP）を初めとする国連機関など）や主要な援助国の援助計画と援助活動を調整し，結集させるため，貿易のための援助（Aid for Trade）という新しいプログラムを開始させることを宣言した（57 節）。この宣言に基づいて WTO 事務局長が任命したタスク・フォースが勧告を取りまとめ，2006 年 7 月に WTO の一般理事会に提出した（WT/AFT/1）。この勧告に基づいて，途上国が拡大した通商機会を活用する能力を向上させるため，国際機関と援助国による援助の調整が図られることになった。

Aid for Trade プログラムの成果を総合的に評価するため，これまでに 6 回グローバル・レビューが行われている。2017 年に行われた最新のレビューによれば，2006 年の発足以来，2015 年末までに Aid for Trade プログラムを通じた援助の総額は約束ベースで 4013 億ドルに達した。そのうち 57％ が途上国の経済インフラストラクチャーの整備に，41％ が途上国の輸出向け生産能力の向上に向けられている（参照，OECD/WTO（2017））。

④ WTO の意思決定過程への途上国の参加

WTO の閣僚会議や一般理事会の意思決定において加盟国は 1 国 1 票を有

するが，ガットの時代から意思決定をコンセンサス方式で行うことが慣行となっており，この慣行はWTOでも維持されている（マラケシュ協定9条1項，→第3章2(2)を参照）。しかも，実際には，ガットの時代から，ラウンドの重要な決定事項については，少数の主要国が非公式会合（ガットの時代はガット事務局長の会議室で開かれる慣例があり，その壁の色が緑であったことから，「グリーンルーム会合」と呼ばれる）を開いて草案を詰めて合意し，それを全体会合にかけてコンセンサスで採択するという慣行が行われてきた。これに対して，WTO体制の下でグリーンルーム会合に呼ばれない多くの途上国の間で，WTOの意思決定が透明性を欠く，意思決定において自分たちの意思が十分反映されないとの不満が高まってきた。WTOの意思決定過程に対する途上国の不満は，1999年にシアトルで開かれたWTO第3回閣僚会議の際に噴出し，この閣僚会議が新ラウンドの発足に向けた合意に到達することに失敗した一因となった。

　シアトル閣僚会議の失敗の経験を踏まえて，2001年にドーハで開かれたWTO第4回閣僚会議では，意思決定過程への途上国の参加と透明性の確保に一定の配慮が払われた。主要な交渉議題について，すべての国に開かれた7つの非公式首席代表者会合（Meeting of Heads of Delegations, HODs）が組織され，そこで詰められた草案をグリーンルーム会合でとりまとめて全体会合にかけ，コンセンサスで採択するという方式がとられたのである。これはWTOの意思決定過程への途上国の参加と透明性の確保という観点から見て一定の前進と評価できる。しかし，HODsの議長役（facilitators）の選任過程が不透明である，最終的なとりまとめがグリーンルーム会合で行われ，多くの途上国が参加を認められなかった，膨大な文書が会議の終了間際に出され，十分な検討の時間が与えられなかったなどの批判が途上国から出された。ドーハ交渉が交渉開始から17年を過ぎた2019年に入っても妥結の見通しが立たない背景事情の一つとして，多角的通商交渉の意思決定方式をめぐる途上国の不満があることは間違いない。いまや加盟国の4分の3が途上国で占められるに至ったWTOにおいて，その意思決定過程への途上国の参加と透明性をいかに確保するかは，WTOの民主的正当性が問われる重要な課題となっている。

【参考文献】

柳 赫秀「WTO と途上国──途上国の『体制内化』の経緯と意義（上）〜（下 2・完）」貿易と関税 1998 年 7 月号，10 月号，2000 年 7 月号，9 月号

Amin Alavi, LEGALIZATION OF DEVELOPMENT IN THE WTO: BETWEEN LAW AND POLITICS, Kluwer Law International, 2009.

George A. Bermann & Petros C. Mavroidis eds., WTO LAW AND DEVELOPING COUNTRIES, Cambridge University Press, 2007.

William R. Cline, TRADE POLICY AND GLOBAL POVERTY, Institute of International Economies, 2004.

Paul Collier, CATCHING UP: WHAT LDCS CAN DO, AND HOW OTHERS CAN HELP, Commonwealth Secretariat, 2011.

Larry Crump & S. Javed Maswood eds., DEVELOPING COUNTRIES AND GLOBAL TRADE NEGOTIATIONS, Routledge, 2007.

John W. Head, LOSING THE GLOBAL DEVELOPMENT WAR: A CONTEMPORARY CRITIQUE OF THE IMF, THE WORLD BANK, AND THE WTO, Martinus Nijhoff Publishers, 2008.

Robert E. Hudec, DEVELOPING COUNTRIES IN THE GATT LEGAL SYSTEM, Trade Policy Research Centre, 1987. 邦訳，小森光夫編訳『ガットと途上国』（信山社，1992 年）

Homi Katrak & Rober Strange eds., THE WTO AND DEVELOPING COUNTRIES, Palgrave MacMillan, 2004.

Will Martin & L. Alan Winters eds., THE URUGUAY ROUND AND THE DEVELOPING COUNTRIES, Cambridge University Press, 1996.

Constantine Michalopoulos, DEVELOPING COUNTRIES IN THE WTO, Palgrave, 2001.

Amrita Narilikar, INTERNATIONAL TRADE AND DEVELOPING COUNTRIES: BARGAINING COALITIONS IN THE GATT & WTO, Routledge, 2003.

OECD/WTO, AID FOR TRADE AT A GLANCE 2017: PROMOTING TRADE, INCLUSIVENESS AND CONNECTIVITY FOR SUSTAINABLE DEVELOPMENT, OECD/WTO, 2017.

Sonia E. Rolland, DEVELOPMENT AT THE WTO, Oxford University Press, 2012.

Gregory C. Shaffer & Ricardo Meléndez-Ortiz eds., DISPUTE SETTLEMENT AT THE WTO: THE DEVELOPING COUNTRY EXPERIENCE, Cambridge University Press, 2010.

Joseph E. Stiglitz & Andrew Charlton, FAIR TRADE FOR ALL: HOW TRADE CAN PROMOTE DEVELOPMENT, Oxford University Press, 2005.

Chantal Thomas & Joel P. Trachtman eds., DEVELOPING COUNTRIES IN THE WTO LEGAL SYSTEM, Oxford University Press, 2009.

United Nations, AID FOR TRADE AND HUMAN DEVELOPMENT: A GUIDE TO CONDUCTING AID FOR TRADE NEEDS ASSESSMENT EXERCISES, United Nations, 2008.

United Nations Conference on Trade and Development (UNCTAD), WTO ACCESSIONS AND DEVELOPMENT POLICIES, United Nations, 2001.

Peter John Williams, A HANDBOOK ON ACCESSION TO THE WTO, Cambridge University Press, 2008.

WTO, Committee on Trade and Development, IMPLEMENTATION OF SPECIAL AND DIFFERENTIAL TREATMENT PROVISIONS IN WTO AGREEMENTS AND DECISIONS, Note by the Secretariat, WT/COMTD/W/77, 25 October 2000.

第12章 WTO体制と非貿易的価値

Summary
　WTO体制が擁護する貿易的価値と他の正当な非貿易的価値との抵触と調整の問題が，とくにポスト・ウルグアイ・ラウンドの重要なテーマとして意識されてきた。たとえば，環境，人権，労働，競争政策，文化および安全保障などの非貿易的価値の実現のための貿易制限を，WTOの貿易自由化原則とどのように調整するかという問題である。とりわけ非貿易的価値の実現が多数国間条約体制を通じて行われる場合には，WTO体制との抵触と調整は複雑な問題を提起する。本節では，環境，労働および人権という3つの価値を取り上げて，そのような問題にWTO体制がどのように対処しようとしているのかを考察しよう。

Key Word
　貿易関連環境措置（TREM）　多数国間環境協定（MEA）　生産工程および生産方法（PPM）　環境外部性　内部化　比較優位理論　消費外部性　生産外部性　産品関連PPM　非産品関連PPM　産品中心の規制アプローチ　多角的アプローチ　GATT 20条　環境税　排出量取引　国境税調整　国境調整措置　ILO（国際労働機関）　社会的ダンピング　社会条項　一般特恵制度　北米労働協力協定（NAALC）　中核的労働基準（core labor standards）　アパルトヘイト　「グローバル化と人権の完全な享受に対するその影響」　経済的，社会的及び文化的権利に関する国際規約　健康を享受する権利　食糧に対する権利　食糧援助規約　紛争ダイヤモンド　キンバリー・プロセス

1　貿易と環境

(1)　「貿易と環境」問題の登場

　1991年の「米国―マグロ・イルカⅠ」事件（DS21，未採択）において，ガットの紛争解決小委員会は，イルカの混獲を伴う漁法で漁獲されたマグロについて米国が輸入禁止措置を発動したのはGATT違反であるという判断を

下した。イルカの保護という環境的価値とマグロの輸出入という貿易的価値の衝突が争点とされたこの事件を契機として，環境保護と貿易の自由化はどのような関係にあるべきかという問題がにわかに脚光を浴びることになった。1992年にリオデジャネイロで開催された国連環境開発会議（UNCED）も，この問題を一つの重要な議題として取り上げた。

「米国—マグロ・イルカⅠ」事件の争点をより一般的にいえば，環境保護を目的として発動される貿易制限措置（「貿易関連環境措置（trade related environmental measure）」と呼ばれる。以下，TREM）は，GATT法（または1995年以後は広くWTO法）上許容されるかということである。国内環境問題が深刻化し，また地球環境保護への世界的な関心が高まるなかで，国家がTREMを発動する可能性は今日ますます高まっている。

TREMはさまざまな形態で発動される。「多数国間環境協定（multilateral environmental agreement）」（以下，MEA）に基づいて発動されるものや単独の国家により一方的に発動されるものが存在する。また，保護の対象となる環境的価値がTREMを発動する国家の管轄権内に所在するのか，またはその外に所在するのかによって区別することも可能である。典型的なTREMは輸入規制の形態をとるが，それらの中には産品の使用や消費が環境にとって有害であることを理由に輸入規制を行うものや，産品の「生産工程および生産方法（process and production methods）」（以下，PPM）が環境破壊的であることを理由にそのような産品の輸入規制を行うものがある。イルカを環境資源と考えれば，「米国—マグロ・イルカⅠ」事件におけるTREMはこの後者の例といえる。

ポスト・ウルグアイ・ラウンドの緊急の課題として登場した「貿易と環境」の問題とは，より具体的にはこのようにしてTREMのWTO法上の許容性をめぐる問題に他ならない。本節では，最初にTREMに関する環境派の人々と貿易派の人々の論争を概観し，「貿易と環境」という問題の所在を確認する。次に，実際，もっとも困難な問題を提起しているTREMの例として，上述のPPM規制を目的とするTREMを取り上げて，現行WTO法上の合法性を検討する。そこでは，WTO法の規制枠組みとその修正，さらにTREMを規定するMEAとWTO法の関係が論じられる。そして，最後

に最近の問題として地球温暖化対策とWTO法の問題を取り上げよう。

⑵ TREMをめぐる論争と問題の所在

環境派の人々と貿易派の人々はTREMをめぐって次のような論争を展開してきた。すなわち，一方で環境派の人々は貿易的価値と環境的価値が抵触すると主張する。貿易自由化と経済成長は，適正な対価の支払（「内部化」）を伴わなければ資源の持続不可能な消費と廃棄物の生産を促すことになり，環境汚染を拡大し，その他の環境破壊（「外部化」）を招くことになる。環境的価値が貿易的価値よりも高次であり，かつ緊急性を持つことから，一定の環境基準を実施しようとするTREMはたとえ貿易的価値を損なうものであっても正当化される。それは，グローバルな，または国境を越えた環境問題に対処し，さらにMEAの実効性を確保するために有効である。

他方で，貿易派の人々は，環境的価値と貿易的価値は相互補完的であり，後者は前者に資すると主張する。一国の環境資源の消費が適正な対価を伴うならば，自由貿易は資源の有効利用と経済厚生の増加をもたらす。したがって，経済成長は，環境保護支出のための追加的な所得を生じさせ，環境基準と環境保護技術の改善を実現する。問題は，自由貿易が環境にもたらす害ではなく，TREMが貿易の自由化にもたらす害である。一方的なTREMは国際競争からの救済を求める国内競争者のための偽装された保護貿易手段となる危険性が高い。

環境派と貿易派の以上のような論争にもかかわらず，人類の持続可能な発展と幸福にとって環境的価値と貿易的価値の両方を尊重することは不可欠であろう。したがって，両方の価値は，貿易派が主張するように相互補完的であり，本質的に抵触するものとみなすべきではない。しかし，環境派が主張するように，環境破壊の原因が環境資源の消費に伴うコストの外部化にあるとすれば，何らかの形でそのようなコストの内部化がはかられなければならない。

たしかに国内では政府による補助金や規制がそのような内部化を可能にするかもしれない。しかし，国際社会ではそれは容易ではない。第1に，国際的な競争圧力が一国による一方的な内部化の障害となる。外国の競争者が同様に行動しない限り，国内の企業が環境外部性のコストを内部化する余裕は

ない。第2に，一方的な内部化が困難であれば，国際的合意により内部化のための国際協定を締結することが考えられる。しかし，その実現は今日まで遅々として進んでいない。諸国の技術水準と経済発展に大きな格差があるため，拘束力のある国際協定の形で内部化の厳格な実施を実現するためのコンセンサスに到達する可能性はほど遠い状況にある。

　当面，環境外部性の内部化が困難であるとすれば，TREM は，最も有効な問題の解決手段ではないとしても，次善の策として視野に入ってくることになる。貿易派の主張は，環境外部性の内部化が可能であることを前提にしているように見え，その限りで現実的な説得力を持たない。TREM に関する環境派の主張が全面的にではないとしても支持できるとすれば，次の問題は，現行の WTO 法の下で TREM の合法性をどのようにして確保しうるかということになろう。この場合，貿易派の主張する TREM の持つ危険性にも十分留意する必要がある。

　Column 環境「外部性」の「内部化」とは
　　経済学上，「外部性（externality）」は，「1つの経済主体の行動が他の主体の福利に及ぼす効果で，その効果が金銭的にまたは市場の取引に反映されない場合である」（サムエルソン・ノードハウス）とされる。そして，環境汚染が発生する理由についてはたとえば次のように説明される。産品の価格は一般に産品のライフ・サイクルにおいて発生する環境汚染の社会的コストを含まない。むしろ環境汚染は通常「外部性」として扱われる。すなわち，汚染のコストは社会全体に吸収される。財政的インセンティブまたは規制枠組みの形で国家が介入しなければ，生産者または消費者は外部性のコストを「内部化する（internalize）」（すなわち，汚染の損害額を製品価格に含める）決定的理由を持たない。

③　PPM 規制を目的とする TREM の WTO 法上の合法性
(a)　PPM の概念
　今日，諸国は産品のライフ・サイクルにおける（産品の原材料の使用を含む生産段階から，流通，使用または消費，および廃棄の最終段階までを含む）環境外部性とその内部化に関心を持つようになってきた。そして，産品それ自体がその使用や消費によってもたらす外部性だけでなく，産品の PPM によって生じる生産過程での外部性もしばしば環境に対して重大な影響を及ぼすと

いう事実を認識しつつある。この結果，諸国は，産品そのものに環境規制を及ぼすと同時に，さらに産品がどのような過程を経て生産されたのか，すなわちPPMにも関心を向ける傾向にある。

　PPMは，産品が消費の過程で環境に影響を及ぼすのか，生産の過程で環境に影響を及ぼすのかによって区別が可能である。前者の場合，PPMのもたらす環境への影響は「消費外部性（consumption externality）」と呼ばれる。ある産品の生産過程で利用されたPPMは，当該産品の性能に変更をもたらし，それによって当該産品が消費され，使用され，または処分されるときに輸入国の環境に損害を生じさせることがある。この場合，PPMが産品に顕在化しているといえる。したがって，この種のPPMは，当該産品の性質に直接関連し，「産品関連PPM（product-related PPM）」と呼ばれる。たとえば，穀物生産に用いられた殺虫剤は当該穀物に残存物として含まれることがあり，また成長ホルモンを投与した家畜からはホルモンの残存物を含む食肉が生産されることがある。

　次に，PPMが産品の生産過程で環境に影響を及ぼす場合（後者の場合）には，そのような環境への影響は「生産外部性（production externality）」と呼ばれる。PPMがもたらす環境への影響が産品それ自体に移転せず，したがって，産品の性質に顕在化しない場合には，当該PPMは，その産品が貿易の対象となるかどうかを問わず，生産国と，さらに越境スピルオーバー（すなわち，国境を越えた漏出）によりその他の諸国で生産外部性をもたらすことがある。このようなPPMは「非産品関連PPM（non-product-related PPM）」と呼ばれる。この種のPPMの典型的な例は，上述の「米国—マグロ・イルカⅠ」事件において問題となったイルカの混獲を伴うマグロのきんちゃく網漁や，後述の「米国—小エビ」事件における海ガメの混獲を伴う小エビの底引き網漁である。また，植林などの持続的発展計画を伴わない森林伐採方法やフロンガスを利用した部品の洗浄，さらに残虐な狩猟方法による毛皮用動物の捕獲もそのような例として挙げられる。

(b)　PPM規制を目的とするTREMの発動状況

　産品関連PPMは，消費外部性が発生する輸入国が国内的な産品基準を設定することにより規制可能であるため，比較的問題は少ない。後述のように，

WTO法は，内国民待遇原則など一定の規律に従う限りで加盟国が国内的な産品規制を行うことを許容しているからである。

　他方で，非産品関連PPMは本来生産国における生産基準の設定によって規制されるべきものである。しかし，生産国の規制が不十分であったり，非実効的であったりする場合には，越境スピルオーバーにより生産外部性を被る他の諸国も，当該PPMの利用を中止させるために独自の生産規制を実施しようとする。そして，そのような生産規制の手段としてまさにTREMが利用されることになる。この場合，TREMは，当該PPMによって生産された産品の輸入規制という形態をとることがあるが，実質的には生産国における当該PPMの利用を中止させようとするものであるから，関係国間に合意が存在しない限り，TREMの発動国による生産規制の一方的な域外適用，さらには発動国による一方的な環境基準の押し付けとみなされる可能性がある。

　問題はさらに生産外部性がスピルオーバーによって，より広い範囲の諸国に及ぶ非産品関連PPMの場合に複雑となる。生産国を含めて関係する諸国の数が増えれば増えるほど，各国の環境問題に対する政策的スタンスの違いから当該PPM規制を目的とするTREMの必要性について合意をみるのが困難となるであろう。このためそのようなTREMが発動される状況は，関係国間の合意の程度に応じて次のように区別できる。すなわち，①一国がMEAの下でTREMの発動を義務づけられる場合，②一国がMEAの下でTREMの発動を許可されている場合，③一国がMEAの目的の達成のために必要であると一方的に判断してTREMを発動する場合，④MEAが成立せず，一国が単独でTREMを発動する場合，である。

　上記①ないし③の場合には，さらにTREMの対象国，すなわち有害なPPMを利用する生産国が当該MEAの当事国であるかどうかによっても区別が必要である。生産国が非当事国である場合には，上記①ないし③のいずれの場合にもTREMの発動は一方的性質を持つことを免れない。また，上記④の場合を含めてTREMの発動が一方的である場合でも，重大な環境損害に対処する緊急の必要性が存在するような状況も考えられる。

　このようにしてPPM規制を目的とするTREMが発動される状況はさま

ざまであり，各々の状況に応じてTREMの国際法上およびWTO法上の評価は微妙に異なってくることが予想される。しかしながら，本節では，この点を留保して，これらのさまざまな状況を一般化して考察を行うことにする。以下では，非産品関連PPMの規制を目的とするTREMについて，それがMEAの枠組み内であるか否かを問わず，一国により一方的に発動されるという状況を想定し，そのWTO法上の合法性の問題を検討しよう。

(c) **WTO法の規制枠組みとTREMの合法性**

非産品関連PPM規制を目的として発動されるTREMは，通常，輸入国における輸入産品規制の形態をとる。したがって，WTO法上の規制の枠組みとして関連してくるのは，産品貿易を規律するGATT 1994とSPS協定やTBT協定である。ここではもっぱらGATT 1994の適用について検討しよう（SPS協定およびTBT協定については→第7章2参照）。GATTは，自由貿易体制を構築するための基本原則として，無差別原則とともに数量制限その他の非関税措置を一般的に禁止する貿易自由化原則を定め，一定の例外的場合にこれらの原則からの逸脱を許容している。非産品関連PPM規制を目的とするTREMが一国により一方的に発動される場合（MEAに基づく場合でも，生産国が当該MEAの非当事国である場合には一方的なものとなる）には，そのようなTREMについては，とりわけGATTの規制枠組みにおける産品中心の規制アプローチと多角的アプローチ（またはマルチ・ラテラリズム）との整合性が問題となる。

(i) 産品中心の規制アプローチ　GATTの無差別原則は1条の最恵国待遇原則と3条の内国民待遇原則であるが，前者は異なる原産地国の，また後者は外国と内国の，「同種の産品」間の差別を禁止するものである。産品中心の規制アプローチは，まずこの「同種の産品」の概念における同種性の認定基準に現れる。GATTそれ自体にこの概念の定義は存在しないが，GATT／WTOの紛争解決手続を通じていわば事実上の判例法として一定の認定基準が形成されてきた。すなわち，それらは，輸入国国境において現れる①産品の物理的特性，②産品の最終用途，③消費者の嗜好と習慣，および④関税分類である。③の基準を除き，同種性の認定基準は，結局，産品そのものの性質に求められ，産品の生産関連要素，特にPPMは無関係なものと

されてきた（→第5章1参照）。もっとも産品関連PPMはそれが産品の性質に反映されている限りで実質的には考慮されることになるが，非産品関連PPMはまったく考慮されない。この結果，PPM以外の上述の要素を基準として同種性が認定された産品間では，異なるPPMによって生産されたことを理由として差別を行うことは許されない。環境に有害なPPMを利用して生産された産品と環境に有害でないPPMを利用して生産された産品が「同種の産品」である限りで，これらの産品は平等の待遇を与えられなければならない。

　たとえば，メキシコの申立てによる上述の「米国―マグロ・イルカⅠ」事件と同様の事実関係の下でEUが申し立てた「米国―マグロ・イルカⅡ」事件（DS29，未採択）において，紛争解決小委員会はGATT3条の適用について次のように述べている。すなわち，「3条は，同種の国産品と輸入産品に与えられた待遇の間での比較を要求しており，原産地国の政策や慣行と輸入国のそれらとの間の比較を要求するものではない」(para. 5.8)。その結果，小委員会は，3条の下で「産品としてのマグロの固有の性質になんら影響を及ぼさない」漁法を基準として同種のマグロ産品を差別的に扱うことは許容されないことを示唆した（para. 5.9）。このことは産品の同種性を否定する根拠として非産品関連PPMを援用することは許されないことを意味するに他ならない。

　産品中心の規制アプローチはさらに内国民待遇義務を定めるGATT3条の適用対象についても現れる。「米国―マグロ・イルカⅠ」事件の紛争解決小委員会はこの点を明らかにした。本件の争点の一つは，イルカの混獲を伴う漁法で漁獲されたマグロの輸入禁止措置は，そのような漁法を規制する国内措置の一部として行われ，したがって国内措置を規制する3条の適用範囲に入るのか（GATT附属書Ⅰの注釈および補足規定「第3条について」参照），それともあくまで輸入禁止措置として数量制限を禁止する11条1項の適用範囲に入り，かつ11条1項違反を構成するのか，ということであった。小委員会は，3条は「もっぱら産品それ自体に適用される措置のみを適用の対象としている」という解釈を示し，本件措置がマグロの漁法を規制する国内措置であるとしても，マグロの販売を直接に規制するものでも，また産品と

してのマグロに影響を及ぼしうるものでもないから，3 条の適用対象ではないとし，したがって，輸入禁止措置として 11 条 1 項違反を構成すると判断した（para. 5.18）。このような小委員会の解釈は，その妥当性については疑問の余地があるが，3 条の適用対象から非産品関連 PPM 規制を目的とする TREM を排除するものである。それゆえそのような TREM は，たとえ内外無差別の実体的要件を満たす場合でも 3 条の適用対象として合法化される可能性はなくなることになる。

　以上のようにして，GATT の無差別原則が産品中心の規制アプローチを採用する限りで，特に非産品関連 PPM 規制を目的とする TREM の合法性を確保することは困難といわざるを得ないであろう。

　(ii)　多角的アプローチ　GATT 20 条は，貿易自由化原則に対する一般的例外を定め，WTO 加盟国が貿易的価値以外の特定の優先的価値の実現のために GATT の貿易自由化原則から逸脱することを一定の条件の下に許容している。それらの優先的価値の中には環境的価値も含まれており，実際，GATT／WTO の実行においても PPM に基づく TREM に対して 20 条の適用の可否が争われてきた。すなわち，非産品関連 PPM 規制を目的とする TREM が 20 条(b)（人または動植物の生命または健康の保護のために必要な措置）または(g)（有限天然資源の保存に関する措置）に該当する措置として発動される場合には，20 条柱書に示された条件（それらの措置を，同様の条件の下にある諸国の間において任意のもしくは正当と認められない差別待遇の手段となるような方法で，または国際貿易の偽装された制限となるような方法で適用しないこと）を満たすことにより，たとえ無差別待遇原則などの貿易自由化原則に違反するものであっても GATT 法上合法化される余地があるのである。

　しかし，まさにこの 20 条の解釈適用において，GATT の規制枠組みにおける多角的アプローチが顕著に表明されてきており，非産品関連 PPM 規制を目的とする TREM は，本質的にその一方的または域外的性質のゆえに 20 条による正当化を獲得できないできた。

　たとえば，上述のように米国による輸入禁止措置を GATT 11 条 1 項違反と認定した「米国—マグロ・イルカⅠ」事件の紛争解決小委員会は，続けて 20 条による正当化の可能性を検討した。争点の一つは文言上明示されてい

ない(b)および(g)の場所的適用範囲であったが，これらの規定が措置発動国の管轄権外に所在する環境的価値（本件ではイルカ）を保護する措置にも適用可能であるとする米国の主張に対し，紛争解決小委員会は次のように述べてこれを却けた。すなわち，もし米国の主張が受け入れられるとすれば，各締約国は，「他の締約国が［GATT］上の自国の権利を危うくすることなしには免れることができないような」生命または健康についての保護政策または資源保存政策を一方的に決定することができるようになり，「［GATT］はその場合，もはやすべての締約国間の貿易のための多角的な枠組みではなくなってしまうであろう」と（para. 5.27）。

さらに，「米国―マグロ・イルカⅡ」事件の小委員会も，20条の例外規定全体が GATT の多角的アプローチからの逸脱を許容するものではないことを次のように明確に宣言した。すなわち，「20条が，締約国に対し，他の締約国にその管轄権内で保存政策を含む諸政策を変更するよう強制するため貿易措置を発動することを許容するものと解釈されるとすれば，締約国間の権利と義務のバランス，とりわけ市場アクセスの権利は，重大な侵害を被るであろう。そのような解釈の下では，［GATT］はもはや締約国間の貿易のための多角的な枠組みを提供することはできない」(para. 5.26)。

要するに，これらの紛争解決小委員会は，20条が域外的性質を持つ措置を許容するものとして解釈されるとすれば，一国が一方的に環境政策を決定し，それに従わない他国は GATT 上の権利を否定されることによって，GATT の多角的な枠組みそのものが崩壊することになると述べているのである。いずれの小委員会も GATT の多角的アプローチを維持していく上で一方主義を毅然として拒否した点に注意すべきである。非産品関連 PPM 規制を目的とする TREM が，そのような域外的および一方的性質を持つ場合には GATT の多角的アプローチと相容れないのは明らかであろう。

(iii) 産品中心の規制アプローチと多角的アプローチの修正　このようにして，GATT の規制枠組みにおける産品中心の規制アプローチと多角的アプローチは，非産品関連 PPM 規制を目的とする TREM が GATT 法上の合法性を獲得する大きな障害となる。しかしながら，WTO の紛争解決手続におけるその後の2つの事件では，このような GATT の規制枠組みの修正

を示唆するきわめて注目すべき判断が下された。

　第1に，2001年の「EC—アスベスト」事件（DS135, ケースブック[11]）における上級委員会の判断は，産品中心の規制アプローチの修正を示唆した。本件では，人体に有害なアスベスト製品の製造，販売および輸入を禁止するフランスの措置の3条違反が問われた。上級委員会は，アスベスト製品と製造および販売が許可される他の製品の同種性の認定に当たり，人体への有害性は消費者の行動に影響を及ぼし，消費者はもはやアスベスト製品を購入しないこと，したがって，アスベスト製品と他の製品の間には市場における競争関係が存在しないこと，を指摘し，両製品の同種性を否定した。このことは，環境への有害性も場合によっては消費者の行動に影響を及ぼし，産品の競争関係も影響を受けること，それゆえ，環境に有害な産品とそうでない産品の同種性が否定される場合がありえることを意味するであろう。そして，それは，環境に有害な非産品関連PPMによって製造された産品でも，消費者がそのことを認識できる場合には，他の産品との同種性を否定することが可能であり，それゆえ，そのようなPPMの規制を目的とするTREMが少なくとも3条（さらには1条）の無差別原則違反を免れる可能性があるとみることができる。

　第2に，同じく「米国—小エビ」事件（DS58, ケースブック[55]）における上級委員会の判断は，多角的アプローチの厳格な適用を緩和し，一定の場合に一方的なTREMを許容する柔軟性を示している。本件では，小エビの底引き漁に伴う海ガメの混獲を防止するため底引き漁船における海ガメ除去装置の使用を義務づけていない原産地国からの小エビの輸入を禁止する米国の一方的措置が問題となった。上級委員会は，1998年の報告において，本件措置がGATT 20条の下で正当化されるかどうかを審査するに当たり，20条に関連して注目すべき次のような意見を述べた。「輸入国によって一方的に規定された1以上の政策に輸出国が従い，またはそれらの政策を採用しているかどうかによって［輸入］国の国内市場へのアクセスを条件づけることは，ある程度まで20条の(a)から(j)までのいずれかの例外の適用範囲に入る措置の共通点であるように思われる。……輸出国に対して輸入国によって規定された（原則としていずれかの例外の適用範囲に入る）一定の政策の遵守

または採用を要求することが，ある措置の20条の下での正当化をア・プリオリに不可能にすると推定する必要はない」(para. 121)。つまり，輸入国が，輸出国に対し輸入国が一方的に定めた一定の条件の下に輸入国市場へのアクセスを認めることは20条の各例外に共通する点であり，輸入国による一方主義がそれ自体直ちに20条によって正当化できなくなるわけではないということである。

　さらに，上級委員会は，20条柱書の要件が，20条の例外を援用する加盟国の権利と他の加盟国のGATT上の権利のバランスを維持するものであり，かつ，国際法上の信義誠実原則の表明であると述べた。そして，米国は本件措置の適用に当たって一部の小エビの輸出国とは海ガメ保護協定を締結しながら，本件申立国とは海ガメ保護の国際協力について真剣な交渉を行っておらず，そこには「任意の若しくは正当と認められない差別待遇」が存在するとして20条柱書の要件が満たされていないと判断した。しかしその後，米国は，紛争解決機関の是正勧告に従い，本件措置の差別的な適用を是正し，また，本件申立国と海ガメ保護のための交渉を行い，かつ技術援助を申し出た。DSU 21条5項に基づく履行審査を行った2001年の上級委員会は，上述の1998年報告の趣旨をさらに一歩進めて，20条柱書が海ガメ保護のための国際協定の締結までも要求するものではなく，協定締結に向けての「真剣で，誠実な」交渉努力がなされれば柱書の要件は満たされることを明らかにした。このようにして，本件では，最終的に非産品関連PPM規制を目的とする米国の一方的なTREMがGATT法上許容されることになった。上級委員会のこのような判断は，一定の場合には一方的なTREMでも許容されることを認めたとみることができ，GATT 20条を多角的アプローチの「砦」とする従来の解釈が相当に後退したことを意味するであろう。

Column GATT 20条(b)の「必要性」要件
　TREMの発動は環境政策を重視する先進国によることが多く，それに対して開発途上国がWTO法上の適合性を問うというパターンの紛争事例が多いが，「ブラジル―再生タイヤ」事件（DS332, 2007年）は，開発途上国によるTREMのGATT法適合性を先進国（本件ではEU）が問うという異色の事件として注目

された。

　再生タイヤというのは，タイヤの溝が刻印してある接地面が摩耗した際に，その部分をタイヤの外包から分離し，新たに溝が刻まれた外皮を付け替えたものである。ブラジルは，このような再生タイヤの輸入を禁止し，これに対応して輸入再生タイヤの販売，輸送および保管も禁止した。ブラジルは，本件措置は廃タイヤの堆積が国内で生じる人や動植物の生命および健康に対する危険を防止するために必要であると主張してGATT 20条(b)を援用した。ブラジルによれば，廃タイヤの堆積がタイヤ火災によるダイオキシンなどの有害排出物の原因となるとともに，デング熱やマラリヤなどの病原体を媒介する蚊の温床になるという。

　本件で上級委員会は，GATT 20条(b)の「必要性」要件に関連し，「韓国—牛肉」事件（DS161, 169, ケースブック[57]）や「米国—越境賭博」事件（DS285, ケースブック[58]）の先例で採用されたバランシング・アプローチを次のように精緻化し，さらに挙証責任の配分を明確化した。すなわち，問題となっている利益や価値の重要性に照らして，すべての関連する要素，とくに措置の目的の達成への貢献度と貿易制限の程度が評価されなければならない。この分析により，当該措置が必要であるという予備的な結論が得られたならば，この結果は，追及される目的の達成に等しく貢献するより貿易制限的でない他の可能な代替措置と当該措置を比較することによって確認されなければならない。この場合，申立国は，被申立国がとりうる可能な代替措置の存在を立証する責任を負う。申立国の主張するある措置が代替措置と認められるためには，問題となっている措置よりもより貿易制限的でないだけではなく，追及される目的について被申立国が望む保護の水準を達成する権利を被申立国に留保するものでなければならない。代替措置は，たとえば，被申立国がそれを採用することができず，禁止的なコストや実質的な技術的問題から被申立国に不当な負担を強いるなどにより，性質上単に理論的なものにすぎない場合には，合理的に利用可能とは認められない。被申立国が，申立国によって提案された措置は，追及する利益や価値および被申立国が望む保護水準を考慮すると純粋な意味で代替的ではなく，または合理的に利用可能ではないことを立証する場合には，問題とされる当該措置は必要なものとなる（para. 156）。

　上級委員会は，本件措置が20条(b)の「必要性」要件を満たすことを認めるパネルの判断を支持したが，本件措置がメルコスール諸国からの輸入を除外していることは，FTAに基づく例外（GATT 24条）とはいえ，措置の目的とは合理的

な関連性を持たないから,「任意のまたは正当化されない差別」を構成し, 20条柱書の要件を満たさないとして, 結局, 本件措置は20条によっては正当化されないと判断した。

(d) WTO法とMEAに基づくTREMの関係の明確化

「EC—アスベスト」事件および「米国—小エビ」事件は, GATTの伝統的な規制枠組みである産品中心のアプローチと多角的アプローチを修正するようにみえる。非産品PPM規制を目的とするTREMの一方的な発動がGATT法上必ずしも否定されないという上級委員会の判断は, 環境派の人々からは支持を受けたものの, 単に途上国だけではなくWTOの多くの加盟国から不安と懸念をもって受け入れられた。その結果, これらの諸国は, むしろ多角的アプローチに従ったMEAに基づくTREMをより明確に許容することにより, 一方的なTREMを牽制しようとする動きを見せてきた。2001年11月のドーハ閣僚宣言第31項(i)が, 新ラウンドの交渉議題として既存のWTO法とMEAに基づくTREM(同項の用語では「特定の貿易義務」)の関係を掲げた背景には, 少なくともそのような事情が存在した。

現存の250以上のMEAのうちTREMの発動を規定するものは約20であるが, この中には, オゾン層の破壊, 絶滅のおそれのある動植物の種の国際取引, 有害廃棄物の国境を越える移動と処分, および生物多様性など, 地球環境保護にかかわる重要な条約が含まれている。これまでのところ, MEAに基づくTREMとWTO法との整合性が正面から争われたWTOの紛争事例は存在せず, その意味ではMEAとWTO法の関係は良好に保たれてきたとみることができる。ただし, MEAとWTO法の抵触の可能性とその調整の問題を提起する紛争事例は実際いくつか発生している。たとえば, 2000年の「チリ—メカジキ」事件(DS193)は, 南東太平洋でEU漁船が漁獲したメカジキを積換えのためにチリの漁港に陸揚げすることを禁止したチリに対し, EUがGATT5条(通過の自由)および同11条違反として申立てたものであるが, チリの主張によれば, EUが国連海洋法条約に違反し高度回遊性の種の保存を確保するため沿岸国との協力を怠ったことが原因であった。両当事国はその後国連海洋法裁判所特別裁判部に事案を付託することに

合意し，WTOでの紛争解決小委員会の設置手続は停止されたが，本件の争点にはMEAとWTO法の交錯する複雑な問題が含まれていた。なお，本件にかかわる紛争は2010年最終的に両当事国による合意によって解決された。

　また，2006年の「EC—バイオテック産品の承認および販売」事件（DS291-293）は，バイオテック産品（GMO（遺伝子組み換え体）産品とも呼ばれる）の輸出国である米国，カナダおよびアルゼンチンがEUによるバイオテック産品の販売承認手続のモラトリウム（承認停止）やEU加盟国によるセーフガード措置（輸入・販売の禁止）がSPS協定に違反すると申し立てた事案であるが，EUは，生物多様性条約のバイオセーフティーに関するカルタヘナ議定書に規定される「予防原則」を援用し，加盟国によるセーフガード措置を正当化しようとした。本件の紛争解決小委員会は，ある条約の解釈に当たり「当事国の間の関係において適用される国際法の関連規則」を考慮することを義務づけるウィーン条約法条約31条3項(c)における「当事国」とは解釈の対象となる条約の当事国を指すと述べ，WTOの全加盟国が当事国である国際協定だけがWTO対象協定の解釈において考慮することを義務づけられるという注目すべき解釈を示した（para. 7.68）。その結果，小委員会は，いずれの申立国も非当事国であるカルタヘナ議定書はSPS協定の解釈に当たって考慮されないとして，EUの主張を斥けた。小委員会のこのような解釈には，MEAとWTO協定の当事国が完全に一致することは実際上ありえないことから，WTO協定の解釈に当たってMEAはまったく考慮されないという不都合な結果を招くという批判がなされている。

　他方で，ウルグアイ・ラウンド閣僚会議の決定により1995年に設置されたWTOの貿易と環境委員会（CTE）は，上述のドーハ閣僚宣言に基づきこれまでMEAとWTO法の関係を明確化し，MEAに基づくTREMを正当化しようとするさまざまな提案を議論してきた。CTEでは，MEAに関する追加規定を設けるようにGATT 20条を改正するという提案やGATT 20条について閣僚会議による有権解釈を採択し，その中で既存のMEAを承認し，また，将来のMEAについては通報と承認の手続および基準を用意するという提案などがなされてきたが，議論は停滞したままで推移してきた。

(e) 問題の困難性

　上述のようにGATTの規制枠組みにおける産品中心の規制アプローチと多角的アプローチはWTOの紛争事例を通じて修正されつつある。それによって、非産品関連PPM規制を目的とするTREMがGATT法上合法化される途が開けてきた。しかし、そのことはWTOの自由貿易体制にとってなお次のような困難な問題を提起することに留意する必要がある。

　環境にとって消費外部性とともに生産外部性も深刻であるという認識は今日一般化しつつある。それに伴ってPPM規制の重要性も支持されてきた。しかし、GATTの規制枠組みにおいてPPMを考慮の対象に入れるように産品中心の規制アプローチを変更し、無差別原則の適用の仕方を変更することには、なお慎重でなければならない。

　なぜなら、輸入産品を輸入国のPPM規制に服させることは、なによりもWTOの自由貿易体制の基礎にある輸出国の比較優位を損なう可能性があるからである。伝統的な経済学の要素賦存理論は、国家の技術的コストの優位、場所的優位、政府の産業政策に基づく優位などを比較優位の要素として包含し、さらに、環境汚染に対する当該国の自然の親和力、浄化能力、気候、風土なども、関連する比較優位の要素として考慮してきた。どこでどのようにして生産を行うかは生産費と比較優位の決定的要素を構成してきた。そして、各国のこの生産コストの違いこそがそもそも貿易の起源であった。一国の一方的なPPM基準の設定と規制を許容することは、比較優位に基づく貿易パターンを歪曲するおそれがあることを十分に認識すべきである。

　もっとも、他方で一定の要素を比較優位要素としては考慮しないという国際的合意が新たに形成される可能性は必ずしも否定されない。地球環境保護の観点から、国内でフロンガスの排出が許容されているということをもはやその国の比較優位の要素とはみなさないという国際的合意が形成されつつある。したがって、将来的には特定のPPMについて同様の国際的合意が形成される可能性がないわけではない。

　さらに、GATTの多角的アプローチを修正し、域外的および一方的性質を持つ一定のTREMを許容することに対しては、次のような懸念も表明されてきた。すなわち、それは「急な坂道を転げ落ちる大きな一歩」であり、

1　貿易と環境　　319

同様のアプローチが環境以外の社会的，文化的，または経済的理由により正当化されていくおそれがある。保護主義的な措置のための抜け穴を作り出すおそれがあり，自由貿易体制全体にとっても脅威である，と。したがって，GATTの多角的アプローチを修正する必要がある場合でも，このような懸念が現実のものとならないように十分慎重な対応が必要であろう。

　なお，TBT協定やSPS協定でも，実際上，産品関連であるか非産品関連であるかを問わずPPMが規制対象となっている（→第7章2および3）。したがって，他国の環境保護を目的とするPPM規制は，TBT協定では規制対象となりうるであろう。他方で，SPS協定の文脈では，SPS協定の規制対象となるPPM規制はあくまで輸入国（＝規制国）の人や動植物の保護を目的とするものに限られるであろう。

(4)　地球温暖化対策とWTO法

(a)　環境税と国内排出量取引制度

　地球温暖化が地球全体の環境に深刻な影響を及ぼすことが知られており，地球の気候系に対して危険な人為的な干渉を及ぼすこととならない水準で大気中の温室効果ガスの濃度を安定化させ，地球温暖化を抑止することが人類の課題になっている。このため，各国は，国連気候変動枠組条約京都議定書やその後継であるパリ条約のようなMEAの下での国際的義務を通じてまたはMEAには参加せずに独自に温暖化対策として温室効果ガスの排出抑制および削減のための国内的措置をとり，またはとろうとしている。そのような国内的措置として，ここでは環境税と国内排出量取引制度を取り上げ，それらが提起するWTO法上の問題を検討しよう。

　まず環境税の例としては，たとえば温室効果ガスの排出源である化石燃料（石炭，石油，天然ガス）の消費者等に対してその消費量に応じて課税することとし，各化石燃料の種類ごとにその平均的な炭素含有量に応じて税率を設定するというものが考えられる。また，典型的な国内排出量取引制度は次のような内容のものである。すなわち，政府が温室効果ガスの総排出量の上限（キャップ）を設定し，排出量を各排出主体に割り当てて，排出主体による排出が割当量の上限を下回る場合にはこの主体はその余剰分を排出量市場で売却することができ，また割当量の上限を上回って排出した排出主体はその

超過分を排出量市場から購入しなければならないとするものである（したがって，キャップ・アンド・トレードとも呼ばれる）。

(b) 国内産業の国際競争力への影響と炭素リーケージ問題

しかし，以上のような環境税や国内排出量取引制度などの温暖化対策を通じて国内産業に追加的なコストを負担させることは，国際市場で同様のコストに直面しない他国の産業との関係で，その国内産業の国際競争力を低下させることは自明である。とくにエネルギー集約産業は，高度のエネルギー消費率やその結果としての効率化の必要性から重大な影響を被るであろう。温暖化対策の影響が重大で，温室効果ガスの排出量に制限のない他国への国内産業の国外移転を招くようであれば，そのような温暖化対策は，自国における産業の空洞化を惹き起こすだけでなく，いわゆる「炭素リーケージ（漏えい）」を発生させ，地球規模の排出抑制には効果がないことになる。とくにエネルギー集約産品の開発途上国における生産が促進される場合には，一般にはこれらの諸国における低い環境基準と緩慢な環境規制のために，むしろ温室効果ガスの排出量の地球レベルでの増加がもたらされるおそれがある。したがって，温暖化対策に対して自国の国内産業の国際競争力へのその否定的な影響を相殺するなんらかの政策措置を導入することは，保護主義的な側面を有するとはいえ，地球環境保護の観点からも望ましいものと考えられる。

(c) 国境税調整または国境調整措置とWTO法

そのような政策措置として今日関心が高まっているのが，環境税については「国境税調整」であり，また排出量取引制度については「国境調整措置」である。それらの導入の可否は，WTO法上の評価および温暖化対策の目的に照らして判断する必要がある。

(i) まず，国境税調整は，産品はそれが使用または消費される地で課税されるべきであるとする仕向地原則に従って競争産品間の租税負担の相違を除去することによって，少なくとも租税に関して産品貿易の中立性を確保しようとするメカニズムとしてWTO法上従来から認められてきた。これによって，1国が国内的目的により自国の国内産品に課税し，他方で，自国の輸出産品が国際市場で課税されずに競争することが可能となり，かつ国内的には輸入産品に対して同程度に課税することにより，自国の国内産業の国際

競争力を維持することが可能となる。

　WTO法上，国境税調整は，GATT2条2項(a)，同3条2項，GATT附属書Ⅰの第16条についての注釈によって規律されている。これらの規定は，いずれも産品に課される租税について規定しており，そのためWTO法上，国境税調整はもっぱら間接税についてのみ許容され，直接税については許容されないと解釈されている。したがって，環境税が化石燃料に課税される場合には，このような税は間接税であり，国境税調整の対象になりうる。しかし，化石燃料に課税する場合には，それが一般的には産品の生産工程において投入物として消費されるため，最終産品に対して国境税調整が許容されるのかという問題が提起されている。この点については，若干の論争があるものの，WTO法の文言上（とくにGATT3条2項の「間接的に」という文言，および補助金及び相殺措置に関する協定附属書Ⅱ「生産工程における投入物の消費に関する指針」の注における「生産工程において消費される投入物」の定義）これを肯定的に解釈することは可能である。

　(ii)　このようして，環境税についての国境税調整はWTO法上許容されると解釈することができるが，そもそも環境税の目的に照らして，このような国境税調整を導入することが適切であるかは検討の余地がある。上述のように温暖化対策としての環境税の目的は国内における温室効果ガスの排出削減である。このような租税に対して国境税調整を導入すれば，化石燃料を投入して生産された産品が輸出される場合には環境税が免除されまたは払い戻されることになり，国内での温室効果ガスの排出削減へのインセンティブが失われ，目的そのものが達成されないことになる。また，国外で化石燃料を投入して生産された産品が輸入される場合には環境税に相当する国境調整税が賦課されることになるが，この課税は国内における温室効果ガスの排出削減にはほとんど意味を持たない。国境税調整の導入は，国内産業の国際競争力を維持し，炭素リーケージを防止できるため，温室効果ガスの地球規模での排出削減には貢献する面があるものの，自国内での排出削減効果を阻害する面があることにも注意する必要がある。

　(iii)　国内排出量取引制度について「国境調整措置」として導入が主張されるものは，輸入産品については輸入者に排出割当の保有を義務づけ，また

輸出産品については国内での排出割当を入手するのに要した費用を払い戻すというものである。このような国境調整措置は，租税についての国境税調整と同様の発想によるものと思われるが，そもそも WTO 法が明示的に許容しているのは国境税調整だけであり，以上のような国境調整措置を経済的効果が同じというだけで国境税調整と同一視できるかは疑問である。それゆえ，国境調整措置を国境税調整に関する WTO 法で正当化できないとすれば，そのような措置は，WTO 法の多くの規定（GATT 1 条，3 条，11 条，13 条，補助金協定 3 条など）に違反する可能性がある。そして，その場合には，GATT の一般的例外規定である 20 条(b)または(g)で正当化できるかが次に問題となろう。しかし，国境調整措置の目的には措置発動国の国内産業の保護という側面が含まれており，そのような正当化が可能かは疑わしい。ここでは問題点の指摘にとどめざるを得ない。

(c) 再生可能エネルギーの固定価格買取制度と補助金協定

温室効果ガスの排出を抑制する一つの方法として，多くの諸国は，今日，太陽光，太陽熱，水力，風力，バイオマス，地熱などの再生可能エネルギーの利用を促進するため，これらのエネルギーの生産および分配ならびに関連する技術開発を支援する様々な助成政策を推進している。しかし，これらの助成政策は，助成を受けた企業等を不当に優遇し，国際市場における競争を歪曲する可能性があり，WTO 加盟国間でも貿易紛争が増加している。たとえば，「カナダ―再生可能エネルギー」事件（DS412, 426）では，カナダ・オンタリオ州政府が再生可能エネルギーの発電事業者から電力を買い取るにあたり 20 年ないし 40 年の期間最低価格を保証するとともに発電設備について一定のローカルコンテント要件を課した固定価格買取制度（FIT）について，日本と EU が TRIMs 協定や補助金協定違反を申し立てた。上級委員会は，本件 FIT が補助金協定 1 条の財政的貢献にあたるとしたが，利益の存在を確認できず，違法な補助金の存在を認定するには至らなかった。しかし，今後，同様な事件で，このような FIT の補助金該当性は問題となることが予想され，より一般的にいわゆるグリーン補助金について現行の補助金協定の見直しの必要性も議論されている。

2　貿易と労働

　貿易自由化と労働（労働基本権保障）の関係は古くて新しい問題である。特に，劣悪な労働条件の下で安価に生産された製品を輸出することは社会的ダンピング（social dumping）に当たり，公正な国際競争の観点からこれに対して是正措置を講じるべきであるという考え方は，1919年に国際労働機関（ILO）が設立された時にも唱えられていた。中核的労働基準（core labor standards）の保障を貿易自由化や政府開発援助供与の条件として国際協定や国内法に組み込むという方策（社会条項と総称される）は，その後，一次産品に関する国際商品協定や，ガットの一般特恵制度（GSP）を実施する一部の先進国の国内法などで採用された。また，北米自由貿易協定（NAFTA）の加盟国は，加盟国による国内労働基準の遵守を確保するため，北米労働協力協定（North American Agreement for Labor Cooperation, NAALC）を附属協定として締結した。

　しかし，貿易自由化と労働の関係が最近盛んに議論されるようになったのは，社会条項の普及に積極的な米国やフランスなどの先進国が，この条項をWTOの枠組みに取り込もうとしたためである。国際商品協定や一部先進国のGSP実施法に散見される社会条項が，きわめて抽象的で実効性を欠いており，また，北米労働協力協定が地理的に隣接し，経済的にも近い関係にある国の間における限定的な仕組みであるのに対して，WTOは普遍的な国際貿易機構なので，WTOが社会条項を導入すればその意義はきわめて大きい。他方で，WTOには多数の途上国が加盟しており，経済発展の水準が大きく異なっている加盟国の間で社会条項を導入することに対しては途上国から強い反対が出された。以下では，社会条項の歴史を概観した上で，WTOでの社会条項の導入をめぐる議論とその後の動きを検討して，貿易自由化と労働の関係をめぐる国際的な規律の今後の見通しについてまとめる。

(1) 社会条項と中核的労働基準

　社会条項が保障を求める中核的労働基準の意義は明確ではない。労働基準の国際的調和に長年にわたって取り組んできたILOは，設立以来2018年12

月までに労働基準に関する189の条約（勧告を含まない）を採択している。その中には，結社の自由，強制労働の規制，雇用と職業における差別の禁止や児童労働の禁止など，基本的人権としての地位を国際的に認められた労働基本権に関わる条約もあれば，農業，海運など，特定のセクターに関する詳細な労働基準を定めたものもある。この他に，世界人権宣言や「経済的，社会的及び文化的権利に関する国際規約」に代表される国際人権文書が，基本的人権としての労働基本権の保障について規定している。また，米国の一般特恵制度に関する法律などの国内法が中核的労働基準を定義している。しかし，これらの内容は一致していない。

何が中核的労働基準であるかについて，第1に参照されるべきはILO条約であろう。ILOは，自らの採択した条約の中で，特に重要性の高い以下の8つの条約を「基本的ILO条約（Fundamental ILO Conventions）」と名づけている。結社の自由に関する条約（87号条約），団結権および団体交渉権に関する条約（98号条約），強制労働に関する条約（29号条約），強制労働の廃止に関する条約（105号条約），雇用および職業上の差別に関する条約（111号条約），同一価値の労働についての男女労働者に対する同一報酬に関する条約（100号条約），最低年齢条約（138号条約），最悪の形態の児童労働に関する条約（182号条約）。これらの条約は多数の国によって批准されており，ILOによる実施のモニタリングも重点的に行われている。

世界人権宣言（23条～24条）や「経済的，社会的及び文化的権利に関する国際規約」（6条～9条）が基本的人権として規定する労働基本権は，基本的ILO条約のカバーする範囲よりも広い。それには，労働の権利，公正かつ良好な労働条件を享受する権利，失業からの保護を受ける権利，同一価値の労働に対する同一報酬の権利，団結権，休息・余暇・労働時間の合理的な制限の権利，強制労働の禁止が含まれる。

一般特恵制度に関する米国法や米国国務省の人権に関する年次報告では，社会条項の対象となる労働基本権の総称として「国際的に承認された労働者の権利（internationally recognized worker rights）」という表現が用いられている。これには以下の権利が含まれる。結社の自由，団結権および団体交渉権，強制労働の禁止，児童の雇用に関する最低年齢，最低賃金，労働時間，

職場の安全と健康に関する良好な労働条件の権利。

以上を比較すると，結社の自由，団結権および団体交渉権，強制労働の禁止はすべての法的文書に挙げられている。しかし，児童労働の禁止と良好な労働条件はすべての法的文書で挙げられているわけではない。

⑵ 社会条項の起源とILO

労働条件と国際貿易の関係が最初に問題とされたのは19世紀中頃のヨーロッパでのことである。産業革命を経験しつつあった当時のヨーロッパの労働条件は一般的にきわめて劣悪であり，労働条件の改善（児童労働の禁止や労働時間の短縮など）の必要性が各国で論じられるようになったが，自国で労働条件を改善しても，他国の労働条件の改善が同時に進まなければ，自国の国際競争力の低下を招くとの懸念が持たれたためである。

1833年，英国議会でヒンドリー（Charles F. Hindley）が労働時間に関する国際条約の締結を提案した。その後，ヨーロッパで同様の提案が散発的に行われたが，各国政府が取り上げるには至らず，実現しなかった。1897年にチューリッヒで国際労働保護会議（International Congress on Labor Protection）が開催され，ヨーロッパの各国が協調して労働条件の改善を進めるための推進母体として，国際労働事務局の開設が提案された。これを受けて1901年にバーゼルに国際労働事務局が開設された。また，1900年にはパリに労働法国際協会が設立され，国際労働基準の策定作業に当たることになった。労働法国際協会の活動の成果として，1905年に白燐の使用禁止に関する条約，婦人の夜間労働の禁止に関する条約が採択され，多くのヨーロッパ諸国がこれを批准した。また，この時期，ヨーロッパ諸国は締約国間の移民労働者の労働条件を規定する2国間条約を多数締結した。

1919年に設立されたILOは，こうしたヨーロッパの動きを世界的に拡大することをめざした。ILO憲章の前文は，「いずれかの国が人道的な労働条件を採用しないことは，自国における労働条件の改善を希望する他の国の障害となるから」と述べ，労働条件の改善が労働基準の国際的調和を通じて推進されるべきことをうたっている。これは，ILOが設立当初から，各国の労働条件の相違が国際貿易における競争力に反映するのを避けることをめざしていたことを示している。

労働基準の国際的調和を推進するために，ILO は国際労働条約（いわゆる ILO 条約）を採択し，加盟国による批准に委ねるとともに，より詳細な基準を盛り込んだ非拘束的な勧告（いわゆる ILO 勧告）を作成するという方法をとってきた。設立当初は労働条件に関する条約が多数採択されたが，第二次世界大戦後は ILO による労働基準の国際的調和作業のカバーする対象が労働基本権に拡大し，結社の自由，団結権および団体交渉権，雇用および職業上の差別，同一の価値を持つ労働に対する同一の報酬などについても条約が採択された。

　設立以来長年にわたって労働基準の国際的調和に取り組んできた ILO は，しかしながら，労働基準の遵守と貿易自由化を結びつける社会条項に対しては最近まで消極的な姿勢をとってきた。これにはいくつかの理由が考えられる。第 1 に，ILO 加盟国や ILO 事務局などの関係者の間では，労働コストは商品の国際競争力を構成する要素の一つでしかないという考え方が支配的であった。この考え方からは，貿易における公正な競争条件を達成する手段として，労働基準の違いに起因する労働コストの違いだけに焦点を当て，これを解消するという方策には懐疑的な立場がとられることになる。第 2 に，ある国の労働条件はその国の社会的・経済的・政治的諸条件を反映して決まるものであって，労働条件の改善にはさまざまな条件の充足が必要である，したがって，劣悪な労働基準の国に貿易制裁を加えるという社会条項の手法の有効性には限界があると考えられた。第 3 の，おそらくは最大の理由は，ILO という組織の性格にある。他の国際機関と異なり，ILO は政府代表に加えて労働者代表と使用者代表から成る 3 者構成をとっている。一般的に言って労働者代表は社会条項を支持してきたが，使用者代表はほぼ一致してこれに反対してきた。政府代表の中でも，大半の途上国の代表は，国際貿易における自国産品の国際競争力に悪影響が及ぶとして，社会条項に反対してきた。このため，最近まで，ILO として社会条項について賛否いずれにせよ統一的な決定を下すことは不可能であったのである。

⑶　ガットと社会条項

　不成立に終わった国際貿易機関（ITO）の憲章（ハヴァナ憲章）は，2 章 7 条 1 項において，「加盟国は，不公正な労働条件……が国際貿易に困難を引

き起こすことを認識して、その領域内でそのような条件を廃止するために適切かつ実行可能なあらゆる措置をとる」と規定していた。しかし、1947年のGATTはこの規定を継承せず、20条(e)で強制労働の一種と位置づけられる刑務所労働の産品に対する貿易制限措置を自由貿易の一般原則に対する例外の一つとして容認したことを除いて、労働条件と貿易制限をリンクさせる規定を設けなかった。しかし、ガットの歴史の中で、社会条項の導入に積極的な米国や北欧諸国は、労働基準に関する規定をGATTに挿入することを何度か提案してきた。途上国はこれに一貫して反対し、この問題を検討する作業部会の設置を阻止してきた。途上国の反対の理由は3つにまとめられる。第1に、社会条項の要求は先進国の国内産業保護を目的とする偽装された保護主義である。第2に、社会条項は途上国の労働コストを上昇させ、国際貿易における途上国産品の比較優位を破壊する恐れがある。第3に、途上国の労働基準を改善するための最善策は社会条項の押し付けではなく、輸出主導の成長と経済開発である。輸出主導の成長によって途上国の経済開発が進めば、労働基準の改善は自然に実現する。

1971年にガットの下で設立された一般特恵制度は、先進国に対して、途上国からの輸入品に関税上の特恵を供与することを求める（→第2章4(3)参照）。ただし、一般特恵制度の適用は先進国の義務ではなく裁量であるとされ、先進国は一般特恵制度を実施するかどうか、また一般特恵制度の内容やこれを適用するための条件についても広い裁量を認められている。すでに見たように、米国は、一般特恵制度の受益国の条件として、国際的に承認された労働者の権利を保障する国であることを挙げ、一般特恵制度に社会条項を織り込んだ。また、EUの一般特恵制度は、労働条件を保護する途上国に追加的な特恵を供与する特別奨励制度を採用している。他方で、日本の一般特恵制度にはこうした条件はない。

Column「EC—関税特恵」事件（DS246, ケースブック[4]）

この事件では、麻薬の生産と取引を撲滅するため、EUの一般特恵制度に関する理事会規則が附表に掲げた12の特恵対象国に対して追加的な特恵を供与することが、一般特恵制度の根拠となった授権条項の無差別要件に違反しないかどうかが争われた。上級委員会は、授権条項の無差別要件を、同様の状況にあるすべ

ての特恵対象国に対して同一の関税特恵を利用可能とする義務であると解釈した。したがって，すべての特恵対象国に同一の関税特恵を利用可能とすることが要求されるわけではない。他方で，「同様の状況」かどうかは，特恵供与国が裁量に基づいて独自に判断できるものではなく，特恵対象国が授権条項3項(c)の「開発上，資金上および貿易上の必要性」を有するかどうかによって判断され，この必要性は，WTO協定または国際機関が採択した多国間の法的文書などが規定する客観的な基準によって判断されるとした。そして，本件ではEUによる追加的な特恵対象国の選定が以上の客観的な基準に基づいていないとして，対象となった追加的特恵は授権条項の無差別要件に違反すると結論した。特恵の供与に当たっての無差別要件を充足するためには，一定の客観的な基準を満たすことが求められるという上級委員会の説示は，一般特恵制度と社会条項の関係について重要な示唆を含んでいる。本件では検討の対象とならなかったものの，米国やEUの一般特恵制度における社会条項の授権条項適合性についても，上級委員会が示した以上の要件（社会条項は，特恵対象国の「開発上，資金上および貿易上の必要性」の客観的な基準に照らして，無差別に適用されなければならない）に準拠して判断されることになるだろう。

　ウルグアイ・ラウンドを締めくくったガットのマラケシュ閣僚会議（1994年）において，米国その他若干の先進国は，会議の最終文書に貿易と労働基準に関する条項を盛り込むことを強く要求した。しかし，途上国は再び先に挙げた主張を繰り返してこれに強く反対したため，最終文書にこの条項は盛り込まれなかった。しかし，貿易交渉委員会議長の最終声明には，米国などの主張に配慮して，「多数の参加国の閣僚が貿易システムと国際的に承認された労働基準……との関係を検討する要請の重要性を強調した」との一節が入った。こうして，社会条項をめぐる一部の先進国と途上国の対立は，WTOの下でも継続することになった。

(4) 北米労働協力協定（NAALC）

　北米労働協力協定は，米国，カナダ，メキシコの間で締結された北米自由貿易協定の附属協定として，北米環境協力協定とともに1994年1月に発効した。この協定は社会条項の歴史の中で特異な位置を占める。第1に，それはFTAの附属協定として締結された。第2に，北米労働協力協定が締約国

（特にメキシコ）に遵守するよう要求する労働基準は，ILO条約を初めとする国際協定が規定する中核的な労働基準ではなく，締約国がそれぞれの国内法で規定する労働基準である。したがって，北米労働協力協定は労働基準の国際的調和を目指していない。第3に，締約国はその国内法上の労働基準の実施と履行確保に関して国際義務を負う。義務違反に対しては最終的に貿易制裁に至る詳細な履行確保手続が用意されている。このような特異な内容・構造の国際協定が締結された背景には，北米自由貿易協定の締結の結果として労働コストの安いメキシコに米国企業の生産がシフトすることにより米国国内で雇用機会が失われる可能性，そして，労働コストの低いメキシコからの安価な産品が国際市場に出回ることにより（社会的ダンピング），米国の労働賃金の引下げ圧力が高まる可能性を懸念した米国労働総同盟・産業別組合会議（AFL-CIO）の強い働きかけがあった。

　北米労働協力協定が，中核的な国際労働基準ではなく締約国の国内法上の労働基準の履行確保に力点を置いた最大の理由は，メキシコが少なくとも法令の上では高水準の労働基準を備えていたためである。メキシコは，第二次世界大戦前のメキシコ革命以来の労働保護政策の結果としてよく整備された労働法を有し，また比較的多数のILO条約も批准していた。しかし，実際にはメキシコの国内法令が規定する労働基準はしばしば遵守されず，特に米国との国境地帯に形成された保税加工区域（マキラドーラ）の労働者の労働条件は劣悪であることがよく知られていた。そのため，メキシコがその国内法上の労働基準を確実に遵守するよう確保することが協定の主たる目的とされたのである。

　北米労働協力協定が遵守確保を図ろうとする国内法上の労働基準は，職場の安全と健康，最低賃金，児童労働その他の労働基準である。団結権，団体交渉権，ストライキ権はこれには含まれない。協定によれば，締約国は他の締約国が国内で上記の労働基準の履行確保に継続的に失敗していると申し立てることができる。その場合，申立国と被申立国の間で協議が行われるが，協議が不調に終わった場合，締約国の労働法・労働条件の専門家で構成される専門家評価委員会が調査に当たる。この調査の結果，労働基準の履行確保が不十分であることが認定されれば，被申立国は認定事実の改善に取り組む

ことが求められる。しかし，専門家評価委員会の認定が出されたにもかかわらず被申立国が改善を怠っていると申立国が主張し，紛争が解決しない場合には仲裁パネルが設置される。仲裁パネルは設置後 240 日以内に，「継続的な履行確保の失敗」の有無に関する認定を行う。仲裁パネルが継続的な履行確保の失敗を認定する場合，改善のための勧告を含む報告書を提出する。被申立国がこの勧告を履行しない場合には罰金が徴収される。被申立国が罰金を支払わない場合，申立国は被申立国に対して貿易制裁（罰金額相当分の関税引上げ）を課することができる。

　以上は政府間の手続であるが，この他に，北米労働協力協定は，一般市民や労働組合などの団体から他国の労働法の履行状況に関する通報（communication）を受け付ける手続を設けた。当該市民・団体の属する国に設置される北米自由貿易協定の国別事務局が通報を受理し，通報の対象となった事案の事実関係を調査して報告書を提出する。ただし，この手続は報告書の提出で完了し，政府間の遵守確保手続には連動していない。

　北米労働協力協定は，北米自由貿易協定の締結をめぐる米国の特別な政治状況を背景として締結された。その社会条項は，国際的に承認された中核的な労働基準を対象とするものではなく，締約国の国内法上の労働基準を対象とする。また，貿易制裁に至る遵守確保の手続は煩雑であり，貿易制裁は一度も発動されていない。その意味で，北米労働協力協定がこのままの形で貿易と労働をめぐる多国間の枠組みのモデルとして用いられる可能性は小さい。しかし，最近では，メルコスールや南部アフリカ開発共同体などの地域的な経済協力の枠組みにおいても，労働に関する原則を支持し，その実施を監視する社会憲章の採択が試みられている。また，後述するように，米国は自国が締結する FTA に労働に関する独立の章を設けて，国際的に承認された中核的な労働基準の遵守を締約国に義務づけることが多い。

⑤　WTO と社会条項，そして ILO へ

　社会条項をめぐる先進国（特に米国と一部のヨーロッパ諸国）と途上国との対立は WTO の下でも続いた。1996 年 12 月の第 1 回 WTO 閣僚会議（シンガポール）では，社会条項の問題を WTO の議題に加えようとする米国とこれに反対する途上国との意見が対立したが，最終的には米国の意見は採用さ

れなかった。閣僚宣言は，国際的に承認された中核的労働基準の遵守を再確認するとともに，ILO が中核的労働基準を定め，その遵守を監視する権能を持つ機関であることを確認した（4 節）。しかし，1999 年 11-12 月の第 3 回閣僚会議（シアトル）では再び社会条項の問題が取り上げられ，米国は「貿易と労働に関する WTO 作業部会」の設置を提案した。一方，EU は ILO と WTO との合同常設作業フォーラムを提案し，カナダは，国際化への対応において貿易，開発，社会，環境政策の関係を考える WTO 作業部会を提案した。しかし，これらの提案にはいずれも途上国を含む多くの WTO 加盟国が反対し，閣僚宣言は貿易と労働の問題について具体的に言及しなかった。そして，2001 年 11 月の第 4 回閣僚会議（ドーハ）閣僚宣言は，中核的労働基準に関するシンガポール閣僚宣言の上記の規定を再確認した（8 節）。

米国や EU，カナダなど先進国の一部が社会条項をめぐる議論を WTO に持ち込もうとした背景には，ILO を通じた国際労働基準の策定とその遵守確保が，基本的には加盟国の自主的な批准と遵守の意思を尊重したソフトな性格のものであり，遵守確保の点で限界があるという認識があった。社会条項を WTO 協定に取り込めば，WTO の紛争解決手続や貿易制裁を通じて中核的労働基準の遵守確保が強力に図られることになると考えられたからである。しかし，途上国の強い反対により，WTO がこの問題を扱うことは最終的に見送られ，この問題の検討は ILO に委ねられた。

すでに見たように，ILO はこの問題を扱うことに消極的な姿勢を長年とってきた。しかし ILO は，ウルグアイ・ラウンド最終段階での議論に応える形で，1994 年に貿易自由化の社会的側面に関する作業部会を設立し，貿易自由化とグローバリゼーションが社会と雇用に与える影響の検討を開始した。その最初の成果が，1998 年に ILO 総会で採択された「労働における基本的原則および権利に関する ILO 宣言」（以下「基本権宣言」）である。基本権宣言は，結社の自由，強制労働の禁止，児童労働の禁止，雇用と職業における差別の撤廃を挙げて，これらの労働に関する基本原則の実現は，関連する ILO 条約や ILO 勧告を受諾していると否とを問わず，ILO 加盟国にとっての普遍的な義務であることをうたった。そして，加盟国によるこれら 4 つ

の基本原則の尊重,促進と実現の状況をフォローアップするための手続を附属書で定めた。具体的には,基本原則を具現する8つの基本的ILO条約(→(1)を参照)を対象として,加盟国の国内実施状況を毎年点検する年次フォローアップ,4つの基本原則から毎年1つを選び,ILO事務局が加盟国の遵守状況を横断的に調査して作成し,ILO総会で報告し審議するテーマ別フォローアップの2つである。基本権宣言は,4つの基本原則およびそれらを具現した8つの基本的ILO条約を,普遍的に遵守されるべき中核的労働基準と位置づける一方で,フォローアップと技術協力を通じてその履行を継続的に監視し支援してゆくという方針を打ち出し,中核的労働基準の履行を貿易自由化の条件として通商制裁に結び付ける社会条項の考え方を斥けた。他方で,基本権宣言が,労働に関する基本原則の実現を,関連するILO条約やILO勧告を受諾していると否とを問わず,ILO加盟国にとっての普遍的な義務と位置付けたことは,関連するILO条約の多くを批准していない米国の意向に沿ったものであった。基本権宣言により,米国は,関連するILO条約を批准することなく,労働に関する基本原則の実現を普遍的に推進する方策を獲得した。

(6) FTAと労働

最近締結されるFTAで,労働に関する規定を設ける例が増えている。特に,米国が締結するFTAは,労働に関する独立の章を設けて詳細に規定する。たとえば,TPP(環太平洋パートナーシップ→第10章4参照)は,第19章で労働について規定する。同章は,締約国のILO加盟国としての義務の再確認(19.2条),先に見たILOの基本権宣言が定める権利の尊重(19.3条),貿易または投資に影響を与えるような労働法の免除その他の逸脱措置の禁止(19.4条),労働法の執行(19.5条),労働問題に関する企業の社会的責任(Corporate Social Responsibility, CSR)の奨励(19.7条),労働基本権の保障に関する裁判その他の手続の保障(19.8条),本章に関連する事項について公衆からの意見を受理し検討する手続を設けること(19.9条),労働に関する協力の仕組みを設けること(19.10条),労働に関する締約国間の協力的な労働対話手続を設けること(19.11条),締約国の閣僚レベルのメンバーで構成される労働評議会を設立し,本章の実施や見直しについて定期的に協議すること

(19.12条)、本章の下で生じる問題を解決するための労働協議の手続を設け、労働協議で問題を解決できなかった場合は協定の紛争解決手続に問題を付託できること（19.15条）を規定する。労働法の執行（19.5条）は法的な義務として規定されており、義務違反に対しては労働協議、さらに協定の紛争解決手続への付託が予定されている。ただし、締約国は、ILOの基本権宣言が定める権利の尊重（19.3条）についての執行活動に対する資源の配分について、合理的な裁量を行使し、誠実な決定を行う権利を認められている。米国以外の国が締結するFTAでも労働に関する規定を設ける例があるが、日本が締結する経済連携協定では、貿易や投資を誘致する目的で自国の労働基準を引き下げることは望ましくない、との訓示規定に近い緩やかな規定を設ける例があるものの（たとえば、日本とフィリピンの経済連携協定103条）、それ以上に詳細な規定は置かれていなかった。ただし、日本はTPPに署名したので、今後締結する経済連携協定ではTPP並みの詳細な規定を設ける可能性がある。

3 貿易と人権

(1) グローバル化、人権とWTO

　国際人権法の源流の1つを19世紀の国際的な奴隷貿易の廃止運動に求めるとすれば、貿易に関わる国際法と国際人権法はその始まりにおいて接点を持っていたといえる。しかし、貿易に関わる国際法と国際人権法はその後、別個の国際法分野として発展した。その間、両者が接点を持つことがなかったわけではない。たとえば、アパルトヘイトに対する国連の経済制裁措置として南アフリカ共和国との貿易が禁止されたケース（1962年〜1993年）、貿易上の特恵の供与にあたって相手国の人権状況、特に、労働基本権の状況が考慮されたケース（→本章2(3)参照）などがある。これらのケースでは、他国の人権侵害に対する制裁として当該国の貿易上の利益を停止するという形で人権と貿易がリンクされた。しかし、近年の経済のグローバル化の進展により、貿易と国際人権法の関係に新たな展開がもたらされた。

　国境を越える人や財貨、サービスや情報の移動が盛んになるという意味の

グローバル化は，世界史的に見れば古く大航海時代に端を発する現象である。しかし，1990年代以降，冷戦の終結と情報通信技術の発展を背景に，経済のグローバル化が急速に進んだ。そこにおいてWTOの果たした役割は大きい。第1に，WTOの加盟国は増大し，自由貿易体制が世界に普遍的に拡大した。第2に，GATTに比べてWTOの規律事項は拡大し，知的財産の保護やサービス貿易の自由化，農産物貿易の自由化までカバーするようになった。第3に，WTOの規律は原則として一括受諾され，整備された紛争解決手続を通じてその履行が強力に確保されるようになった。こうして，WTOは，貿易自由化を通じて経済のグローバル化を強力に推進する組織として，グローバル化の象徴と位置づけられるようになった。

しかし，経済のグローバル化は世界の人々に均等に恩恵をもたらしたわけではない。先進国だけでなく途上国でも経済のグローバル化による利得機会にあずかった多くの富裕層が誕生する一方で，今なお世界人口の相当部分は1日1ドル以下の絶対的貧困から抜け出せないでいる。2008年のリーマン・ショック以降の世界経済危機で明らかになったように，一国で発生した経済危機はグローバルな金融経済に波及し，世界的な不況を惹き起こす。悪影響は途上国の貧困層に及び，これらの人々の生存と人権の享受を脅かすことになる。経済のグローバル化による繁栄と豊かさの一方で，グローバル化はこのような影の側面を伴っているとして，グローバル化を批判する声が高まってきた。そして，反グローバル化の立場から，その象徴的存在であるWTOに対する批判の声が上がるようになった。本節では，反グローバル化の立場に立脚するWTOへの様々な批判のうち，WTOが国際人権法に敵対するという趣旨の批判を取り上げる。そして，こうした批判の法的な意義を明確にしたうえで，批判に対してWTOがどのように対処してきたかを検討する。最後に，貿易と人権に関わる古くて新しい問題として，WTO法の下で人権侵害を理由とする貿易制限措置がどこまで許容されるかを検討する。

⑵ **国際人権法に立脚するWTO批判**

国際人権法に立脚するWTO批判が高まるきっかけとなったのは，1996年のWTO第1回閣僚会合（シンガポール）で貿易と投資の関係に関する作業部会の設置が決まり，WTOの下で投資ルールの検討が始まる見込み

となったことである。ただし，途上加盟国の強い反対のためにWTOにおける投資ルールの検討の動きはとん挫し，多国間の投資ルールの策定作業はOECDが主導する多国間投資協定（MAI）の交渉に委ねられた。しかし，欧米のNGOや労働団体が強く反対したことなどから，MAIの交渉は行き詰まり，1998年に中断した（→第13章2(3)(a)参照）。これをきっかけとして，欧米のNGOや労働団体は反グローバル化の国際的なキャンペーンを強化し，その矛先をWTOに向けた。WTOの下で最初の多角的貿易交渉の開始を目指して開かれた1999年の第3回閣僚会合（シアトル）は，WTOを反グローバル化の象徴として敵視するNGOや労働団体の激しい反対に見舞われた。このことも一つの要因となり，閣僚会合は多角的貿易交渉の開始に失敗した。このエピソードは，反グローバル化に立脚してWTOを批判する勢力を勢いづかせることになった。

　欧米のNGOや労働団体から反グローバル化の声が高まる中で，WTOを国際人権法に敵対する機関ととらえて批判するキャンペーンの急先鋒となったのは，国連の人権委員会（現在の人権理事会）と人権高等弁務官事務所である。人権委員会は1999年4月に，下部機関の差別防止・少数者保護小委員会に「グローバル化と人権の完全な享受に対するその影響」の検討に着手するよう依頼した。これを受けて任命された特別報告者は2000年6月に予備報告，2001年8月に中間報告，2003年6月に最終報告を提出し，その中で，WTOとIMF，世界銀行，そして多国間および2国間の国際投資ルール策定の動きを，経済のグローバル化を推進する中核的な柱と位置づけた上で，これらの機関の活動や動きが世界各地，特に途上国において人権の享受を妨げているとの批判を展開した。

　国連人権委員会におけるこうした動きと並行する形で，国連の人権高等弁務官は2001年から2002年にかけて，TRIPS協定，農業協定，GATSと人権との関係に関する3本の報告書を提出した。以上の報告書を踏まえて，2003年9月，人権高等弁務官事務所は，第5回WTO閣僚会合（カンクン）に「貿易と人権」と題する文書を提出した。この文書は「グローバル化と人権の完全な享受に対するその影響」に関する上記の報告に比べるとWTOに対する批判のトーンを落としている。この文書は，WTO協定が人権の享

受を妨げるさまざまな可能性を指摘するとともに，WTO がその活動において人権保障に十分配慮するよう要請した。以上の国連機関の活動をきっかけに，貿易自由化と人権保障の関係について，NGO や国際人権法および WTO 法の研究者を巻き込んだ論議が盛んになった。

　WTO を国際人権法に敵対する機関ととらえる批判者は，WTO の下で加盟国の義務が拡大した結果，人権の保障が妨げられるようになったと主張する。この種の批判として最も人口に膾炙したのは，TRIPS 協定の特許の強制実施権に関する規定が，後発途上国における安価なエイズ治療薬の供給を困難にし，これらの国の国民の健康を享受する権利（経済的，社会的及び文化的権利に関する国際規約 12 条）が損なわれたとする批判である。この批判は国際的にも多くの支持を集め，後発途上国におけるエイズ治療のための後発医薬品の流通を可能とする TRIPS 協定の改正を導いた（→第 8 章 2(3)参照）。次に，GATS の下で進められる公共サービスの規制緩和・民営化と外国のサービス事業者への市場開放の結果として，特に途上国の貧困層の当該サービスへの安価なアクセスが困難になるとの批判がある。この批判は，特に水に対するアクセスを人権ととらえる立場から，水道事業の民営化・市場開放に伴い住民の水に対するアクセスが確保されなくなるという主張として展開されている。SPS 協定が人権保障を妨げるという批判も根強い。たとえば，「EC—ホルモン」事件（DS26，ケースブック[101]）で，上級委員会は，EC の措置が適切な危険性評価に基づいていないとして，SPS 協定 3 条 3 項および 5 条 1 項，2 項違反を認定した。これに対して，SPS 協定は加盟国が食品の安全を保障するために規制を加える権限を不当に制約しており，加盟国国民の健康を享受する権利を損なうとの批判がある。最後に，農業協定に対しては，協定が志向する農産物貿易の自由化が，一般論としては貧困削減や人権状況の改善にプラスに働くことを認めた上で，自由化と農業補助金の削減が農産物の輸入競争の激化とともに農産物の国際価格の上昇をもたらし（農業補助金，特に輸出補助金が削減されると農産物の輸出価格は上昇する），特に途上国の小規模農家や貧困層にマイナスの影響を与え，これらの人々の食糧に対する権利（経済的，社会的及び文化的権利に関する国際規約 11 条）を損なう恐れがあるとの批判も出されている。

⑶　国際人権法に立脚する WTO 批判の法的意義

　WTO を国際人権法に敵対する機関ととらえる批判者は，共通して，WTO 協定上の義務の履行により特定の人権の享受が妨げられるようになると主張する。しかし，これらの批判者の主張する内容を子細に見れば，WTO 協定上の義務と国際人権条約上の義務が抵触する場合とそうでない場合があることがわかる。前者に該当するのは，TRIPS 協定と健康を享受する権利との関係である。特許の強制実施権行使の要件を規定した TRIPS 協定 31 条(f)は，強制実施権を行使する加盟国の国内市場以外の市場に後発医薬品を供給することを禁止している。後発医薬品の生産能力を持たない後発途上国は，他国から後発医薬品の供給を仰ぐことによってしか当該医薬品を確保できない。したがって，当該途上国に後発医薬品を供給する加盟国は，必然的に TRIPS 協定 31 条(f)に違反することになる。言い換えれば，後発途上国国民の健康を享受する権利を保障するためには，TRIPS 協定 31 条(f)に違反して他国が当該国に後発医薬品を提供するほかない。したがって，この場合には WTO 協定上の義務と国際人権条約上の義務が抵触することになる。ただし，この場合に TRIPS 協定 31 条(f)に基づく義務を負うのは後発途上国に後発医薬品を提供する WTO 加盟国であるのに対して，国民の健康を享受する権利を保障する国際人権条約上の義務を負うのは後発途上国であり，両者の義務の主体は異なっている。したがって，厳密にいえば，WTO 協定上の義務と国際人権条約上の義務の抵触は生じていないことに注意する必要がある。

　これに対して，GATS の下での水道事業の民営化・市場開放と住民の水に対するアクセスとの関係では，GATS の下で加盟国が負う義務と国際人権条約上の義務が抵触しているとは言いがたい。GATS 1 条 3 項(b)は「政府の権限の行使として提供されるサービス」を協定の適用対象から除外する一方で，この種のサービスを民営化することは義務づけていないからである。GATS の下での水道事業の民営化・市場開放は，当該加盟国がサービス貿易自由化交渉の結果として，あるいは自発的に実施した結果であり，GATS 上の義務の帰結ではない。水に対するアクセスを人権ととらえれば，当該国は，外国の事業者による水道事業が住民の水に対するアクセスを損なうこと

がないよう，必要な規制・監督を行う義務を負うことになるだろう。しかし，このことは当該国のGATS上の義務と特に抵触するわけではない。

　WTO協定上の義務と国際人権条約上の義務の抵触をめぐる以上2つのケースの違いは，批判に対してとられる是正措置の内容にも関わってくる。義務の抵触が生じるとされる前者の場合，いずれかの義務を優先させるという形で問題の解決を図ることになる。実際，前者のケースでは，後発途上国国民の健康を享受する権利を保障するため，他国が後発途上国に後発医薬品を提供することを可能とする方向でTRIPS協定の規定が改正された（→第8章2(3)参照）。これに対して，後者のケースではGATS上の義務と住民の水に対するアクセスを確保する義務との間にはいかなる意味でも抵触は生じていないので，GATSの規定の改正によっては問題が解決しない。水に対するアクセスを確保する義務を尊重する立場からできることは，WTO加盟国に対して，水道サービスの民営化・市場開放は慎重にすべきで，民営化・市場開放する場合は，住民の水に対するアクセスを確保できるよう，GATSの約束表や事業者との契約に，必要な条件・規定を盛り込むよう助言することだろう。

　SPS協定と健康を享受する権利の関係は以上のいずれの場合とも異なる。SPS協定はその前文で「いかなる加盟国も，人……の生命若しくは健康を保護するために必要な措置を採用し又は実施することを妨げられるべきでない」とうたい，加盟国が自国の国民の健康を享受する権利を保障するために必要な措置をとることの正当性を認めている。他方で，SPS協定は，加盟国がとる衛生植物検疫措置の貿易に対する悪影響を最小限にすることを目的の1つに掲げ，そのために加盟国が衛生植物検疫措置をとる権利にさまざまな規制を設けている。したがって，SPS協定と健康を享受する権利との関係は，SPS協定上の義務と国際人権条約上の義務の抵触としてではなく，SPS協定の中で，国民の健康を享受する権利の保障と衛生植物検疫措置の貿易に対する悪影響の最小化という2つの政策目的をどう均衡させるかによって調整されることになる。このためにSPS協定が採用したのは，衛生植物検疫措置の適用に当たって，国際基準の推奨，科学的根拠の具備と適切な危険性評価という要件を加盟国に負わせるという方策であった（3条～5条。→第7章2

(3)参照)。これらの要件が健康を享受する権利の保障より貿易自由化を一方的に優先させているとは考えにくい。他方で，健康を享受する権利を重視する立場からは，これらの要件の緩和が求められることになる。たとえば，予防原則に基づいて，十分な科学的証拠がない場合でも衛生植物検疫措置を導入し維持できるようにするといった方策である。実際，SPS協定は，関連する科学的証拠が不十分な場合でも，条件付きで加盟国が暫定的に衛生植物検疫措置を採用することを認めている（5条7項）。その意味で，SPS協定は，国民の健康を享受する権利の保障と衛生植物検疫措置の貿易に対する悪影響の最小化という2つの政策目的を均衡させる規定をその中に取り込んでいるといえる。

　農業協定と食糧に対する権利との関係はさらにニュアンスに富んでいる。一般的にいって，農業協定がめざす農産物貿易の自由化が進めば，途上国たると先進国たるとを問わず，各国の国内の食糧供給は増大するだろうから，国民の食糧に対する権利にとってはプラスに作用するはずである。しかし，農産物貿易の自由化と農業補助金の削減が農産物の輸入競争の激化とともに農産物の国際価格の上昇をもたらし，そのことが特に途上国の小規模農家や貧困層にマイナスの影響を与え，これらの人々の食糧に対する権利を損なう恐れがあることは否定できない。そこで，農業協定は，途上国が直面する可能性のあるこうした困難に対処するため，2つの方策を設けた。1つは，途上国にさまざまな特別かつ異なる待遇（S&D）を認め，協定上の義務や約束の履行における柔軟性を認めたことである。途上国は，国内の小規模農家の所得を減少させる可能性がある，農産物の国内価格の大幅な低下につながるような農産物の関税引下げその他の自由化を義務づけられない。他方で，農産物の国内価格が下がらなければ，途上国の貧困層の食糧に対する権利が損なわれる恐れがある。そこで，農業協定はもう1つの方策として，途上国に対する食糧援助その他の支援を先進国に義務づけた。1994年のマラケシュ閣僚会合で採択された「（農産物貿易制度の――筆者注）改革計画が後発途上国および食糧純輸入途上国に及ぼす悪影響に係る措置に関する決定」（マラケシュ決定）は，これらの途上国に対する先進国からの十分な食糧援助を確保するとともに，これらの途上国における農業生産性を向上させ，農業生産

のためのインフラストラクチャーを改善するための先進国からの技術援助および財政支援を柱とする支援策を打ち出した。農業協定はこの決定に基づいて決められる支援措置の実施を先進国に義務づけた（16条1項）。

食糧に対する権利は，経済的，社会的及び文化的権利に関する国際規約に盛り込まれた他の権利と同じく，その完全な実現を漸進的に達成するために必要な措置をとることを各国に義務づける（規約2条1項）。この義務には，必要な場合には他国における食糧に対する権利の完全な実現のために協力する義務が含まれる。途上国への食糧援助については，1964年に開始されたガットのケネディ・ラウンドの結果，1967年以来，食糧援助規約（Food Aid Convention）に基づいて一部の先進国や農産物輸出国（アルゼンチン）の間で援助の量や割当てなどが決められてきた。1994年のマラケシュ決定もこの規約に言及し，援助国に対して食糧援助を継続し増やすことを求めている。こうして，農業協定と食糧に対する権利との関係は，前者に基づく農産物貿易の自由化と農業補助金の削減を推進する一方で，これによりマイナスの影響を受ける特定の途上国に対して，食糧援助を中心とする支援を一部の先進国や農産物輸出国が約束するという方法で調整が図られている。

(4) 人権侵害を理由とする貿易制限措置の WTO 協定適合性

他の WTO 加盟国における人権侵害を理由として当該国からの輸入や国内での流通・販売などに制限を課す場合，それを WTO 法上で正当化する余地はあるか？　この場合，当該国以外の WTO 加盟国からの輸入や自国の同種の産品の流通・販売などに同様の制限を課さなければ，当該措置は無差別原則（最恵国待遇原則，内国民待遇原則）に違反する可能性が高い。さらに，数量制限の原則的禁止に抵触する可能性もある。これらの WTO 法違反という帰結を回避するための理由づけとして，たとえば児童労働や強制労働によって作られた製品など，生産工程・生産方法（PPM）での人権侵害を根拠に輸入を制限するという方法が考えられる。この場合に，生産工程・生産方法（PPM）の違いを産品の同種性の判断に当たって考慮できるかどうかが問題になる。産品自体の特性に影響しない要因による差別化（いわゆる非産品 PPM）を認めれば，他の様々な要因に基づく貿易制限を認めることにつながるため，このような差別化を安易に認めることには慎重でなければな

らないだろう。人権侵害を理由とする非産品 PPM が WTO 法の下でどこまで許容されるかという問題である。ただし，環境関連の非産品 PPM については WTO 法の下で許容される余地がある（→本章 1 (3)参照）。

　人権侵害を理由とする輸入制限が無差別原則や数量制限の原則的禁止に違反するとしても，これを GATT 20 条や GATS 14 条の例外条項によって正当化する余地はある。GATT 20 条(a)号は「公徳の保護のために必要な措置」に例外扱いを認めており，GATS 14 条(a)号も「公徳の保護又は公の秩序の維持のために必要な措置」に例外扱いを認めている。「米国―越境賭博」事件パネル報告（DS285，ケースブック[58]）によれば，公徳の概念はきわめて柔軟であり，社会的・文化的・倫理的・宗教的価値といった諸要因のあり方によって，時と場所により異なりうる。したがって，人権意識の高い自国民の要請に応えるための輸入制限を公徳保護のための措置として正当化する余地がないとはいえないだろう。ただし，GATT 20 条(a)号，GATS 14 条(a)号はいずれも必要性の要件を伴っており，これは当該貿易制限より緩やかな手段では公徳保護という目的が達成できないことを要求すると解されている。一般的に言って，他国の人権侵害状況を是正するためにとりうる手段は貿易制限以外にも多数存在する。貿易制限が人権侵害の被害者である国民にもマイナスの影響を与えてしまう可能性があることを勘案すると，人権侵害の被害者である当該国国民にマイナスの影響を与える程度が貿易制限よりも小さい手段で当該国の人権状況の改善のために働きかける余地は広いだろう。したがって，この種の貿易制限が必要性の要件を満たすことは相当難しいのではないか。また，かりに必要性の要件を満たしたとしても，当該措置は柱書の 3 要件を満たす必要がある。3 要件の 1 つは同様の条件の下にある国の間において恣意的若しくは不当な差別の手段となるような態様で適用しないことである。つまり，同様の人権侵害を行っている国はすべて貿易制限の対象としなければならない。しかし，貿易制限を実施しようとする国が，世界各国の人権状況についてそのような正確な判断をすることはきわめて難しく，当該措置は恣意的若しくは不当な差別を伴って実施される可能性が大きい。以上から，人権侵害を理由とする貿易制限を WTO 法上で正当化する余地はきわめて限られているといわざるをえない。

人権侵害を理由とする貿易制限措置がWTO法の下で許容される余地がきわめて小さいとしても，この種の措置をWTOが許容する余地が皆無というわけではない。WTO協定の下で正式に認められている方式として，この種の措置に対して義務の免除（ウェーバー）を獲得するという方策がある。これは，加盟国の4分の3の賛成により，WTO協定上の義務からの免除を特定の加盟国に認めるものである（WTO設立協定9条3項）。実際，人権侵害を理由とする貿易制限措置にウェーバーが認められた例がある。いわゆる紛争ダイヤモンドの貿易規制を導入したキンバリー・プロセス（*Column* 参照）について，このプロセスに参加していないWTO加盟国に対して規制国が課す貿易制限をウェーバーにより許容する一般理事会の決定が2003年5月に出された。このウェーバーに基づく貿易制限の期間は2006年末までであったが，3度にわたり延長され，現在は2024年末まで有効となっている。

Column 紛争ダイヤモンドとキンバリー・プロセス

　紛争ダイヤモンド（conflict diamond, blood diamondともいう）とは，内戦などの紛争地域で産出されるダイヤモンドが反政府組織によって輸出ないし密輸出されることで当該組織の資金源とされ，紛争の長期化と深刻化を招いている場合をいう。1998年から2001年にかけて，国連安全保障理事会は，内戦が続くアンゴラ，シエラレオネとリベリアからの紛争ダイヤモンドの輸入を禁止する決議を採択したが，その後も紛争ダイヤモンドの密輸は後を絶たなかった。この状況を打開するため，2000年5月に，南アフリカ共和国のキンバリーでダイヤモンドの主要産出国と消費国の代表が会合し，紛争ダイヤモンドの流通を阻止するための方策を話し合った。これをきっかけとして，アフリカにおける紛争ダイヤモンドの流通を阻止するための取組みがキンバリー・プロセスとして開始された。その後，関係国政府の代表の他にNGOやダイヤモンドの製造・流通関係の業界団体の代表なども幅広く参加して協議が行われた。そして，2002年11月に，ダイヤモンド原石の国際取引に関する国際的な認証制度（キンバリー・プロセス認証制度）を定めた枠組文書（Scheme）が採択され，2003年1月からキンバリー・プロセス認証制度の運用が開始された。認証制度に参加する国は，他の参加国との間で，枠組文書が定める要件を満たして「紛争に関与していない（conflict free）ダイヤモンド」であることが認証されたダイヤモンド原石のみを輸出入することができる。認証のないダイヤモンド原石の輸出入，および認証制度に参加してい

ない国とのダイヤモンド原石の輸出入は禁じられる。2018年10月現在，キンバリー・プロセス認証制度には53の国とEU，計81ヵ国が加入している。中央アフリカ共和国では内戦激化のため2013年以来認証が停止され，中央アフリカ共和国産のダイヤモンド原石の輸入禁止措置がとられていたが，事態に改善が見られたとして，2016年には一部地域からの輸出が再開された。

【参考文献】
貿易と環境
阿部克則「WTOによる貿易規律と気候変動枠組条約——排出量取引制度の国境調整措置とWTO法」国際問題592号（2010年）
川瀬剛志「ブラジルの再生タイヤの輸入に関連する措置」（2008年）［https://www.meti.go.jp/policy/trade_policy/wto/wto_bunseki/data/07kawase.pdf］
平　覚「貿易価値と環境価値の調整——ppmに基づく貿易関連環境措置のGATT/WTO法上の取扱いについて」松本博之＝西谷敏＝佐藤岩夫編『環境保護と法：日独シンポジウム』（信山社出版，1999年）
平　覚「貿易と環境——京都議定書とWTO法」松下満雄編『WTOの諸相』（南窓社，2004年）
平　覚「WTO紛争解決手続における適用法——多数国間環境協定は適用法になりうるか」法学雑誌54巻1号（2007年）
中川淳司「GATT/WTOと環境保護」水上千之＝西井正弘＝臼杵知史編『国際環境法』（有信堂，2001年）
松下満雄「製品安全・食品安全とガット／WTOの規律——アスベスト事件パネル・上級委員会報告を中心として」日本国際経済法学会年報10号（2001年）
松下満雄「地球温暖化防止策としての環境税／排出量取引制度のWTO整合性」国際商事法務38巻1号（2010年）
川瀬剛志「カナダ—再生可能エネルギー発生セクターに関する措置（DS412）／カナダ—固定価格買取制度に関する措置（DS426）——公営企業および市場創設による政府介入への示唆」（WTOパネル・上級委員会報告書解説12）［https://www.rieti.go.jp/jp/publications/pdp/15p008.pdf］
阿部克則「カナダ—再生可能エネルギー発電分野に関する措置事件」［https://www.meti.go.jp/policy/trade_policy/wto/ds/panel/pdf/13-4.pdf］
John H. Jackson, *World Trade Rules and Environmental Policies: Congruence or Conflict?*, 49 WASH. & LEE L. REV. 1231, 1992.

貿易と労働

吾郷真一『国際経済社会法』(三省堂，2005 年) 第 16 章

中川淳司『経済規制の国際的調和』(有斐閣，2008 年) 第 6 章

Philip Alston, 'Core Labour Standards' and the Transformation of the International Labour Rights Regime, 15 (3) EUROPEAN JOURNAL OF INTERNATIONAL LAW 457, 2004.

Lorand Bartels, *The Appellate Body Report in European Communities—Conditions for the Granting of Tariff Preferences to Developing Countries and its Implications for Conditionality in GSP Programmes*, in Thomas Cottier, Joost Pauwelyn & Elisabeth Bürgi Bonanomi eds., HUMAN RIGHTS AND INTERNATIONAL TRADE, Oxford University Press, 2005.

Gabrielle Marceau, *Trade and Labour*, in Daniel Bethlehem, Donald McRae, Rodney Neufeld & Isabelle Van Damme eds., THE OXFORD HANDBOOK OF INTERNATIONAL TRADE LAW, Oxford University Press, 2009.

貿易と人権

伊藤一頼「貿易措置による人権の保護促進の可能性」法律時報 82 巻 3 号 (2010 年)

佐分晴夫「WTO と人権——序論」名古屋大学法政論集 202 号 (2004 年)

中川淳司「グローバル化，国際人権法と WTO」法律時報 82 巻 3 号 (2010 年)

山根裕子『知的財産権のグローバル化——医薬品アクセスと TRIPS 協定』(岩波書店，2008 年)

Lorand Bartels, *Trade and Human Rights*, in Daniel Bethlehem, Donald McRae, Rodney Neufeld & Isabelle Van Damme eds., THE OXFORD HANDBOOK OF INTERNATIONAL TRADE LAW, Oxford University Press, 2009.

Thomas Cottier, Joost Pauwelyn & Elisabeth Bürgi Bonanomi eds., HUMAN RIGHTS AND INTERNATIONAL TRADE, Oxford University Press, 2005.

Pierre-Marie Dupuy, Francesco Francioni & Ernst-Ulrch Petersmann eds., HUMAN RIGHTS IN INTERNATIONAL LAW AND ARBITRATION, Oxford University Press, 2009.

Benn McGrady, TRADE AND PUBLIC HEALTH: THE WTO, TOBACCO, ALCOHOL, AND DIET, Cambridge University Press, 2011.

U.N. Office of the High Commissioner for Human Rights, HUMAN RIGHTS AND TRADE, Submission at the 5th WTO Ministerial Conference, Cancún, Mexico, 10–14 September 2003.

[https://www2.ohchr.org/english/issues/globalization/trade/docs/5WTOMinisterialCancun.pdf]

第13章 国際投資法

Summary

　国際投資法は国際貿易法とは異なる経路をたどって発展した。国際投資の保護に関する伝統的な国際法制度は慣習国際法として形成されたが，これを多国間条約として法典化する試みは今日に至るまで成功していない。その一方で，特に1980年代以降，国際投資の保護を目的とする二国間条約（二国間投資条約（BIT））が多数締結されるようになり，今日ではその数は3000近くを数える。さらに，21世紀に入ってからは，二国間の自由貿易協定（FTA）で投資の保護と自由化を規定する例も増えている。これらの条約では，外国投資家と投資受入国との紛争を仲裁によって解決すると規定することが多い。そして，仲裁判断を通じて国際投資の保護に関する条約規定の解釈が積み重ねられてきている。本章では，国際投資の保護に関する伝統的な国際法制度を概観した上で，国際投資の保護と自由化に関する国際法制度の現状を見ることにする。

Key Words

文明国標準　国際標準　外交的保護権　カルボー主義　カルボー条項　天然資源に対する恒久的主権　新国際経済秩序　投資紛争処理国際センター（ICSID）　投資紛争仲裁　パフォーマンス要求　二国間投資条約（BIT）　多国間投資協定（MAI）　エネルギー憲章条約　貿易関連投資措置協定（TRIMs協定）　間接収用　公正かつ衡平な待遇　ビジネス環境整備

1　国際投資の保護に関する伝統的な国際法制度

(1)　国際投資の保護と伝統的国際法

　国際投資の保護に関する伝統的な国際法制度は19世紀後半から20世紀初めにかけて形成された。この時期に西欧諸国の非西欧地域への投資活動が活発化したが，「非文明国」ないし「未開地域」として西欧諸国の植民地とされたアフリカその他の地域，「非西欧文明国」ないし「半文明国」として領

事裁判制度が適用された日本・中国やイスラム諸国と異なり，19世紀前半に独立したラテンアメリカ諸国は，西欧キリスト教文明に属する「文明国」として西欧諸国と対等の国際法主体性を認められ，主に欧米で妥当してきた近代国際法の適用対象となった。しかし，ラテンアメリカ諸国では独立後も内戦やクーデターが頻繁に起こり，外国投資家の生命・自由・財産が脅かされた。そこで，本国である欧米諸国は，自国の投資家保護を理由としてしばしば武力干渉を行った。その前提として唱えられたのが，外国人の処遇に関して慣習国際法上の最低基準（文明国標準ないし国際標準）が存在するという考え方である。それによると，受入国は主権に基づいて，外国投資を受け入れるかどうかについては自由に決定できるが，いったん投資を受け入れた後は，外国投資家の生命・自由・財産を尊重し，外国投資家が損害を被った場合は国内裁判などを通じた救済を保証しなければならない。損害を被った外国投資家が受入国で救済を得られなかった場合，外国投資家の本国は受入国に対して救済を求めて介入することができるとされた。20世紀初め，米国のボーチャード（Edwin M. Borchard）はこうした介入の先例を分析し，その法的な根拠を慣習国際法上の外交的保護権として定式化した。

　これに対して，ラテンアメリカ諸国は，外国人の処遇に関する慣習国際法上の最低基準と外交的保護権に反対の声を上げた。アルゼンチンの外交官・国際法学者であったカルボー（Carlos Calvo）は1868年の著作で，在外自国民保護を理由とする西欧諸国の武力干渉を批判するとともに，外国人の処遇に関する慣習国際法上の内外人平等主義を唱えて，文明国標準主義を批判した。ただし，彼の批判は在外自国民保護のための武力干渉がラテンアメリカ諸国に対して濫用されていることに向けられており，こうした武力干渉自体が国際法に違反していると主張するものではなかった。その意味で，慣習国際法上の内外人平等原則の主張を除けば，彼の主張は当時の西欧の支配的な国際法学説の域を出ていない。しかし，彼の主張はラテンアメリカ諸国で熱狂的に支持され，彼の名を冠したカルボー主義という制度に結実した。カルボー主義は，外国人の請求については受入国の国内裁判所が国内法を適用して処理する最終的な管轄権を持っており，外国人は本国に外交的保護権の発動を求めてはならず，本国も外交的保護権を行使することはできないという

1　国際投資の保護に関する伝統的な国際法制度

ものである。カルボー主義は一部のラテンアメリカ諸国の国内法で採用された。さらに、カルボー主義の応用として、外国投資家とラテンアメリカの受入国政府が締結する契約に、当該契約に関する紛争は受入国の国内法に従い受入国の国内裁判所で処理され、外国投資家は当該紛争およびそれに関する受入国国内裁判所の決定に関して、本国に外交的保護権の発動を求めてはならないと規定する条項（カルボー条項）が挿入されるようになった。

　カルボー条項に対しては、それが本国の外交的保護権を否認する効果を持つのかが問題となった。この問題に関するリーディング・ケースは、北米浚渫会社事件に関する1926年の米国メキシコ一般請求委員会の仲裁判断である。この仲裁判断は、外交的保護権は国家の国際法上の権利であり、外国人が受入国との契約で本国の外交的保護権発動を禁じることはできないとする一方、外国人が契約で本国に外交的保護権の発動を求める権利を放棄することは国際法上禁じられていないと述べた。私人が外国政府と契約を結ぶ行為に国際法は関知しないというのがその根拠である。この仲裁判断はその後の国家実行や学説で広く支持され、これ以降、議論の焦点は、外交的保護権発動の要件としての裁判拒否（denial of justice）の内容、国内救済原則の適用の限界、外国人の処遇に関する慣習国際法上の最低基準の具体的な内容などに移った。

　1930年に国際連盟が主催して開かれた国際法典編纂会議は、慣習国際法の法典化のテーマの一つとして「領域内で生じた外国人の身体あるいは財産に対する損害に関する国家の責任」を取り上げた。外国人の処遇に関する慣習国際法上の最低基準の内容を法典化条約により明確化することが意図されていた。しかしながら、法典化作業では、最低基準の内容、特に外国人の資産の収用や国有化に対する補償額の算定基準や算定方式をめぐって議論が紛糾した。欧米諸国は、①国家が主権に基づいて外国人の資産を収用・国有化する権利を持つことを認める一方、②収用・国有化は公益目的でなければならず、③自国民と外国人との間、あるいは外国人の間で差別的なものであってはならず、かつ、④適正、実効的かつ迅速な補償を支払わなければならないと主張した。これに対してラテンアメリカ諸国は、①収用・国有化の権利、②公益原則、③無差別原則については基本的に同意したものの、④について

は、補償の額や支払方法は収用・国有化を行う国が決定すると主張して対立した。このため、国際法典編纂会議はこのテーマに関する慣習国際法の内容を確定し、法典化することに失敗した。

(2) 新国際経済秩序の主張と国際投資の保護

国際投資の保護に関する慣習国際法の内容、特に外国資産の収用・国有化の国際法上の合法性をめぐる欧米諸国とラテンアメリカ諸国や社会主義諸国との対立は第二次世界大戦後も続いたが、独立を達成した多くの途上国が国際社会に加わったことで、新たな展開が生まれた。1951年のイランによるアングロ・イラニアン石油会社の国有化を契機として、途上国による外国投資家の資産の収用・国有化の件数が大幅に増加した。途上国や社会主義諸国は、国際投資の保護に関して伝統的に慣習国際法として主張されてきたルールの妥当を否定し、外国投資の処遇に関する受入国の主権的権利を軸とする新たな国際法制度の樹立を目指すようになった。この主張を集約的に表現したのが天然資源に対する恒久的主権の概念であり、これを中核とする新国際経済秩序の主張である。

天然資源に対する恒久的主権の概念は、1950年代初頭に、国連の人権委員会による国際人権規約の起草作業で、チリ代表が「天然の富と資源を自由に開発する権利」を主張したことに端を発する。その後、1962年の国連総会決議1803は、「天然の富と資源に対する恒久的主権」を人民および民族の権利として承認するとともに、この権利に基づいて収用・国有化を実施する場合には、公益上の理由が必要で、国際法に従って適当な補償を支払わなければならず、また、受入国が外国投資家と締結した協定は誠実に遵守しなければならないと述べた。これは欧米諸国が従前から主張してきた国際投資の保護に関する慣習国際法の内容に基本的に沿ったものであり、先進国の大半も決議の採択に賛成した。しかし、1970年前後を境に、途上国は従前から慣習国際法のルールとして主張されてきた内容を明確に否定するようになった。1974年に採択された国家の経済的権利義務憲章（国連総会決議3281）はその代表例である。この憲章の2条2項は、国家は外国資産を収用・国有化する際に、自国の関連法令および関連するすべての事情を考慮して、適当な補償を支払うべきであると規定するとともに、補償に関して受入国と外国投

資家との間で紛争が起きた場合，紛争は受入国の国内裁判所で受入国国内法に基づいて解決されると規定した。補償額の算定基準や算定方法に関する国際法上の規制を否定し，収用・国有化を実施する受入国が天然資源に対する恒久的主権に基づいて排他的かつ最終的に判断することを宣言したものである。この決議の採択に当たって，先進国の多くは棄権するか反対票を投じ，国際投資の保護と収用・国有化に関する国際法のルールの内容をめぐる先進国と途上国（および社会主義諸国）の対立が鮮明となった。

　国家の経済的権利義務憲章を初めとする新国際経済秩序の構想を盛り込んだ文書はいずれも，法的拘束力を持たない国連総会決議として採択された。そのため，これらの文書の採択は国際投資の保護に関する新しい慣習国際法が形成されたことを直ちに意味するわけではない。ソフトローなどの概念を用いて，この種の文書に法的な効果を認めようとする学説も現れたが，これに対しては，こうした概念を持ち込むことは国際法の規範体系を脆弱化するという強い批判が出された。しかし，ソフトローの概念を認めない立場をとるとしても，これらの文書が国際投資の保護に関して欧米諸国が従前から主張してきた慣習国際法のルールの妥当を否定しようとした事実は否定できない。そこで，先進国や国際機関は，国際投資を確実に保護する国際法制度の構築に取り組むようになる。

⑶　投資紛争解決国際センター（ICSID）

　世界銀行協定1条3項は，国際投資の促進を銀行の目的の一つに挙げている。そして，世界銀行は1962年以来，外国投資家と受入国との紛争（投資紛争）を調停あるいは仲裁によって解決するための条約の作成作業を進め，国家と他の国家の国民との間の投資紛争の解決に関する条約を作成した（投資紛争解決条約，1965年3月18日署名開放，1966年10月14日発効）。条約に基づいて投資紛争解決国際センター（ICSID）が設立された。

　ICSIDによる投資紛争の解決方式には調停と仲裁があるが，ここでは仲裁の手続を見る。まず，仲裁への付託に当たっては，紛争当事者である受入国と外国投資家の本国がともに投資紛争解決条約の当事国であること，紛争当事者が仲裁への付託に合意することが必要である（投資紛争解決条約25条）。紛争がICSIDに付託されれば，ICSIDが紛争解決の排他的なフォーラムと

なり，受入国の国内裁判手続も排除される。ただし，紛争当事者は，当該紛争をまずは受入国の国内救済手続に付託し，この手続を完了したにもかかわらず紛争が解決されないことを ICSID 付託の前提条件とすることもできる（26条）。受入国が ICSID の仲裁判断を履行しない場合を除き，外国投資家の本国が外交的保護権を行使することは認められない（27条）。付託合意に基づいて，紛争当事者の一方が ICSID 事務局に仲裁手続の開始を請求することで仲裁手続が始まる（36条）。事務局が請求を登録した後，仲裁裁判所が速やかに設置される。仲裁裁判所は単独または奇数の仲裁人で構成される（37条）。したがって，ICSID は常設の仲裁法廷ではなく，請求に基づいてアド・ホックに仲裁法廷が設立されることになる。紛争当事者は仲裁の準拠法を自由に選択できる（42条1項前段）。当事者が準拠法について合意できない場合は，当事者である受入国の国内法および関連する国際法のルールが適用される（同項後段）。準拠法としての受入国国内法と国際法が抵触した場合にどちらが優先するかについて，条約は規定していない。この点について，ICSID の仲裁判断および支配的な学説は以下のように解している。まず，関連する国内法が検討される。次に，当該国内法と関連する国際法のルールの整合性が検討され，整合的でない場合は国際法のルールが優先する。関連する国内法が存在しない場合も，国際法のルールが適用される。したがって，仲裁の準拠法である受入国国内法と国際法が抵触する場合には，国際法が優先することになる。仲裁判断は当事者を法的に拘束する。仲裁判断は原則として終局的であり，上訴は認められない（53条）。ただし，①裁判所が正当に構成されなかった，②裁判所が明らかにその権限を越えている，③裁判所の構成員に不正行為があった，④手続の基本原則からの重大な離反があった，⑤仲裁判断において，その仲裁判断の基礎となった理由が述べられていない，の1または2以上の根拠に基づいて，いずれの当事者も仲裁判断の取消し（annulment）を請求することができる。なお，ICSID の仲裁手続の詳細は手続規則により定められている。手続規則は1968年に策定されて以来3度改訂され，現行の手続規則は2006年策定の3訂版である。

投資紛争解決条約は，投資紛争を解決するための中立的なフォーラムを設けて，国際投資を保護するとともに，紛争が受入国と投資家本国の間の国際

紛争に発展するのを防止することを意図している。投資紛争が仲裁に付託された場合に投資家本国による外交的保護権の発動を禁じた点は，カルボー主義以来の途上国の主張を尊重したものである。他方で，ICSIDに紛争が付託されるとその後は受入国の国内裁判手続への付託が認められないこと，準拠法としての国際法が受入国の国内法と抵触する場合，前者が後者に優先するとされたことは，投資紛争を受入国の国内法・国内裁判手続から隔離し，中立的な仲裁手続を通じて外国投資家に確実な救済を保証する意図の表れであり，この点では先進国の主張を取り入れている。ただし，設立当初から1970年代にかけては，カルボー主義を支持するラテンアメリカ諸国を初めとして，ICSIDに対する途上国の抵抗感が強く，条約加盟国の数も，仲裁に付託される事件の数も多くなかった。

2 国際投資の保護と自由化をめぐる条約体制の発展

(1) 国際投資の保護と自由化をめぐる1980年代以降の情勢変化

　1980年代に入ると，国際投資の保護と自由化をめぐる世界的な情勢が大きく変化した。1982年のメキシコ債務危機を初めとして多くの途上国で累積債務問題が深刻化し，それに対処する過程で，これらの国は国際投資に対する敵対的・制限的な政策を見直すことになった。さらに，1980年代末にソ連をはじめとして社会主義体制が破たんし，これらの国が市場経済体制への移行を目指すようになると，これらの国も国際投資を積極的に受け入れるようになった。こうした情勢変化の結果，国際投資の保護と自由化をめぐる従来の対立の構図が薄らぎ，新たな国際法制度の形成が進むことになった。

　累積債務問題は様々な角度から途上国の国際投資政策の根本的な見直しを迫った。第1に，累積債務問題の結果，途上国向けの国際投資，特に間接投資の流入が落ち込んだので，途上国は従来の国際投資に対する敵対的・制限的な政策を変更し，国際投資を積極的に誘致する政策をとらなければならなくなった。第2に，累積債務問題に直面した途上国の多くはIMFの支援を仰いだが，IMFはこれらの国に融資する条件として，新古典派の経済理論に基づく市場重視の経済政策の採用を求めた（コンディショナリティ，→第2

章5(5)を参照）。コンディショナリティの内容は国により異なるが，為替レート切下げ，関税引下げ，金融自由化や公企業の合理化・民営化などの政策を採用することがほぼ共通して盛り込まれた。これらの政策は外国投資の受入れを促進する効果を持った。第3に，特にラテンアメリカ諸国の累積債務問題は，一面においてこれらの国が従来から採用してきた輸入代替工業化戦略の失敗を意味した。輸入代替工業化戦略は，工業製品の国産化を進めて，輸入を減らすことをめざした。そのために，外国製品の輸入を制限するとともに，外国投資の受入れにもさまざまな制限を設けた。ところが，輸入代替工業化を進める過程で原材料などの中間財や生産設備などの資本財の輸入が増加し，国際収支はかえって悪化した。これが累積債務問題の一因になったのである。累積債務問題が深刻化すると，これらの国は輸入代替工業化戦略を止めて輸出志向型工業化戦略をとるようになり，輸出向けの工業製品の生産に重点を置くようになった。そして，その担い手として特に製造業部門の外国投資を積極的に誘致する政策をとるようになった。なお，特にアジアの新興工業国（NICs）は，すでに1960年代から輸出志向型工業化戦略を採用しており，外国投資を積極的に誘致する政策をとるようになっていた。

　以上の背景の下で，途上国や旧社会主義国の外国投資政策は大きく転換した。外国投資を積極的に受け入れるため，多くの国が外資法を制定・改正して，投資を受け入れる産業部門や外資の出資比率の制限を大幅に緩和した。また，受入れ後の外国投資家の活動に対するさまざまな制限・規制（パフォーマンス要求）が緩和・撤廃された。たとえば，外国投資家による利潤の国外送金や利潤再投資の自由の保証，ローカル・コンテント要求の緩和・撤廃，生産品の輸出ノルマの撤廃，受入国国民雇用ノルマの緩和・撤廃などの政策がとられた。さらに，外国投資家に対して，法人税の減免その他の租税公課に関する優遇措置を提供したり，輸出向け製造業部門の外国投資家に中間財や資本財の輸入関税を免除する保税加工区域（中国では経済特区と呼ばれた）を設けるといった外国投資誘致策を採用した国も多い。

② 二国間投資条約と投資紛争仲裁

　国際投資の保護に対象を限定した最初の二国間投資条約（bilateral investment treaty, BIT）は1959年に西ドイツとパキスタンの間で結ばれた。その

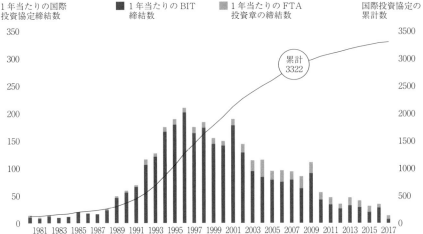

図表 13-1　世界の国際投資協定（二国間投資条約（BIT）及び FTA 投資章）の数の推移（1980 年〜2017 年）

出典：UNCTAD, WORLD INVESTMENT REPORT INVESTMENT AND NEW INDUSTRIAL POLICIES, UNCTAD, 2018, p. 89, Figure III. 3.

後，欧州諸国を中心として同様の条約を途上国との間で締結する例が次第に増えた。これには 1970 年代にかけて高まった新国際経済秩序の主張に対抗する意味合いがあった。1980 年代に入ると，それまでは通商航海条約の中で投資保護に関する規定を盛り込む方針をとってきた米国も，BIT を締結するという方針を採用した。また，⑴で見た事情から途上国が積極的に BIT を締結する方針をとるようになった。1990 年代には中東欧の旧社会主義国が BIT を結ぶようになり，また，途上国同士が BIT を結ぶ例も出てきたため，BIT の数が急増した。21 世紀に入ると，中国やインドなど，アジア諸国も積極的に BIT を結ぶようになった。2017 年末現在で BIT の累計は 2946 に達している。その他に，二国間ないし地域的な自由貿易協定（FTA）が投資に関する章を設けて BIT とほぼ同様の投資保護や自由化を規定する例が増えている（2017 年末現在で 376。→図表 13-1 参照）。

2018 年 10 月現在，日本は 30 の BIT に署名し，投資章を含む 16 の EPA に署名している。EPA の投資章の内容は BIT の内容とほぼ同じである。EPA の投資章に組み込まれた BIT が 2 あるので（日ベトナム BIT と日ペルー

図表 13-2 日本が締結した二国間投資協定（BIT）と投資章を含む経済連携協定（EPA）

二国間投資協定（BIT）

	相手国	署名	発効
1	エジプト	1977年1月28日	1978年1月14日
2	スリランカ	1982年3月1日	1982年8月4日
3	中国	1988年8月27日	1989年5月14日
4	トルコ	1992年2月12日	1993年3月12日
5	香港	1997年5月15日	1997年6月18日
6	パキスタン	1998年3月10日	2002年5月29日
7	バングラデシュ	1998年11月10日	1999年8月25日
8	ロシア	1998年11月13日	2000年5月27日
9	モンゴル	2001年2月15日	2002年3月24日
10	韓国	2002年5月22日	2003年1月1日
11	ベトナム*1	2003年11月14日	2004年12月19日
12	カンボジア	2007年6月14日	2008年7月31日
13	ラオス	2008年1月16日	2008年8月3日
14	ウズベキスタン	2008年8月15日	2009年9月24日
15	ペルー*2	2008年11月21日	2009年12月10日
16	パプアニューギニア	2011年4月26日	2014年1月17日
17	コロンビア	2011年9月12日	2016年9月11日
18	クウェート	2012年3月22日	2014年1月24日
19	日中韓	2012年5月13日	2014年5月17日
20	イラク	2012年6月7日	2014年2月25日
21	モザンビーク	2013年6月1日	2014年8月29日
22	ミャンマー	2013年12月15日	2014年8月7日
23	カザフスタン	2014年10月23日	2015年10月25日
24	ウクライナ	2015年2月5日	2015年11月26日
25	サウジアラビア	2013年4月30日	2017年4月7日
26	ウルグアイ	2015年1月26日	2017年4月14日
27	オマーン	2015年6月19日	2017年7月21日
28	イラン	2016年2月5日	2017年4月26日
29	ケニア	2016年8月28日	2017年9月14日
30	イスラエル	2017年2月1日	2017年10月5日

注＊1　2008年12月署名の日本ベトナムEPAに組み込まれている（EPA9条4項）。
　＊2　2011年5月署名の日本ペルーEPAに組み込まれている（EPA2条3項）。

投資章を含む経済連携協定（EPA）

	相手国	署　名	発　効	投資章
1	シンガポール	2002年 1月13日	2002年11月30日	第8章 投資（71条〜89条）
2	メキシコ	2004年 9月17日	2005年 4月 1日	第7章 投資（57条〜96条）
3	マレーシア	2005年12月13日	2006年 7月13日	第7章 投資（73条〜93条）
4	フィリピン	2006年 9月 9日	2008年12月11日	第8章 投資（87条〜107条）
5	チ　リ	2007年 3月27日	2007年 9月 3日	第8章 投資（72条〜105条）
6	タ　イ	2007年 4月 3日	2007年11月 1日	第8章 投資（90条〜114条）
7	ブルネイ	2007年 6月18日	2008年 7月31日	第5章 投資（55条〜72条）
8	インドネシア	2007年 8月20日	2008年 7月 1日	第5章 投資（57条〜75条）
9	ベトナム	2008年12月25日	2009年10月 1日	日越投資協定を組み込み
10	スイス	2009年 2月17日	2009年 9月 1日	第9章 投資（84条〜102条）
11	インド	2011年 2月16日	2011年 8月 1日	第8章 投資（83条〜101条）
12	ペルー	2011年 5月31日	2012年 3月 1日	日ペルー投資協定を組み込み
13	オーストラリア	2014年 7月 8日	2015年 1月15日	第14章 投資（14.1条〜14.19条）
14	モンゴル	2015年 2月10日	2016年 6月 7日	第10章 投資（10.1条〜10.20条）
15	TPP	2016年 2月 4日	未発効	第9章 投資（9.1条〜9.30条）
16	CPTPP	2018年 3月 8日	2018年12月30日	第9章 投資（9.1条〜9.30条）

図表 13-3　仲裁に付託された投資紛争案件の推移（累積件数）

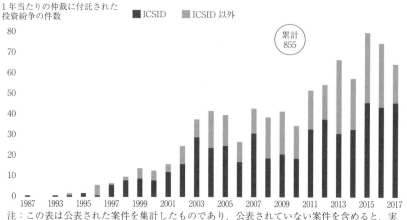

注：この表は公表された案件を集計したものであり，公表されていない案件を含めると，実際の案件数はさらに多い。

出典：UNCTAD, WORLD INVESTMENT REPORT INVESTMENT AND NEW INDUSTRIAL POLICY, UNCTAD, 2018, p. 92, Figure III. 4.

BIT），日本は 44 の BIT に署名していることになる（→図表 13-2 参照）。

　後述するように，BIT は，国際投資の保護に関して，従前から先進国が慣習国際法として主張してきた原則（内国民待遇，最恵国待遇，公正かつ衡平な待遇，収用に対する補償など）を盛り込んでいる。最近締結される BIT や FTA の投資章では，投資保護だけでなく，パフォーマンス要求の禁止や投資許可段階を含めた内国民待遇など，投資の自由化にまで踏み込んだ規定を設けるものもあることは注目に値する。外国投資家と受入国との間の投資紛争については，投資家がすでに見た ICSID や国連国際商取引法委員会（UNCITRAL）などの仲裁規則に基づく仲裁に付託することができると規定する場合が多い。この結果として，1980 年代以降，投資紛争を仲裁に付託する件数が次第に増え，1990 年代以降はその数が急増している。2017 年末現在で，公表されている投資紛争仲裁の案件数は累計で 855 件に達した（→図表 13-3 参照）。公表されていない投資紛争仲裁もあるため，実際の案件数はこれよりさらに多い。

③　投資に関する多国間条約の試み

　BIT と並んで，1980 年代以降，さまざまな国際的なフォーラムで投資に関する多国間条約の締結が試みられたが，多数の国が参加する普遍的な多国間条約はいまだに締結されていない。

(a) OECD の取組み

　OECD（経済協力開発機構）は，設立当初から国際投資に関する国際取り決めの策定に取り組んできた。1961 年の OECD 設立時に結ばれた資本移動自由化コードは，加盟国による資本取引（直接投資と間接投資）の自由化を目指した最も早い時期の多数国間の枠組みである。ただし，これは OECD 加盟国が自発的に自由化を約束し，加盟国の相互審査（ピア・レビュー）を通じて漸進的に自由化を進めてゆく枠組みであり，その法的な強制力は弱いものにとどまっている。OECD は 1976 年には，加盟国政府が自国の多国籍企業に責任ある行動をとるよう勧告する多国籍企業ガイドラインを採択した。ガイドラインは，多国籍企業の行動に対するその後の関心の変化や情勢変化を踏まえて，これまでに 5 回にわたって改訂され，環境，労働関係や情報開示に関する事項を追加したり，贈賄の防止（→第 17 章 1 参照）や消費者保護

について新たな章を設けるなど，その内容が発展してきている。ただし，この行動指針は勧告であって法的拘束力はなく，その実施は各国や企業の自主性に委ねられている点に注意すべきである。とはいえ，OECD はピア・レビューの制度を設けて，加盟国による行動指針の実施状況を継続的に監視しているので，法的拘束力を持たない勧告であっても，加盟国はその実施に向けた政治的な圧力を受け続けていることは見落とせない。

　以上の実績の上に，OECD は 1991 年以来，国際投資の自由化と保護を目的とする多国間条約を作成する準備を始め，1995 年に多国間投資協定（MAI）の交渉を開始した。交渉には OECD 加盟国だけでなく途上国を含む若干の非加盟国もオブザーバーとして参加し，受入後の国際投資の保護だけでなく，国際投資の自由化にも踏み込んだ規定を盛り込もうとした。しかし，環境規制などの国家の規制権限が MAI によって侵害されることに対して一部の交渉参加国や欧米の NGO や労働団体などが強く反対したことなどから，交渉は行き詰まり，1998 年にフランスが交渉脱退を決定したことをきっかけにして決裂し，MAI は締結されなかった。

(b)　エネルギー憲章条約

　ソ連の崩壊に伴い，特に旧ソ連から欧州に向けたエネルギー資源（石油や天然ガス）の安定的な供給を確保する必要性が強く認識された。そのため，1991 年に，旧ソ連，東欧を含む欧州諸国，米，加，豪および日本は，旧ソ連・東欧諸国におけるエネルギー分野の市場原理に基づく改革の促進と，エネルギー分野における貿易・投資を世界的に促進することなどを宣言する欧州エネルギー憲章を作成した。その後，この憲章に盛り込まれた方策を法的に実施する枠組みとして，エネルギー憲章条約が締結された（1994 年 12 月 17 日署名，1998 年 4 月 16 日発効）。条約は外国投資の規律を柱の一つとしており，エネルギー分野に限定してではあるが，投資の自由化に関する規定も含めて，外国投資の保護と自由化に関する主要なルールを盛り込んでいる。日本は 1995 年にこの条約に署名し，2002 年に批准した。ただし，ロシアは 1994 年に条約に署名したものの批准しておらず，暫定的適用の状態であったが，2009 年 8 月に暫定的適用の終了を通告した。エネルギー憲章条約によって自国のエネルギー政策や対外的なエネルギー戦略を縛られることを嫌

ったためである。ただし，暫定的適用の期間中に条約加盟国の投資家がロシアで取得した投資財産については，暫定的適用終了後も20年間は保護されることになっている。

(c) **WTO**

WTOの貿易関連投資措置協定（TRIMs協定）は，投資受入国が外国投資家の投資活動に課すさまざまなパフォーマンス要求のうち，内国民待遇原則（1994年のGATT3条）と数量制限の原則的禁止（同11条）に違反するものを禁止する。たとえば，ローカル・コンテント要求（原材料や産品について，一定の現地調達比率の達成を義務づけること。内国民待遇原則違反），輸出入均衡要求（外国投資家の原材料輸入額と同等になるよう，輸出パフォーマンスの達成を義務づけること。数量制限の原則的禁止違反）などである。ただし，これらはいずれも貿易に関連するパフォーマンス要求に限られており，その他のパフォーマンス要求（たとえば，外国投資企業と受入国企業との合弁会社の外資出資比率の制限や合弁会社への受入国国民の雇用ノルマなど）は禁止されていない。また，TRIMs協定は新たな義務を設けたものではなく，1994年のGATTの3条と11条に違反する措置の禁止を確認したものに過ぎないことに注意すべきである。

GATS（→第8章1参照）は，サービス部門の国際投資の自由化を進めた。GATSは，サービス貿易を越境取引，国外消費，商業拠点，人の移動の4つのモードに分類し，加盟国がサービス貿易の分野ごとに，各モードについて内国民待遇と市場アクセスを約束することを通じてサービス貿易の自由化を進めるという方式を採用した。サービス貿易の4モードのうち，商業拠点（第3モード）は，ある国のサービス提供者が外国に設けたサービス拠点を通じてサービスを提供する場合であるが，これは通常直接投資を伴うので，商業拠点に関する内国民待遇と市場アクセスの約束は，当該サービス分野の直接投資を自由化することを意味する。つまり，GATS本文や附属書などと一体をなす国別の約束表に，商業拠点に関する内国民待遇や市場アクセスに関する約束を盛り込むことにより，加盟国はサービス貿易の当該分野について直接投資の自由化を約束したことになる。さらに，WTO発足後，金融分野や電気通信分野で，追加的な約束に関する合意がまとまっており，サービ

ス貿易に関する直接投資の自由化が進んだ（→第8章1）。

　WTO のシンガポール閣僚会合（1996年）は，貿易円滑化，政府調達の透明性，競争とともに，投資分野を WTO 体制の中に取り込むかどうかを検討することを決めた（いわゆるシンガポール・イシュー）。その後，WTO で「貿易と投資」の交渉開始に向けた議論が進められ，ドーハ開発アジェンダの開始を決めた2001年の第4回閣僚会合では，「貿易と投資」の交渉方式（モダリティ）について2002年の第5回閣僚会合で合意できれば交渉を開始する旨が合意された。しかし，その後の議論で，途上国が投資ルールを WTO に取り込むことに強く反対したため，第5回閣僚会合（カンクン）では交渉開始への合意はなされず，最終的に，2004年7月の一般理事会は「貿易と投資」はドーハ開発アジェンダの交渉項目に加えないことを決定した。

3　国際投資の保護と自由化に関する国際法の原則

　国際投資の保護と自由化に関する現在の国際法制度の中核を構成するのは，総数が3000近くに上る BIT と 400近い二国間および地域的な FTA の投資章という，2種の条約である。これらの条約の内容には国により，また締結時期により，さまざまなヴァリエーションがあり，これらの条約の集積を通じて国際投資の保護と自由化に関する新たな慣習国際法が形成されたということは難しい。しかし，これらの条約はほぼ共通して投資財産・投資家の定義，収用・国有化に関するルール，投資財産・投資家の待遇に関する原則，投資紛争の処理手続といった項目を盛り込んでおり，これらについてある程度似通った規定を置いている。また，投資紛争を扱う仲裁判断が次第に集積される中で，仲裁判断の相互参照を通じて，ある項目に関する条約の規定の解釈適用が収れんしてゆく傾向も一部には認められる。そこで，本節では，BIT と FTA 投資章に盛り込まれる主要な規定と，仲裁判断例を通じてそれらがどのように解釈適用されているかを見ることにする。

(1) 投資家・投資財産

　BIT や FTA 投資章は，通常冒頭で，条約の適用対象となる投資財産や投

資家を定義する。

　投資財産については,「投資家により,直接又は間接に所有され,又は支配されているすべての種類の資産」（日本ペルーBIT 1条(1)）といった抽象的な定義を置いた上で,具体的な例を挙げるものが多い。投資財産の具体例として最も重要なのは現地子会社などの出資会社・支店である。これはGATSにいう第3モード（商業拠点）に当たり,サービス貿易に限らず,製造業その他の分野においても外国に直接投資が行われる場合に最も一般的に採用される投資形態である。その他に,投資財産の形態として,株式・出資などの企業の持ち分,債券,社債,貸付金その他の債務証書で,債務を負う企業が投資家と提携しており,償還期間が長期（たとえば12ヵ月以上）であるもの,契約に基づく権利,知的財産権,法令または契約により与えられる権利（公益事業の免許,天然資源の探査・採掘権など）などが挙げられる。投資的な性格を持たない資産,たとえば単発的な貿易取引に関する債権などは含まれない。他方で,米国や南米諸国のBITでは,投資財産に関する抽象的な定義ではなく,投資財産の要件として,(1)資本その他の資源の出資,(2)収益または利得の期待,(3)リスクの引受けの3つを挙げることが多い（たとえば,米国の2012年モデルBIT 1条）。

　投資家には自然人と法人（企業）が含まれる。条約では,「締約国の法令によりその国籍を有する自然人」または「締約国の企業」（日本ペルーBIT 1条(2)）といった広範な定義を置くことが多い。ただし,条約によっては,以上の一般的な定義の他に,条約の保護対象となる投資家を絞り込む追加的な条件を置くことがある。たとえば,合法的な投資に限定する趣旨で「投資を行うために必要な具体的な手続をとった場合」（同前注釈）,あるいは事業活動や経営の実態を伴わない,いわゆるペーパー・カンパニーによる投資を排除する趣旨で「実質的な事業活動を行っていること」といった条件を置く場合である。また,同じくペーパー・カンパニーによる投資を排除する趣旨で,投資家の定義とは別に,投資家企業が第三国の投資家によって所有または支配されており,かつ,当該企業が実質的な投資活動を行っていない場合には,BITによる利益を否認することができるとする条項（利益否認条項）を置く場合もある（たとえば,日本ペルーBIT 27条2項）。

投資財産および投資家が特定のBITやFTA投資章の適用対象となるかどうかは、当該条約の紛争解決手続である仲裁の管轄権（事項管轄および対人管轄）が及ぶかどうかに関連しており、投資紛争仲裁でしばしば争いとなる。

(2) 収　　　用

受入国が投資家の投資財産を収用ないし国有化する場合について、BITやFTA投資章は、国際投資の保護に関する慣習国際法の規則として従来から先進国が主張してきた規則の適用を規定する。すなわち、①公共目的であること、②差別的なものでないこと、③正当な法の手続に従って行われること、④迅速、適当かつ実効的な補償の支払を伴うこと、である。④の補償についてはより詳細な規定が置かれることが多い。すなわち、補償は遅滞なく支払うものとし、補償が収用と同時に支払われない場合には、収用から支払までの期間について商業的に妥当な利子を含めなければならない。適当な（adequate）補償については、収用時の投資財産の公正な市場価格（fair market value）に相当することが求められる。公正な市場価格の算定方式については、仲裁判断の集積を通じて、当該投資財産によって将来得られるであろう収益から、その収益を得るために支出されるであろうコストを差し引いた純利益を算定する方式（discounted cash flow方式と呼ばれる）がとられることが一般的となっている。最後に、補償の実効性（effectiveness）については、実際に換価することができ、自由に移転することができ、かつ、収用時の為替相場により、投資家本国の通貨あるいはその他の兌換可能な通貨に自由に交換できることが求められる。したがって、兌換できない収用国の通貨による支払は認められない。

最近のBITやFTA投資章では、国家による財産権の移転を伴う直接の収用だけでなく、収用と同等の措置を通じた間接的な収用（間接収用（indirect expropriation）、規制を通じた収用（regulatory taking）、しのびよる国有化（creeping nationalization）などと呼ばれる）にも収用・国有化に関する規則が適用されるとするものが多い。間接的な収用とは、収用国への財産権の移転を伴わないが、受入国による恣意的な許認可の取消しや投資活動に対する厳格な制限の導入などの政策的な措置により、投資財産の利用や収益機会が阻害され、実質的に収用と同じ結果がもたらされる場合をいう。ただし、投資

財産に損害を与える受入国のすべての措置や規制が間接的な収用とされるわけではない。補償の支払が求められる間接的な収用と，受入国による正当な規制権限の行使であって補償の支払が不要な規制や措置をどう区別するかが実務上は大きな問題となる。過去の投資紛争仲裁では，たとえば，地方政府のとった厳格な環境規制措置により外国企業の廃棄物処理施設の建設が阻止された事例で，当該措置を中央政府が阻止できなかったことが間接的な収用に当たるとして受入国の収用に関する条約規定の義務違反を認定した仲裁判断（Metalclad 仲裁判断）がある。他方で，経営の悪化した外資系の金融機関に対する受入国中央銀行の公的管理の実施を，国の正当な金融監督行為（prudential regulation）であるとして間接的な収用と認めなかった仲裁判断（Saluka 仲裁判断）もある。一般的にいって，間接的な収用に当たるかどうかをめぐる仲裁判断では，①政府の行為の効果（投資財産に対する侵害の程度の大きさ）と②政府の行為の妥当性・正当性の双方が勘案されることが多い。米国の最近の BIT は，間接的な収用について，ケースバイケースの検討が必要であり，その際，①受入国の行為が投資に不利な経済的効果を与えたとしても，そのことだけでは間接的な収用とはいえない，②当該行為が投資に基づく明確で合理的な期待を阻害した程度，③当該行為の性質を考慮すべきこと，の3点を考慮すること，さらに，公衆衛生，安全，環境など公共の福祉を守る目的で立案され適用された無差別の規制措置については，稀な例外を除いて間接的な収用に該当しないと規定する（たとえば，2012 年モデル BIT 附属書 B の 4 項）。受入国政府の正当な規制権限の行使を尊重しながら，外国投資家の利益にも一定の配慮を払うことを意図した規定である。

⑶ 外国投資の待遇に関わる原則

⒜ 内国民待遇

BIT や FTA 投資章が規定する内国民待遇は，投資家（自然人または企業）を投資受入国の国民または企業と同等に扱うことを意味する。従来の BIT では，投資受入後の内国民待遇を規定するのが通例であった。たとえば，「いずれの一方の締約国の投資家も，他方の締約国の領域内において，投資財産，収益及び投資に関連する事業活動に関し，当該他方の締約国の投資家に与えられる待遇よりも不利でない待遇を与えられる」といった規定である

（日本パキスタン BIT 3 条 2 項）。これに対して，最近の BIT や FTA 投資章では，投資受け入れ後だけでなく投資前段階の内国民待遇も保証することにより，投資を自由化する意味合いを持たせるものが出てきている。たとえば，「一方の締約国は，自国の区域内において，投資財産の設立，取得，拡張，運営，経営，維持，使用，享有，売却その他の処分（以下「投資活動」という）に関し，他方の締約国の投資家及びその投資財産に対し，同様の状況において自国の投資家及びその投資財産に与える待遇よりも不利でない待遇を与える」といった規定である（日本ラオス BIT 2 条 1 項）。この規定では，投資の設立と取得や拡張における内国民待遇を保証することにより，投資が自由化される。

　投資前段階の内国民待遇を保証する場合でも，あらゆる分野ですべての投資が無条件で自由化されるわけではない。各国は，国家安全保障上の理由や特定の国内産業の保護，少数民族保護など，様々な理由で特定の産業部門について外国投資を制限ないし禁止している。たとえば，日本は，外国為替及び外国貿易法（外為法，昭和 24 年法律 228 号）で，「国の安全を損ない，公の秩序の維持を妨げ，又は公衆の安全の保護に支障を来すことになること」，または「我が国経済の円滑な運営に著しい悪影響を及ぼすことになること」のいずれかの恐れがある分野の外国投資について，財務大臣または主務大臣への事前届け出を義務づけており，審査の結果，投資内容の変更または中止が勧告されることがある（外為法 27 条 3 項）。具体的には，航空機，武器，宇宙開発，エネルギー，通信，放送，鉄道，旅客運送，石油，皮革などの部門がこれに該当する。この他，個別の業法で，外国投資の出資規制が設けられている場合がある。たとえば，NTT 法（昭和 59 年法律 85 号）は，NTT の持ち株会社である日本電信電話の議決権の 3 分の 1 以上を外国人が保有することを禁止している（同法 6 条）。BIT や FTA 投資章で投資前段階の内国民待遇を保証する場合，こうした外資規制は例外として扱われることになる。その際，内国民待遇の例外として列挙した分野以外についてはすべて内国民待遇を義務付け，自由化する方式（ネガティブ・リスト方式），「約束表」に記載した分野・内容についてのみ内国民待遇に基づく自由化を約束する方式（ポジティブ・リスト方式）。がある。日本（最近締結する BIT や FTA 投資章），

米国，カナダなどの先進国はネガティブ・リスト方式を採用している。一般的にいって，ネガティブ・リスト方式の方がポジティブ・リスト方式よりも広範囲の分野について投資が自由化されることになるだろうが，ネガティブ・リストに盛り込まれる分野が広範囲にわたれば投資自由化の範囲は限定的ということになる。いずれの方式をとるにせよ，自由化の範囲の広狭はリストの内容次第ということである。

　ネガティブ・リスト方式の場合，内国民待遇義務に適合しない措置を維持し，または新たに採用できる，「現状維持義務（スタンドスティル）なし」のリストと，条約発効時に存在する内国民待遇義務に適合しない措置を維持できるが，これらを条約非適合的な方向に改訂したり，新たな非適合措置を採用することはできない，「現状維持義務・ラチェットあり」のリストの2種類を作成することが一般的である。後者の方が自由化義務の水準が高いことはいうまでもない。

　(b)　最恵国待遇

　BITやFTA投資章が規定する最恵国待遇は，受入国が投資家または投資財産に対して，最も有利な待遇を与えている第三国の投資家または投資財産の待遇と同等の待遇を保証することを意味する。たとえば，「一方の締約国は，自国の区域内において，投資活動に関し，他方の締約国の投資家及びその投資財産に対し，同様の状況において第三国の投資家及びその投資財産に与える待遇よりも不利でない待遇を与える」といった規定である（日本ペルーBIT 4条1項）。

　最恵国待遇をめぐっては，外国投資家対受入国の投資紛争の仲裁による解決手続を定めた紛争解決条項（投資紛争仲裁条項）にも最恵国待遇が適用されるとして，仲裁手続の利用に関する諸条件について，外国投資家にとってより有利な第三国とのBITやFTA投資章の仲裁条項の援用を求める仲裁事例が多数提起されている。そのきっかけとなったMaffezini事件では，原告であるMaffezini（アルゼンチン国民）が，合弁事業のパートナーであったスペインの金融機関の作為・不作為による事業の失敗を問題にして，アルゼンチン・スペインのBIT違反を主張して仲裁を申し立てた。このBITは，仲裁付託前に18ヵ月の待機期間を置き，期間中は紛争当事者は事前協議や

国内裁判所を利用しなければならないとしていた。Maffezini はアルゼンチン・スペインの BIT の最恵国待遇条項に基づいて第三国であるチリとスペインとの間で締結された BIT の紛争解決条項に依拠して，待機期間を待たずに紛争を仲裁に付託した。チリ・スペインの BIT には待機期間の規定はなく，投資家は直ちに仲裁に付託することが認められていた。この事件の管轄権に関する仲裁判断（2000 年）は，アルゼンチン・スペインの BIT の最恵国待遇条項が「本協定に関するすべての事項」を対象としていたことを理由に，紛争解決手続に関する条項も最恵国待遇の対象に含まれるとして，Maffezini の主張を認めた。これに対して，その後の仲裁判断では，元の BIT における当事国の意思を尊重して，当該 BIT の最恵国待遇原則は紛争解決条項には及ばないとするものもあり（たとえば，Plama 対 Bulgaria 事件の管轄権に関する仲裁判断（2005 年）），仲裁判断の立場は二分されている。

　最近の BIT や FTA 投資章では，最恵国待遇条項の適用範囲をめぐるこうした不確実性を排除するため，最恵国待遇の適用対象を明確かつ精緻に規定するようになっている。たとえば，2004 年のカナダのモデル BIT は，最恵国待遇条項の適用範囲から，「本協定の発効時以前に有効であるかまたは署名されたすべての二国間および多国間の条約で与えられた待遇」を除外した（附則 III）。また，2009 年に締結された日本スイス EPA は，88 条 2 項で「他の国際協定における一方の締約国と第三国との間の投資紛争の解決に関する規定によって当該第三国の投資家及びその投資財産に与えられる待遇」を最恵国待遇条項の適用範囲から除外した。

(c) 公正かつ衡平な待遇

　BIT や FTA 投資章の多くが，投資家および投資財産に対して，「公正かつ衡平な待遇（fair and equitable treatment）」および「十分な保護及び保障（full protection and security）」を与える義務を規定する。公正かつ衡平な待遇が具体的にどのような待遇を意味するのかについては 2 つの立場が唱えられてきた。第 1 に，これは慣習国際法上国家が外国人に保証しなければならない最低基準を確認したに過ぎないという立場である。第 2 に，これは慣習国際法上の最低基準以上の待遇を義務づけているという立場である。

　この点は，「締約国は他の締約国の投資家による投資に対して，公正かつ

衡平な待遇及び十分な保護及び保障を含む，国際法に合致する待遇を与える」と規定した北米自由貿易協定（NAFTA）1105条の規定をめぐる仲裁で問題となった。この点が争われた最初の事案であるMetalclad事件で，仲裁判断は，メキシコがMetalclad社（米国）の事業計画の立案および投資活動について，「透明かつ予測可能な枠組を保証しなかった」（99節）ことを理由として同条違反を認定した。続いて，Pope and Talbot事件では，仲裁判断は，同条について，一般国際法上の待遇に「公正性（fairness）」の義務を付加し，「NAFTA締約国において適用される通常の基準の下での公正の要素に起因する利益を投資家および投資が享受できることを要求する」と解釈した（118節）。さらに，S. D. Meyers事件では，仲裁判断は，「投資家が国際的な観点から見て受け入れがたい程度にまで達した，不正ないし恣意的な待遇を受けていることが示された場合にのみ，1105条違反が生じる」（263節）と述べた。以上の仲裁判断は，公正かつ衡平な待遇を規定した1105条について，慣習国際法上の最低基準以上の待遇を義務づけていると解する，先に見た後者の立場を採用しており，これに対しては，米国を中心に投資家への保護が過剰であるとの強い批判が出された。こうした批判を受けて，NAFTA加盟国の通商担当閣僚で構成されるNAFTA自由貿易委員会は，2001年7月にNAFTA第11章の若干の規定に関する解釈ノートを公表し，NAFTA1105条について，「外国人の待遇に関する慣習国際法上の最低基準を，他の当事国の投資家の投資に与えなければならない最低基準として規定する」と述べた。「公正かつ衡平な待遇」は，外国人の待遇に関する慣習国際法上の最低基準を超える待遇を要求するものではないという，先に見た前者の立場を明確に採用して，NAFTA第11章に関する将来の仲裁判断がこの概念を拡大解釈して先に見た後者の立場を採用することを斥けた。その後のNAFTA第11章に関する仲裁では，この解釈ノートに沿って，慣習国際法上の最低基準としての「公正かつ衡平な待遇」の意義を明確にする先例が積み重ねられてきている。具体的には，外国投資家の投資財産保護に関する慎重な注意（due diligence），適正手続（due process），裁判拒否（denial of justice）の禁止，恣意的な（arbitrary）措置の禁止，投資家の正当な期待（legitimate expectation）の保護などが挙げられている。

NAFTAの例をきっかけに，公正かつ衡平な待遇が慣習国際法上の最低基準を指すことを明記するBITやFTA投資章が増えている。たとえば，日本メキシコEPAは，60条で「各締約国は，他方の締約国の投資家の投資財産に対し，国際法に基づく待遇（公正かつ衡平な待遇並びに十分な保護及び保障を含む。）を与える。」と規定した上で，注釈で「『公正かつ衡平な待遇』及び『十分な保護及び保障』の概念は，外国人の待遇に関する国際慣習法上の最低基準が要求する待遇以上の待遇を与えることを求めるものではない」と明記する。ただし，BITやFTA投資章の中には，外国人の待遇に関する慣習国際法上の最低基準に言及せず，一般的かつ抽象的に「公正かつ衡平な待遇」を規定するものもあり，こうした規定の解釈が争われた仲裁判断の中には，慣習国際法上の最低基準よりも高い水準の待遇を義務づけているという，先に見た後者の解釈を採用したものもある。たとえば，Saluka事件仲裁判断は，公正かつ衡平な待遇を規定したオランダ・チェコBITの3条が国際法に言及していないことの反対解釈として，これが慣習国際法とは別個の独立の基準であると位置づけた（294節）。そして，同条の公正かつ衡平な待遇は，投資家の正当で合理的な期待を損なわないようにすることを義務づけており，具合的には，投資家は受入国が明らかに矛盾した，不透明な，不合理なまたは差別的な態様で行動しないことを期待する権利があると述べた（309節）。

　以上見たように，公正かつ衡平な待遇が慣習国際法上の最低基準を指すものなのか，それ以上の保護水準を受入国に義務づけるものなのかについて，条約規定や仲裁判断，そして各国の方針は一致していない。しかし，本章の1(1)で見たように，慣習国際法上の最低基準が具体的に何を意味するか，さらに言えば，そもそも外国投資の処遇に関する慣習国際法上の最低基準が存在するかどうかについて，先進国と途上国や社会主義国の間で見解の対立があったことを想起する必要がある。公正かつ衡平な待遇は，内国民待遇と最恵国待遇に加えて，受入国政府が外国投資に対して一定の処遇を保証することを求める基準であるが，その内容は今日もなお不明確である。その意味で，2001年のNAFTA自由貿易委員会の解釈ノート以後のNAFTA第11章仲裁判断例の集積を通じて，慣習国際法上の最低基準の具体的な内容の明確化が図られていることは注目に値する。単に公正かつ衡平な待遇を条約に盛り

込むのではなく，より具体的かつ明確な内容を条約に盛り込むことが望ましい条約政策であろう。

(d) アンブレラ条項

資源開発部門や水道・発電・道路建設などのインフラ整備部門における外国投資では，投資家と受入国政府の間で，長期にわたる当該事業の運営のために投資家と受入国政府が負う義務や権利の内容を詳細に規定した契約（コンセッション，協定などの名称が用いられることもある）が締結されることが多い。BITやFTA投資章では，こうした投資契約を念頭に置いて，受入国が投資契約などで投資家に対して負った義務を履行するよう義務づける規定を置くことがある。受入国政府が投資家と締結する投資契約に基づく義務の履行を条約規定が包括的に求めるという意味で，アンブレラ（傘）条項と呼ばれる。たとえば，「一方の締約国は，他方の締約国の投資家の投資財産及び投資活動に関して義務を負うこととなった場合には，当該義務を遵守する。」といった規定である（日本・ウズベキスタンBIT3条3項）。

BITやFTA投資章にアンブレラ条項が置かれている場合，受入国の投資契約上の義務違反は同時にBITやFTA投資章上の義務違反を構成することになる。そのため，当該契約をめぐって投資家と受入国の間で紛争が発生した場合，契約が規定する紛争解決手続（たとえば，受入国の国内裁判手続や契約に基づく国内法上の仲裁手続）だけでなく，条約上の紛争解決手続（投資紛争仲裁など）が直ちに利用可能になる。受入国による投資契約上の義務違反が公正かつ衡平な待遇義務の違反や収用を構成する場合には，投資家は公正かつ衡平な待遇や収用に関する条約規定の違反を根拠として，条約上の紛争解決手続を利用することができる。しかし，受入国による投資契約上の義務違反が常に公正かつ衡平な待遇義務違反や収用を構成するわけではない。アンブレラ条項を置くことにより，受入国による投資契約上の義務違反はすべてアンブレラ条項違反とみなされ，条約上の紛争解決手続が直ちに利用可能となる。

アンブレラ条項により受入国が遵守を求められるのは，受入国政府自身が投資契約の当事者として負う義務である。これに対して，受入国の国営企業が締結した投資契約について，国営企業が政府とは別個の法人格を有するこ

とを根拠として，アンブレラ条項の対象に含まれないとした仲裁判断がある（たとえば，EDF対ルーマニア事件仲裁判断317節）。次に，投資契約が受入国政府と投資家の現地子会社の間で結ばれた場合に，子会社に出資している外国投資家がアンブレラ条項を援用できるか？　この点については，出資者は投資契約の当事者ではないことを理由として，出資者にアンブレラ条項の援用を否定した仲裁判断がある（たとえば，Siemens事件仲裁判断204節）。他方で，適用されるエネルギー憲章条約のアンブレラ条項が適用対象を「締約国が他の締約国の投資家あるいは投資家の投資との間で負う義務」と広く規定していることを根拠として，投資家の子会社が締結した投資契約もアンブレラ条項の適用対象とされ，投資家が仲裁で当該条項違反を問うことができると述べた仲裁判断もある（AMTO事件仲裁判断110節）。

　このように，アンブレラ条項の適用範囲をめぐって外国投資家と受入国政府の間でしばしば争いが生じ，紛争を付託された仲裁廷の判断も分かれている。混乱と不確実性を避けるため，アンブレラ条項の適用範囲を条約で明確に規定しておくことが望ましい。

(4) パフォーマンス要求の禁止

　受入国が，投資家の投資および事業活動を認めるに当たって，投資活動の内容について課する様々な条件を総称してパフォーマンス要求という。すでに見たように（→本章2(3)(c)参照），WTOの貿易関連投資措置協定（TRIMs協定）は，パフォーマンス要求のうち，GATT3条（内国民待遇）と11条（数量制限の禁止）に違反するものを禁止する。たとえば，ローカル・コンテント要求，輸出入均衡要求などである。ただし，これらはいずれも投資に関連する貿易措置に限られている。これに対して，BITやFTA投資章は，より広範囲のパフォーマンス要求を禁止することが多い。たとえば，日本ペルーBIT6条1項は，以下のパフォーマンス要求を禁止する。財・サービスの輸出ノルマ，財・サービスのローカル・コンテント要求，輸入と輸出または投資関連の外国為替流入とのリンク，生産・販売と輸出または投資関連の外国為替収入とのリンク，知的財産（技術，製造工程やノウハウなどの財産的価値を有する知識）の自国の区域内の自然人・法人への移転の義務づけ，特定地域または世界市場に向けた事業本部の自国領域内設置の義務づけ，財・

サービスを特定地域または世界市場に向けて自国領域のみから供給することの義務づけ。この他に，条約によっては，受入国国民の雇用ノルマ（上級職員レベルに限定する場合とより一般的に義務づける場合がある），研究・開発投資の義務づけなどのパフォーマンス要求についても禁止する場合がある。

　パフォーマンス要求の禁止には，①絶対的に禁止される項目と，②受入国が投資誘致の目的で外国投資家に利益（税法上の優遇など）を供与する条件としてパフォーマンス要求を課することは許容されるとする項目の2種類が置かれることが多い。TRIMs協定で一律に禁止されているローカル・コンテント要求や輸出入均衡要求などについては，同協定との整合性の観点から絶対的に禁止される①の項目に挙げられ，それ以外の技術移転要求や自国民雇用ノルマなどのパフォーマンス要求については，受入国が投資誘致政策を採用する余地を残すために②の項目に分類されることが多い。先に見た日本ペルーBITも，外国投資家に利益を供与する条件として，自国の領域内に生産拠点を設け，サービスを提供し，労働者を訓練もしくは雇用し，特定の施設を建設・拡張し，または研究・開発を行う要求に従うことを求めることは禁じられないと規定する（日本ペルーBIT6条3項）。

　パフォーマンス要求の禁止により，外国投資家は受入国における投資活動の内容や方針を決定するに当たって広範な裁量の余地を認められることになる。その反面で，パフォーマンス要求の禁止は，受入国が自国の経済開発のために外国投資家の活動に種々の制限や条件を付けることを困難にする。外国投資家の利益と受入国の利益の均衡を図るという観点からは，先に見た②の項目を許容するなどの方策にも積極的な意義が見出せる。

⑸　投資紛争の解決

　大半のBITやFTA投資章は，条約の解釈・適用・履行をめぐる締約国間の紛争解決手続（国際仲裁裁判所（ハーグ）やアド・ホックな仲裁などを利用した国家間の仲裁による解決を規定するものが多い）とは別に，締約国国民である投資家と受入国である締約国との投資紛争を仲裁によって解決することを規定する。ただし，締約国間の紛争解決手続については，WTOの紛争解決手続が存在することもあり，BITやFTA投資章の規定する国家間の仲裁手続その他の紛争解決手続が利用されることは実際にはきわめて稀である。

これに対して，すでに見たように（→本章2(2)を参照），1990年代後半以降，後者の投資紛争を仲裁に付託する件数が急激に増加している。

BITやFTA投資章に投資紛争に関する特段の規定がない場合には，通常，投資家は受入国との投資紛争が生じた場合，紛争を受入国の国内裁判所に付託するしかない。その場合，原告が外国企業であるのに対して，被告は受入国政府であるために，外国企業に不利な司法判断が下される可能性がある。また，投資紛争の解決のために仲裁手続を利用しようとしても，仲裁付託には原則として当事者の合意が前提とされるため，投資家が紛争を一方的に仲裁に付託することはできない。BITやFTA投資章の投資紛争解決条項は，受入国が投資紛争を仲裁に付託して解決することへの同意をあらかじめ与えることを意味するので，投資紛争が起きた場合，投資家は当該条項の規定に従って紛争を仲裁に付託することができる。

BITやFTA投資章の投資紛争解決条項は，仲裁手続で適用される仲裁規則を指定する。投資紛争解決条項では，すでに見たICSIDへの付託を規定するもののほか，国連国際商取引法委員会（UNCITRAL）の仲裁規則，国際商業会議所（ICC）やストックホルム商業会議所仲裁協会（SCC）の仲裁規則などを指定するものもある。実務上，最もよく利用されているのはICSIDの仲裁手続であり，公表されている投資紛争仲裁案件の6割以上を占める。

⑥ ビジネス環境整備

投資紛争を仲裁に付託した場合，紛争解決までに平均すると2年から4年を要し，訴訟費用は数千万円から数億円かかると言われる。また，外国投資家が投資紛争により受入国からの撤退を余儀なくされる場合はともかくとして，外国投資家が紛争発生後も現地で引き続き事業を営む場合は，受入国政府との関係悪化や現地メディアでの報道によって事業に悪影響が及ぶ可能性もある。そのため，受入国がBITやFTA投資章に違反した場合に，問題解決の手段として仲裁への付託を検討するとしても，仲裁への付託は最終手段であって，問題解決のためにそれ以外の手段が模索されることが通例である。たとえば，受入国政府と投資家が交渉して和解する可能性を探る，投資家本国が外交的保護権を行使して介入する，といった手段である。

この点に関連して注目される動きとして，日本が最近締結するBITや

FTA 投資章では，ビジネス環境整備小委員会を設置する例が増えている。たとえば，日本マレーシア EPA137 条に基づいて設立されるビジネス環境整備小委員会は，両締約国の政府代表者から構成されるが，小委員会には産業界の代表者を招請することができる。小委員会は，貿易・投資・現地法人の活動などに関わる幅広い事項を取り上げて議論し，締約国のビジネス環境の整備・改善に向けた勧告を取りまとめるとともに，勧告の実施状況を継続的に検討する。受入国の法令や措置の BIT や FTA 投資章との整合性が問題になる場合，この問題をビジネス環境整備小委員会で取り上げて解決を図ることができれば，投資家にとってハードルが高く，また事業継続の観点からは最善とは言い難い仲裁への付託に代わる解決が得られることになる。

【参考文献】

経済産業省通商政策局編『2018 年版　不公正貿易報告書』第 III 部第 5 章「投資」
　　[https://www.meti.go.jp/committee/summary/0004532/2018/pdf/03_05a.pdf]

小寺彰編『国際投資協定――仲裁による保護』（三省堂，2010 年）

中川淳司「国際投資の保護と日本」国際法学会編『日本と国際法の 100 年　第 7 巻　国際取引』（三省堂，2001 年）

R. Dolzer & Christoph Schreuer, PRINCIPLES OF INTERNATIONAL INVESTMENT LAW 2ND EDITION, Oxford University Press, 2012.

Kate Miles, THE ORIGINS OF INTERNATIONAL INVESTMENT LAW: EMPIRE, ENVIRONMENT AND THE SAFEGUARDING OF CAPITAL, Cambridge University Press, 2013.

Peter Muchlinski, Federico Ortino & Christoph Schreuer eds., THE OXFORD HANDBOOK OF INTERNATIONAL INVESTMENT LAW, Oxford University Press, 2008.

Stephan W. Schill, THE MULTILATERALIZATION OF INTERNATIONAL INVESTMENT LAW, Cambridge University Press, 2009.

M. Sornarajah, THE INTERNATIONAL LAW ON FOREIGN INVESTMENT, 3rd ed., Cambridge University Press, 2010.

Surya P. Subedi, INTERNATIONAL INVESTMENT LAW: RECONCILING POLICY AND PRINCIPLE, 3RD EDITION, Hart Publishing, 2016.

Gus Van Harten, INVESTMENT TREATY ARBITRATION AND PUBLIC LAW, Oxford University Press, 2007.

第14章 国際競争法

Summary

　国境を越えて展開される経済活動における競争制限行為の規制のために，これまでに①競争法の域外適用，②二国間の協定を通じた競争法の適用と執行に関する競争当局の協力と共助，③競争法の国際的調和の試みなどが行われてきた。本章では，国境を越える企業活動に対する競争制限的行為の規制をめぐるこれまでの動きをフォローし，国際競争法の現状を明らかにする。

Key Words

域外適用　　アルコア事件　　効果理論　　対抗立法　　属地主義　　客観的属地主義　　ティンバレン事件　　管轄権に関する合理の規則　　ハートフォード火災保険会社事件　　ウッドパルプ輸出カルテル事件　　競争法協力・共助協定　　日米独禁協力協定　　地域貿易協定の競争法・政策関連規定　　消極礼譲　　積極礼譲　　国際貿易機関（ITO）憲章第5章　　制限的商慣行に関するモデル法　　ハードコア・カルテル　　国際競争ネットワーク（ICN）　　推奨慣行

1　国際企業活動の展開と競争規制

　国境を越える企業活動の活発化に伴い，企業の競争制限的な慣行に対する公法的規制（競争法）の分野における管轄権の競合と調整が問題になるようになった。国家の競争法の規制が及ぶ地理的範囲については伝統的に属地主義の考え方が支配的であり，領域外で企業が競争制限的な慣行や行為を行ったとしても，域外国の競争法は適用されないというのが原則であった。しかし，領域外での企業の競争制限的な慣行や行為であっても，その競争制限的な効果が域内に及ぶ場合には，域内の競争秩序が歪曲されることになる。このような場合に，領域外の企業の競争制限的な慣行や行為に対しても，その競争制限的な効果が域内に及ぶ域外国が自国の競争法を当該慣行や行為に適

用して，これを規制しようという政策がとられるようになったのである。しかし，このように域外国が自国の競争法を領域外の企業の競争制限的な慣行や行為に適用すれば，当該慣行や行為が行われた国の国内に域外国の競争法が適用されることになるので，両国の間で競争法の適用に関する管轄権が競合し，抵触が生じることになる。域外国から競争法の適用を受ける行為地国にとっては，自国競争法の管轄権内において他国の競争法の適用を認めなければならず，競争法の適用に関する属地主義の原則が侵害されてしまう。そのために，領域外での企業の競争制限的な慣行や行為に対する競争法の適用をめぐって，その効果が及ぶ域外国と行為地国との間で管轄権の競合が生じ，国際紛争が起きることになる。そのため，この種の競争法の域外適用をめぐり，関係国の間で管轄権の調整を図る必要が生じるのである。

　この問題のきっかけとなったのは，米国企業のカナダ子会社が欧州において複数の欧州企業と結成した輸出カルテルに対する米国反トラスト法の適用を認めた，1945年のアルコア事件米国連邦控訴裁判所判決（148 F. 2d 416）である。判決は，外国人が国外で結んだカルテルでも，その効果が米国市場に及び，かつ，それが意図されたものである場合にはシャーマン反トラスト法が適用されると述べ，いわゆる効果理論（the effect doctrine）に基づいて外国における競争制限的な企業慣行に対する米国反トラスト法の域外適用を認めた。その後，米国反トラスト当局は，この判決法理に基づいて外国人が国外で結んだカルテルに対して，その効果が米国市場に及び，かつそれが意図されたものであることを理由として米国反トラスト法を適用し，これを取り締まるようになった。これに対して，自国企業が米国反トラスト法の適用対象となった国の多くは，自国の主権侵害であるとして強く反発し，米国反トラスト法の適用を排除するための立法的措置（対抗立法）を講じた。こうして，域外の競争秩序に影響を及ぼす企業慣行に対する競争法の管轄権の競合と調整が重大な国際問題としてクローズアップされることになった（→後述3(2)参照）。

　競争法の管轄権の競合と調整という場合，そこには2つの課題が含まれている。第1に，域外の競争制限的な企業慣行に対して自国の競争法を適用することができる範囲およびその根拠と要件の確定という課題である。第2に，

競争法を域外に適用する場合には競争法の管轄権の競合（積極的抵触）が避けられないことを前提として，管轄権の競合から生じる不都合を回避ないし軽減するためにとりうる手段の模索という課題である。アルコア事件以来の競争法の管轄権の競合と調整の動きを振り返ると，諸国の対応の力点は第1の課題から第2の課題へと次第に移行してきた。

2　管轄権の競合と抵触に関する伝統的アプローチ

(1)　属　地　主　義

　アルコア事件以前にも，自国市場の競争条件に影響を与える海外の企業の慣行に対する競争法の域外適用が問題となった事例がある。その場合に，管轄権の及ぶ範囲を画定する一般国際法上の原則として援用されたのは，先に見たように属地主義である。伝統的な国際法においては，領域主権に基づいて領域国の国家管轄権が排他的に適用され，他国の領域内で実行された行為について，その影響が域外に及んでも，影響が及んだ国の管轄権行使は認められなかった。ただし，これは執行管轄権についてであって，立法管轄権については，国際法上の明示的な制限がない限り規制国の自由が推定される。したがって，立法管轄権の競合は生じうるというのが伝統的な国際法の原則であった。ただし，以上の原則の下では，立法管轄権の競合が生じたとしても，現実には当該法令を域外に適用して執行することはできないので，現実に問題が生じる可能性は低い。域外の行為に対してその影響が及んだ国が法令を適用し執行できるのは，行為者が当該国に移住ないし移転した結果として，当該国の領域管轄権が及ぶようになった場合などの例外的な場合に限られたからである。

　アメリカン・バナナ事件に関する1909年の米国連邦最高裁判決（213 U. S. 347）は，この伝統的な属地主義を明確に宣言した。この事件では，米国へのバナナの輸出競争を制限するために被告がコスタリカ政府と結託して行った原告所有の農園その他の施設の接収行為に対するシャーマン反トラスト法の適用が問題となった。判決は2つの理由を挙げてシャーマン反トラスト法の適用を否定した。第1に，損害発生の原因となった行為は他国の管轄権

内で行われたものであるから、この行為はシャーマン反トラスト法の適用範囲にない（属地主義）。第2に、米国裁判所は他の主権国家による接収の合法性を判断できない（国家行為の理論）。判決がこの2つの根拠のいずれに力点を置いたかについては議論があるが、判決が「すべての立法は属地的効力を有すると推定される」と明言している以上、シャーマン反トラスト法の属地的効力が主要な根拠となっていることは間違いない。

(2) **厳格な属地主義の修正**

米国連邦最高裁は、その後、アメリカン・バナナ事件連邦最高裁判決が採用した厳格な属地主義を修正し、競争制限行為が外国で行われても、その実質的な効果が米国内で発生する場合には、米国反トラスト法が適用されるという方向に舵を切った。1911年のアメリカン・タバコ会社事件連邦最高裁判決（221 U.S. 106）でこの方向が示された。この事件は、米国と英国のタバコ製造販売業者が競争を回避するために英国で国際カルテルを結成し、世界市場の分割を図ったのに対して、米国反トラスト当局がシャーマン反トラスト法違反として米国業者を訴えたものである。連邦最高裁は、当該カルテルが米国における競争を実質的に制限するとの理由で、シャーマン反トラスト法違反を認めた。その根拠として、判決は、シャーマン反トラスト法が禁止する有害な結果がもたらされる限り、その原因行為は行為地のいかんを問わずシャーマン反トラスト法の適用範囲に入ると述べた。

ただし、この判決は、米国企業が外国で締結したカルテルについて、その実施が直接に米国の競争条件に実質的影響を与えた事例を扱っている。カルテルの締結地が米国外である点では厳格な属地主義を緩和したといえるが、カルテルの実施が米国の競争条件に直接かつ実質的な影響を与えたことを重視している点では、完全に属地主義を否定したものではないことに注意する必要がある。学説上、これは刑事法の管轄権に関して伝統的国際法において一般に認められてきた客観的属地主義の競争法への適用として説明されている。客観的属地主義は、国外で開始され内国で完成した犯罪に対して刑事管轄権を認めるものである。この原則をアメリカン・タバコ事件に当てはめると、米国企業が外国で締結したカルテルを実施することで米国の競争条件に実質的影響が出た場合、これをカルテルの米国内での実施とみなし、シャー

マン反トラスト法が適用されることになる。また，この判決では米国企業が被告であり，米国反トラスト法の適用は属人主義の原則によっても補強される。

ただし，客観的属地主義による管轄権の拡大には内在的な限界が伴っていることに注意しなければならない。第1に，この原則に基づいて管轄権が認められる事例では，域内の効果は域外の行為と不可分の一体をなし，それ自体が違法行為の構成要件の一部をなすものに限られる。そうでない場合には，たとえ域内に競争制限的効果が発生したとしても，それは域外行為の間接的な効果ないし反射的効果にすぎず，当該域外国の管轄権は否定される。第2に，客観的属地主義の適用が認められる行為は，行為が開始された国，行為が完結し実質的影響が出た国のいずれにおいても当該行為が規制の対象となっているのが通例である。刑事法の場合は，殺人や傷害といった自然犯が対象となる。しかしながら，競争法の内容は国によってさまざまであり，行為開始国，行為完結国のいずれの競争法においても対象行為が同様に違法とされるとは限らない。

3　効果理論と管轄権に関する合理の規則

(1) アルコア事件と効果理論

その後，米国の裁判所は，アルコア事件をきっかけとして，より広く，外国企業が外国で結んだカルテルその他による効果が米国市場の競争条件に影響を与える場合にも，米国反トラスト法の適用を認めるようになった。

アルコア事件連邦控訴裁判所判決は，外国人が外国で行った行為であっても，それが域外国の国内で当該国の競争法が禁止する効果をもたらす場合に，当該国がその行為について当該外国人の責任を追及することができるという原則は確立した法であると述べた。そして，輸出カルテルの効果が米国市場に及び，かつ，その効果が意図されたものである場合には，外国人が外国で締結したものであってもシャーマン反トラスト法の適用範囲に入ると述べた。

ただし，この事件においては，輸出カルテル参加者のうち，欧州企業の法的責任は一切問われず，実際には，米国企業であるアルコア社がカナダに設

立した子会社の責任だけが問われた。この会社はアルコア社と共通の株主の支配下にあり，実質的な活動の本拠も米国内にあった。その意味で，この会社は形式的には外国企業であるが，実質的には米国企業であり，またその活動も米国で行われていると解する余地がある（いわゆる帰責理論）。この点を重視すれば，この判決は，米国企業が外国で締結したカルテルに基づいて米国で実施した競争制限にシャーマン反トラスト法を適用したものとして，2⑵で見た客観的属地主義の範疇でとらえることもできる。

しかし，この判決は，客観的属地主義に明示的に言及せず，競争制限的行為の効果と意図の2要件に基づいてシャーマン反トラスト法の適用を導いている。この論理に従えば，米国企業とカルテルを締結した外国企業も，また，米国企業が一切参加せず外国企業のみによって締結されたカルテルも，その効果が米国市場に及び，かつそのことが意図されている限り，シャーマン反トラスト法の適用が認められるという結論が導かれる可能性がある。実際，その後の米国の判決の中には，効果理論を適用して，被告である外国企業に対してシャーマン反トラスト法違反を認定したものがある。たとえば，英国企業（Imperial Chemical Industries）の反トラスト法違反を認定した1951年のニューヨーク州南部連邦地方裁判所判決（100 F. Supp. 504）。

⑵ 対 抗 立 法

アルコア判決以降，米国の競争当局や裁判所は，効果理論に基づいて外国企業の行為のシャーマン反トラスト法違反を理由に排除措置を講じたり，シャーマン反トラスト法違反事件に関連して外国に存在する証拠書類の提出を命じるなど，執行管轄権を行使するようになった。これに対して，対象となった企業の本国は強く反発し，国際法違反として非難した。その根拠とされたのは，一般国際法上，執行管轄権の適用範囲については厳格な属地主義が依然として妥当するという考え方である。たとえば，1960年に海運同盟による反トラスト法違反事件の調査の一環として米国司法省が外国海運会社に文書提出命令を発した際，外国企業の本国である諸国は米国に外交書簡を送って抗議した。抗議において，各国は一致してこの命令が国際法の観点から正当化できないと主張した。たとえば，日本政府の書簡は，「文書提出命令の効力は日本の領域管轄権内にある文書には及ばない」と述べた。

さらに，米国反トラスト法に基づく執行管轄権の行使を実際に阻止するため，国内法上の措置（対抗立法）を講じる国が現れた。まず，カナダ・オンタリオ州は，1947年の製紙・パルプカルテル事件に関連した米国連邦大陪審の調査に伴う文書提出命令に州内の企業が従うことを禁止することを目的として，事業記録保護法（Ontario Business Records Protection Act）を制定した。その後，オランダ（1956年），英国（1964年），西ドイツ（1965年），スウェーデン（1966年），ノルウェー（1967年），デンマーク（1967年），フィンランド（1968年），フランス（1980年）なども同様の趣旨の対抗立法を制定した。また，英国は1980年に通商利益保護法（The Protection of Trading Interests Act）を制定し，国際通商一般を対象として，外国の競争法に基づいて外国の裁判所や競争当局が英国企業に対して英国内に所在する文書の提出を命じた場合に，当該英国企業が文書を提出することを禁止した。また，同法は，米国法を念頭に置いて，外国裁判所が競争法に基づいて英国企業に数倍賠償（multiple damages）を命じる判決を出した場合に，英国の裁判所が当該外国判決を執行することを禁止した。さらに，同法は，英国において事業活動を行う英国市民や英国企業が外国裁判所により競争法に基づいて数倍賠償を命じられた場合，そのうちの実損害を超えた部分については，英国の国内裁判手続を通じて取り戻すことができると規定した。この最後の規定と同趣旨の規定はオーストラリア（1984年），カナダ（1985年）でも採用された。

⑶　ティンバレン事件と管轄権に関する合理の規則

　米国反トラスト法の域外適用に対する以上のような他国からの反発に対して，米国では効果理論に基づく反トラスト法の適用をある程度抑制する動きが現れた。早くも1958年に，ハーヴァード大学のブリュースター（Kingman Brewster, Jr.）は，外国企業に対する米国反トラスト法の適用に当たって，当該企業の本国の国益と米国の国益を比較衡量することを提案した。1965年に公刊された米国対外関係法第2リステートメントは，ブリュースターの提案を取り入れて，管轄権行使に関して効果理論を定式化する一方，外国人に対する適用に関しては，当該外国人の行為により米国にもたらされた効果は実質的で直接かつ予見可能なものでなければならず，かつ，適用の

可否の決定に当たって，関係国の死活的利益その他の要素を考慮すべきであるとした。ただし，これらの動きは民間レベルの提案であって，それ自体としては米国の反トラスト当局や裁判所を拘束するものではなかった。

しかしながら，米国の裁判所は，1976年のティンバレン事件に関する連邦控訴裁判所判決（549 F. 2d 597）で，上記の提案に盛り込まれていた考え方を取り込み，効果理論に基づくシャーマン反トラスト法の適用を抑制する法理を採用するに至った。この事件は，米国法人であるティンバレン社がホンジュラスで子会社を通じて製材業を開業し，製品を米国へ輸出することを企画した際に，現地で競合する製材業者およびそれに融資している米国の銀行であるバンク・オブ・アメリカがこの新規参入を阻止する措置をとったため，ティンバレン社がバンク・オブ・アメリカを相手取ってシャーマン反トラスト法違反に基づく損害賠償請求訴訟を提起したものである。

判決は，シャーマン反トラスト法に基づく管轄権の行使が認められるための要件として，①米国の対外通商に対して何らかの実際のまたは意図された効果が存在すること，②当該効果が原告に対して認識できる被害を与える程度に十分大きいこと，③国際礼譲（international comity）と公平（fairness）の観点から見て米国の管轄権行使が妥当であること，の3つを挙げた。そして，第3の要件の充足を判断するに当たって比較衡量すべき7つの要素を例示列挙した。すなわち，①外国の法律または政策との抵触の程度，②当事者の国籍および会社の所在地または主たる事業地，③いずれか一方の国による法の執行によって当事者の遵守が期待される程度，④他国と比較して対象行為が米国に及ぼす効果の相対的重要性，⑤米国の通商に有害な効果をもたらす明白な意図の程度，⑥かかる効果の予見可能性，⑦外国での行為と比較して米国内での行為が違反事実に関して持つ相対的重要性，である。その上で判決は，これらの要素に関する原審の審理が不十分であるとして，これを破棄し差戻した。差戻し後の控訴裁判決は，上記控訴裁判決が提示した3要件のうち，最初の2要件は充足されているが，第3の要件については，②と③以外の要素は充足されていないと判断し，反トラスト法の適用を否定した。

管轄権行使が認められるかどうかを複数の要素の比較衡量に基づいて判断するというこの方式（管轄権に関する合理の規則（jurisdictional rule of reason）

と称される）は，効果理論を完全に否定するものではない。効果理論に基づく管轄権行使を国際法上は適法とみなした上で，国際礼譲に基づいて国家が自主的に管轄権の行使を抑制するための判断基準を提供するものである。その後この方式は米国の裁判所によって踏襲され，若干の修正を加えた上で1987年の米国対外関係法第3リステートメント403条に取り入れられた。そして，米国司法省は，1988年に発表した国際的事業活動のための反トラスト執行ガイドライン（Antitrust Enforcement Guidelines for International Operations）において，この方式を米国政府の公式の方針として採用した。

⑷　効果理論の広がり

⑵で見たとおり，効果理論に基づく米国反トラスト法の域外適用に対して，他国は主権侵害であるとして強く反発し，自国企業への域外適用を排除するための対抗立法を講じるなどの措置をとってきた。しかし，その一方で，効果理論を採用して自国競争法の域外適用を認める国も出てきた。たとえば，1958年の西ドイツ競争制限法（Gesetz gegen Wettbewerbsbeschränkungen）98条2項は，「この法律は，この法律の施行区域外で行われた競争制限であっても，この法律の施行区域内に効果を及ぼすすべてのものに対して適用する」と規定した。同様の規定は，オーストリアのカルテル法（1972年）4条，ギリシャの独占・寡占の規制および自由競争保護に関する法律（1977年）32条にも置かれた。

　欧州共同体を設立したEC条約の85条（現在のEU条約101条）は，共同体加盟国間の通商を阻害する企業間の協定，企業団体の決定および共同行為を，86条（EU条約102条）は市場支配的地位の濫用を禁止する。しかし，これらの規定は禁止対象となる行為の地理的範囲について規定していない。この点に関して，共同体競争法の適用と執行を担当する欧州委員会は，効果理論に基づいて，域外企業と域内企業の行為であれ，域外企業のみによる行為であれ，それが競争制限的効果を域内において持つ場合には，85条や86条の適用があると繰り返し主張してきた。ただし，欧州司法裁判所は，これまでのところ効果理論を明示的に採用したことはない。この点に関するリーディング・ケースとされるのは，1988年のウッドパルプ輸出カルテル事件に関する欧州司法裁判所判決（[1988] *ECR* 5193）である。この事件では，

北米および欧州のウッドパルプ製造業者および製造業者の団体が行ってきた輸出カルテルに対するEC条約85条の適用が問題となった。欧州委員会の原審決および欧州司法裁判所における法務官（Advocate General）の意見書は，効果理論に基づいて域外の業者および業者団体の行為に対してEC条約85条が適用されることを肯定した。しかし，欧州司法裁判所判決は，当該業者がEC域内でウッドパルプを販売したことをもって輸出カルテルの実行とみなして，効果理論を適用せずにEC条約85条の適用という結論を導いた。

この判決は，域外で締結された輸出カルテルであっても，それに基づいて域内で販売が行われればカルテルが域内で実行されたとみなす，先に見た客観的属地主義の立場をとった。しかし，判決は，域外業者は，域内に子会社，支店，代理店などの事業拠点を持つと否とを問わず，域内に輸出または販売している限りEC条約85条の適用を受けるとも述べており，実質的には効果理論を採用したと解釈することも可能である。

⑤　**効果理論への回帰？——ハートフォード火災保険会社事件判決**

1993年に米国連邦最高裁は，ハートフォード火災保険会社事件判決（509 U.S. 764）において，1911年のアメリカン・タバコ会社事件判決（→前述3(2)参照）以来82年ぶりに再び反トラスト法の域外適用について検討する機会を持った。この事件では，再保険業務を行う英国と米国の会社が英国で協定を結び，米国市場で一定の保険を再保険の範囲から除外することを決定して，これを実行したことがシャーマン反トラスト法1条に違反するかが問題となった。そして，主要な争点の1つとして，この協定は英国で締結され，英国法上は合法であり，英国政府の政策にも適合するので，国際礼譲の観点から管轄権に関する合理の規則を適用すべきかどうかが争われた。

僅差（5対4）で敗れたスカリア判事らの少数意見が管轄権に関する合理の規則を主張したのに対して，スーター判事らの多数意見は効果理論を採用した。多数意見は次のように述べる。「シャーマン反トラスト法が外国で行われた行為で，米国に効果を与える意図をもってなされ，かつ実質的効果（substantial effect）を与えるものには適用されるという原則は確立したものである」。

この結果，現在までのところ，連邦裁判所の判例では効果理論が再び優勢になりつつあるといえるが，下級審のレベルでは管轄権に対する合理の規則への支持も依然として根強く，今後の見通しは不明確である。

4 競争法の競合に伴う不都合を回避・制限する現実的な方策の展開

客観的属地主義によるにせよ，効果理論によるにせよ，厳格な属地主義に基づく適用対象・範囲の限界を超えて競争法を適用する場合には，域外の外国企業の行為に対しても一定範囲で競争法が適用されることになる。そして，競争法の適用が立法管轄権だけでなく執行管轄権の行使を伴う場合には，適用対象企業の本国の属地的管轄権との競合は避けられない。そこで，管轄権の競合（積極的抵触）が避けられないことを前提として，競合から生じる不都合を回避ないし軽減するための措置が講じられるようになってきた。これには，競争法を適用する当局の自己抑制による競合の回避の方策（管轄権に関する合理の規則）と，関係国の合意に基づいて競合による不都合を回避したり制限したりする方策という2つの系列があり，後者はさらに①競争法の適用基準に関する国際合意の形成，②二国間協定や地域貿易協定を通じた競争法の適用と執行に関する国際協力，③競争法の国際的調和の3つに分けられる。管轄権に関する合理の規則については3(3)で見たので，以下では関係国の合意に基づいて競合による不都合を回避したり制限したりする3つの方策の展開を見ることにする。

(1) 競争法の適用基準に関する国際合意

1980年代に入って，OECDの制限的商慣行に関する専門家委員会において，競争法の適用を抑制するための国際基準の作成が試みられた。しかし，英国とフランスに代表される厳格な属地主義を標榜する国と米国と西ドイツに代表される効果理論を標榜する国の意見が対立し，最終的な合意には至らなかった。討議の結果をまとめた1984年の専門家委員会の報告書は，OECD加盟国が国際礼譲に基づいて自国および外国の関係する利害に考慮を払うようになっているという一般的傾向を指摘したものの，それ以上に踏み込んだ具体的な基準は提示しなかった。その後，今日に至るまで，競争法

の適用基準に関する国際合意は成立していない。

(2) 競争法協力・共助協定

これに対して，競争法の適用と執行に関する国際協力の分野では，これまでに一定の成果が挙がっている。まず，二国間で協定を結んで競争法の適用と執行に関する競争当局間の国際協力を取り決める動き（競争法協力・共助協定）がある。この動きを最も熱心に進めてきたのは米国である。米国は，1959年にカナダとの間で，相手国の利害に影響を与えるおそれのある競争法の執行活動を相互に通告する了解覚書を結んだ。その後，米国は1976年に西ドイツとの間で制限的商慣行に関する相互協力についての協定を締結したのを皮切りに，これまでにオーストラリア（1982年），カナダ（1984年），EC（1991年），日本（1999年），ブラジル（1999年），ロシア（2009年），中国（2011年）などとの間で競争法協力・共助協定を締結してきた。そして，近年は，米国だけでなく，主として先進国の間で同様の協定を締結する例が増えている。日本も，米国（1999年），EU（2003年），カナダ（2003年）との間で競争法協力・共助協定を締結している。協定の内容には若干のニュアンスの違いがあるが，ほぼ共通して設けられているのは，相手国に影響する競争制限的な事案について自国の競争法を適用しようとする場合に，事前に相手国の競争当局に通報し，相手国と協議する旨の取決め（通報と協議）である。このような通報と協議の方式は，OECDが1986年に公表した競争法執行協力に関する勧告にも取り込まれている。

1990年代以降に結ばれた協定の中には，通報と協議だけでなく競争法の執行活動（捜査，司法手続）に関する協力・共助についても規定するものがある。たとえば，1999年の日米独禁協力協定（反競争的行為に係る協力に関する日本国政府とアメリカ合衆国政府との間の協定）は，法令の範囲内で，自国の重要な利益に合致する限りで，また合理的に利用可能な資源の範囲内でという条件付きではあるが，両国の競争当局が相互に，相手国競争当局の執行活動を支援すると規定する（3条1項）。また，一方当事国の競争当局が相手国とも関連する事案に関して執行活動を行おうとする場合には，相手国の競争当局との間で執行活動の調整を検討すると規定する（4条1項）。これらはいずれも，締約国の競争当局が自国の競争法を執行する権利を持つことを

前提として，競争法の執行に当たって，自国の法令の範囲内で裁量に基づいて協力，協調を図ることを取り決めたものである。しかし，日米独禁協力協定はさらに踏み込んで，競争法の執行の抑制につながる規定を設けた。

　第1に，管轄権行使に関する合理の規則を明記した。協定6条1項によると，両国政府は，執行活動のあらゆる局面（執行活動の開始，執行活動の範囲およびそれぞれの事案において求められる刑罰または救済措置の性格に関する決定を含む）において，他方締約国政府の重要な利益に慎重な考慮を払う（消極礼譲）。さらに，一方締約国の執行活動が他方締約国政府の重要な利益に悪影響を及ぼすおそれがあるといずれかの政府が認める場合には，両国政府は，競合する利益の適切な調整を図るに当たって，以下の要素を考慮すべきである（6条3項）。① 他方の国の領域内の行動または取引と比較して執行側締約国の領域内の行動または取引が当該反競争的行為に対して有する相対的な重要性，② 当該反競争的行為が各締約国政府の重要な利益に及ぼす相対的な影響，③ 当該反競争的行為の関与者が，執行活動を行う締約国の領域内の消費者，供給者または競争相手に影響を及ぼす意図を有することの証拠の存否，④ 当該反競争的行為が各締約国の市場における競争を実質的に減殺する程度，⑤ 一方締約国政府による執行活動と他方の国の法律または他方の締約国政府の政策もしくは重要な利益との間の抵触または一致の程度，⑥ 私人が両締約国政府による相反する要求の下に置かれるかどうか，⑦ 関連する資産および取引の当事者の所在地，⑧ 当該反競争的行為に対する締約国政府の当該執行活動によって効果的な刑罰または救済措置が確保される程度，⑨ 同一の者に関する他方の締約国政府の執行活動が影響を受ける程度。

　第2に，自国の競争秩序に影響が及ぶ他方締約国国内の行為に関して，自国の競争法を適用する代わりに，相手国に相手国競争法の適用を要請する手続が設けられた（自国の競争法の適用を単に自制するにとどまらず，相手国の競争法の適用を通じて競争制限行為の積極的な規制を目指す点に着目して積極礼譲（positive comity）と呼ばれる）。締約国の競争当局は，相手国の領域において行われた反競争的行為が自国政府の重要な利益に悪影響を及ぼすと信じる場合，管轄権に関する紛争を回避することのの重要性，および相手国の競争当

局が当該反競争的行為に関してより効果的な執行活動を行うことができる可能性があることに留意し，相手国の競争当局に対して適切な執行活動を開始するよう要請することができる（5条1項）。要請を受けた相手国の競争当局は，当該反競争的行為に対して自国の競争法に基づく執行活動を開始するかどうかを慎重に検討する。そして，要請した相手国の競争当局に自己の決定をできるだけ速やかに通知する。執行活動を開始することを決定した場合，要請を受けた競争当局は，要請した競争当局に当該執行活動の結果を通知し，可能な範囲で重要な進捗状況を通知する（5条2項）。

　これらの規定は管轄権行使の抑制を締約国に義務づけるものではなく，その意味では国際礼譲に基づく管轄権行使の自己抑制という基本的な方針は維持されている。その上で，通告に基づく要請，あるいは非公式の協議といった手続を通じて，競争当局間の実務的な調整を実施し，管轄権行使を抑制しつつ域外に影響の及ぶ競争制限的な行為や慣行を規制することが目指されている。

③　地域貿易協定と競争法・競争政策

　1990年代以降の新しい動きとして，地域貿易協定が競争法・競争政策について規定する例が増えている。これには，①競争法協力・共助協定と同様に，競争法の適用と執行に関する競争当局の協力と共助の手続を規定するものと，②さらに踏み込んで，競争法の実体規定についても何らかの共通の規律を設けるものとがある。前者の例として，日本シンガポール経済連携協定は，104条1項で反競争的行為の規制に関する競争当局の協力について一般的に規定した上で，協定本文に附属する実施取極で，協力の細目として，相手国政府の重要な利益に影響を及ぼす可能性のある自国の競争法執行活動の通報（17条），情報交換（18条），協議（24条）などを規定する。ただし，この協定が締結された時点ではシンガポールは競争法を制定していなかったため，通報と情報交換の対象は電気通信，ガス，電気の分野に限定された（22条）。協定の実施取極はさらに，日米独禁協力協定に盛り込まれた執行活動の調整，消極礼譲，積極礼譲というより踏み込んだ調整と協力の方策について，将来に協定を見直す際に，これらの方策の採用を検討すると規定した。日本がその後締結した経済連携協定の大半は，この協定と同様に，協定本文

に「競争」に関する独立の章を置いて競争当局の協力を一般的に規定した上で，協定の実施取極で協力の細目を規定するという方式を採用している。すでに整備された競争法を有するメキシコやスイスと日本が結んだ経済連携協定の実施取極は，執行活動の調整や消極礼譲，積極礼譲も盛り込んでいる。

　競争法の実体規定について規定する地域貿易協定には，①締約国が自国の競争法を適用して反競争的行為を規制することを締約国の一般的義務として規定するものと，②さらに踏み込んで，特定の反競争的行為について共通の規制を設けるものがある。①の例として，日本が締結する経済連携協定の競争章は，各締約国が，自国の関係法令に従い，両国間の貿易・投資の円滑化や市場の効率的な機能のために，反競争的行為に対して適切な措置をとる，という規定を置いている（たとえば，日本シンガポール経済連携協定103条1項）。締約国がそれぞれ自国の競争法を制定し適用・執行するという原則を前提とした上で，反競争的行為が行われた締約国の当局が自国の競争法を確実に執行することを約束する規定である。これに対して，②はより踏み込んで，特定の反競争的行為のカテゴリーを指定して，これに対する共通の規制を条約に盛り込み，締約国にその執行を義務づける。この場合は，条約規定自体が競争法の実体規定を定め，締約国は条約上の義務の履行として当該規定を適用し，反競争的行為を取り締まることになる。この点で最も進んだ規定を持つのはEUである。すでに触れたように，EU条約は，カルテル，垂直的制限，市場支配的地位の濫用，競争歪曲的な国家補助などの反競争的行為を規制する実体規定（EU競争法）を定めるとともに，これを執行する独立の機関（欧州委員会の競争総局）を設立した。さらに，EUは近隣諸国や他の地域統合（EFTA，地中海諸国）との連携協定にもEU競争法の実体規定を盛り込み，国際法上の義務としてのEU競争法の適用範囲を拡大している。この他に，たとえば1993年の東・南部アフリカ共同市場（COMESA）設立条約は，域内の競争を阻害・制限・歪曲する目的や効果を持つ企業の合意や共同行為を禁止する規定を置いている（55条1項）。条約はこの規定を執行する機関を設けていなかったが，COMESAは2004年に競争規則を策定して，上記規定の執行に当たる独立の機関として，COMESA競争委員会を設立した。EUとCOMESAはいずれも，自由貿易協定よりも進化した地域統

合の形態である関税同盟である。条約で共通の競争法を制定し適用・執行することを通じて，高水準の市場統合を実現することを志向している。

さらに，以上2つのタイプの中間として，特定の反競争的行為について共通の実体規則を定めるが，これを執行する独立の機関を置かず，各締約国の競争当局に当該実体規則の執行を義務付ける地域貿易協定がある。たとえば，2012年3月に発効した米韓自由貿易協定の競争章（16章）は，両国が自国の競争法を維持するという原則（16.1条）を規定した上で，民間の指定独占企業（16.2条）について，これらの企業が，公的な規制権限など，締約国が当該企業に付与した統治的な権能を行使する場合に，協定上の義務に違反しないこと，当該指定独占企業が独占している財・サービスの購入・販売に当っては，商業的考慮にのみ従うこと，自国領域内の非独占市場において反競争的な行為をしないことなどを義務づける。さらに，締約国の国営企業については，当該企業が統治権能を行使する場合に，協定上の義務に違反しないこと，財・サービスの販売に当たり差別しないことを義務づける（16.3条）。これらは条約上の義務であり，義務の履行をめぐっては協定上の紛争解決手続が適用される。締約国が自国の競争法を維持するという方針は維持しながら，自由貿易協定が志向する貿易・投資の自由化にとって特に悪影響が及びかねない指定独占企業と国営企業の反競争的行為について，条約で実体規則を設けて取り締まるねらいがある。

(4) 競争法の国際的調和

以上見てきた展開からも明らかなように，競争法の管轄権の競合が国際問題を惹き起こす原因の一つは，各国の競争法・競争政策がまちまちであり，ある国の競争法上は違法とされる行為が他の国の競争法上も違法とされるとは限らないことである。この問題を解決するための方策の一つとして，各国が自発的に，あるいは公式または非公式の合意を通じて競争法の実体ルールの国際的な収れんないし統一を図る，国際的調和の方策の必要性が導かれる。第二次世界大戦直後からこうした試みは存在したが，その多くは具体的な成果を生み出さなかった。しかし，最近になってこの面で新たな動きが生まれている。

1948年にまとめられた国際貿易機関（ITO）憲章の第5章は，国際貿易に

悪影響を及ぼす制限的商慣行を規制する実体規定と手続を設けた。それによると，① 取引価格または条件についての取決め，② 市場または事業分野からの企業の排斥または配分・分割，または顧客，販売量や購買量の割当，③ 差別的取扱い，④ 生産制限または生産割当の設定，⑤ 協定に基づく技術進歩の阻害，⑥ 知的財産権の行使の不当な拡張，⑦ 以上に類似する行為であって，出席し投票するITO加盟国の3分の2の多数決によって制限的商慣行と宣言されたもの，が規制の対象となる（46条3項）。以上のいずれかの行為によって被害を受けた加盟国は，ITOに申立てを行い，関係国間の協議あるいはITOによる調査のいずれかの実施を申請できる。後者の手続の場合，ITOは被申立国に対して，当該国の法律・手続に従って排除措置をとるよう勧告することができる（48条）。ITO憲章のこの手続は，条約で特定の制限的商慣行の類型を定め，これらについて，締約国の申立てからITOによる排除措置の勧告に至る競争法の国際的な執行を図るものであり，競争法の国際的調和の観点からも，競争法の国際的な執行の観点からも画期的なものであった。しかし，ITO憲章は必要な数の批准が得られず，発効に至らなかったため，第5章の手続も日の目を見なかった。その後，1950年代を通じて，ガットや国連経済社会理事会で制限的商慣行に関する国際条約の作成が試みられたが，いずれも失敗に終わった。

　その一方で，制限的商慣行に関する非拘束的な指針の作成についてはある程度の成果が挙がっている。まず，国連貿易開発会議（UNCTAD）は，1968年以降，途上国の輸出に悪影響を及ぼす制限的商慣行の規制を検討課題に取り上げ，1979年に制限的商慣行に関するモデル法第1次草案を，1980年に「制限的商慣行の規制のための多国間の合意による原則と規則集」を取りまとめた。これらはいずれも法的拘束力を持たない文書であり，その主たるねらいは競争法を整備していない途上国に対して法整備のための指針を提供することにある（後者が一般的な指針を，前者がより具体的な指針を提供する）。その後これらの文書は数次にわたって改訂されている。最新のUNCTADモデル法は2007年に公刊された。これは，第1次草案と同じく全13条で構成され，法の目的（1条），用語の定義と適用範囲（2条），市場制限的協定と適用除外（3条），支配的地位の濫用（4条），合併（6条），消費

者保護（8条），競争当局の組織（9条）と職務（10条），制裁と救済（11条）等を詳細に規定する。ただし，UNCTADが策定したこれらの文書は，それ自体としては法的拘束力を有する国際条約（ハードロー）ではなく，主としてこれから競争法を策定しようとする途上国に対して，立法の参考となる指針を提供するもの（ソフトロー）である。したがって，先に見てきたような，国際的な摩擦を惹き起こしてきた先進国の競争法の管轄権の競合と調整という問題を解決するための指針としては用いられてこなかった。先進国の競争法の国際的調和に向けて活動してきたのは，次に見るOECDである。

4(1)で触れたように，OECDの制限的商慣行に関する専門家委員会（現在は競争委員会）は，特に国際貿易に悪影響を及ぼす制限的商慣行に関する非拘束的な指針を策定してきた。ただし，これは競争法の調和を直接の目的とするものではなく，OECD加盟の各国が独自の競争法を維持することを前提として，競争法の適用と執行における競争当局の協力を促進することをねらいとしていた。つまり，これは4(2)で見た競争法協力・共助協定の慣行を一般化することがねらいであった。この時期には先進諸国の競争法の実体規定の間の隔たりが大きく，これを国際的に調和することは現実的な目標となり得なかったのである。

これに対して，1998年にOECD理事会が採択したハードコア・カルテルに対する実効的な対策に関する勧告は，競争制限的な目的ないし反競争的な効果が明白な，いわゆるハードコア・カルテルについて加盟各国の国内法の収れんと執行の実効性確保を勧告し，この分野における規制の国際的調和を明確に打ち出した。ただし，これに応じて先進国，特に米国とEUのハードコア・カルテルに関する国内法規則の国際的調和が目に見える形で進展したわけではなかった。

最後に，WTOは1996年のシンガポール閣僚宣言で貿易と競争政策の相互関係に関する作業部会の設置を決め，WTOの枠組みでこの問題について検討し，さらなる検討，そして究極的には国際的調和の可能性がある競争法の実体規定の候補を特定することを目指した。しかし，競争法の国際的調和に前向きなEU，オーストラリア，カナダや日本と，これに消極的な米国および多くの途上国の間で意見がまとまらず，2004年8月の一般理事会はこ

の分野をドーハ交渉の議題に含めないことを決めた。この結果，作業部会は活動を停止し，WTO で競争法の国際的調和を図る試みは失敗した。

⑤ **国際競争ネットワーク（International Competition Network, ICN）**

WTO での競争法の国際的調和に消極的な米国は，1997 年に国際競争政策諮問委員会を司法省の下に設置し，多国間にまたがる合併の審査，貿易と競争の相互関係，競争法の執行に関する競争当局の協力のあり方を検討した。諮問委員会は 2000 年に最終報告を提出し，WTO の貿易と競争政策の相互関係に関する作業部会の活動に対して消極的な評価を下した。すなわち，先進国の間でも競争法の内容にかなりの差異があり，多数の途上国が競争法を制定していない現状を踏まえると，競争法の国際的調和のための多国間協定を締結し，これを執行する超国家的な機関を創設することは非現実的であり賢明でもない。他方で，各国競争法の排他的適用と国際的取組みの否定という立場も望ましくない。そして，最終報告は，より現実的で成果が期待できる方策として，WTO の枠外で競争政策に焦点を当てた競争当局の国際協力の枠組みを構築することを提案した。この提案を受けて米国は 2001 年に，WTO や OECD など既存の国際機関の枠外で競争法分野の国際協力を進めるための枠組みとして，国際競争ネットワーク（ICN）を立ち上げた。14 の国・地域から参加した 16 の競争当局でスタートした ICN は，2018 年 3 月現在，125 の国・地域から 138 の競争当局が参加するグローバルな組織となっている。

ICN は，競争法・政策に関する経験と推奨慣行（best practices）の普及促進や競争当局の国際協力の円滑化を目的とする。21 の競争当局の代表で構成される運営委員会が活動方針を定め，必要に応じて作業部会を設置し，作業部会の活動を統括する。これまでに，競争法の実体の規律に関して合併，カルテル，市場支配的企業による反競争的な一方的行為の 3 分野の作業部会が設置され，指導原則（Guiding Principles），推奨慣行，執行のマニュアルなどを策定してきた。作業部会のメンバーは ICN メンバーである競争当局の代表であるが，競争法・政策の専門家，消費者や企業なども，ICN の招待に応じて，所属する集団の代表として，あるいは個人としての資格で作業部

会の活動に参加し，助言することができる（non-governmental advisors）。作業部会が策定した指導原則や推奨慣行は法的拘束力を持たないが，作業部会がそのテーマについて各国の法令や政策・慣行を調査・検討し，助言者の意見も踏まえて最もふさわしいと評価する内容を取りまとめたものとしての重みを持っている。メンバー国が自発的にそれらを採用・参照することを通じて，競争法・政策の実体規定と手続の緩やかで漸進的な収れんが進むことが期待されている。

【参考文献】

小原喜雄『国際的事業活動と国家管轄権』(神戸大学研究双書刊行会, 1993年)

外務省北米局北米第二課編『解説　日米独禁協力協定』(日本国際問題研究所, 2000年)

瀬領真悟「地域経済統合と競争政策・独禁法」経済産業研究所(RIETI)ディスカッション・ペーパー 06-J-052, 2006年

土田和博編『独占禁止法の国際的執行――グローバル化時代の域外適用のあり方』(日本評論社, 2012年)

中川淳司『経済規制の国際的調和』(有斐閣, 2008年) 第7章

松下満雄『経済法概説 (第5版)』(東大出版会, 2011年)

村上政博『EC競争法――EC独占禁止法 (第2版)』(弘文堂, 2001年)

村上政博『アメリカ独占禁止法 (第2版)』(弘文堂, 2002年)

International Competition Network, STATEMENT OF ACHIEVEMENTS 2001-2013. ［https://www.internationalcompetitionnetwork.org］よりアクセスできる。

Cedric Ryngaert, JURISDICTION IN INTERNATIONAL LAW, Oxford University Press, 2008.

第15章　国際通貨・金融制度

> *Summary*
>
> 　国際通貨制度とは，国際通貨に関わる各国当局間の公式・非公式の取決め・ルール・慣行を指す。IMF体制の下では金ドル本位の固定相場制という公式のルールが存在したが，1970年代にドル本位の固定相場制が放棄された後，主要先進国は変動相場制を採用した。IMFは加盟国の為替相場制度について緩やかな監視を行っているが，為替レートの安定化は，主として先進国間のマクロ経済政策の協調や国際通貨市場への協調介入など，非公式の慣行を通じて図られるようになっている。1980年代以降，国際資本移動の自由化と金融サービス貿易の自由化が進展し，金融のグローバル化が急速に進行した。グローバル化した金融市場において国際的に事業を展開する金融機関の健全性を確保し，国際金融システムの安定化を図るため，各国の金融規制当局の規制監督権限を調整するとともに，金融規制の国際的調和が進められるようになっている。
>
> *Key Words*
>
> 固定相場制　変動相場制　サーベイランス　IMF4条協議　基軸通貨　政策協調　プラザ合意　ルーブル合意　G7　欧州通貨制度（EMS）　国際金融のトリレンマ　欧州通貨同盟（EMU）　資本自由化規約　経常的非貿易取引自由化規約　バーゼル・コンコルダート　多国間MOU　バーゼル合意　新バーゼル合意　G20　バーゼルⅢ　金融セクター評価プログラム（FSAP）

1　国際通貨制度

　国際通貨制度とは，為替相場の安定性の確保，通貨の兌換性の保証，国際取引に関わる通貨の安定的な供給や通貨当局間での兌換通貨の融通など，国際取引の安定性を支える通貨制度に関わる各国当局間の公式・非公式の取決め・ルール・慣行を指す。1929年の世界恐慌の後に，主要先進国が自国通

貨の切下げ競争やブロック経済化と関税引上げ競争などの近隣窮乏化政策（beggar-thy-neighbor policy）を採用したことが枢軸国を追い詰め，第二次世界大戦の勃発を招いたという反省に基づいて構想されたIMFは，金ドル本位の固定相場制の採用を基軸とする安定的な国際通貨制度の構築を目指した（→第2章2参照）。しかし，1971年に米国が基軸通貨であるドルと金の兌換性を停止したことにより，金ドル本位の固定相場制は崩壊し，以後，今日に至るまで，主要国は変動相場制を採用している。現行のIMF協定の下で，加盟国は，自国通貨と金との兌換性を持たせることが禁止されていること（IMF協定4条2項(b)）を除いて，自由に自国の為替相場制度を決定することができる。主要国が変動相場制を採用している中で，国際的な為替相場制度の安定化のため，IMFは加盟国の為替相場制度に対する緩やかな監視を行っているが，これとは別に，1970年代以降，主要先進国の財政金融・通貨当局がマクロ経済政策や通貨・金融政策の協調を図ることを通じて国際通貨制度の安定化を図る非公式の枠組みが構築された。今日の国際通貨制度は，この非公式の政策協調の枠組みとIMFの緩やかな監視の枠組みによって構成されている。

(1) 為替相場制度

　為替相場（異なる通貨の間の交換比率）がどのように決定されるかについては，為替相場を一定の水準に固定する固定相場制，為替相場の決定を市場に委ねる変動相場制を両極として，その中間にさまざまな制度が存在する。第二次世界大戦後に発足したIMFは，加盟国に金ドル本位の固定相場制の採用を義務づけた。加盟国は，金または米ドルによって表示された自国通貨の為替レート（平価）を設定し，その変動幅を上下1%以内に抑えることを義務づけられた（IMF協定4条3項。→第2章2(3)参照）。しかし，経常収支の赤字を積み上げた結果，ドル準備の不足に直面するに至った米国が1971年8月に基軸通貨であるドルと金の兌換性を停止したことから，主要先進国は固定相場制を放棄して変動相場制を採用した。その後，主要先進国通貨の平価を修正した上で再びドル本位の固定相場制に復帰することが試みられたが（1971年12月のスミソニアン協定），ドルに対する信認が回復せず，この固定相場制は短期間で終了し，1973年に主要先進国は再び変動相場制を採用し

た。最終的に，1978年のIMF協定第2次改正は，こうした現状を追認して固定相場制採用の義務づけを正式に廃止した（IMF協定4条2項(b)）。→第2章5(1)参照）。以後，今日に至るまで，加盟国は為替相場政策についてIMFの監視を受けるものの（→後述(2)参照），どのような為替相場制度を採用するかは加盟国の自由に委ねられている。ただし，自国通貨と金との兌換性を持たせること（金本位制）は認められない（IMF協定4条2項(b)）。

第2次改正後のIMF協定4条2項(a)は，加盟国に対して，自国が適用する為替相場制度（為替取極とも呼ばれる）およびその変更をIMFに通告するよう義務づけている。IMFは通告結果を取りまとめ，加盟国が適用する為替相場制度を分類して毎年公表している。2009年に採用された最新の分類では，為替相場制度は以下の4群・10カテゴリーに分類される。〔　〕内の数字は2017年に各制度を適用する加盟国の数である。

A　厳格な固定相場制（ハード・ペグ）〔24〕
 ①　固有の法定通貨を持たず，他国の通貨を自国通貨として使用する方式（ドル化，ユーロ化など。当局が公式に適用を宣言するもの）〔エクアドル，パナマ，コソボなど13〕
 ②　カレンシー・ボード制（為替相場を特定の通貨に対して固定するとともに，中央銀行が国内に流通する自国通貨に見合っただけの当該通貨準備を保有して，固定相場を支える方式。当局が公式に適用を宣言するもの）〔香港，ブルガリアなど11〕

B　緩やかな固定相場制（ソフト・ペグ）〔81〕
 ③　通常の固定相場制（当局が公式に為替相場を特定の通貨ないし複数通貨（通貨バスケット）に対して固定し，変動幅を中央レートの上下1％未満に抑える方式）〔ヨルダン，ベネズエラなど43〕
 ④　為替安定化取極（当局は公式に宣言していないが，政府の措置により特定の通貨ないし通貨バスケットに対する為替レートの変動幅が6ヵ月以上2％未満に収まっているもの）〔レバノン，マケドニアなど24〕
 ⑤　クローリング・ペグ方式（当局があらかじめ公表した一定の率で，ないしは一定の経済指標の動きに沿って小刻みに，かつ定期的に為替相場を調整する方式）〔ボツワナなど3〕

⑥　クローリング類似の取極（当局は公式に宣言していないが、為替レートを小刻みに、かつ定期的に調整するもの）〔コスタリカ、イランなど10〕

　⑦　水平的なバンド内での固定相場制（当局が為替相場を公式に特定の通貨ないし通貨バスケットに対して固定するが、中央レートの上下1％以上ないし変動幅2％以上の変動を認めるもの）〔1（トンガ）〕

C　その他の管理為替相場制〔18〕

　⑧　①から⑦までの固定相場制に属さないが、当局が為替相場の安定化措置をとるその他の方式〔カンボジア、アルジェリア、中国など18〕

D　変動相場制〔69〕

　⑨　管理変動相場制（当局が外国為替市場に活発に（直近6ヵ月で4回以上）介入することで為替相場の動向に影響を及ぼすが、為替相場の方向性について特定することもしなければ、事前に公表することもしない）〔ブラジル、インドなど38〕

　⑩　自由変動相場制（為替相場を外国為替市場の決定に委ね、当局による介入は市場の混乱を緩和するための例外的な場合（直近6ヵ月で3回以内、介入は1回当たり最大3日）に限られている）〔日本、欧州経済通貨同盟（EMU）加盟国、米国など31〕

（出典：IMF, ANNUAL REPORT ON EXCHANGE ARRANGEMENTS AND EXCHANGE RESTRICTIONS 2017, IMF, 2018, pp. 5-8, Table 2.）

　以上の分類が示す通り、今日では、先進国の大半が自由変動相場制を採用しているが、途上国の多くは今日でも為替相場の過度の変動を避けるために固定相場制を採用している。固定相場制を採用する国の中では、基軸通貨であるドルとの固定相場を設定する（ドル・ペッグ）国が多い（39）が、後述するユーロ（→(4)参照）との固定相場を設定する国も、欧州およびアフリカを中心に相当数に上る（25）。

(2) 為替相場制度安定化のための国際協力と IMF のサーベイランス

　第2次改正後の IMF 協定4条1項は、加盟国が秩序ある為替相場制度を確保し、安定した為替相場制度を促進するため、IMF および他の加盟国と協力することを約束するという一般的な義務を定めた。そして、この一般的な義務から派生する具体的な義務として、加盟国に以下の義務を課した。第

1に，自国の置かれた状況に妥当な考慮を払った上で，その国内の経済政策および金融政策を，物価の適度の安定を伴う秩序ある経済成長を促進する目的に向けるよう努力することである（4条1項(i)）。第2に，秩序ある基礎的経済・金融条件，および不規律な変動（erratic disruptions）をもたらさない通貨制度を育成することにより，安定の促進を探求することである（同前(ii)）。第3に，国際収支の効果的な調整を妨げるため，または他の加盟国に対して不公正な競争上の優位を得るために，為替相場または国際通貨制度を操作することを回避することである（同前(iii)）。第4に，上記の一般的な協力義務と両立する為替政策を実施することである（同前(iv)）。

　加盟国の以上の義務はいずれもきわめて緩やかなものである。加盟国の国内経済政策，金融政策や通貨制度に関わる第1と第2の義務は，きわめて抽象的な表現で，また努力義務として規定されている。為替相場や国際通貨制度の操作回避をうたう第3の義務はこれらよりは明確に規定されているが，①国際収支の効果的な調整を妨げるため，または②他の加盟国に対して不公正な競争上の優位を得るため，という目的ないし意図が要件とされており，その立証は実際にはきわめて難しい。一般的な協力義務と両立する為替政策を実施するという第4の義務もきわめて抽象的である。また，これらの義務は，WTO協定上の義務のように加盟国間の紛争解決手続により履行が担保される加盟国相互間の義務としては規定されておらず，個々の加盟国がIMFに対して負う義務として規定されている。IMF協定26条2項は，加盟国によるIMF協定上の義務違反に対して，IMFの一般資金の利用資格の喪失から，投票権の停止を経て強制的脱退に至る段階的な制裁の手続を設けている。しかし，これまで，IMF協定4条1項の義務違反に対してこの手続が発動されたことはない。これらの義務は，実際には，以下に見るIMFの監視手続を通じて定期的かつ継続的にその履行がモニターされる，ソフトな義務として運用されてきた。

　IMFは，国際通貨制度の効果的な運営を確保するために国際通貨制度を監督し，また，加盟国によるIMF協定4条1項の義務の遵守を監督する（4条3項(a)）。前者は多国間サーベイランスと呼ばれ，その結果は毎年2回『世界経済見通し（World Economic Outlook）』として公表される。他方で，

後者のために，IMFは個々の加盟国の為替相場政策に対する監視を実施する。加盟国はこの監視のために必要な情報をIMFに提供しなければならず，また，IMFの求めがあればこれに応じて，自国の為替相場政策についてIMFと協議しなければならない（同前(b)）。この協議はIMF4条協議ないしバイラテラル・サーベイランスと呼ばれる。

IMF協定4条3項(b)は，為替相場政策に関してすべての加盟国に対する指針となる原則をIMFが採択すると規定していた。IMF協定の第2次改正に先立ち，1977年4月にIMF理事会は「為替相場政策のサーベイランスに関する決定」を採択し，この原則を定めるとともに，第2次改正後に実施されるIMF4条協議の手続や対象を定めた（以下「1977年決定」）。それによると，加盟国の為替相場政策に関する指針となる原則は，①IMF協定4条1項(iii)が規定する為替相場または国際通貨制度の操作の回避，②かく乱的な短期の為替レートの変動などの国際通貨制度に無秩序をもたらすような状況に対処するため，加盟国は必要に応じて外国為替市場に介入すべきこと，③加盟国が外国為替市場に介入する場合には，他の加盟国の利害に配慮すべきこと，の3つである。IMF4条協議は原則として年1回実施される。そのために，IMFは国際金融に精通したスタッフを加盟国に派遣し，加盟国の政府および中央銀行の関係者およびその他の広範な利害関係者と面会して，加盟国の為替相場政策について協議する。協議は，スタッフによる加盟国の全般的な経済状況および経済政策の包括的な分析を踏まえて行われる。協議の後，IMFのスタッフは当該国の全般的な経済状況および経済政策に対する包括的な分析と協議の結果を取りまとめた報告書（スタッフ・レポート）をIMF理事会に提出し，IMF理事会の検討に委ねる。IMF理事会はスタッフ・レポートを検討した結果を3ヵ月以内に取りまとめ，当該国に送付する。

1977年決定に掲げられたIMF4条協議の対象は加盟国の為替相場政策に限られていたが，実際には，加盟国の為替相場政策だけでなく財政金融政策も協議の対象とされた。さらに，1980年代には構造政策（貿易や資本移動の自由化，労働市場政策，民営化など）もカバーするようになり，1990年代には金融セクター問題が加わり，さらに，中央銀行の独立性やコーポレート・ガバナンスなどの制度問題もカバーするようになった。こうして，今日では，

IMF 4 条協議は加盟国の為替相場政策のあり方に対する監視手段というよりは，加盟国の経済政策全般に対する監視と協議の手段となっている。こうした IMF 4 条協議の変質は IMF 理事会によって支持され，推進されてきた。IMF 理事会を構成する世界の主要な先進国と新興国は，IMF に，加盟国の経済政策全般を監視することを通じて，国際通貨制度だけでなく国際金融システムの安定性を確保するための機関として活動する役割を果たさせることにしたのである。

　また，IMF 4 条協議の透明性を高める見地から，スタッフ・レポートと IMF 理事会によるレポートの検討結果の要旨を公表する慣行も次第に広まった。そして，2007 年 6 月に，IMF 理事会はそれまでの慣行を踏まえた IMF 4 条協議の対象や原則，手続を盛り込んだ，1977 年決定に代わる新たな「加盟国の政策のバイラテラル・サーベイランス」に関する決定を採択した（以下「2007 年決定」）。

　2007 年決定によれば，IMF 加盟国は IMF 協定 4 条 1 項の下で，秩序ある為替相場制度を確保し，安定した為替相場制度を促進する義務を負っている（システムの安定性）。システムの安定性は，加盟国がかく乱的な為替レートの変動が起きないような国際収支ポジション（対外的安定性）を保つことによって達成される。そのため，IMF 4 条協議は，加盟国の現在および将来の対外的安定性に関わる政策に焦点を当てて行われる。具体的には，為替相場政策，財政金融政策および金融セクター政策が協議の対象となる。ただし，加盟国のそれ以外の政策も，それが対外的安定性に関わる限度で協議の対象となる。対話と説得が協議の効果を高める柱となる。IMF は加盟国の関連する経済状況や政策を総合的に評価し，それらの改善について助言する。助言に当たっては加盟国が助言の内容を適切かつ適時に実施する能力に配慮する。助言の内容を機械的に押し付けることはない。IMF 4 条協議は原則として年 1 回実施される。スタッフの派遣から理事会での検討に至る協議の手順は 1977 年決定のそれを踏襲するが，理事会はスタッフ・レポート受領後原則として 65 日以内に検討結果を取りまとめることとされ，検討結果のとりまとめまでの期間が短縮された。

　2007 年決定は，加盟国の為替相場政策に関する指導原則として，1977 年

決定が掲げた3つの原則に加えて，④対外的不安定性をもたらす為替相場政策をとらないこと，を掲げた。さらに，加盟国の為替相場政策に対する統制の度合いが強い原則①（為替相場や国際通貨制度の操作の回避）の解釈適用について，具体的な指針として以下の附則を設けた。すなわち，IMF協定4条1項(iii)の違反は，IMFが，(a)加盟国が為替相場や国際通貨制度を操作している，および(b-1)操作の目的が国際収支の効果的な調整を妨げるため，または(b-2)他の加盟国に対して不公正な競争上の優位を得るためである，の両方を認定した場合に成立する。(b-2)の「操作の目的が他の加盟国に対して不公正な競争上の優位を得るためである場合」とは，加盟国が輸出の純増を達成するために自国通貨の為替レートを切り下げる場合を指す。IMFは加盟国のIMF協定4条1項(iii)違反の存否について客観的な認定を行う責任を負うが，加盟国が協議において申し立てた政策の目的については合理性の推定が与えられる。

　2007年決定は，IMF4条協議の慣行の発展を踏まえて，現時点でのIMF4条協議のベスト・プラクティスを定式化したものである。中国などが為替相場を不当に低く操作しているとの批判が欧米諸国で高まっていること（→*Column*参照）を反映して，2007年決定は為替相場や国際通貨制度の操作の回避に関するIMF協定4条1項(iii)の解釈に関する指針を盛り込んだが，為替相場や国際通貨制度を操作するという目的ないし意図の認定というハードルは依然として高く，中国を含めて，これまでにIMFが4条協議で同項違反を認定したことはない。また，2007年決定以降も，加盟国との対話と説得を通じた助言，というIMF4条協議の基本的な性格は変わっていないことに注意すべきである。

Column 中国の人民元レート切上げ問題

　中国は1994年1月に人民元の為替レートを市場レートに一本化して，事実上の切下げを実施し，その後は人民元の対ドルレートを1ドル約8.28元に固定させる，事実上の固定相場制を採用してきた。しかし，人民元の切上げを求める各国（特に米国）の圧力が高まったことから，2005年7月に，ドルを含む11の通貨で構成される通貨バスケットに対して，前日比0.3%までの変動を認める管理変動相場制を採用し，その後の3年間で人民元の対ドルレートは約21%上昇し

た。しかし，2008年7月に米国でサブプライム・ローン問題が顕在化すると，中国は人民元相場の急激な変動を避けるため，再び固定相場制を採用して人民元の対ドルレートを1ドル6.83元に固定した。その後，2010年6月19日，G20（→後述(3)参照）のトロント・サミットの直前に，人民元切り上げを求める各国の圧力をかわすため，中国は人民元相場の弾力性を高める方針（IMFの定義ではクローリング類似の取極）を採用した。その後この方針は人民元相場の弾力性を高める方向で微修正されながら基本的に維持されている。人民元の対ドルレートは緩やかに上昇し，2018年10月26日現在で1ドル6.94元となっている。

　米国を初めとする先進諸国は，中国の通貨当局が人民元の対ドル・レートを不当に低く抑える操作を行って輸出を伸ばしているとして，批判を強めている。米国は1988年の包括通商競争力法で，財務省が，IMFとも協議しながら主要貿易相手国の為替相場政策を分析し，当該国がIMF協定4条1項(iii)に違反して為替操作を行っている（「為替操作国」）と認定した場合には，これを止めるよう財務省が当該国と協議するという手続を設けている。しかし，操作の目的ないし意図の認定という高いハードルのため，この手続によって中国が為替操作国と認定されたことはない。米国議会は，中国に対して人民元切り上げを求める圧力を強めており，2007年以来，操作の目的ないし意図を認定することなしに中国を「為替操作国」と認定して，行政府に対して交渉を通じて中国にそれを是正するよう求める法案が毎年提出されている。また，2009年以来，「為替操作国」に対して補助金相殺関税を賦課する法案も繰り返し米国議会に提出されている。しかし，これらの法案の中で実際に法律として成立したものはない。前者に属する法案は，IMF協定4条1項(iii)に違反するとの認定をIMFではなく他の加盟国（米国）が行うものであり，これが法律として成立すればIMF協定との整合性が問題となるだろう。後者に属する法案は，「為替操作」をWTO補助金相殺措置協定にいう相殺可能補助金と認定するものであるが，WTO補助金相殺措置協定との整合性はきわめて疑わしい。

　中国に対する2011年のIMF4条協議のスタッフ・レポートは，「人民元が中期的な基礎的経済条件（ファンダメンタルズ）に整合的な水準より実質的に低いと信じる」と評価した。しかし，それ以上に踏み込んで，中国がIMF協定4条1項(iii)に違反して為替相場を低めに操作しているとは認定しなかった。ただし，スタッフ・レポートを検討したIMF理事会では，中期的には人民元の対ドルレートを高めに誘導することによって中国経済は輸出への依存度を減らし，内需拡

大に向かうことにより，対外収支の不均衡が是正されるとの見方が主流を占めた。そして，中国の通貨当局に人民元高への誘導を求める見解が出された模様である。

⑶ 為替相場制度安定化のための国際協調

金とドルの兌換性が停止された1971年以来47年が経過したが，ドルは基軸通貨（国際為替市場で中心的に使用される通貨）としての地位を維持している。そのため，国際通貨システムの安定のためには基軸通貨であるドルの為替相場の安定が欠かせないが，主要先進国が自由変動相場制を採用している現状（変動ドル本位制）では，IMFによる加盟国の為替相場制度の緩やかな監視機能だけではドルの為替相場の安定は達成されない。IMFによる監視機能を補完し，ドルの為替相場を安定させるために主要国の通貨当局が協力する仕組みが必要となる。そこで，主要先進国は，マクロ経済政策の調整や国際通貨市場への協調介入などの政策協調を通じて国際通貨・金融システムの安定を図ってきた。特に，サミット（主要先進国首脳会議）を通じたマクロ経済政策の調整，G10, G5, G7, G8, G20などと略称される主要先進国や新興国の財務相・中央銀行総裁会議を通じた為替相場安定のための政策協調の役割が重要である。

主要先進国の政策協調の枠組みとしては，IMFが加盟国向けに貸し付ける資金の追加拠出を決めた1962年の一般借入取極（General Arrangements to Borrow, GAB）に参加した主要先進10ヵ国（ベルギー，カナダ，フランス，西ドイツ，イタリア，日本，オランダ，スウェーデン，英国，米国）とスイスが開始したG10（主要10ヵ国財務相・中央銀行総裁会議，実際の構成国は以上の11である）が最も古い。G10は毎年1回，ワシントンで開かれるIMFと世界銀行の年次総会の機会に会合を持って，為替相場安定のためのマクロ経済政策の調整について討議してきた。その後，1975年には主要6ヵ国（フランス，西ドイツ，イタリア，日本，英国，米国）の首脳が参加するサミットが始まった。G5は，サミットに参加した6ヵ国のうちイタリアを除く5ヵ国の財務大臣・中央銀行総裁会議として始まり，1986年にイタリアとカナダが加わってG7となった。G5の時代も，G7になってからも，参加国の財務相・中央銀行総裁は少なくとも年2回会合し，為替相場安定のためのマクロ

経済政策の調整について討議してきた。

　為替相場安定のための主要先進国間の政策協調に当たって，どのような方針がとられてきたか。金本位制の時代から 1990 年代初頭までの国際通貨制度におけるゲームのルールの変遷を分析したマッキノン（参考文献リストを参照）によれば，この時期，基軸通貨発行国である米国とそれ以外の主要先進国は異なる方針を採用した。米国は為替相場や国際収支といった対外均衡については受動的に対応し，国内物価を安定させることを目標とした。それ以外の主要先進国は基軸通貨に対して自国通貨を安定化させることで，基軸通貨国の物価安定を輸入する一方，対外均衡を図るためのマクロ経済政策協調を図るという方針を採用したという。基軸通貨に対する信認は米国の金融政策が，経常収支その他の不均衡の調整のコストは他の主要先進国が負担とするという方式である。このように，米国とそれ以外の国とで政策協調における方針が異なったのは，金兌換性を停止したドル本位制の下で，基軸通貨発行国である米国は自国通貨で負債が決済できるため（基軸通貨発行国の特権（seigniorage）と呼ばれる），対外不均衡に対する制度的な制約がきわめて弱いためである。

　しかし，1980 年代に入ると，米国では双子の赤字（財政赤字と経常収支の赤字）が増大し，米国の経済運営の持続可能性に対する懸念が指摘されるようになった。そこで，G5 は 1985 年 9 月に，主要国の経常収支の不均衡（特に，米国の貿易赤字と日本の貿易黒字）を解消するため，米国以外の主要国通貨のドルレートの秩序ある上昇が望ましいと述べて，その実現に向けて主要国が協力することを宣言し（プラザ合意），主要 5 ヵ国によるドル売りの協調介入が行われた。その後，進行した円高ドル安に歯止めをかけることを目的として，1987 年 2 月には G7（実際には，イタリアが欠席したため，G6 となった）がルーブル合意を結び，主要国の経常収支の不均衡是正のため，G7 メンバー各国がとるべき財政金融政策の目標を宣言するとともに，主要国通貨のドルレートは基礎的経済条件（ファンダメンタルズ）に見合っているとして，現状の水準を維持するために主要国が協力することを宣言した。こうして，為替安定のために主要国が財政金融政策の目標を調整し，その実現を相互に監視しあう，政策協調とサーベイランスの仕組みが定着した。その後も

為替安定のための政策協調は，G7会合の重要な課題の一つに位置づけられている。

(4) 欧州通貨統合

(a) 欧州為替相場同盟（1972年～1979年）

1971年の金・ドル兌換性停止後も，関税同盟や共通農業政策を実施していた欧州共同体（EC）は域内の安定的な為替相場制度を必要としていた。そのため，ECは1972年に欧州為替相場同盟を創設し，米ドルに対して上下2.25％，域内通貨相互間で上下1.125％の変動幅を設定し，変動幅の上下限に達した国は強い域内通貨またはドルで弱い通貨を買い支える，域内固定相場制を創設した（域内通貨の対ドルレートを狭い変動幅に抑える為替相場制であることから，「トンネルの中の蛇（snake in the tunnel）」ないしスネークと呼ばれた）。1973年にドルの固定相場制が最終的に放棄された後，スネークは域内通貨の間のみで固定相場制を維持する，対ドル共同変動相場制に移行した（「トンネルを出た蛇」）。しかし，その後，物価安定のために対ドル相場の安定化を重視する西ドイツと，経済成長のために対ドル相場のより柔軟な変動を志向するフランスやイタリアなどの利害が対立し，後者の国々が1970年代半ばにスネークから離脱したため，欧州為替相場同盟を通じたECの通貨統合の企ては挫折した。

(b) 欧州通貨制度（EMS, 1979年～1999年）

1979年3月，スネークに代わる欧州通貨統合の仕組みとして，欧州通貨制度（European Monetary System, EMS）がスタートした。EMSはEC域内での固定相場制を達成するため，以下の仕組みを整えた。第1に，為替相場メカニズム（Exchange Rate Mechanism, ERM）である。ERMに参加するすべての域内通貨について，平価を設定するとともに，2段階の変動幅（上下2.25％の通常変動幅と上下6％の拡大変動幅）を設けた。この変動幅を維持するため，必要に応じてERM参加国の通貨当局が通貨市場に介入することとされた。第2に，EMS参加国通貨を参加国のGDPや域内貿易シェアなどを勘案して合成したバスケット通貨である欧州通貨単位（European Currency Unit, ECU）である。ECUは，EMSにおいて，ERMの表示通貨，介入のための指標の基礎，介入・信用メカニズムの計算単位，通貨当局間の決済手段

として用いられる。第3に，ERM での市場介入に必要な外貨を貸借する信用メカニズムと，ECU による決済方式を含む多様な決済方式が整えられた。ただし，EMS で通貨価値安定の鍵（アンカー）となったのは，ドイツ連邦銀行の通貨安定優先の政策に支えられたドイツマルクである。また，固定相場制度維持のための域内各国のマクロ経済政策の調整は，ERM 参加通貨の間で頻繁に平価を調整することを通じて図られた（前期 EMS）。

　1980年代に金融のグローバル化が進む中で（→後述 2(1)参照），EC は 1986年に第3次資本移動自由化指令（長期の貿易信用，非上場証券投資，外国証券の上場・発行・売却などの自由化），1988年に第4次資本移動自由化指令（短期証券や預金などすべての取引の自由化）を発出し，後者により域内の資本移動の完全自由化を達成した。域内の資本移動が自由化されたことにより，1980年代後半の EMS は大きな変貌を遂げた。現在でも支配的な理論として広く支持されている国際金融のトリレンマの理論によれば，①国境を越えた資本移動の完全な自由と②固定相場（あるいは為替相場の安定），③国内目標を実現するための金融政策の独立性，の3つの政策を同時に実行することはできない。そのため，1980年代後半以降の後期 EMS の下では，域内諸国の金融政策の協調が強く求められることになり，各国中央銀行の対話と協力を通じて金融政策の緊密な協調が図られた。

　さらに，次のステップとして，1989年4月に，経済・通貨同盟（Economic and Monetary Union, EMU）の創設に向けた3段階プランが公表された（「EC 経済・通貨同盟に関する報告」（ドロール委員会報告））。1992年には EC 条約に3段階プランなどを盛り込んだ EU 条約（マーストリヒト条約）が調印され，1993年に発効した。以後，この3段階プランに従って欧州通貨統合が進められた。プランの第1段階（1990年7月～1993年12月）では域内市場統合の促進が図られた。そのため，域内の人・物・サービスの移動の自由化と欧州中央銀行総裁会議の機能強化が図られた。次いで，第2段階（1994年1月～1998年12月）ではマクロ経済政策の協調が強化された。そのため，単一通貨ユーロに参加する条件として，各国がインフレ率・財政赤字などについて定められた基準（経済収斂基準）を達成するとともに，欧州中央銀行（ECB）の設立準備に当たる域内中央銀行の協力機構として欧州通貨機構（EMI）が

創設された。そして1998年5月に、プランの第3段階に参加する11ヵ国が決定された。

(c) 経済・通貨同盟（EMU、1999年〜）

3段階プランの最終段階は1999年1月に開始された。まず、銀行間取引などの非現金取引での使用に限定して統一通貨ユーロが導入された。それと同時に、ECBによる統一的な金融政策が開始され、ユーロ圏諸国は独自に金融政策を行う権限を喪失した。そして、2002年1月からユーロ圏諸国においてユーロ貨幣の流通が開始され、欧州通貨統合が完成した。

11ヵ国で発足したEMUであるが、その後、2002年にギリシャが加入し、2007年にスロベニア、2008年にキプロスとマルタ、2009年にスロベニア、2011年にエストニア、2014年にラトビア、2015年にリトアニアが加入し、2018年10月現在では19ヵ国で構成されている。EMUの中央銀行であるECBはドイツのフランクフルトに置かれている。ECBとEMU加盟各国の中央銀行を合わせてユーロシステムと呼び、これがEMUの単一金融政策の実施に責任を持つ。EMUの下では、財政政策は引き続き加盟国別に実施されるため、財政赤字が増大する加盟国が出るとユーロ圏全体の通貨価値の安定性が損なわれる恐れがある。そのため、EMU加盟国は、通貨同盟加入に当たって財政に関する経済収れん基準として、財政赤字が名目GDP比3%以内、政府債務残高が名目GDP比60%以内という目標の達成を求められるとともに、加入後もこの基準の遵守を引き続き求められる（安定・成長協定）。この財政規律を維持するため、財政赤字がGDP比で3%を超えた場合、罰則として、赤字額に応じて最大でGDP比0.5%の無利子預け金をEUに供出させ、2年以内に赤字を削減できない場合には没収するとされる。

Column ギリシャ危機

2002年にEMUに加盟したギリシャが、安定・成長協定に違反して巨額の財政赤字を抱えていたことを隠していたことが2010年初頭に発覚したのをきっかけとしてギリシャ危機が勃発し、EMUは発足以来最も深刻な試練を経験した。ギリシャの国債に対する市場の信認が急落し、ギリシャは国家債務の不履行（デフォルト）に直面した。ECBはギリシャに対する緊急財政支援の条件として、ギリシャに財政赤字の削減を柱とする緊縮政策の立案と実行を求めたが、高い失業

率と家計へのマイナスの影響を嫌忌する国民の反発が強く，ギリシャは緊縮政策の立案に手間取った。事態がこう着化する中で，ポルトガルやスペイン，イタリアの国債も大幅に下落し，危機は EMU 域内に拡大した。2011 年 5 月に，ECB と IMF が共同でギリシャやポルトガルに対して，厳格な緊縮政策の立案・実行を条件として多額の財政支援を実行する（支援総額の 3 分の 2 を ECB が，残る 3 分の 1 を IMF が分担する）欧州金融安定化パッケージが合意されたことで，ギリシャ危機はひとまず収束した。IMF が ECB と共同で対ギリシャ支援に応じることになったことは，ユーロシステムを基軸とする自己完結的な通貨同盟としての EMU の当初目標からの部分的な逸脱を意味する。それと同時に，それまで長い間もっぱら途上国や移行経済諸国への支援を行ってきた IMF が，新たに欧州の先進国への支援に踏み切ったことは，IMF の融資政策の新たな段階の始まりを意味する可能性がある。その後，EMU は 2012 年 2 月，緊縮財政や構造改革，民営化などの条件と引き換えにギリシャに対する第 2 次支援を実施した。2015 年 7 月には，第 3 次支援が実施された。時期が前後するが，2012 年 3 月には財政条約が，当時の EU 加盟 27 カ国のうち英国とチェコを除く 25 カ国により締結され，2013 年 1 月に発効した。構造的な財政赤字を名目 GDP 比 0.5％ 以内に抑える均衡予算義務を 2013 年末までに国内法化することを義務づけるものである。財政規律の強化によりギリシャ危機の再発を防止する狙いがある。

2　国際金融制度

　1980 年代以降，金融のグローバル化が急速に進展した。これは，①先進国だけでなく途上国でも国際資本移動の自由化と金融サービス貿易の自由化が進んだこと，②先進国を中心に金融規制の自由化が進み，金融業の業態と業容の多様化と拡大が急速に進んだこと，そして③情報通信技術や金融商品のリスクヘッジに関する技術（金融工学）が発達したこと，によりもたらされた。本節では，まず，金融のグローバル化を促した国際資本移動の自由化と金融サービス貿易の自由化の経緯と現状を検討する。続いて，グローバル化した金融市場に対する国際的な規制の枠組みを検討する。

(1) 国際資本移動の自由化と金融サービス貿易の自由化

(a) 国際資本移動の自由化

　IMF協定は当初から，多角的貿易自由化体制を構築するための前提条件として，加盟国が貿易などの経常取引に関する支払に対して制限を課すことを原則として禁止する（8条2項(a)）一方で，国際資本移動については加盟国がこれに制限を加えることを認めていた（6条3項）。これはIMF協定の起草に当たって，投機的な国際資本移動が固定相場制を不安定化するリスクが強調され，このリスクを回避するために加盟国が必要な方策をとる必要性が認められたためである。

　その後，先進諸国の間では1961年のOECDの資本自由化規約（→第13章2(3)(a)参照）の枠組みで，国際資本移動の自由化が段階的に進められてきた。資本自由化規約は，株式・債券・投資信託の発行と売買，短期金融市場取引，クロスボーダーの与信・融資・相続など，OECD加盟国の居住者間のあらゆる長期・短期の資本移動を自由化の対象とする。さらに，外国直接投資も適用対象となっている。OECD加盟国は，一時的な経済的・財政的苦境の場合の例外的制限などを除いて，これらの長期・短期の資本移動に対する制限をいったん撤廃したら，原則としてその制限を再び導入することはできない（スタンドスティル）。資本移動の自由化を推進する方向での規制の改変だけが認められる（ラチェット）。資本自由化規約の枠組みの下で，国際資本移動の自由化は，貿易自由化のように相互主義に基づく交渉を通じてではなく，OECD加盟国による国際資本移動の制限の段階的かつ自発的な撤廃（ロールバック）を通じて一方的に進められる。ただし，加盟国が維持している制限（国別の留保リストに列挙される）についてはOECDの投資委員会で定期的な審査が行われ，ピアレビューを通じて当該加盟国に対して制限の撤廃に向けた圧力が加えられる。自由化の効果はすべてのOECD加盟国の居住者に平等に適用される（無差別原則，資本自由化規約9条）。さらに，OECD加盟国は自由化の効果をすべてのIMF加盟国の居住者に及ぼすよう努力することを求められる（同1条d）。この枠組みの下で国際資本移動の段階的な自由化が進められ，1990年前後にはすべてのOECD加盟国が国際資本移動の規制をほぼ全廃した。

図表 15-1　OECD 諸国の資本移動規制（第二次世界大戦後から 1990 年代初頭まで）

	国外への資本移動	資本流入（直接投資と不動産取引を除く）
オーストラリア	1983 年まで	
オーストリア	1980 年代後半まで	70 年代初頭～80 年代中葉
ベルギー・ルクセンブルグ	1955 年～90 年は別市場	1955 年～90 年は別市場
カナダ	1951 年まで	
デンマーク	長期取引は 1978 年まで 短期取引は 1988 年まで	長期取引は 1971 年まで 短期取引は 1988 年まで
フィンランド	1980 年代中葉まで	証券は 1979 年まで 債券は 1986 年まで
フランス	1986 年まで	債券は 1971 年～74 年 他の取引は 1986 年まで
ドイツ	1958 年まで	1958 年までと 1971 年～74 年
ギリシア	長期取引は 1992 年まで 短期取引は 1994 年まで	債券は 1987 年まで 短期取引は 1994 年まで
アイスランド	長期証券は 1993 年まで 他の長期取引は 1990 年まで 短期取引は 1994 年まで	債券は 1992 年まで 短期取引は 1994 年まで
アイルランド	長期取引は 1988 年まで 短期取引は 1992 年まで	1992 年まで
イタリア	長期証券は 1973 年～87 年 債券は 1988 年まで 短期取引は 1990 年まで	債券は 1988 年まで 短期取引は 1990 年まで
日　本	1980 年まで	1970 年～73 年，77 年～78 年
オランダ	債券は 1986 年まで 他の取引は 1960 年まで	債券は 1983 年まで 他の取引は 1960 年まで
ニュージーランド	1984 年まで	債券は 1984 年まで
ノルウェー	長期取引は 1980 年代後半まで 短期取引は 1990 年まで	債券は 1980 年代初頭まで 長期証券は 1989 年まで 短期取引は 1990 年まで
ポルトガル	長期証券と貿易信用は 1980 年代後半まで 他の取引は 1992 年まで	長期証券と貿易信用は 1987 年まで 他の取引は 1992 年まで
スペイン	短期債券は 1991 年までと 1992 年 10 月 他の取引は 1989 年～90 年	短期債券は 1992 年 2 月まで 他の取引は 1986 年～87 年
スウェーデン	1989 年まで	1980 年代後半まで
スイス		証券は 1972 年～80 年
トルコ	輸出信用は 1983 年まで 他の取引は 1989 年まで	輸出信用は 1983 年まで 他の取引は 1989 年まで
英　国	1979 年まで	
米　国	1963 年～73 年	

出典：OECD, FORTY YEARS' EXPERIENCE WITH THE OECD CODE OF LIBERALISATION OF CAPITAL MOVEMENTS, OECD, 2002, p. 64, Table 2.

1990年代に入ると旧社会主義諸国や途上国でも国際資本移動を自由化する国が増加した。これを受けて，1997年には国際資本移動の自由化の促進をIMFの目的に追加するIMF協定の改正が検討されるに至ったが，アジア通貨危機が勃発したためにIMF協定の改正は見送られた。国際資本移動の自由化を急速に進めたタイや韓国が通貨危機に見舞われたことから，国際資本移動の自由化は慎重に進めるべきであるという見方が有力となったためである。その後，今日に至るまで国際資本移動の自由化をIMFの目的に追加するIMF協定の改正は実現していない。この結果，OECD加盟国を除くIMF加盟国は今日でも国際資本移動を制限する権利を有しており，IMF加盟国による国際資本移動の自由化は，あくまでも加盟国の自発的で一方的な制限の撤廃として進められている。OECD加盟国以外のIMF加盟国による国際資本移動の自由化に対してはスタンドスティルの義務づけは存在しないので，これらの国は国際資本移動を自由化した後に再び制限を導入することもできる。ただし，(b)で見るように，WTO加盟国であるIMF加盟国の場合，GATSの下で自由化を約束した分野，あるいはFTAの枠組みで自由化を約束した分野については，スタンドスティルの制約がかかっている場合がある。

(b)　金融サービス貿易の自由化

　先進諸国による金融サービス貿易の自由化は，1961年にOECDが策定した経常的貿易外取引自由化規約を通じて進められた。この規約は当初，金融サービスのうち保険・個人年金サービスのみをカバーしていたが，1992年の改正により銀行およびその他の金融サービスもカバーするようになった。経常的貿易外取引自由化規約に基づく金融サービス貿易自由化のメカニズムは資本自由化規約と共通している。すなわち，OECD加盟国は，規約がカバーするサービス（金融サービスの他，運送，旅行・観光，専門職業サービスなど11分野）の越境移動について，段階的かつ自発的に自由化を進める。いったん制限を撤廃したら，その制限を再び導入することはできない（スタンドスティル）。自由化を推進する方向での規制の改変だけが認められる（ラチェット）。OECD加盟国が維持している制限については，OECDの投資委員会で定期的な審査が行われ，ピアレビューを通じて段階的な制限の撤廃（ロ

図表15-2　OECD資本自由化規約・経常的貿易外取引自由化規約とGATSの規定の比較

	OECD規約	GATS
加盟国	OECD加盟国（34）	WTO加盟国（153）
対象	11分野のサービス	あらゆるサービス分野
直接投資	カバーする	カバーする（第3モード）
越境取引	カバーする	カバーする（第1モード）
人の移動	カバーしない	カバーする（第4モード）
国外消費	カバーする	カバーする（第2モード）
政府調達	カバーしない	カバーしない（13条），将来の交渉を予定
独占的サービス	カバーしない	カバーする（8条）
政府によるサービス	カバーしない	商業的原則に基づかず，かつ競争なしに適用されるものはカバーしない（1条3項(b),(c)）
商慣習	カバーしない	撤廃に向けた協議（9条）
補助金	カバーしない	カバーするが規律の詳細は将来の交渉で（15条）
地方政府による規制	カバーする	カバーする
義務		
最恵国待遇（MFN）	○（9条）	○（2条）
MFNの例外	関税・通貨同盟（10条） 相互主義に基づく既存の制限 信用秩序維持のための措置	国別約束表の例外 経済統合（5条） 金融サービスの信用秩序維持のための措置（金融サービス附属書） 要件・免許・資格証明の承認（7条）
透明性	自由化措置（11条）と現行の制限（12条），一時的制限（13条）の通報義務	サービス貿易関連措置（3条1項），約束表に影響する法令等（3条3項）の通報義務
スタンドスティル	○（2条），一時的制限は可（7条）	約束表についてのみ○（16条・17条）
ロールバック	○（段階的かつ自発的自由化）	○（自由化交渉による約束表の改訂を通じて）
自由化の方法	内国民待遇による	約束表で市場アクセス（16条）と内国民待遇（17条）を約束する
国内規制	×	○（6条）
資本移動の自由化	全てについて○	商業拠点に関する特定約束として
支払・資金移動	○（2条）	特定約束について○（11条）
利潤・配当の国外送金	○（2条）	特定約束について○（11条）
制度枠組み		
履行監視機関	投資委員会	サービス貿易理事会
国別審査	あり	貿易政策検討制度を通じて
履行確保	ピアレビューによる圧力	紛争解決手続

出典：OECD, OECD CODES OF LIBERALISATION USER'S GUIDE 2008, pp. 130-133.

ールバック）に向けた圧力が加えられる。自由化はすべての OECD 加盟国の居住者に平等に適用される（無差別原則，経常的貿易外取引自由化規約9条）。さらに，OECD 加盟国は自由化の効果をすべての IMF 加盟国の居住者に及ぼすよう努力することを求められる（同1条d）。

　WTO 設立後は，WTO 加盟国の間での金融サービス貿易の自由化は，すべてのサービス分野を対象とする GATS（→第8章1参照）を通じて進められることになった。OECD 加盟国はすべて WTO に加盟しているため，貿易外取引自由化規約が金融サービス貿易の自由化に果たす役割は相対的に低下し，GATS を通じた金融サービス貿易の自由化の比重が高まった。WTO 加盟国は，ウルグアイ・ラウンドのサービス貿易自由化交渉の成果として，特定のサービス分野とサービスの提供形態（モード）について，市場アクセス（GATS16条）と内国民待遇（同17条）を保証することを通じてサービス貿易を自由化した。サービス貿易の第3モード（商業拠点）は直接投資を通じて提供されるので，金融サービス分野の第3モードに関する約束は金融サービスの直接投資の自由化を意味する。前頁の図表15-2は，金融サービス貿易の自由化に関する経常的貿易外取引自由化規約および資本取引自由化規約の規律と GATS の規律を比較したものである。

　GATS はサービス貿易の自由化をさらに進めるため，WTO 協定発効後5年以内に多角的交渉を開始することを予定しており（GATS 19条），2001年11月のドーハ交渉開始後はドーハ交渉の一環（一括受諾の対象）としてサービス貿易の自由化交渉が行われてきた。ただし，2018年10月現在でドーハ交渉の妥結のめどは立っていない。他方で，最近は FTA でサービス貿易の自由化を約束する例が増えている。2013年4月以来，WTO に加盟する23の国と地域（EU を含む）はサービス貿易協定（Trade in Services Agreement, TiSA）の枠組みでサービス貿易の自由化を交渉している（→第8章1参照）。

(2) グローバル化した金融市場の規制

　グローバル化した金融市場を規制する多国間条約は存在せず，金融市場の規制は基本的に各国の規制当局の手に委ねられている。そのため，国境を越える金融活動に従事する金融機関に対する各国の規制管轄権の調整が必要となる。それと同時に，国境を越えて活動する金融機関（銀行，証券，保険）

の健全性を確保し，国際金融システムの安定化を図るために，各国の規制当局が金融機関に対する規制を調和させる動きが盛んになってきた。

(a) 金融機関に対する規制管轄権の調整

国境を越えて事業活動を展開する金融機関に対しては，金融機関の本国と金融機関が活動する所在地国との間で規制管轄権を調整する必要がある。このことが強く認識されたのは1974年の西ドイツのヘルシュタット銀行と米国のフランクリン・ナショナル銀行の破たんがきっかけである。両行とも国際的に業務を展開していたため，銀行の本国の銀行監督当局だけでなく，海外の営業・取引拠点の所在地国の銀行監督当局が協力して破たん処理に当たることになったが，その当時はこれら関係国の銀行監督当局が連携するための制度的な枠組やルールが存在せず，破たん処理は困難を極めた。これをきっかけに，銀行の監督と破たんリスク回避のために関係国の当局が連携する必要が強く認識され，そのための協力の組織として，1974年末のG10会合で銀行監督に関するバーゼル委員会（以下「バーゼル委員会」）の設立が決まった。翌年発足したバーゼル委員会は，国際的に業務を展開する銀行の監督責任の分担に関する報告書を同年9月に取りまとめた（バーゼル・コンコルダート）。バーゼル・コンコルダートは以下の5つの原則を設けた。①銀行の海外事業拠点に対する監督は，銀行の本拠地国の監督機関（母国当局）と拠点所在地国の監督機関（受入国当局）の共同責任である。②いかなる事業拠点も監督を逃れることがあってはならない。③流動性についての監督の第1次的責任は受入国当局が負う。④支払能力に関する監督の第1次的責任は，銀行の海外支店の場合は母国当局が負い，銀行の子会社である現地法人の場合，および親会社が合弁で海外法人を設立した場合は受入国当局が負う。⑤母国当局と受入国当局は情報交換などで協力すべきである。バーゼル・コンコルダートは法的拘束力を持たない文書であるが，G10のメンバー国はこれを共通の指針として支持し，これに従った。その後，1983年には，流動性と支払能力に関する最終的な監督責任の所在，銀行破綻の場合の救済を含む最後の貸し手としての責任の所在を明確にすることを目的として，コンコルダートの改正が行われた。

国際的な証券取引においてインサイダー取引その他の不正が行われた場合，

証拠や証人・被疑者，不正収益が証券監督当局や裁判所の管轄権外に存在することが多く，不正の取締りには限界がある。この問題に対処するため，関係国の証券監督当局の間で証券取引規制の執行に関する協力と情報交換のための了解覚書（MOU）が締結されるようになった。MOU は 1982 年に米国とスイスの間で締結されたのが最初である。その後多数の MOU が各国の証券監督当局の間で締結されている。MOU は通常，インサイダー取引その他の不正な証券取引に関連する捜査および裁判手続を進めるために，関係国の証券監督・刑事司法当局が実施する協力と情報提供などの共助の具体的な内容と範囲，協力や情報提供の要請の形式，要請を受けた当局がとるべき措置の内容，提供される情報に含まれる秘密の保持などを規定する。MOU は条約ではない。証券監督当局が，各国の現行国内法制の下で可能な限度で証券規制の執行に関わる情報提供その他の協力を自発的に行うことを約束した文書である。2002 年には，証券規制監督当局の国際組織である証券監督者国際機構（IOSCO）が，MOU の内容を多国間の文書として取りまとめた協議・協力と情報交換に関する多国間 MOU を採択した。多国間 MOU は条約ではないが，協力と情報交換の枠組みとしての実効性を持たせるため，IOSCO 加盟の証券規制監督当局が署名を申請し，当該国がこの MOU を確実に実施できる国内法制や体制を備えていることを IOSCO が審査した上で署名を認める手続を設けた。2018 年 10 月現在，118 の証券監督機関が多国間 MOU に署名している。

(b) 金融規制の国際的調和——バーゼル合意

バーゼル委員会は 1988 年に，銀行の自己資本比率に関する統一的な基準としてバーゼル合意（正式名称は「自己資本の算定と自己資本の基準の国際的収れん」）を策定した。これは，国際的に事業活動を展開する銀行に対して，自己資本（自己資本比率の分子），資産（自己資本比率の分母）の各々の構成要素について，信用リスク（貸付資産（社債・債券など）の価値が下落したために，貸し付けた資金を回収できなくなるリスク）を勘案した価額の算定方式を適用して，それに基づいて算定される自己資本比率の最低基準として，自己資本比率 8% の達成を求めるものである。バーゼル合意策定の背景には 1982 年のメキシコ債務危機があった。メキシコに貸し付けた米国銀行の資

産が不良債権化した結果として，これらの銀行の自己資本比率が低下したため，バーゼル委員会は同年に，国際的に業務を展開する銀行の業務の健全性と国際金融システムの安定化のために，自己資本比率の改善が必要であるとの報告書をG10に提出した。その後，米国の主導により，バーゼル合意の策定が進められた。それは，米国議会が，債務危機に陥った国に対する貸付資産が不良債権化して経営危機に陥った米国銀行を救済するために多額の公的資金を投入する見返りとして，銀行にも応分の負担（高い自己資本比率の達成）を求める必要があると主張したためである。それと同時に，米国が米国銀行のみに高い自己資本比率を課すと，米国銀行が他国の銀行との競争上不利な立場に置かれるという懸念が持たれたため，最低自己資本比率の国際的統一が目指されることになった。

　バーゼル合意は法的拘束力を持たないが，バーゼル委員会メンバー国の銀行監督当局が自発的に国内で実施することが期待されており，実際にも1993年までにすべてのメンバー国で実施された。のみならず，1990年代末までにバーゼル委員会の非メンバー国を含めて100を越える国で実施されたといわれる。これは，バーゼル合意の基準を満たすことで市場における銀行の格付けが上がるなどのメリットがあるとされたため，多くの国がバーゼル合意を自国の銀行に対しても進んで適用したためである。

　バーゼル合意はその後数次にわたり改正された。特に，1996年の改正では新たに市場リスク（市場価格（金利・株価・為替など）の低下により保有資産に損失が生じるリスク）を扱う枠組みが導入された。そして，1998年には，資産の証券化をはじめとする金融分野の技術革新の結果として，銀行のリスクを把握する新たな手法を盛り込むことが必要になったとして，バーゼル委員会はバーゼル合意の抜本的な見直し作業を開始した。そして，2004年に最終案（新バーゼル合意ないしバーゼルIIと呼ばれる）がまとめられた。新バーゼル合意の基本的な方針は，銀行のリスク管理は基本的には銀行の自己責任とし，銀行が自発的に採用する内部モデルによって自己管理を行うことを容認した上で，それを銀行監督当局が補完的にチェックし，さらに銀行が市場に向けて情報を開示することを求めて，市場からもチェックをかける，という自己管理・市場規律型の自己資本規制を導入することであった。主な改

正点は，分母である銀行の総資産の算定方式に関連して，バーゼル合意がもともと対象としていた信用リスク，バーゼル合意の1996年改正で追加された市場リスクの他に，オペレーショナル・リスク（事務ミス，システム障害，法令違反など，銀行の業務上の原因で損失を被るリスク）がカバーされたこと，そして，銀行が先進的な手法を用いてこれらのリスクを自己算定する余地が認められたことである。新バーゼル合意は当初2006年末までにメンバー国によって実施されることが予定されていたが，多くのメンバー国がこの期限内に実施することができなかったため，その後実施期限は2011年まで延長された。

　2008年9月のリーマンショック以降の世界的な金融危機への対処策の一環として，危機の再発を防止し，国際金融システムの頑健性（resilience）を高める観点から，新バーゼル合意の見直しが行われることになった。見直しを主導したのはG20首脳会合である。G20は，アジア通貨金融危機後の1999年に，G7を構成する主要先進7ヵ国・EUにロシアといわゆる新興国11ヵ国（中国，インド，ブラジル，南アフリカなど）が加わって20ヵ国・地域の財務相・中央銀行総裁会議を開催したのが始まりである。その後毎年1回，財務相・中央銀行総裁会議を開いて，経済・財政・金融政策を議論してきたが，会議で金融規制の問題が話し合われることは稀であった。しかし，リーマンショックを受けて2009年11月にG20の第1回首脳会合が開催され，危機の再発防止のために金融規制の強化を主導することが合意された。以後，G20首脳会合が基本的な方針や作業のおおよその目標と工程表を策定し，実際の規制強化案の策定作業はバーゼル委員会（2009年にG10メンバー国以外のG20メンバー国および香港，シンガポールが加わり，メンバー国・地域は27となった）が担当するという方式で，新バーゼル合意の見直し作業が進められ，2010年12月に最終案が公表された（バーゼルIII）。

　バーゼルIIIは，自己資本比率に関する新バーゼル合意の内容の見直しと流動性リスクに対する新たな規制という2つの柱で構成されている。前者については，①自己資本の質の向上，②資産の算定に当たり，取引相手方の信用リスク（カウンター・パーティ・リスク）を新たに勘案するようにしたこと，③最低自己資本比率が持つ景気変動の波を増幅する効果（プロシクリカリテ

ィ，→Column を参照）を抑えるため，好況時に自己資本を積み増し，不況時にはこれを取り崩す，資本バッファーおよびカウンター・シクリカル・バッファーが導入されたこと，④銀行による過剰なリスク・テイクを抑えるため，自己資本比率と別に最低レバレッジ比率（中核的資本に対するリスク資産の割合）を設けたことが重要である。以上の内容は 2013 年以降段階的に導入され，2019 年にはバッファーを加えた最低自己資本比率 10.5% を達成することが求められることになっている。また，最低レバレッジ比率については，当初は 3% と設定し，2013 年から 2017 年の試行期間を経て最終的な比率を決定することになっている。

　バーゼル III のもう一つの柱である流動性リスク規制が対象とする流動性リスクとは，銀行が期日の到来した債務の履行などのために必要な資金を確保できなくなるリスクをいう。流動性リスクは，予期しない預金の流出，貸付資金の回収不能，保有資産の市場流動性の低下，コンピュータ・システムの障害など，銀行業務のあらゆる分野に関わるさまざまな原因で顕在化する。そのため，流動性リスクは，自己資本比率のように銀行のバランス・シートに表れている数値だけでは評価が難しく，これまで流動性リスク管理のための統一的な基準は作られてこなかった。しかし，リーマンショック後の世界金融危機において，世界各地の銀行で広範な流動性リスクが顕在化したことを受けて，バーゼル III に流動性リスク管理のための指標を盛り込むことが決まった。そして，流動性がきわめてタイトになった局面に耐えられるための短期的な流動性カバレッジ比率と，流動性に関するより長期的な耐性を示す長期的な安定調達比率の 2 種が設けられた。前者は，流動性がきわめてタイトになった局面が最低 30 日続くと想定して，それに耐えられるだけの流動資産を銀行の純キャッシュ・フロー（対象期間中の銀行への入金額と出金額の差額）総額相当分保有することを求める。銀行は最低でも毎月 1 回これを算定して監督当局に報告しなければならない。後者は，最低でも 1 年間流動性がかなりタイトな局面が続くとして，これに耐えられるよう銀行が必要な流動性資産を確保するよう求めるものである。流動性カバレッジ比率は 2015 年から 2019 年にかけて段階的に，安定調達比率は 2018 年から導入されることになっている。

Column プロシクリカリティ

　最低自己資本比率規制は，景気の良い時には銀行に貸し出しを一層助長するようなインセンティブを与えて景気を過熱させ，景気の悪い時には貸し渋りを助長して景気を一層悪化させる効果があるとされ，これをプロシクリカリティと呼ぶ。それは，自己資本比率の分母である資産額がその時々のリスクに感応して変動する仕組みとなっているためである。リスクは好況時には一般的に低下し，不況時には上昇する。このため，好況時にはリスク資産の額が減少して自己資本比率の分母が減少する分だけ自己資本比率が改善するので，銀行にとっては，貸し出しを増やしてリスク資産を増やしてもかまわないということになる。そのため，銀行貸し出しが増加し，景気がますます過熱する。そして，不況時にはこの逆のメカニズムが作用して銀行は貸し渋りを増加させることになり，不況がますます悪化する。このように，銀行が自己資本比率を考慮して好況時や不況時に貸し出しを増減させると，好況時には景気過熱，不況時には景気冷却という，本来目指されるべき方向とは逆の方向が助長される恐れがあるのである。バーゼルIIIでは，こうした自己資本比率の逆進的な景気増幅効果を抑えるため（これをカウンター・シクリカリティという），好況時に自己資本を積み増し，不況時にはこれを取り崩すことを認めるよう，自己資本比率に対する規制を修正して，自己資本比率の変動幅を抑える工夫が導入された。

　世界金融危機への対処の過程で，特に規模の大きい金融機関については「大きすぎて破たんさせられない（Too big to fail）」という配慮が働き，これがこの種の金融機関の運営におけるモラル・ハザードを引き起こすとの懸念が指摘された。この問題に対処するため，2011年11月のG20首脳会合は，「（世界の金融）システム上重要な金融機関」として29の金融機関を指定し，これらの金融機関に対してバーゼルIIIの最低自己資本比率にさらに上乗せする自己資本の積み増しを求めるとともに，これらの金融機関に対する銀行監督当局の監督を強化するという方針を発表した。日本からはみずほ，三菱東京UFJ（現三菱UFJ），三井住友の3行が「システム上重要な金融機関」に指定された。2015年11月，これらの金融機関に上乗せされる追加的自己資本比率が公表された。三菱東京UFJは1.5％，みずほと三井住友は1.0％の上乗せが求められた。

(c) 国際金融基準の国内実施

国際的に業務を展開する金融機関の健全性を確保し，国際金融システムの安定化を図ることを目的とする規制の国際的調和は，銀行規制以外の分野でも進められている。証券については(a)で触れた証券監督者国際機構（IOSCO）が 1998 年に「証券規制の目的と原則」を，保険については保険監督者国際機構（IAIS）が 2000 年に「保険監督のコア原則」を取りまとめている。バーゼル合意と同じく，これらの基準は法的拘束力を持たず，各国の規制監督当局が自発的に採用し実施することが期待されている。それと同時に，IOSCO と IAIS は，これらの基準を加盟機関が国内で実施することを促すため，加盟機関による国内実施状況の自己評価などの方策を講じてきた。さらに，2000 年以降は金融セクター評価プログラム（FSAP→*column* 参照）の下で IMF と世界銀行による第三者評価が行われるようになった。

Column 金融セクター評価プログラム（Financial Sector Assessment Program, FSAP）

1999 年 2 月の G7 会合は，金融監督の国際協調の強化を目的として，金融安定フォーラム（Financial Stability Forum, FSF）の設立を決めた。メンバーは G7 メンバー国の金融監督当局，IMF，世界銀行，国際決済銀行，OECD と，バーゼル委員会や IOSCO，IAIS などの基準設定機関である。同年 4 月に開催された FSF の第 1 回会合は，「証券規制の目的と原則」，「保険監督のコア原則」を含む 12 の国際基準を，「金融システムの健全性のために不可欠の 12 の基準」として指定し，世界の各国にこれらの基準の国内実施を呼びかけた。そして，同年 5 月，FSF メンバーである IMF と世界銀行は金融セクター評価プログラム（FSAP）を発足させて，加盟国によるこれらの基準の国内実施状況を共同で評価することになった。以上の一連の動きの背景には，1994 年のメキシコ通貨危機や 1997 年のアジア金融危機からの反省として，通貨・金融危機の勃発と危機の拡大を防止するためには，国際的に承認されたベスト・プラクティスに沿って各国の金融規制および金融制度を強化することを通じて，金融セクターの健全性を確保する必要があるとの認識が関係国および国際機関の間で共有されるようになったという事情があった。FSAP は，1999 年 5 月から 2000 年 4 月までの試行期間を経て，2001 年から正式に開始された。FSAP の下で IMF と世界銀行は，対象国にミッションを派遣して，当該加盟国の金融セクターの健全性を評価する。それと同時

に，当該加盟国による上記の国際基準の国内実施状況を評価し，国内実施が不十分であると評価する場合には国際実施を改善するための方策を提案する。ミッションは，以上の内容を盛り込んだ，基準・コードの遵守状況報告書（Report on the Observance of Standards and Codes, ROSC）を取りまとめる。ただし，FSAPが実施されたすべてのケースで，上記のすべての国際基準の国内実施状況が評価されるわけではない。2018年1月までに，「証券規制の目的と原則」については61の国・地域について，「保険監督のコア原則」については54の国・地域についてROSCが公表されている。そのうち，一部の国・地域については2回以上の評価が実施され，これらの基準の実施の改善状況がモニターされている。2010年9月，IMFはシステム上重要な金融セクターを保有する25の加盟国について5年毎にFSAPを実施することを決めた。2013年12月には「システム上重要な金融セクター」の定義が変更され，それを適用して対象国は29加盟国に拡大した。

　FSAPに基づく第三者評価はIMFと世界銀行の加盟国・地域を対象に行われるので，IOSCOやIAISに加盟していない国・地域に対してもこれらの機関が策定した基準の実施評価が行われる場合がある。たとえば，IOSCOに加盟していないセネガルに対して「証券規制の目的と原則」の実施評価が行われ，IAISに加盟していないカメルーン，ガボン，ギリシャ，香港などに対して「保険監督のコア原則」の実施評価が行われた。FSAPに基づく第三者評価の対象とされることにより，これらの基準はIOSCOやIAISに加盟していると否とを問わず，広くIMFと世界銀行の加盟国・地域を対象として，その実施が評価される普遍的な国際基準としての地位を獲得したことになる。

　FSAPに基づく第三者評価の目的は，単にIMFや世界銀行の加盟国・地域によるこれらの基準の国内実施状況を評価することだけではない。特に，途上国と移行経済諸国に対しては，これらの基準の実施状況を評価し，実施が不十分な点を指摘して，その改善の方策を講じるよう促し，必要があればIMFや世界銀行あるいは二国間の技術支援などを通じて実施の改善を図ることが目指される。

【参考文献】

上川孝夫＝矢後和彦編『新・国際金融テキスト　2　国際金融史』（有斐閣，2007 年）
田中素香＝岩田健治編『新・国際金融テキスト　3　現代国際金融』（有斐閣，2008 年）
中山信弘＝神田秀樹編『市場取引とソフト・ロー』（有斐閣，2009 年）
藤田誠一＝小川英治編『新・国際金融テキスト　1　国際金融理論』（有斐閣，2008 年）
みずほ証券バーゼル III 研究会編『詳解バーゼル III による新国際金融規制』（中央経済社，2012 年）
Andrew Baker, THE GROUP OF SEVEN: FINANCE MINISTRIES, CENTRAL BANKS AND GLOBAL FINANCIAL GOVERNANCE, Routledge, 2006.
Barry Eichengreen, GLOBALIZING CAPITAL: A HISTORY OF THE INTERNATIONAL MONETARY SYSTEM, 2ND ED., Princeton University Press, 2008.
European Central Bank, THE MONETARY POLICY OF THE ECB 2011, European Central Bank, 2011.
IMF, Ariticle IV of the Fund's Articles of Agreement: An Overview of the Legal Framework, 28 June 2006. [https://www.imf.org/external/np/pp/eng/2006/062806.pdf]
Ronald I. McKinnon, *The Rules of the Game: International Money in Historical* Perspective, JOURNAL OF ECONOMIC LITERATURE, 31, 1993.（邦訳ロナルド・I・マッキノン著，日本銀行「国際通貨問題」研究会訳『ゲームのルール：国際通貨制度安定への条件』ダイヤモンド社，1994 年）
Junji Nakagawa, INTERNATIONAL HARMONIZATION OF ECONOMIC REGULATION, Oxford University Press, 2011, Chapter 9.
OECD, OECD CODES OF LIBERALISATION USER'S GUIDE 2008, OECD, 2008.
Claus D. Zimmermann, *Exchange Rate Misalignment and International Law*, AJIL, 105, 3, 2011.

第16章 国際租税法

> **Summary**
>
> 　国家は自国の管轄権内の人や企業の所得や資産に課税する主権的権能を持つ。国際経済活動に対する課税の場合，活動に従事する主体や活動の地理的範囲が複数の国にまたがることから，複数の国の課税権が競合して二重課税の問題が生じたり（国際的二重課税），逆に，国際経済活動に従事する者が活動から得られる所得や利益に対する租税負担を減らしたり回避したりすることを試みる（国際的租税回避）ことに対して，関係国が対処する必要が生じる。そこで，各国は租税条約を結んで，国際経済活動に対する課税管轄権を調整して国際的二重課税を回避するとともに，国際的租税回避を防止・抑圧する方策を講じるようになってきた。租税条約の多くは2国間条約の形態をとるが，OECDはモデル租税条約を策定して，それが広く参照されるようになってきている。この他に，各国の税務当局の間で，税務に関する情報交換と税の徴収に関する共助を行う国際的な協定も締結されている。本章では，国際経済活動に対する課税をめぐるこうした条約慣行を検討するとともに，国際租税法の将来の発展の方向を示唆する法人税制の国際的調和の動きや国際連帯税の提案について解説する。
>
> **Key Words**
>
> 課税主権　　全世界所得　　居住地国課税　　源泉地国課税　　国際的二重課税　　外国税額控除　　国外所得免除　　ソース・ルール　　独立企業原則　　日米租税条約　　相互協議　　OECDモデル租税条約　　多国間税務執行共助条約　　国際的租税回避　　移転価格税制　　OECD移転価格ガイドライン　　過小資本税制　　外国子会社合算税制　　有害な税の競争　　タックス・ヘイブン　　外資優遇税制　　税務行政執行共助条約　　税制の国際的調和　　付加価値税に関する第6次指令　　欧州共通連結課税ベース（CCCTB）　　国際連帯税　　トービン税

1　国際課税の規律

　国際取引から生じる所得に対する課税方法が国によって異なることは，貿

易および国際投資の障壁となりうる。国際取引から生じる同一の所得に対する複数の国の課税や一国において国際取引から生じる所得に対する課税が国内取引から生じる所得に対するものより高率でなされる場合にも同様である。関税，内国民待遇が問題となる内国税，ダンピング防止税，相殺関税，緊急関税，報復関税などWTO協定および他の通商協定ならびに各国の通商法の対象とされる税と並んで，場合によっては各国の税法に基づく税も国際経済活動に対する規制として機能する。さらに租税条約により国際経済活動に対する条約当事国の課税権限に制約が加えられているので，本書第1章で示されている国際経済法の定義からすると国際課税は国際経済法の検討対象に含まれる部分があると考えられる。

　国際課税を規律する条約のなかで最も重要なものは，2で詳述されている「所得に対する租税に関する二重課税の回避及び脱税の防止のための日本国政府とアメリカ合衆国政府との間の条約」（日米租税条約）のように2国間で締結される租税条約である。最近では，「税務行政執行共助条約」（1988年採択），同改正議定書（2010年採択）や「BEPS防止措置実施条約」（2016年採択）のように租税に関する多国間条約も締結されている。租税条約の他にも，当事国の課税に制限を加える条約が存在する。たとえば，本書第5章で見たように，GATT3条2項は，国内産品に対する内国税をこえる内国税を同種の輸入産品に課してはならないこと，さらに直接的競争産品または代替可能の産品である輸入産品と国内産品については国内生産に保護を与えるように内国税を輸入産品または国内産品に課してはならないことを定めている（DS8, 10, 11, DS7, 84, ケースブック[8], [10]）。また，同条同項の規定に合致して同種の国内産品に課せられる内国税に相当する課徴金を輸入に際して輸入産品に課すること，すなわち国境税調整が可能であることがGATT2条2項(a)に定められている。

　さらに第6章で見たように，補助金相殺措置協定1条の補助金の定義には「政府がその収入となるべきものを放棄し又は徴収しないこと」により利益がもたらされる場合が含まれており，税額控除等は補助金として同協定により禁止その他の規制が加えられることがある（DS222, ケースブック[38]）。加えて同協定附属書Ⅰは，その(e)において直接税の減免，繰延べを輸出に関

連させて認めること，また，(g)において輸出産品の生産および生産に関し，同種の産品が国内消費向けに販売される場合にその生産および流通に関して課される間接税の額を超える額の間接税の減免を認めることを同協定3条1項(a)により禁止される輸出補助金の例示として規定している。

　逆に課税目的のために特定の条項に合致しない措置をとることを国家に認める条約も存在する。GATS 14条(d)は，「他の加盟国のサービス又はサービス提供者に関する直接税の公平な又は効果的な賦課又は徴収を確保することを目的とする場合には」，内国民待遇を定める同17条の規定に合致しない措置が正当化され得るとしている。この規定により，非居住者であるサービス提供者に対する源泉地国の措置，法人税や所得税などの直接税の賦課または徴収の確保のために非居住者に適用される措置，租税回避または脱税を防止するために非居住者または居住者に適用する措置など同条(d)の注に例示されているような課税に関する措置により，約束表に記載されている分野の自国と他の加盟国の同種のサービスまたはサービス提供者に差別的な待遇を与えることになっても内国民待遇義務違反とされない可能性が存在することになる。同様に同14条(e)は，「加盟国の拘束される二重課税の回避に関する協定又は他の国際協定若しくは国際取極における二重課税の回避についての規定の結果による場合には」，最恵国待遇を定める同2条の規定に合致しない措置が正当化されうるとしている。この規定により，2つのWTO加盟国が租税条約等により二重課税を回避する場合に，第三国であるWTO加盟国に対して，より不利でない待遇を与えなくても最恵国待遇義務違反とされない可能性が存在することになる。

　なお，国際経済活動に関する事柄ではないが，他国の外交使節，領事使節，駐留軍隊などは，条約または慣習国際法により駐在国の課税権限から免除される。

　国際経済活動に対する課税に関わる国際法（ハードロー）ではないが，民間団体が設立したソフトローとして，国際経済活動に対する課税にも実質的に大きな影響を与えるものとして，国際会計基準（→*Column*参照）がある。国際会計基準は企業の財務会計に関する統一的な基準であり，今日では世界の100を越える国で参照され，会計基準の世界的な収れんが進んでいる。

Column **国際会計基準**

　国際会計基準（International Accounting Standards, IAS）は主要先進国の職業会計士団体の国際団体である国際会計基準審議会（International Accounting Standards Board, IASB）の前身である国際会計基準委員会（International Accounting Standards Committee, IASC, 1973年設立）により設定された会計基準の国際標準であり，2001年以降，IASB が一部を改廃し，さらにいくつかの条項は国際財務報告基準（International Financial Reporting Standards, IFRS）に置き換えられている。IAS と IFRS をあわせて国際会計基準（IAS/IFRS）ということもある。IASB は主要国の職業会計士団体が設立した民間の独立した会計基準の設定組織であるが，その国際会計基準は 2005 年に EU において域内の上場企業に適用することが欧州委員会規則等により義務づけられており，そのほか 100 以上の国家において，自国の基準としての採用または自国の基準との収れんが行われている。我が国でも，2010 年 3 月期以降，一定の場合に上場企業による IFRS の任意適用が認められた。

　納税者の所得に対する課税額を決定するには，その所得を計算する必要がある。わが国の法人税法は収益その他の額は，「一般に公正妥当と認められる会計処理の基準に従って計算されるものとする」と定め（22 条 4 項），企業会計上の利益の額を基礎として課税所得が計算される。企業の財産および損益の状態を明らかにすることを目的とする企業会計と税制の間にどのような関係を持たせるかは基本的に各国が決めることである。しかしながら，企業会計と税制が関係づけられている場合は，国際会計基準の導入が税制に影響を及ぼす。民間団体である IASB の作成した基準が国際的なルールとして企業の会計実務を規律し，加えて国家が税制上の対応を考慮せざるを得ない状況が生じるという点が注目される。

2　国際的二重課税と租税条約

(1)　なぜ国際的二重課税が起きるのか？

　国境を越える経済活動に対する課税権の行使については 2 つの考え方がある。1 つは，納税者が居住している国（居住地国）が，居住地管轄に基づき，国外所得も含めた納税者の全世界所得に対して課税するという考え方である（居住地国課税）。もう 1 つは，所得の源泉のある国（源泉地国）が，源泉地管

轄に基づき，居住者によると非居住者によるとを問わず，自国で生み出された所得に対して課税するという考え方である（源泉地国課税）。多くの国は，居住地管轄に服する者に対して，所得の源泉地を問わず，全世界所得に課税するとともに，源泉地国課税の考え方に基づいて，非居住者の国内源泉の所得に対しても課税を行っている。ただし，居住地管轄，源泉地管轄のいずれの考え方をとるにしても，①誰を居住者とするかの基準や②所得の源泉地を決定する基準が国によって異なることから，居住地管轄や源泉地管轄の競合や空白が生じ，その結果として，同一の所得に対して複数の国により重複して課税が行われたり（国際的二重課税），いずれの国からも課税されない事態（国際的租税回避）が生じたりする可能性がある。そこで，居住地国は，国内法や関係国との国際条約（租税条約）によって，国際的二重課税や国際的租税回避の排除を行うのが通例である。

　居住地国が国際的二重課税を排除する方式には2つの類型がある。第1は，居住者の全世界所得を課税の対象としたうえで，そこから海外の源泉地国で課された税額を控除する方式である。これを外国税額控除（foreign tax credit）という。第2は，居住地国が外国源泉の所得を課税対象から免除する方式である。これを国外所得免除（exemption）という。日本や米国は外国税額控除方式を採用し，フランスやオランダなどの欧州諸国は国外所得免除方式を採用している。

　外国税額控除方式と国外所得免除方式のどちらを採用するかにより，たとえば居住者が外国の事業で損失を被った場合の帰結が異なってくる。外国税額控除方式の場合，全世界所得から外国での損失が控除されるが，国外所得免除方式の場合は外国での利益だけでなく損失も課税対象外となるため，外国での損失を当該居住者の所得から控除できない。また，累進税率が適用される場合，外国税額控除方式では全世界所得が課税ベースとなるのに対して，国外所得免除方式では国内源泉所得が課税ベースとなるため，前者の場合にはより高い累進税率が適用される可能性がある。

　課税においては対象者の居住地がどこにあるかが出発点となる。国際経済活動を営む法人の居住地を決定する場合，設立登記に記載された法人の本店所在地を基準とする方式（日本など）と，事業の指揮管理が行われる場所を

基準とする方式（英国など）がある。国によって居住地に関する基準が異なることから，複数の国が同一の法人の居住地を自国と認定し，居住地管轄に基づいて課税する，国際的二重課税が発生することがある。

何が国内源泉所得に当たるかを決めるルールを，ソース・ルール（source rule）という。日本の場合，法人税法138条にソース・ルールが規定されている。それによれば，①国内において行う事業から生じ，または国内にある資産の運用，保有もしくは譲渡により生ずる所得（1号），②国内においてサービス業に従事する法人がサービスの提供の対価として受ける所得（2号），③国内にある不動産およびそれに関連する抵当権などの権利，採石権や鉱業権，船舶・航空機のリースに基づく所得（3号），④いわゆる証券投資による所得（4号）が，法人の国内源泉所得に当たる。国によってソース・ルールが異なる場合，国際的二重課税や国際的租税回避が生じる。これを避けるため，源泉地国と居住国との間の租税条約によって，共通のソース・ルールを決めたり，ソース・ルールの適用を調整する必要がある。

⑵ 租 税 条 約

こうして，国際経済活動に対する国際的二重課税や国際的租税回避を排除しつつ，同時に自国の正当な課税権を確保することを目的として，租税条約が結ばれてきた。

国際課税をめぐる各国の法制度や国際条約は，国際経済活動の進展，企業の国際展開のあり方の変化，各国の財政事情などを反映して，時代により変わってきた。第二次世界大戦後から現代に至るまでの国際課税をめぐる動向は，大別して3つの時期に分けることができる。

第1期は戦後から1960年代初頭までである。戦後の国際貿易と国際資本取引の増加に伴い，国際的二重課税を排除することの重要性が強調されるようになった。この時期，日本を含む多くの国が，自国の企業の海外進出を後押しするため，外国税額控除制度を導入するとともに，2国間の租税条約を締結して国際的二重課税の排除に取り組んだ。

次に，第2期は1960年代初頭から1980年代後半までである。この時期には外国子会社を利用した企業の海外展開が活発になった一方で，内国企業の所得が外国子会社に留保されるなど，内国企業の所得の国外移転による課税

逃れが問題とされるようになった。特に、国内源泉所得に対する課税を低めに抑えることで外国企業を誘致しようとする、いわゆるタックス・ヘイブンを利用して税負担の軽減を図る行為（国際的租税回避）などが問題とされた。この問題への対処では米国が先行し、1962年にタックス・ヘイブン税制を導入した。日本も、諸外国の例も参考にして、タックス・ヘイブン税制（1978年），移転価格税制（1986年）などを導入した。

　第3期は1980年代後半以降である。この時期、財政赤字が増大した米国が税収確保のために移転価格課税の強化などを通じて外資系企業に対する課税を強化した結果、外資系企業の本拠地国の課税ベースまで浸食されるに至ったとして、課税管轄権の国際的な調整が課題として浮上した。OECDで移転価格税制に関する国際ルールの見直しが議論され、1995年には移転価格ガイドラインが改訂された（→後述3を参照）。近年では、タックス・ヘイブンだけでなく、先進国の中にも優遇税制を導入して金融やサービスなどの産業を海外から誘致しようとする国が出てきた。各国が競って優遇税制を導入すれば、世界的な規模で課税ベースが浸食され、国際経済活動に対する課税の公平性と中立性が損なわれる恐れがある。この問題を有害な税の競争（harmful tax competition）ととらえて、その解決策がOECDやEUで議論されるようになってきている（→後述3を参照）。

　2国間の租税条約は、古くは19世紀の末に欧州で結ばれたものもあるが、その数が急増するのは上に見た戦後の第1期のことである。第2期以降も租税条約の数は増え続け、現在では総数が3000を越えた。日本は、日本企業の主要な貿易・投資先国との間で租税条約を結んできた。2018年10月現在で、59の租税条約を締結している。旧ソ連と締結した租税条約はロシアその他の旧ソ連構成国にも承継され、適用されているので、日本が結んだ租税条約が実際に適用されている国・地域の数は70である。この他に、租税に関する情報交換を主たる内容とする情報交換協定（11の国・地域と締結），税務行政執行共助条約（→後述(5)参照）などがあり、日本は126の国・地域との間に租税関係の条約を締結していることになる（図表16-1参照）。

　日本が最初に結んだ本格的な租税条約は1954年に署名された日米所得税条約である。その後日本は1971年にこの条約を改訂して日米租税条約を結

図表16-1 日本の租税条約のネットワーク

【欧州 (42)】
アイスランド、アイルランド、イギリス、イタリア、エストニア、オーストリア、オランダ、スイス、スウェーデン、スペイン、スロバキア、スロベニア、チェコ、デンマーク、ドイツ、ノルウェー（執行共助条約のみ）、ハンガリー、フィンランド、フランス、ブルガリア、ベルギー、ポーランド、ポルトガル、マン島、ラトビア、リトアニア、ルクセンブルク、ルーマニア、ガーンジー（※）、ジャージー（※）、サンマリノ、アルバニア、キプロス、アンドラ、フェロー諸島、モナコ、グリーンランド（※）、マルタ、セルビア、クロアチア、リヒテンシュタイン（※）

【ロシア・NIS諸国 (12)】
アゼルバイジャン、アルメニア、ウクライナ、ウズベキスタン、カザフスタン、キルギス、ジョージア、タジキスタン、トルクメニスタン、ベラルーシ、モルドバ、ロシア

【北米・中南米 (28)】
アメリカ、カナダ、チリ、ブラジル、メキシコ、ケイマン諸島（※）、英領バージン諸島（※）、パナマ（※）、バミューダ（※）（執行共助条約のみ）、アルゼンチン、エクアドル、アンギラ、ウルグアイ、キュラソー、グアテマラ、グレナダ、コロンビア、コスタリカ、セントクリストファー・ネービス諸島、セントビンセント及びグレナディーン諸島、セントルシア、ドミニカ、ドミニカ共和国、ニウエ、ターコス・カイコス諸島、バルバドス、ペルー、モンセラット

【アフリカ (11)】
エジプト、ザンビア、南アフリカ（執行共助条約のみ）、ウガンダ、セネガル、チュニジア、モーリシャス、ナイジェリア、セーシェル、モロッコ、ボツワナ

【中東 (9)】
アラブ首長国連邦、イスラエル、オマーン、カタール、バーレーン、クウェート、サウジアラビア、トルコ、レバノン

【アジア・大洋州 (24)】
インド、インドネシア、オーストラリア、韓国、シンガポール、スリランカ、タイ、中国、ナウル、パキスタン、バヌアツ、バングラデシュ、フィジー、フィリピン、ブルネイ、ベトナム、マレーシア、ミャンマー、ニュージーランド、サモア（※）、マカオ、台湾（注3）、香港、マーシャル諸島

凡例：
○ 租税条約
● 情報交換協定
● 税務行政執行共助条約のみ
● 日台民間租税取決め

(注1) 税務行政執行共助条約が多数国間条約であること、及び、旧ソ連・旧チェコスロバキアとの条約が複数国へ承継されていることから、条約等の数と国・地域数が一致しない。

(注2) 条約等・地域数の内訳は以下のとおり。
・租税条約（二重課税の除去並びに脱税及び租税回避の防止を主たる内容とする条約）：61本、71か国・地域
・情報交換協定（租税に関する情報交換を主たる内容とする条約）：11本、11か国・地域（図中、(※) で表示）
・税務行政執行共助条約：締約国は我が国を除いて90か国（図中、国名に下線）。このうち我が国と二国間条約を締結していない国・地域は43か国・地域。適用拡張地域あり：点線。日台民間租税取決め：1本、1地域

(注3) 台湾については、公益財団法人交流協会（日本側）と亜東関係協会（台湾側）との間の民間租税取決め及びその内容を日本国内で実施するための法令によって、全体として租税条約に相当する枠組みを構築（現在、両協会は、公益財団法人日本台湾交流協会（日本側）及び台湾日本関係協会（台湾側）にそれぞれ改称されている）。

出典：財務省ウェブサイト (https://www.mof.go.jp/tax-policy/summary/international/h07.htm)

430　第16章　国際租税法

んだ。改訂のポイントは，源泉地国課税から居住地国課税へと力点を移したことである。この背景には，日本が資本輸入国から資本輸出国へと移行した結果，米国からの資本輸入を奨励するために利子や配当などのキャピタル・ゲインについて，源泉地国課税を縮減することが可能になったという事情があった。日米租税条約は2003年に再度改訂された（2003年11月6日署名，2004年3月30日発効，平成16年条約2号）。その主たる目的は，①キャピタル・ゲインに対する源泉地国課税の一層の縮減，②外資系企業の租税回避スキーム（特に，匿名組合を利用した租税回避）への対応である。その後，日本は2003年の日米租税条約をモデルとして，英国，フランス，豪州とオランダとの租税条約を改訂した。次項では，2003年の日米租税条約（以下，「日米租税条約」）を例として，租税条約における国際的二重課税および国際的租税回避を防止する仕組みを見ることにする。

(3) 日米租税条約における国際的二重課税回避のしくみ

日米租税条約が適用される税目は，日本側は所得税と法人税，米国側は連邦所得税（社会保障税を除く）である（条約2条1項）。条約が適用される地理的範囲は，日本については，日本の租税法が適用されているすべての領域（領海を含む），大陸棚とその海底および地下である。米国については，諸州とコロンビア特別区（領海を含む），大陸棚とその海底および地下である。プエルトリコ，バージン諸島，グアムその他の属地または準州を含まない（3条1項）。

条約が適用される人的な範囲は，一方または双方の締約国の居住者である（1条1項）。双方の締約国で居住者とされる場合には，以下の基準を順に適用していずれかの締約国の居住者であるかを決定する。①恒久的住居の所在地，②重要な利害関係の中心の所在地，③常用の住居の所在地，④国籍。以上によっても決められない場合は，両締約国の権限ある当局（日本は財務大臣または権限を与えられたその代理者（財務省主税局長と国税庁の国税審議官），米国は内国歳入庁長官または権限を与えられたその代理者）の合意により決定する。

第三国の居住者が租税条約の締約国にペーパー・カンパニーなどを設立して租税条約の特典を利用する，いわゆる条約漁り（treaty shopping）に対処

図表 16-2　所得の類型とそれぞれについての課税権の配分

所得の類型	課税権の配分ルール
不動産所得（6条）	不動産所在地国が第一次的課税権を持つ
事業所得（7条）	恒久的施設所在地国が，当該施設に帰属する所得について課税する（帰属主義）
国際運輸業所得（8条）	居住地国のみが課税する
配当（10条）	配当を支払う法人の居住地国が限度税率（表16.3）の課税権を持つ
利子（11条）	利子の生じた締約国が限度税率（同上）の課税権を持つ
使用料（12条）	使用料の生じた締約国が限度税率（同上）の課税権を持つ
キャピタル・ゲイン（13条）	不動産証券化商品（REIT）については源泉地国課税，それ以外は居住地国課税
自由職業所得（21条2項）	恒久的施設を持つ場合，当該施設に帰属する所得について課税する（帰属主義）
給与所得（14条）	居住地国が課税する。ただし短期滞在者（183日以内）は免税
役員報酬（15条）	法人所在地国が課税する
芸能人所得（16条）	サービス提供地国が課税する
退職年金（17条）	居住地国のみが課税する
公務員給与（18条）	接受国の国民等を除き，派遣国のみが課税する
留学生・研修生（19条）	生計・教育・訓練のための国外源泉分は免税
教授（20条）	教育研究の報酬は2年を限度に免税
その他（21条）	居住地国のみが課税する

出典：日米租税条約の条文に基づいて筆者が作成

するため，日米租税条約は，所定の要件を満たす適格居住者だけに条約の特典を与える，特典条項（limitation on benefit clause, LOB 条項）を置いた（22条）。それによると，以下の居住者が適格居住者として認定される。①個人，②一方締約国の政府，一方締約国の地方政府もしくは地方公共団体，日本銀行または連邦準備銀行，③法人のうち，(i)日米の公認の有価証券市場に上場している会社，(ii)当該会社の株式を保有する締約国の居住者，④公益団体，⑤年金基金，⑥個人以外の者で，(i)その株式の 50％以上を①，②，③(i)，④または⑤により直接または間接に支配し，かつ(ii)当該年度の総所得のうちで，いずれの締約国の居住者でないものに対して支払われた額の割合が 50％未満である者（以上 22 条 1 項）。この他に，締約国において能動的に営業または事業の活動を行っている者にも条約の特典が与えられる（22 条 2 項）。

日米租税条約は，所得を以下の通り分類し，それぞれについて締約国間で

図表 16-3　日米租税条約における投資所得（配当，利子，使用料）の限度税率

	現　行		改　正　後
配　当	親子間配当 （持株割合 10% 以上）	10%	免税（持株割合 50% 超）
			5%（持株割合 10% 以上 50% 以下）
	ポートフォリオ配当 （その他）	15%	10%（その他）
利　子		10%	免税（金融機関等受取利子）
			10%（その他）
使用料		10%	免税

出典：財務省「日米租税条約のポイント」(https://www.mof.go.jp/tax_policy/summary/international/tax_convention/press_release/sy151107_index.htm)

課税権を分配する規定を置いた。

　図表 16-2 の中の，いわゆる投資所得（配当，利子，使用料）について，日米租税条約は源泉税率を 1971 年条約からさらに引き下げる特典を設けた。日本の国内法上，日本源泉の投資所得に対しては原則として 20% の税率で源泉徴収される（所得税法 213 条 1 項 1 号）。この源泉税は，必要経費を差し引く前のグロスの所得に適用されるため，大きな負担となり，所得を受け取る者の居住地国で二重課税が十分に回避できない恐れがある。そこで，日米租税条約は源泉税率の上限を 1971 年条約からさらに引き下げ（限度税率），国際投資に対する税制の阻害効果を一層緩和した（10 条～12 条，図表 16-3 を参照）。

　以上のルールに基づいて，日米間で課税権が配分されるが，日米の税制の違いの結果として国際的二重課税や国際的租税回避が生じる可能性を排除するため，日米租税条約は外国税額控除について以下のルールを定めた。第一に，日本の居住者がこの条約の規定に従って米国で課税される所得を米国で取得する場合，当該所得について米国で納付される税額を当該居住者の日本での課税額から控除する（23 条 1 項 1 号）。同様に，米国の居住者が日本で納付する税額を米国での課税額から控除する（23 条 2 項 1 号）。米国は米国市民の全世界所得に課税するという原則を採用しているため，これはその特則ということになる。第二に，外国子会社の配当益金を課税所得に算入しないという原則（外国子会社配当益金不算入）の適用要件について，国内法では当該外国子会社の株式保有要件が 25% 以上とされているところ（法人税法 23 条の 2 第 2 項），これを 10% 以上に引き下げた（23 条 1 項(b)）。

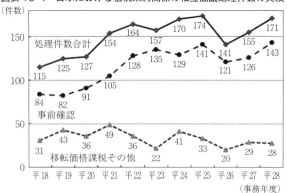

図表16-4 日本における租税条約関係の相互協議処理件数の実績

(注) 事務年度は7月1日から6月30日まで。(出典：国税庁，平成28事務年度の「相互協議の状況」について (http://www.nta.go.jp/information/release/kokuzeicho/2017/sogo_kyogi/index.htm)

　日米租税条約は，以上の規定に基づく条約の運用に際して，納税者からの異議申立てや両締約国の税務当局間での紛争を解決するための相互協議 (mutual agreement procedure, MAP) の手続を設けた (25条)。これには以下の3種がある。

　①納税者からの申立に基づく個別事案協議。条約に適合しない課税処分を受けた，ないし受けると考える者が，当該事案について，自己の居住地国の権限のある当局に対して申立てを行う (25条1項)。

　②解釈適用協議。両締約国の権限ある当局が，条約の解釈または適用に関して生じる困難または疑義を協議し，合意によって解決する手続 (25条2項)。

　③立法的解決協議。条約に定めのない場合における二重課税を排除するための協議 (25条3項)。

　ここにいう権限ある当局とは，すでに見たように，日本は財務大臣または権限を与えられたその代理者 (財務省主税局長と国税庁の国税審議官) を指し，国税庁に相互協議室が置かれている。近年では，移転価格税制における事前確認 (→3を参照) を中心に，年間150件前後の事案を処理している。図表16-4は，日本が締結したすべての租税条約に関して，日米租税条約にいう

①〜③の全類型の相互協議を合計した最近の実績をまとめたものである。

租税条約上の紛争解決としては，かねて，相互協議よりも強化された手続の必要性が指摘されてきた。日本は，2010年のオランダとの租税条約（2010年8月25日署名，2011年12月29日発効）において，初めて仲裁条項を採用した（日蘭条約24条5項）。

⑷　OECDモデル租税条約

以上，日米租税条約を例として，租税条約を通じた国際的二重課税および国際的租税回避の防止のための仕組みを見てきた。相手国によって税制が異なるため，租税条約の規定の細部は一致しない。多数の租税条約が結ばれるようになると，租税条約間での規定の不一致は課税当局にとって条約の解釈適用における煩雑さをもたらすのみならず，条約の適用を受ける企業や個人にとっても個別の条約への対処とグローバルな事業計画の策定における困難さが増す。

租税条約の内容を調和し収れんさせることを目指して，OECDは1963年に，所得および資産に対する二重課税回避のための条約草案を公表した。OECDはその後，主要国の税制の動向や租税条約の動向を踏まえて，条約草案に適時に改訂を加え，加盟国による参照に供してきた。最新のモデル租税条約（Model Tax Convention on Income and on Capital）は2017年2月に公表された。

このモデル租税条約は全7部31条で構成される（条文番号は32条まであるが，14条は欠番であるため）。第1部（条約の対象）は，条約の適用対象となる人（1条）と税（2条）の範囲を規定する。第2部（定義）は，条約で用いられる主要な用語を定義する。特に，居住者（4条）と恒久的施設（5条）の定義は重要である。第3部（所得課税）は，所得の類型を挙げて，各々について締約国間の課税権の配分ルールを規定する。その構成は2003年の日米租税条約ときわめて似通っている。すなわち，不動産所得（6条），企業収益（7条），運送業収入（8条），企業への出資（9条），配当（10条），利子（11条），ロイヤルティ（12条），キャピタル・ゲイン（13条），給与（15条），役員報酬（16条），芸術家・プロスポーツマン（17条），退職年金（18条），公務員給与（19条），学生（20条），その他（21条）。第4部（資本課税）は，

資本の類型（不動産，動産，船舶や航空機，その他）に即して，締約国間の課税権の配分ルールを規定する（22条）。第5部（二重課税回避の方式）は，国際的二重課税を回避するための二大方式である国外所得免除（23条A）と外国税額控除（23条B）について，基本的なルールを規定する。第6部（特則）は，租税条約全体に適用される原則（無差別原則（24条）と外交官・領事の免税特権（28条））と手続規定を規定する。後者として，相互協議（25条），権限ある当局間の情報交換（26条）と徴税協力（27条），そして条約適用の地理的範囲を属領等に拡大する手続（30条）が規定される。第7部（最終規定）は，条約の発効（31条）と終了（32条）について規定する。

OECDは，1991年以来，モデル租税条約と同時に条約の各条文に関する詳細な解説（Commentaries）を公表している。モデル租税条約の解説はそれ自体として法的拘束力を持つものではないが，実際には，2国間租税条約の解釈指針として世界各国で実務上参照されており，多数のOECD加盟国の裁判判決においても解説が引用されている。

(5) 税務行政執行共助条約

租税条約は，税の執行管轄権の行使に対する制約を克服するため，情報交換に関する条項を置いている（たとえば，2003年の日米租税条約26条）。そこでは，条約規定または両締約国が課するすべての税に関する法令の実施に関する情報を締約国の税務当局が交換するものとされる（同前26条1項）。受領した情報は秘密とされ，開示が制限される（同2項）。最近は，情報交換に力点を置いた租税情報交換協定（Tax Information Exchange Agreement, TIEA）が次第に増加している。

他方で，日本が締結した租税条約における徴収共助条項（2003年の日米租税条約27条）の適用範囲は狭く，条約の特典が濫用される場合に限って徴収共助を努力義務として課すに留まっている。1988年には，欧州審議会（Council of Europe）とOECDの加盟国を対象として情報交換と徴収共助を進めることを目的とする税務行政執行共助条約（Convention on Multilateral Administrative Assistance in Tax Matters）が策定された。条約は全6章，32条から成る。第1章は条約の適用範囲を規定し，第2章は用語の定義を置く。第3章は，共助の方式として，情報交換，徴収共助，文書の送達を挙げ，第

4章は，以上すべての方式の共助に適用される原則として，情報提供申請に盛り込まれる要素，共助要請に対する回答，秘密の保持などを規定する。第5章は，条約の履行を監視するために当事国の税務当局の代表で構成される調整機関（co-ordinating body）を設けることなどを規定する。第6章は最終規定である。2010年5月に，銀行機密に関連する情報の交換に関する規定などを追加し，欧州審議会とOECDの加盟国以外の国も締結できるようにする本条約の改正議定書が採択され，2011年6月に発効した。日本は同年11月3日に同条約および改正議定書に署名し，国会承認を経て2013年6月28日に批准書を寄託した。同年10月1日から発効している。関連国内法令の整備も行われ，締約国との間で徴収共助や文書送達などが確実に実行できる体制が整った。

3　国際的租税回避の防止

　国内法や租税条約により所得課税に関するルールが異なることから，国際経済活動に従事する企業は，課税要件の充足を免れて納税額を減らすために，課税ルールを悪用することがある。これを総称して国際的租税回避（international tax evasion）という。各国は，国内法や租税条約その他の国際法を通じて国際的租税回避への対抗策を講じてきた。本節では，代表的な国際的租税回避への対抗策である移転価格税制と過小資本税制，外国子会社合算税制を取り上げて解説する。

(1)　移転価格税制

　企業が事業の国際展開を図る場合，展開先の国に子会社を設立して，同じ企業のグループ内で生産や販売を行って事業展開を図ることがある。これを多国籍企業（multinational enterprise）という。企業が多国籍企業化するのは，事業の国際展開を図るために海外の企業（独立の第三者）と提携するという方策をとった場合に比べて，取引相手方の確実な契約の履行を監視するための費用を節約できるからである。言い換えれば，国際市場において独立当事者間の取引に比べて，多国籍化することにより事業の費用を節約することができるからである。

多国籍企業の内部取引では，独立の第三者との取引（arm's length transaction）とは異なるメカニズムで価格が決定される。この場合の価格を移転価格（transfer price）という。多国籍企業は，独立の第三者との取引価格よりも海外の子会社との移転価格を低めに設定して，本社と子会社の売り上げを圧縮しようとするかもしれない。これにより，本社の所在地国と子会社の所在地国で支払われる税額も少なくなるからである。この場合に，関係国の税務当局は取引の適正価格を決定して，それに対して課税処分を行う対抗策を講じることになる。ただし，適正価格が移転価格よりも高く決定されると，本社の所在地国の税収は増えるが，子会社の所在地国の税収は，子会社の支払額が増えるために減ってしまうことになる。

このような場合，本社の所在地国と子会社の所在地国の間で税収を配分するための適正価格の決定方式には，大別して2つの方式がある。第1に，独立の当事者間で行われた取引で支払われる額を基準とするものである（独立当事者間基準（arm's length standard））。第2に，多国籍企業の全世界利益を，売上高，支払賃金，資産などの要素について一定の定式を適用して各国に配分する方法（定式分配法（formulary apportionment））である。歴史的には，独立当事者間基準の考え方はすでに国際連盟におけるモデル租税条約草案の起草段階から見られた。現行のOECDモデル租税条約でも採用されている（7条，9条）。そして，米国の1968年の移転価格税制整備以来，主要国はこの方式に基づく移転価格税制を整備してきた。多くの租税条約がこの方式に基づく締約国間の税収配分ルールを盛り込んでいる。

ただし，独立当事者間基準を適用する場合，実際の市場では独立当事者間の取引が存在しないことが多い。また，多国籍企業は，全世界に高度に統合された企業組織を張りめぐらせて事業を展開し，規模の利益や取引費用の削減を図っており，独立の当事者がバラバラに取引を行っている場合よりも高い収益を上げている。独立当事者間基準は，多国籍企業のこのような経済合理的なビジネス・モデルに抵触する。定式分配法は，このような多国籍企業のビジネス・モデルに対して中立的な課税を行おうとするものである。ただし，適用される定式は実際の企業活動に即して決められるものではなく，一律に適用されるものであるから，国家間の税収配分が多国籍企業の活動の実

態を反映しない恐れがある。そのため，適用される定式について国際的な合意を得ることはきわめて難しい。

(2) OECD 移転価格ガイドライン

このため，今日でも独立当事者間基準が支配的な方式となっている。OECD 租税委員会は 1979 年に移転価格ガイドライン（Transfer Pricing Guidelines for Multinational Enterprises and Tax Administrations）を策定し，1995 年以降，これを改訂した移転価格ガイドラインを順次公表してきた。最新のガイドラインは 2017 年 7 月に公表されている。

2017 年ガイドラインは，全 9 章から成る。第 1 章（独立企業原則）は独立当事者基準の国際的な共通基準としての正当性を確認して，定式分配法を斥けた。第 2 章（移転価格の手法）は，移転価格に対する適正価格の算定方式として，伝統的な手法（独立価格比準法（comparable uncontrolled price method, CUP 法），再販売価格基準法（resale price method, RP 法），原価基準法（cost plus method, CP 法）とより革新的な手法（取引単位営業利益法（transactional net margin method, TNMM 法）），営業利益分割法（transactional profit split method, PS 法）を挙げて，それぞれの適用方法を詳細に規定する（→後述(3)を参照）。第 3 章（比較可能性分析）は，独立当事者基準を適用するために，ある取引が移転価格に対する比較可能な独立当事者取引であるかどうかを判定するための基準とその適用方法を述べる。第 4 章（移転価格に関する紛争の回避と解決のための行政手法）は，移転価格をめぐる納税者と税務当局との紛争を事前に回避するための行政手法を解説する。具体的には，①セーフハーバー・ルール（納税者が，課税国が事前に定めた一定のルールを満たして申告した場合，税務当局がその移転価格を受け入れる方式）と②事前確認制度（advance pricing arrangement, APA，納税者が申し出た独立当事者間価格の算定方法について，税務当局がその合理性を検証して確認した場合には，納税者がその内容に基づいて申告を行っている限り，移転価格課税を行わないという手続）について，租税条約で相互協議（Mutual Agreement Procedure, MAP）により両当事国の納税者にこれを確認する方式（MAP/APA），などが取り上げられている。第 5 章（証拠書類）は，移転価格税制のために税務当局が納税者に提出を求める証拠書類に関するルールを解説する。第 6 章（無体財産に

関する特則）は，知的財産などの無体財産に関わる独立当事者間価格の算定方法についての特則を解説する。第 7 章（グループ内サービス取引に関する特則）は，関連企業間でサービス取引が行われる場合の移転価格税制についての特則を解説する。第 8 章（費用負担取極）は，関連企業間で費用負担についての取極（cost contribution arrangements, CCAs）が行われる場合の移転価格税制についての特則を定める。最後に，第 9 章（事業再編における移転価格）は，最近の国際課税でしばしば紛争となるようになった，多国籍企業の事業再編（business restructuring, 営業, 資産, リスクの再配分）に伴う取引についての移転価格税制についての特則を解説する。

移転価格ガイドラインは，モデル租税条約と同じく法的拘束力を持たないが，OECD 加盟国の最先端の税制や租税条約の内容を反映して策定され，適時に改訂された文書として，多くの国の税制や租税条約で参照されている。

③ 日本の移転価格税制

日本は，1986 年の税制改正により，法人間の国際取引に対して独立当事者間基準に基づく移転価格税制を導入した（租税特別措置法 66 条の 4）。1990 年代前半に国税庁は課税のノウハウを蓄積し，1995 年の OECD 移転価格ガイドラインを受けて，2001 年に移転価格事務運営要領を制定した。2003 年の日米租税条約は，租税特別措置法 66 条の 4 および移転価格事務運営要領と同様の内容を盛り込んでいる（9 条）。その後も租税特別措置法 66 条の 4 と移転価格事務運営要領は OECD 移転価格ガイドラインの改訂などに合わせて随時改訂されている。

租税特別措置法 66 条の 4 第 1 項は，日本の法人が国外関連者（外国法人で，当該内国法人との間に特殊の関係のあるもの）との間で行った取引（国外関連取引）について，それを独立当事者間価格で行ったものとみなして，実際の取引額（移転価格）に関係なく独立当事者間価格に対して課税すると規定する。同条第 2 項は，独立当事者間価格の算定方法として以下の 4 つを挙げる。①独立価格比準法（CUP 法），②再販売価格基準法（RP 法），③原価基準法（CP 法），④以上に準じる方法その他政令で定める方法。

独立価格比準法は，特殊の関係にない売り手と買い手が，同種の棚卸資産を同様の条件で売買した取引の対価に相当する額を基準とする方法である。

再販売価格基準法は，国外関連取引の買い手が，特殊の関係にない者に対して当該棚卸資産を販売した対価（再販売価格）から，通常の利潤を控除した額を基準とする方法である。原価基準法は，国外関連取引の売り手が当該棚卸資産を取得した際の対価（原価）に，通常の利潤を加算した額を基準とする方法である。④の政令で定める方法には，利益分割法と取引単位営業利益法がある。いずれも取引単位の営業利益（売上高－（販売費＋一般管理費））を基準としている。利益分割法（PS法）は，取引単位の営業利益を当事者の寄与度に応じて分割する。取引単位営業利益法（TNMM）は，外部の比準データを参照してCP法やRP法により取引単位当たりの営業利益を算定する。TNMMはOECDの1995年移転価格ガイドラインで認められた方式であり，2003年の日米租税条約改訂で採用された。これに合わせて，日本は2004年の税制改正でTNMMを導入した。

　1986年の移転価格税制導入以来，①，②，③は基本三法と呼ばれ，④よりも優先して適用するとされてきた。しかし，2011年6月の税制改正により，①国外関連取引の内容，②国外関連取引の当事者が果たす機能，その他を勘案して，最も適切な方法を事案に応じて選択することとされ，①，②，③と④の適用における優先順位は廃止された。これは，知的財産などの無体資産が関係する事案において基本三法を用いることができなかったためである。

(4) 過少資本税制

　内国法人が配当を支払っても損金算入できないが，利子を支払うと損金に算入できる。そこで，自己資本を過少にして借入金を増やすことで，所在地国に支払う法人税の課税ベースを圧縮できる。これに対抗するために，国外支配株主等に対して負債の利子を支払う場合，平均負債残高が自己資本の一定割合よりも多い場合に，超過分に対する利子の金額について損金算入を認めないという方策がとられるようになった。これを過少資本税制という。日本は1992年の税制改正で過少資本税を導入した（租税特別措置法66条の5）。

(5) 外国子会社合算税制

　外国子会社の留保所得は，親会社に送金するまで親会社所在地国での課税が繰り延べられる。そのため，法人税率の低い国に子会社を設立してそこに

所得を留保すれば，その時点では親会社所在地国では課税されず，後に親会社は所在地国での受取配当益金不算入制度を利用して最終的に課税を免れることができる。このような国際的租税回避に対抗するため，親会社所在地国が，法人税率の低い国に設立された外国子会社の留保所得について，当該会社を直接・間接に支配する親会社の所得に合算する措置をとるようになった。これを外国子会社合算税制と呼ぶ。日本は1978年の税制改正で外国子会社合算税制を導入し，2010年の税制改正で，資産運用的な性格の強い特定外国子会社の所得（証券投資に係る配当・利子・償還差益・株式譲渡益や知的財産権のロイヤルティ，船舶・航空機のリースの対価など）の合計額のうち，当該会社を直接・間接に支配する親会社である内国法人の，保有株式の持ち分割合相当分（部分課税対象金額）を，当該内国法人の益金の額に算入するという方式を導入した（租税特別措置法66条の6）。

(6) 有害な税の競争

　各国が課税主権を行使して独自に税制を構築すると，企業誘致や税収確保などの目的で税金を引き下げる租税競争（tax competition）が生じやすい。これを典型的に示すのがタックス・ヘイブン（tax haven）である。タックス・ヘイブンとは，直訳すると租税の避難場所（haven）のことであり，租税競争の元凶と見られてきた。さらに，最近では先進国でも競って外資優遇税制を導入するようになり，資本や雇用を他国から奪い取る近隣窮乏化政策として国際的な非難が高まった。これらを合わせて有害な税の競争（harmful tax competition）という。

　OECDは，OECD加盟国の外資優遇税制を相互監視するとともに，タックス・ヘイブンとされている国々と対話し，情報交換することなどを通じて有害な税の競争への取り組みを行ってきた。『有害な税の競争：新しいグローバルイシュー』と題された1998年の報告書は，タックス・ヘイブンを識別する要素として，①無税または名目的な課税，②有効な情報交換の欠如，③透明性の欠如，④実質的事業活動がないこと，の4つを挙げた。そして，2000年6月にタックス・ヘイブンに該当する国・地域として，アンティグア・バーブーダ，蘭領アンティル諸島，ナウルなど35の国・地域を公表した。その後も，OECDはタックス・ヘイブンへの説得と政治的な圧力行使

を継続している。2017年8月に公表された最新の報告書では，2000年にタックス・ヘイブンとして公表された国・地域の大半がタックス・ヘイブンの指定を解除された。タックス・ヘイブンに分類されているのはトリニダード・トバゴのみである。

2008年9月のリーマンショックに端を発する世界金融危機を契機として，G20首脳会議は有害な税の競争に対する相互監視を強化した。具体的には，2000年にOECDの肝いりで設立され，OECD加盟国の他に主要なタックス・ヘイブンも参

図表16-5　BEPS行動計画の概要

行動1	電子経済の課税上の課題への対処
行動2	ハイブリッド・ミスマッチ取極めの効果の無効化
行動3	外国子会社合算税制（CFC税制）の強化
行動4	利子等の損金参入を通じた税源浸食の制限
行動5	有害税制への対抗
行動6	租税条約の濫用防止
行動7	恒久的施設（PE）認定の人為的回避の防止
行動8	移転価格税制（①無形資産取引）
行動9	移転価格税制（②リスクと資本）
行動10	移転価格税制（③その他の租税回避の可能性が高い取引）
行動11	BEPSの規模・経済的効果の分析方法の策定
行動12	タックス・プランニングの義務的開示制度
行動13	移転価格関連の文書化の再検討
行動14	相互協議の効果的実施
行動15	多国間協定の策定

加する「透明性と課税目的の情報交換に関するグローバル・フォーラム（Global Forum on Transparency and Exchange of Information for Tax Purposes）」への各国・地域の参加を促し，税制と税務に関する情報交換に関する国際基準（上記の1998年報告など）の遵守状況についてピア・レビューによる監視を強化している。

(7) BEPS行動計画

2012年に，OECDは，多国籍企業による税源侵食と利益移転（Base Erosion and Profit Shifting, BEPS）に対処するための多国間の取組みを開始した。多国籍企業が各国の税法・税制の相違や租税条約の規定を利用して課税所得を操作し，法人税負担を極小化していることに対処することがねらいである。2013年7月に15項目のBEPS行動計画が公表された。行動計画の内容は大きく4つに分類できる。法人所得課税の整合性を確保するための行動（行動2，3，4），付加価値の発生が実質的に課税所得に計上されることを確保するための行動（行動5，6，7，8-10），透明性を確保するための行動（行動11，

12, 13, 14), テーマ横断的な行動 (行動 1, 15) である。2015 年 9 月に, 行動計画の実施に向けた勧告を盛り込んだ最終報告書が取りまとめられた。

　BEPS 行動計画を実施するためには既存の二国間租税条約の見直しが必要となる。見直しを効率的に進めるための多国間条約 (行動 15) として, BEPS 防止措置実施条約 (税源浸食及び利益移転を防止するための租税条約関連措置を実施するための多数国間条約) が 2017 年 6 月に署名された。条約は, 行動 2 (金融商品や事業体に対する税務上の取扱いが異なることを利用して税負担の軽減を図るハイブリッド・ミスマッチ取極めの効果の無効化), 行動 6 (租税条約の濫用防止), 行動 7 (恒久的施設認定の人為的回避の防止), 行動 14 (相互協議の効果的実施) に関する規定を盛り込んでいる。締約国は, ①自国が締結している二国間租税条約の中で BEPS 防止措置実施条約の規定を適用するもの, および② BEPS 防止措置実施条約の規定の中で二国間租税条約に適用するもの, を指定することができる。二国間租税条約の両当事国の指定が合致した場合, BEPS 防止措置実施条約の当該規定が適用され, 二国間租税条約が改正される。日本は BEPS 防止措置実施条約に署名し, ①本条約を適用する 35 の二国間租税条約, および②適用する BEPS 防止措置実施条約の規定, を指定した。

4　国際課税ルールの将来

　ここまで, 国際的二重課税の調整と国際的租税回避防止という課題に対する国際的な取組みを見てきた。これらはいずれも, 各国が国際経済活動に対する税制を決定する主権的権利を持つことを前提として, 課税対象が国際経済活動であることに起因する不都合に対処するために, 各国の課税管轄権を調整する方策であり, これが国際経済活動に関する国際租税法の現段階である。しかし, 経済のグローバル化, 特に金融のグローバル化が進み, 経済活動がシームレスに進められる度合がますます高まっている現在, 国際経済活動のグローバルでシームレスな展開を保証しながら, 国際経済活動に対する適正かつ確実な課税を達成するためには, 各国の課税管轄権の調整を越えた方策が必要になると思われる。以下では, 将来の国際租税法の発展の方向を

探るため，各国の課税管轄権の調整を越えて，国際経済活動に対する課税のあり方を変える可能性のある国際租税法の新しい萌芽的な動きとして，税制の国際的調和と国際連帯税やトービン税を紹介する。

(1) 税制の国際的調和

税制の国際的調和は，法人および個人の所得に対する各国の課税方式（課税ベースや税率，控除方式など）を均等化することにより，税負担の高い国から低い国へ所得を移そうとするインセンティブをなくし，複雑な国際課税ルールを設けること自体を不要にしようとするものである。

税制の国際的調和ではEUが先行している。欧州経済共同体を設立したローマ条約は，当初より，域内の売上税，消費税その他の間接税の国際的調和を目標として掲げていた（99条）。そして，理事会は1973年に付加価値税に関する第6次指令を発出した。それによれば，EU域内において，国境を越える産品の取引については，国境で輸出に対する免税，輸入に対する課税という国境税調整を行った上で，消費が行われる構成国の税率を課す（仕向地国課税方式ないし消費地国課税方式）。他方で，サービスの域内取引については，サービスの提供地（サービスを提供する者が所在する構成国）において付加価値税が課される（原産地国課税方式，EU第6次指令9条1項）。ただし，広告サービス，コンサルタント，金融サービスなどの特定のサービス（純粋サービス）については，顧客が課税事業者である場合とそうでない場合で，異なる課税方式が適用される。いわゆるB to C（サービスの顧客が免税事業者ないし一般消費者である場合）の場合には，サービスに関する一般原則が適用され，サービス提供者の居住地国において原産地国課税原則に従って課税される。これに対して，いわゆるB to B（サービスの提供者と顧客がいずれも課税事業者である場合）には，サービスの供給地で輸入消費税（リバースチャージ）という方法により，サービスの顧客事業者が供給地国に付加価値税を申告して，納税する（仕向地課税方式）。

以上を表にまとめると以下のようになる。

ただし，第6次指令は，域内各国の付加価値税そのものの国際的調和を志向するものではない。以上の原則に従って付加価値税を課する構成国が決定されると，当該国は自国の税制に従って付加価値税を課するので，国によっ

図表 16-6　EU 第 6 次指令による付加価値税の課税方式

EU 域内取引課税	B to B	B to C
産　　品	仕向地国課税	原産地国課税
サービス	原産地国課税 （純粋サービスについては リバースチャージ）	原産地国課税

て付加価値税の税率や控除の方式はまちまちなままである。構成国の間で意見がまとまらず，その後，EU 域内の付加価値税の調和に向けてはほとんど進展がみられない。

　間接税に比べると，直接税の調和に向けた EU の動きは遅い。この方針を最初に打ち出したのは，「税の障壁のない域内市場に向けて」と題された 2001 年 10 月の欧州委員会の報告書（COM（2001）582）である。この報告書は，法人税制に関する構成国間の相違が，域内市場における企業の投資インセンティブを歪め，自由な経済活動の障壁となっていると指摘し，個別の問題に対処する短期的な対策とより包括的で長期的な対策を並行して進める 2 トラック・アプローチを提案した。そして，長期的な対策として，欧州企業に適用される連結課税ベースを設けるという方策を提示し，これを具体化する選択肢として，①各国の既存の税制を相互承認した上で，親会社の本国の税法に従って課税する方式（Home State Taxation, HST），②域内で共通の連結課税ベースを設ける方式（consolidated corporate tax base, CCTB），③ EC 法人税を設けて，税収の全部または一部を EU が徴収する方式（European Corporate Income Tax），④各国の税制に代わる単一の EU 法人課税ベースを設けて加盟国の法人税制を調和させる方式（harmonized single tax base in the EU）の 4 つを提示した。その後，欧州委員会は 2003 年 11 月の報告書で，上記の①と②の方式を最終的な選択肢に挙げ，前者を中小企業向けの簡易な方式，後者を大企業向けの方式として提唱した。ただし，①については，2005 年に加盟国に対して試行を呼びかけたが，応じる国はなく，その後特段の進展はない。他方で，②の方式（Common Consolidated Corporate Tax Base, CCCTB と呼ばれるようになった）については，欧州の主導で進められている国際会計基準（International Accounting Standards, IAS，→1 の *Column* を参照）の採用と同期することを目指して，指令の策定に向けた作業が進め

られ，欧州委員会は 2011 年 3 月に CCCTB に関する指令案を提案した。しかし，アイルランド，英国が反対したためこの指令案は撤回された。欧州委員会は 2016 年 10 月に CCCTB に関する指令案の改訂版を再提案した。CCCTB 指令が採択されれば，欧州企業は，EU 各国の税制に代わる選択肢として，CCCTB を選択することができるようになる。ただし，これにより調和されるのは課税ベースや連結についてのルールであって，これに適用される法人税率は加盟国によりまちまちなままである。域内の法人税率の収れんはさらにその先の課題である。

　経済統合が進む欧州以外の地域では，税制の国際的調和に向けた動きは見られない。いわんやグローバルな税制の国際的調和は遠い将来のことであろう。

(2) **国際連帯税とトービン税**

　国際連帯税（international solidarity levy）とは，国際金融取引などの国境を越える取引活動に課税して，税収を気候変動や貧困，疫病などの地球規模の諸問題に対処するための対策の財源に充てるという提案の総称である。国連のミレニアム開発目標（Millennium Development Goals, MDGs, 1990 年をベースとして 2015 年を目標達成年度とした）を達成するための資金調達策を検討した 2002 年 3 月の国連開発資金国際会議（モンテレイ）の場で，資金調達のための革新的資金メカニズム（innovative financing mechanisms, IFM）の一環として，導入が検討されたのを嚆矢とする。2004 年 12 月にフランス政府がまとめたレポート（Landau Report）は，国際連帯税の具体的な実現方法として，以下の 6 つを挙げている。①炭素税，②航空・海上輸送税，③航空券税，④多国籍企業税，⑤武器取引税，⑥金融取引税。

　この構想から発展したイニシアティブとして，②の航空券の購入に課金して，疾病の蔓延防止や予防接種のための資金に充当する航空券連帯税が，フランス，韓国，チリおよび旧フランス領のアフリカ諸国の一部で導入されている。また，上記⑥については，1978 年にイェール大学教授のトービン（James Tobin）が提案した通貨取引税（currency transaction tax, CTT, いわゆるトービン税）の発想を取り入れた通貨取引開発税（国際通貨取引に課税し，税収を開発資金に充当する）の構想が注目を集めている。

通貨取引開発税の導入のためには，通貨取引の捕捉と課税の方法（統一的な課税・徴収機関を設立するか，各国の税務当局が課税して，税収を開発資金に充当するのかなど）その他国際的に検討すべき課題が多い。オーストリアやブラジル，チリなどが検討のためのタスクフォースの設置を検討しているが，主要先進国が主導すべきであるとの考え方が強く，タスクフォースの設置には至っていない。通貨取引開発税の導入には取引に従事する民間の事業者の抵抗も強いため，近い将来における実現は望めないだろう。

わが国では外務省が税制改正の要望事項として2009年以来国際連帯税の導入を求めており，民主党政権下の平成24年度税制改正大綱において，「国際連帯税については，国際的な取組みの進展を踏まえ，今後，真摯に検討を行います」とされた。しかし，民主党が政権与党でなくなった平成25年度の税制改正大綱以降，国際連帯税に関する記述は大綱に盛り込まれなくなった。国際連帯税が近い将来に実現する可能性はないが，もし実現すれば国際経済に一定の影響を与えることになるであろう。

【参考文献】

金子宏編『租税法の発展』（有斐閣，2010年）

川田剛 = 徳永匡子『2014 OECDモデル租税条約コメンタリー逐条解説』（税務研究会出版局，2015年）

小寺彰「租税条約仲裁の国際法上の意義と課題——新日蘭租税条約の検討」RIETI Discussion Paper Series 11-J-036（2011年）

中里実 = 太田洋 = 弘中聡浩 = 宮塚久編『国際租税訴訟の最前線』（有斐閣，2010年）

中里実 = 太田洋 = 弘中聡浩 = 宮塚久編『移転価格税制のフロンティア』（有斐閣，2011年）

渕圭吾「国際課税と通商・投資関係条約の接点」RIETI Discussion Paper Series 10-J-040，2010年

渕圭吾 = 北村導人 = 藤谷武司編『現代租税法講座 第4巻 国際課税』（日本評論社，2017年）

増井良啓「二国間租税条約上の無差別条項」RIETI Discussion Paper Series 10-J-051，2010年

増井良啓 = 宮崎裕子『国際租税法〔第2版〕』（東京大学出版会，2011年）

増井良啓「法人税制の国際的調和に関する覚書」Zeiken 160号（2011年）

Rouven S. Avi-Yonah, INTERNATIONAL TAX AS INTERNATIONAL LAW: AN ANALYSIS OF THE INTERNATIONAL TAX REGIME, Cambridge University Press, 2007.

Peter Harris & David Oliver, INTERNATIONAL COMMERCIAL TAX, Cambridge University Press, 2010.

OECD, ACTION PLAN ON BASE EROSION AND PROFIT SHIFTING, OECD, 2013.

OECD, BEPS 2015 Final Reports. OECD, 2015. [http://www.oecd.org/ctp/beps-2015-final-reports.htm]

OECD, HARMFUL TAX COMPETITION: AN EMERGING GLOBAL ISSUE, OECD, 1998.

OECD, MODEL TAX CONVENTION ON INCOME AND ON CAPITAL: CONDENSED VERSION 2017, OECD, 2017.

OECD, OECD TRANSFER PRICING GUIDELINES FOR MULTINATIONAL ENTERPRISES AND TAX ADMINISTRATIONS 2017, OECD, 2017.

第17章　国際経済刑法

> *Summary*
>
> 　国際経済活動が盛んになるにつれて，国際経済活動に伴って発生する犯罪行為も増加している。これに対処するために，各国は国内法で刑事的な取締りを強化しているが，犯罪行為が国境をまたがって実行されることから，証拠の収集や犯人の訴追に当たってはさまざまな困難があり，各国の国内法に基づく刑事的な取締りの実効性には限界がある。そこで，これらの犯罪行為を取り締まるために各国が情報提供・司法共助や犯罪人引渡しなどの国際協力を行ったり，多国間の国際条約を締結してこれらの犯罪行為を取り締まるための国際的な枠組みを設ける例が出てきた。本章では，国際経済活動に伴って発生する犯罪行為に対する刑事的な取締りのための国際協力と国際的な枠組みの例として，外国公務員に対する賄賂の取締りと，国境を越えて展開されるマネー・ロンダリングの取締りを取り上げる。
>
> *Key Words*
> 多国籍企業の行動指針　　外国腐敗行為防止法　　OECD賄賂防止条約　　不正競争防止法　　国連腐敗防止条約　　マネー・ロンダリング　　マネー・ロンダリング管理法　　麻薬新条約　　国連国際組織犯罪条約　　金融活動作業部会（FATF）　　40の勧告　　麻薬特例法　　1996年勧告　　2003年勧告　　組織犯罪処罰法　　顧客の身元確認義務（customer due diligence, CDD）

1　外国公務員に対する賄賂の取締り

(1)　外国公務員に対する賄賂の取締りはなぜ必要か

　国際経済活動の中でも，特に途上国における商取引（貿易や投資）において，外国企業が権限を持つ現地の公務員に賄賂を提供して，たとえば投資の許可や政府調達の落札，輸入制限の緩和などについて便宜を図ってもらうということが，しばしば行われているといわれる。そのような賄賂提供行為は，通常，現地国の法律によって贈賄罪として処罰されることになるはずである

が，現地国の法律が整備されていない，あるいは法律が整備されていても法の執行が十分に行われていない，そもそも法の執行に当たる現地国政府の当局が腐敗しているなどの理由で，実際にはそのような取締りが不十分にしか行われていない場合も少なくないといわれる。他方で，外国企業の本国の刑事法は通常贈賄罪を設けているが，贈賄罪の処罰対象は自国公務員への贈賄に限定されており，外国公務員に対する贈賄は処罰対象になっていないことも多い。外国公務員に対する贈賄が本国の刑事法の処罰対象に含まれている場合であっても，外国公務員に対する贈賄罪を立件し，執行しようとしても，外国における証拠収集や立件，起訴の上でさまざまな困難があり，本国の刑事法を適用して外国公務員に対する贈賄を有効に取り締まることには大きな限界があるのが実情である。以上の問題状況を打開し，途上国における「良き統治（good governance）」を実現し，国際的な商取引における公正な競争の実現を図るためには，外国公務員に対する贈賄を取り締まる国内法と国際法の制度枠組を強化する必要があるという議論が次第に有力になってきた。

外国公務員に対する賄賂の取締りについては，1976 年に作られた OECD の多国籍企業の行動指針が，多国籍企業に対して外国公務員に対する贈賄を戒める規定を盛り込んだ。しかし，多国籍企業の行動指針は勧告であって法的拘束力を持つものではなかったため，外国公務員に対する賄賂を取り締まるための規制としては実効性を欠くという限界があった。

外国公務員に対する贈賄を一般的に規制する国内法を最初に制定したのは米国である。米国は，1976 年 2 月に明るみに出たロッキード事件（米国の航空機製造大手のロッキード社による，主に同社の旅客機の受注を目的とする，日本やオランダ，ヨルダン，メキシコなどの政財界の要人への贈賄事件）を受けて，1977 年に外国腐敗行為防止法（Foreign Corrupt Practices Act of 1977）を制定し，自国企業による外国公務員に対する賄賂の提供を刑事処罰の対象とした。しかし，米国がそのような国内法を設けても，他の先進国が同様の規制を設けない限り，外国公務員に対する贈賄の慣行が解消する見込みはない。かえって，贈賄を禁じられた米国企業が，海外での事業において，贈賄を禁じられていない他国の企業よりも不利な立場に置かれることになるとして，海外で事業を展開する米国企業から，外国公務員に対する贈賄を取り締まる

国際的な枠組みを構築するよう求める声が強まった。

(2) OECD賄賂防止条約

以上の背景の下で，米国の強い主導により，1989年以来，OECDの国際投資多国籍企業委員会で，外国公務員に対する贈賄の取締りに関する規制の検討が進められた。そして，1994年には同委員会が，加盟国に対して，国際商取引に関連した外国公務員への贈賄の抑止と防止のため実効的な措置をとるよう求める「国際商取引における贈収賄に関する勧告」を採択した。その後，この勧告の内容を盛り込んだ条約を作成する作業が進められ，1998年に「国際商取引における外国公務員に対する贈賄の防止に関する条約」が作成された。そして，オーストラリアを除くOECDの全加盟国とブラジルなど33ヵ国が署名した（以下，「OECD賄賂防止条約」。1999年2月15日発効）。2018年10月現在，OECDの全加盟国36と8の非加盟国（アルゼンチン，ブラジル，ブルガリア，コロンビア，コスタリカ，ペルー，ロシア，南アフリカ）を合わせた44ヵ国がこの条約を批准している。

OECD賄賂防止条約は，締約国に対して，国際商取引において，商取引上の利益またはその他の不当な利益を取得しまたは維持するために，外国公務員に対して，当該公務員が公務の遂行に関して行動し，あるいは行動を差し控えることを目的として，金銭その他の利益の提供を申し出，約束し，実際に提供する行為（条約はこれを「外国公務員贈賄罪」と名づけた（1条3項））を国内法で刑事犯罪とし（1条1項），これに対して自国の公務員に対する贈賄の場合と同等の刑罰を科すことを義務づけた（3条1項）。この条約にいう「外国公務員」とは，立法，司法，行政三権の公務員，外国国家および国営企業のために公的権能を行使する者，および国際機関の職員を指す（1条4項a）。中央政府の公務員だけでなく地方政府の公務員も含まれる（1条4項b）。外国公務員贈賄罪に問われる者の国籍は問わない（1条1項）。自然人だけでなく法人も対象となる（2条）。提供された賄賂ないしその相当額は，没収・追徴の対象となる（3条3項）。

締約国の間で刑事管轄権の適用対象や範囲に関するルールの内容が多様であり，一致が見られないことを踏まえて，条約は外国公務員贈賄罪の刑事管轄権について以下の規定を置いた。贈賄行為の全部または一部がその領域内

で実行された場合，当該国が管轄権を行使する（4条1項）。自国民の国外犯に対する管轄権を設定している締約国は，本罪を当該管轄権の対象に含める（4条2項）。複数の締約国の管轄権が競合する場合は，関係国の協議によって管轄を行使する国を決める（4条3項）。条約は，国際司法共助（9条）と犯罪人引渡し（10条）についても詳細に規定した。そして，後者については，ある締約国が，外国公務員贈賄罪に問われた者が自国民であることを理由として引渡しを拒否する場合は，その者を自国で訴追することを当該締約国に義務づけた（引き渡すか処罰するか（*aut dedere aut punire*）の原則。10条3項）。条約は，企業会計についても規定を設け，国際商取引に従事する企業に会計記録の保存と開示を義務づけ，簿外取引・簿外勘定を禁じる国内法上の措置をとるよう，締約国に義務づけた（8条1項）。他方で，米国などが強く主張した，外国公務員への賄賂を経費として税額控除を認める制度の廃止については，フランスを始めとする一部の国が強く抵抗したために，条約には盛り込まれなかった。

　OECD賄賂防止条約を批准した国は，国内法を改正して，外国公務員に対する贈賄を処罰する規定を設けた。日本を例にとると，刑法の贈賄罪（198条）は外国公務員に対する贈賄を対象としていないため，賄賂防止条約の批准のためには新たな国内法整備が必要であった。その際，刑法の改正ではなく，不正競争防止法の改正という方策がとられた。これは，刑法上の贈賄罪と外国公務員に対する贈賄罪とでは保護法益が異なるとされたためである。刑法上の贈賄罪の保護法益は公務員の職務の適正性に対する公の信頼を確保することである。これに対して，外国公務員に対する贈賄罪の場合，その保護法益は収賄側の外国公務員の職務の適正性に対する公の信頼確保ではなく（これは贈賄側の国の公秩序の問題ではない），もっぱら贈賄側の事情，すなわち外国公務員に対する贈賄を取り締まることによって，国際的な商取引における各国企業の間の公正な競争条件を達成する点にあると考えられた。そこで，日本では，1998年9月18日に不正競争防止法を改正し（10条の2の追加），外国公務員などに対する不正の利益供与などを禁じるとともに，これに違反した者に対して3年以下の懲役または300万円以下の罰金の刑を科すると規定した（13条）。これは，刑法上の贈賄罪（3年以下の懲役または

250万円以下の罰金）にほぼ等しい刑罰であり，OECD 賄賂防止条約3条1項に沿った規定である。

　OECD 賄賂防止条約の発効により，国際取引における贈賄の禁止を通じた良き統治と公正な競争条件の確保という，条約目的の達成に向けた基本的な法的条件が整備された。しかし，この条約の実効性については疑問がないわけではない。OECD 賄賂防止条約を国内的に実施する国内法に基づいて外国公務員への贈賄の捜査が行われる場合，事案の立件・起訴のためには収賄側からの証拠の収集や現地での調査が不可欠であろう。しかし，贈賄側の捜査機関の捜査権限は原則として収賄側の国には及ばないので，司法共助に基づいて収賄側の国から必要な証拠の提出を求めることになる（OECD 賄賂防止条約9条）。現状では，収賄側の国の多くを占めると考えられる途上国が OECD 賄賂防止条約に加入していないことを考えると，実際には収賄側の国からどの程度司法共助に基づく協力が得られるのか明らかでない。また，OECD 賄賂防止条約が外国公務員の収賄を犯罪化していないことも，条約の実効性に対する制約要因となっている。

　OECD は 2017 年 11 月に，OECD 賄賂防止条約締約国における外国公務員贈賄罪の取締りの実績を公表した。それによると，条約が発効した 1999 年以来，2010 年末までの取締り件数は，米国の 42 社，81 名を筆頭に，ドイツ（13 社，57 名），韓国（6 社，19 名），イタリア（5 社，11 名），日本（2 社，10 名）などとなっている。巷間で伝えられる外国公務員への贈賄行為の横行状況に鑑みると，条約が実効性を持って各締約国によって実施されているとは到底言い難く，外国公務員への贈賄行為の根絶という目標の達成にはなお道遠しと言わざるを得ない。

(3) 国連腐敗防止条約

　国連における腐敗防止の取組みが本格化するのは 1996 年のことである。この年，国連総会は，公務員の国際行動指針（決議 51/59）と国際商取引における腐敗の防止に関する国連宣言（決議 51/191）という2本の決議を採択した。前者は，公務員について，その職務に関連して生じる利益相反状況への対処，資産の公開，贈与の受領に関する規律，機密情報の扱い，政治活動などについての行動指針ないし原則を盛り込んだ。後者の宣言は，米国がア

ルゼンチン、ベネズエラとともに提案したものである。同年の早い時期に米州機構（OAS）が米州腐敗防止条約を採択しており、この宣言は米州での腐敗防止の動きを国際社会全体に拡大するねらいがあった。宣言は、国際商取引における腐敗防止のために国連加盟国がとるべき広範な措置を挙げた。外国公務員に対する贈賄の犯罪化、賄賂を経費として法人所得から控除する制度の廃止、国際商取引の透明性を高める会計基準・慣行の確立、公務員の不正蓄財の犯罪化、国際司法共助、銀行秘密法制が捜査・取締りの障害とならないよう確保すること、などである。以上の行動指針と宣言はともに法的拘束力を持たない国連総会決議であるが、これらが国連加盟国の総意としてコンセンサスで採択されたことにはそれなりの重みがある。なかでも、後者の宣言が盛り込んだ公務員の不正蓄財の犯罪化はOECD賄賂防止条約には盛り込まれなかった原則であり、国連加盟国の多数を占める途上国の関心がどの辺にあるかを示していた。

　行動指針と宣言のフォロー・アップの一環として、2001年8月に国連によりこのテーマについての政府間専門家グループが開催され、この会合は外国公務員の腐敗防止条約案の策定を勧告した。その後この勧告に従って条約案の起草作業が進められ、2003年10月31日の国連総会で国連腐敗防止条約が採択された。条約は2005年に発効し、2018年6月現在の締約国は186に達している。日本は2003年12月に署名し、2006年に国会が締結を承認したが、国内実施法の審議に手間取り、2017年7月にようやく批准した。

　国連腐敗防止条約は全8章、71条で構成される。条約の章立ては以下の通りである。①一般規定、②腐敗の予防措置、③犯罪化と法執行、④国際協力、⑤資産の回復（asset recovery）、⑥技術援助と情報交換、⑦実施メカニズム、⑧最終規定。以下では、特にOECD賄賂防止条約と対比してこの条約に特徴的な点を中心として、条約の内容を紹介する。

　腐敗の予防措置に関する第2章は、公共部門の調達の透明性を高め（9条）、行政の情報公開を保証し（10条）、腐敗防止の取組みに市民社会が参加する仕組みを設ける（13条）ことを規定した。犯罪化と法執行に関する第3章は、外国公務員に対する贈賄の犯罪化（16条）と並んで自国公務員に対する贈収賄の犯罪化（15条）を規定した。また、公務員による公金・資産の横領の犯

罪化（17条）も合わせて規定したので，国際商取引における腐敗の犯罪化という意味では，この条約はOECD賄賂防止条約以上に広範な規制の網をかけたことになる。国際協力に関する第4章は，犯罪人引渡し（44条），国際司法共助（46条），執行協力（48条）について，OECD賄賂防止条約とほぼ共通する規定を設けた。

　資産の回復に関する第5章は，OECD賄賂防止条約を初めとする先行の条約には例を見ない，国連腐敗防止条約独自の規定である。腐敗，横領その他により不正蓄財を行った公務員が，その資産を国外に移転・秘匿した場合に，その本国への返還と回復を図ることがねらいである。条約は，資産所在地国における民事訴訟その他を通じた直接的な回復措置（53条），資産没収のための国際協力（54条〜55条）などを規定した。最後に，実施メカニズムに関する第7章は，締約国会議を発足させて，締約国による条約の実施状況を定期的に審査すると規定した（63条4項(e)）。

　国連腐敗防止条約は，OECD賄賂防止条約に比べると，外国公務員に対する贈賄の取締りを強化したといえる。特に，自国公務員に対する贈賄と収賄を犯罪化したこと，収賄側の公務員の不正蓄財も犯罪化したこと，そして資産の回復に関する規定は重要である。他方で，途上国を含む多様な国連加盟国により批准されることを想定したため，批准に対するハードルを高くしないための配慮が働いて，条約規定の規律をあえて緩やかにした箇所が見受けられる。たとえば，条約規定の多くに「(締約国の)国内法制度の下で実施可能な最大限度で」という条件が付けられており，締約国がこの条約を国内実施するに当たっては広い裁量が認められている。したがって，国際商取引における腐敗の防止と（特に途上国における）良き統治の実現という条約目的を達成するためには，締約国による条約の国内実施を継続的にモニターして，国内実施が不十分な締約国に対しては実施を支援する，実効的なメカニズムを設けることが重要である。

　条約63条に基づいて設けられた締約国会議は，2009年の第3会期に，締約国による条約の実施状況を審査するメカニズムの細則を採択した。それによると，実施審査メカニズムの目的は締約国による条約の実施を支援することである。そのため，締約国を5つの地域グループに分け，各締約国による

条約の実施状況を，同じ地域の締約国と域外の締約国の 2 国の政府専門家が審査する，国別審査（country review）を実施する。国別審査では，審査対象国が提出した自己評価報告に対する書面審査（a desk review）と，書面審査では不明であった点の明確化や追加的な情報提供を審査対象国に求める，建設的対話（constructive dialogue）を経て，国別審査報告が取りまとめられる。国別審査報告には，①審査対象国による条約実施の成否に関する評価，②条約の実施が的確で実効的に行われている場合には，その点を特に指摘して，他の締約国にもその体験や知見を共有するため，当該実践をグッド・プラクティスとして指摘すること，③条約の実施が不十分な点を指摘して改善すべき課題を指摘すること，などが盛り込まれる。④条約の実施を改善するために外部からの技術支援が必要な場合は，その点も指摘される。審査対象国が同意しない限り，国別審査報告の本文は非公開とするが，その場合は報告本文の要約を公開する。締約国の政府専門家で構成される実施審査グループ（Implementation Review Group）を設け，国別審査のフォローアップを行う。フォローアップでは，審査対象国が国別審査報告で指摘された事項の改善状況について自己評価報告を提出し，それを実施審査グループが審査する。締約国会議は国別審査の年次計画を策定する。すべての締約国について国別審査が終了するまでをひとまとまりの審査期間（review phase）とする。同じ審査期間内に同一の締約国について 2 度以上の審査を実施することはない。締約国会議第 3 会期は，以上紹介した実施審査メカニズムの細則の他に，国別審査の指針と国別審査報告の標準書式も採択し，公表した。

　以上の細則に基づいて，実施審査グループによる国別審査が実施されている。第一審査期間（2010 年から 5 年間）は贈収賄の犯罪化と法執行，国際協力に関する国連腐敗条約の規定の実施状況に焦点を当てた。第二審査期間（2015 年から 5 年間）は腐敗の予防措置と資産の回復に関する条約規定の実施状況に焦点を当てて国別審査が実施されている。

2　国境を越えるマネー・ロンダリングの取締り

(1)　マネー・ロンダリングとは何か

　マネー・ロンダリングとは，違法行為によって得た不正な資金について，資金の出所や受益者を隠蔽し，これを合法的な資金と偽装する操作を指す。マネー・ロンダリングは薬物犯罪，武器の密輸，人身売買，金融犯罪などの組織犯罪の収益について大規模に行われているといわれる。その規模についてはさまざまな推計があるが，マネー・ロンダリングが秘密裏に行われる操作であることから，その規模を正確に推計することは難しい。よく引かれるIMFの推計によると，世界のGDPの2%から5%に上るという。これは2016年の世界の名目GDPをベースとすれば年間約1兆5000億ドルから3兆7500億ドルに相当する規模である。

　マネー・ロンダリングは一国の国内で完結的に行われるとは限らない。特に，1980年代に入ってから，①国際金融取引に対する規制緩和が世界的に進んだこと（→第15章2を参照），②インターネットなどの電子的媒体を通じた電子決済など，金融取引分野の技術革新が進んだこと，③金融取引に対する低廉な課税や顧客の秘密保持など，国際金融取引のさまざまな便益を提供する，いわゆるオフショア金融市場が世界各地で形成されたことなどの結果として，国際金融取引を通じたマネー・ロンダリングの規模が飛躍的に増大したといわれている。

(2)　米国のマネー・ロンダリング規制法

　マネー・ロンダリングという現象は古くから存在した。しかし，これが犯罪として取り締まる対象とされるようになったのは比較的最近のことである。最初にマネー・ロンダリングの取締りに着手したのは米国であった。その背景には，現金取引が主流でないクレジット社会であるという米国特有の事情がある。米国では，薬物取引その他の犯罪（前提犯罪）で集まる多額の現金をそのまま使用することが困難であるため，犯罪組織は，犯罪から得た多額の現金を，仮名口座などを利用して国内の金融機関に預け入れ（プレイスメント），次いでその出所を隠しながらこれを外国に送金するなどの操作を行

って，複数の金融機関を利用して移転させ（レイヤリング），最終的には合法的な資金として還流させる（インテグレーション）操作を大規模に行っているといわれる。マフィアなどの犯罪組織による薬物犯罪の取締り強化の方策が模索される中で，薬物取引などの前提犯罪の取締りに加えて，マネー・ロンダリングを犯罪として取り締まり，前提犯罪による収益の没収を徹底することは，犯罪組織の資金源を断つことにつながり，前提犯罪の取締りと新たな犯罪活動への再投資を防止する上で有効と考えられるようになった。また，犯罪収益の管理には犯罪組織の上層部の人間が関与するので，マネー・ロンダリングを取り締まることで，末端の前提犯罪実行犯だけでなく犯罪組織の上層部にまで捜査の手を伸ばすことができるという，組織犯罪対策上のメリットも考慮された。

マネー・ロンダリング取締りの第一歩として，米国は1970年に銀行秘密法（Bank Secrecy Act）を制定し，1万ドル以上の現金取引（国内取引と国際取引の双方）の届出を銀行に義務づけた。この法律はマネー・ロンダリング自体を犯罪として取り締まるものではなく，当局が銀行の協力を得てマネー・ロンダリングの第一段階である銀行への現金の預入れ・送金などを捕捉し，犯罪組織の資金の流れを解明する手掛かりを得ることを目的としたものであった。銀行秘密法制定後しばらくの間は，顧客の秘密保持を重視し，届出の負担を嫌う銀行が協力的でなかったなどの理由で，届出義務は十分に遵守されていなかった（たとえば，1975年の届出件数は3418件にとどまった）。しかし，1970年代末以降，ボストン銀行事件（1985年）など，銀行が関与する大規模なマネー・ロンダリング事案が摘発されたこと，薬物の蔓延が進んで大きな社会問題となったことを背景として，マネー・ロンダリングの取締り強化が本格的に検討されることになった。そのために，1983年には組織犯罪に関する大統領委員会が設置された。委員会は翌年に中間報告書を発表し，マネー・ロンダリングの実態分析と立法提案を含む取締り強化策を提案した。これを受けて，1986年にマネー・ロンダリング規制法（Money Laundering Control Act, MLCA of 1986）が制定された。

マネー・ロンダリング規制法によると，薬物犯罪その他の特定違法行為の収益について，その出所を認識した上で，新たに特定違法行為を行うため，

脱税のため，あるいは収益の出所を隠蔽・偽装するために金融取引を行う行為が，マネー・ロンダリングとして処罰の対象となる。処罰対象とされる金融取引には，国内の金融取引だけでなく国外送金その他の国際的な金融取引も含まれる（1956条(a)(1), (2)）。マネー・ロンダリング罪として有罪判決を受けた場合，被告は50万ドル以下または取引された財産総額の2倍のいずれか多い方の罰金，または20年以下の自由刑，またはその両方を科される。

その後，米国のマネー・ロンダリング規制法はたびたび改正され，マネー・ロンダリングとして規制される対象行為の拡大や前提犯罪の拡大が図られてきた。また，判例を通じて，主観的構成要件（不法収益であることの認識）の緩和（現実に知っていたことだけではなく，意図的な無視（willful blindness）の場合にもマネー・ロンダリング罪の成立を認める）が図られてきた。

米国に続いて，欧州諸国も相次いでマネー・ロンダリングを犯罪化する国内法を制定した（英国—1986年，フランス—1987年，スイス—1990年など）。

③ 麻薬新条約

マネー・ロンダリングが国境を越えて展開される場合，その取締りのためには，一部先進国の国内法による規制だけでは不十分である。国内法によるマネー・ロンダリングの規制が緩やかないし存在しない国・地域を経由することで，容易にマネー・ロンダリングを実行できるからである。特に，1980年代に入ってから，オフショア金融市場がマネー・ロンダリングに利用されるケースが増加した。そこで，1980年代後半以降，マネー・ロンダリングの国際的取締りが本格化した。

マネー・ロンダリングの取締りを目的とする最初の国際条約は，1988年に採択された麻薬及び向精神薬の不正取引の防止に関する国際連合条約（いわゆる麻薬新条約）である。麻薬問題についてはすでに20世紀の初めから規制のために国際的な取組みが行われ，国連の主導によって麻薬単一条約（1964年），向精神薬条約（1971年）などの条約も結ばれていた。これらの条約が，対象薬物の生産や流通の規制を主眼としていたのに対して，麻薬新条約は，薬物取引が違法な営利事業という性格をもつことに着目して，それによって得られた不法収益を剥奪するために不法収益のマネー・ロンダリングに対する規制を導入した。

麻薬新条約は，まず，加盟国に対して薬物犯罪収益のマネー・ロンダリングを国内法上の犯罪とすることを義務づけた（3条1項(b)）。それによると，薬物犯罪収益の出所を隠しあるいは偽装する目的で，あるいは薬物犯罪に関与した者が法律上の責任を逃れることを助ける目的で，薬物犯罪収益を転換あるいは移転する行為，薬物犯罪収益の真の性質，出所，所在，処分もしくは移動などを隠しあるいは偽装する行為について，加盟国は国内法によりこれらをマネー・ロンダリング罪として犯罪化するために必要な措置をとる。また，条約は，薬物犯罪収益の没収に関する手続を整備すること（5条1項），国内に存在する薬物犯罪収益に対して他国の没収命令を執行するための措置をとること（5条4項）を加盟国に義務づけた。次に，条約は，マネー・ロンダリング罪を条約上の引渡犯罪と規定し，当該犯罪が自国領域内で行われたことを理由として，あるいは当該容疑者が自国民であることを理由として，締約国が引渡しを拒む場合には，その者を自国で訴追することを当該締約国に義務づけた（引き渡すか処罰するかの原則。6条）。最後に，条約は，捜査，裁判段階における法律上の共助その他の国際協力を推進することを締約国に義務づけた（7条）。

　麻薬新条約は，薬物犯罪収益のマネー・ロンダリングに対する取締りのための国際協力の柱として，各国の広い支持を集めた。2018年10月現在の締約国数は190に上る。

　その後，2000年11月には国連国際組織犯罪条約が採択され，12月に署名開放された。これは国際組織犯罪一般に対する規制の強化と国際協力を目的とする条約である。この条約は，マネー・ロンダリングの定義については麻薬新条約の規定を継承する一方，マネー・ロンダリングとして処罰される対象となる前提犯罪を，薬物犯罪から国際的な犯罪組織の実行する一定の重大犯罪に拡大した。また，マネー・ロンダリング対策について規定した条約の第7条は，金融機関による顧客確認と疑わしい取引の届出に関する国内法制度の整備を締約国に求めている。これは後述するFATFの1996年勧告に盛り込まれた内容を条約上の義務として取り込んだものである。国連国際組織犯罪条約は2003年9月に発効した。2018年10月現在の締約国は190である。

⑷ 金融活動作業部会（FATF）の 40 の勧告

　1989 年 7 月にパリで開催されたアルシュ・サミットの経済宣言は，国連による麻薬新条約の採択に歩調を合わせて，薬物犯罪収益のマネー・ロンダリングに対する有効な対策を講じることを目的として，金融活動作業部会（Financial Action Task Force, FATF）という新しい国際組織の設置を決めた。当初の加盟国はサミット参加国・地域とこの問題に関心を持つ 8 国の計 16 国・地域である（2018 年 10 月現在の加盟国は 35 ヵ国・地域と EC および湾岸協力理事会（GCC））。FATF は 1990 年 2 月の会合で「薬物犯罪収益に係るマネー・ロンダリング行為の犯罪化，薬物犯罪収益等の没収および保全制度等の実施を求める 40 の勧告」（以下，「40 の勧告」）を含む報告書をとりまとめた。

　FATF は，各国の金融監督当局が中心となって設立した経緯もあり，マネー・ロンダリングに関する問題を刑事司法の分野に限定してとらえず，金融機関に対する規制も含めて多角的に検討している。FATF のこのような複合的な性格は 40 の勧告にも示されている。40 の勧告の内容は麻薬新条約のマネー・ロンダリング規制と一部重複するが，金融機関の報告義務などを詳細に定めた点に特色がある。勧告はまず，国内法でマネー・ロンダリングを犯罪化することを FATF 加盟国に求めた（勧告 4〜6）。そして，マネー・ロンダリングに利用される金融機関などに対して，顧客の身元確認と記録の保存を求める（勧告 12〜14）とともに，疑わしい取引を当局に届け出ることを求めた（勧告 16, 17）。また，不法収益の没収，司法共助および犯罪人引渡しのための国際協力を推進することを FATF 加盟国に求めた（勧告 33〜40）。

　その名称が示す通り，40 の勧告は法的拘束力を有する文書ではない。しかし，FATF はその後，加盟国が勧告の実施状況を審査する相互審査の制度を発足させた。この制度を通じて，加盟国は勧告の履行にむけた強い政治的圧力を受けることとなった。

　日本の場合，麻薬新条約と 40 の勧告を国内的に実施するために，1991 年にいわゆる麻薬特例法（正式名称は「国際的な協力の下に規制薬物に係る不正行為を助長する行為等の防止を図るための麻薬及び向精神薬取締法等の特例等に関

する法律」）が制定された（1992年7月1日施行，平成3年法律94号）。麻薬特例法は，マネー・ロンダリングの犯罪化として，不法収益等隠匿罪（薬物犯罪収益などの取得または処分について事実を仮装すること，薬物犯罪収益などを隠匿すること，または薬物犯罪収益などの発生の原因について事実を仮装すること）を設けた。違反に対しては，5年以下の懲役もしくは300万円以下の罰金またはその両方が科される（9条）。また，麻薬特例法は，不法収益等収受罪（事情を知りながら薬物犯罪収益などを受け取ること）を設けた。違反に対しては，3年以下の懲役もしくは100万円以下の罰金またはその両方が科される（10条）。後者は積極的なマネー・ロンダリング行為ではないが，薬物犯罪収益の処分に関与し，マネー・ロンダリングを助ける行為であるとして，処罰対象とされた。

　麻薬特例法は，薬物犯罪収益の没収・追徴・保全についても詳細な規定を設けた（11条〜20条）。刑法19条が定める一般の没収とは異なり，没収の対象には有体物だけでなく債権などの無体物も含まれる。さらに，外国の要請に基づいて，外国で出されたマネー・ロンダリング罪に基づく没収・追徴の確定判決を日本国内で執行し，没収・追徴のための財産保全を行うことが定められた（21条〜23条）。これは麻薬新条約5条4項および40の勧告の勧告38が求める，没収のための国際司法共助に対応する規定である。

　金融機関などによる届出制度の整備を求めた40の勧告の勧告16に対応して，麻薬特例法は金融機関などによる疑わしい取引の届出制度を設けた。銀行その他の金融機関は，その業務において収受した財産が薬物犯罪収益である疑いがある場合，または取引の相手方が不法収益等隠匿罪に当たる行為を行っている疑いがあると認める場合は，これを主務大臣（法制定時は大蔵大臣）に届け出なければならない（5条）。検察官その他の捜査当局は，主務大臣に届け出られた疑わしい取引の記録にアクセスすることができる（7条）。ただし，金融機関は疑わしい取引について調査義務は負わず，また5条に違反した場合の罰則も存在しなかった。そのため，疑わしい取引の届出制度は当初は有効に機能せず，届出件数は年間わずか10件程度にとどまっていた。その後，FATFの対日相互審査で届出制度の不備が指摘されたこともあって金融監督当局による指導が強化され，疑わしい取引の詳細な判断基準が金

融機関などに示されたこともあって，1999年以降，届出件数は急増した。2017年には40万43件の届出がなされている。

⑸　40の勧告の改訂

40の勧告は1996年と2003年，2012年に改訂された。ただし，改訂後の勧告の数はいずれも40に揃えられている。1996年の改訂（以下「1996年勧告」）の眼目は，マネー・ロンダリングの前提犯罪を薬物犯罪から一定の重大犯罪一般に拡大したことである（勧告4）。これは，国際的な取締りの対象となる組織犯罪を，薬物犯罪以外に，武器の密輸，人身売買，金融犯罪などに拡大すべきであるとのFATF加盟国・地域の意向を反映したものである。1996年勧告を受けて，FATF加盟国・地域の多くがこれに沿った国内法の改正を実施した。日本は，2000年2月1日に施行された組織犯罪処罰法（組織的な犯罪の処罰及び犯罪収益の規制等に関する法律，平成11年法律136号）で，マネー・ロンダリングの前提犯罪を一定の重大犯罪に拡大した。たとえば，殺人などの凶悪重大犯罪，売春防止法違反，賭博関係の犯罪，公務員の収賄罪，背任罪などがこれに含まれる（組織犯罪処罰法3条）。

このほか，1996年勧告にはマネー・ロンダリング規制の強化に向けた多くの新たな方針が盛り込まれた。たとえば，銀行以外の金融業者，特に両替商にも勧告が適用されることを述べた勧告8，金融機関以外の業種・専門職への勧告の適用を打ち出した勧告9，電子決済などの新手法がマネー・ロンダリングに用いられるリスクへの注意を促した勧告13，越境現金取引の監視強化をうたった勧告22，いわゆるペーパー・カンパニーを通じたマネー・ロンダリングへの注意を促した勧告25は，金融機関，特に銀行のマネー・ロンダリング規制と対策が強化される中で，その他の業種や手法を用いたマネー・ロンダリングが増加している傾向に対応したものである。また，疑わしい取引の報告を金融機関に義務づけることをうたった勧告15と顧客の本人確認義務の対象を法人にも拡大した勧告10は，金融機関に自己規制ないし内部統制の強化を求めるとともに，金融監督当局の監督強化を求めるものである。勧告36は，コントロールド・デリバリー（泳がせ捜査，刑事司法当局と税関が協力して，密輸した薬物を監視下に置いたまま通関させて捜査する手法）の採用を促した。コントロールド・デリバリーは麻薬新条約でも

「国内法体制の基本原則が許容する場合には」という条件付きで採用が推奨されていた（11条1項）。勧告36は，これが妥当で有効な捜査手法であるとして，可能な場合にこの手法を採用することを推奨した。

1996年勧告は2003年に改訂された。1996年勧告に比べると2003年勧告による改訂ははるかに広範囲にわたったため，①顧客の身元確認と疑わしい取引の報告，②会社を用いたマネー・ロンダリング，③マネー・ロンダリングに関与する金融機関以外の業種と専門職，に関する3つの作業部会が設けられ，これらの作業部会が並行して改訂案の策定作業を進めた。また，改訂過程の透明性を高めるため，改訂案の内容を盛り込んだ諮問文書（Consultation Paper）を公表して，FATF加盟国・地域以外の国や地域，国際機関，金融機関その他の民間の利害関係者にコメントを募るという，パブリック・コメントの手続が採用された。2003年勧告の策定過程で透明性が重視されたのは，第1に，金融安定フォーラム（FSF）が，1996年勧告を金融システムの健全性確保のための不可欠の基準（Key Standards）の1つに選び，IMFと世界銀行を通じて世界各国による実施を評価する，金融セクター評価プログラム（FSAP，→第15章3を参照）を1999年に発足させたためである。この結果，40の勧告はFATFの加盟国・地域だけでなく，広くIMF・世界銀行の加盟国が実施すべき国際基準と位置づけられることになった（→後述(6)を参照）。そのため，その改訂過程に，広く世界の国々の意見を反映させることが必要となった。また，2003年勧告は，金融業，専門職業など，マネー・ロンダリングに関与する可能性がある広範囲の民間の主体（ゲートキーパーと呼ばれることがある）に対する規律を盛り込んでいたので，勧告が実効性を発揮するためには，規制対象となると同時にマネー・ロンダリング摘発の活動の一端を担うことになる，これらの利害関係者と対話を重ねて内容を確定し，利害関係者の理解と協力を確保することが重要であると考えられた。このことも2003年勧告の策定過程で透明性が重視された理由である。

2003年勧告に盛り込まれた1996年勧告の主要な改正点は3点である。第1に，金融機関の顧客に対する注意義務（customer due diligence, CDD）に関して詳細な規定を設けた。勧告5は，金融機関がとるべきCDDのための措置として，①顧客の身元確認，②真の受益者の身元確認，③顧客の事業の目

的と性格についての情報の入手，④顧客との取引の継続中は引き続いて注意を払うこと，の4つを挙げた。次に，顧客の性格，事業や取引の性格によってマネー・ロンダリングのリスクが異なることを勘案して，金融機関はリスクの度合に応じて適切なCDDのための措置をとることができるとする方針が盛り込まれた。2003年勧告は，特にマネー・ロンダリングのリスクの高い対象として，①政治的に重要な人物（勧告6），②越境コルレス銀行（国際決済のため，銀行が為替業務代行契約を結んだ海外の銀行，勧告7），③電子決済など対面取引を必要としない金融取引技術（勧告8）の3つを挙げ，金融機関に対して，これらについて特に高度のCDDのための措置をとるよう求めた。

　第2に，金融機関以外の業種や専門職業に対する詳細な規律を設けた。たとえば，勧告12は，CDDと取引記録の保存に関する規律を，カジノ，宝石・貴金属商，弁護士などの業種・専門職業にも適用するよう求め，これらの職種ごとにCDDと取引記録の保存に関する規律を適用する個別の条件を設定した。また，勧告16は，一定の条件付きではあるが，これらの業種・専門職業にも疑わしい取引の報告義務を課した。

　第3に，1996年勧告以降に国際的なマネー・ロンダリング対策の分野で実現した動きを取り込んだ。例えば，マネー・ロンダリング目的で法人が違法に利用されることを防止するよう求めた勧告33，同じく信託の悪用防止を求めた勧告34は，比較的最近になって注目を集めるようになったマネー・ロンダリングの手法を取り上げたものである。また，勧告26は，マネー・ロンダリングに関する情報，特に疑わしい取引に関する情報を収集し，分析し，内外の捜査機関に提供する機関（financial intelligence unit, FIU）を設けるよう，各国に求めた。すでに1995年4月には，各国のFIUの情報交換と協力のための国際組織として，エグモント・グループが設立されている。勧告26の注釈は，FIUを設置した国・地域に対してエグモント・グループへの加入を呼び掛けている。日本は，金融庁に設けられた特定金融情報室をFIUとして，2000年5月にエグモント・グループに加入した。

　最新の2012年勧告は，2003年勧告とテロ資金供与対策に関する9の特別勧告（2004年採択）を統合し，双方の対策をカバーする40の勧告としてま

図表 17-1　FATF 勧告比較対照表

	1990 年勧告	1996 年勧告	2003 年勧告	2012 年勧告
1	麻薬新条約早期批准	麻薬新条約早期批准	マネロン犯罪化	リスク評価およびリスク・ベース・アプローチの適用
2	金融機関秘密保護法	金融機関秘密保護法	故意犯・法人処罰	各国の協力と協調
3	多国間協力と共助	多国間協力と共助	犯罪収益の没収	マネロン犯罪化
4	薬物マネロン犯罪化	マネロン罪・前提犯罪拡大	金融機関秘密保護法	没収及び予防的措置
5	前提犯罪拡大	故意犯にマネロン罪適用	CDD 義務	テロ資金供与罪
6	故意犯にマネロン罪適用	法人処罰	政治家への CDD	テロ・テロ資金供与に関する金融制裁
7	法人処罰	犯罪収益の没収	コルレス銀行への CDD	大量破壊兵器拡散に関する金融制裁
8	犯罪収益の没収	金融機関の範囲（両替）	新技術への注意	非営利団体
9	12-29 は銀行以外にも適用	企業・専門職にも適用	第三者による CDD	金融機関の守秘義務との関係
10	当局の勧告実施確保	顧客の身元確認（法人も）	5 年間の記録保存	顧客管理
11	ノンバンクのリスト作成	受益者の確認	疑わしい取引の報告	記録の保存
12	顧客の身元確認	5 年間の記録保存	非金融機関への適用	重要な公的地位を有する者
13	受益者の確認	新技術への注意	FIU に疑わしい取引報告	コルレス取引
14	取引・顧客情報の保存	疑わしい取引	報告に対する免責	資金移動業
15	疑わしい取引	疑わしい取引の報告義務	AML プログラム	新技術
16	疑わしい取引の報告	報告に対する免責	非金融機関の報告義務	電信送金
17	顧客への不通知	顧客への不通知	勧告の実効的な実施	第三者への依存
18	当局の指示に従う	当局の指示に従う	シェル会社濫用防止	内部管理、外国支店・子会社
19	疑わしい取引の停止	AML プログラム	越境現金取引・報告	リスクの高い国
20	AML プログラム	海外拠点への適用	非金融機関以外への適用	疑わしい取引の届出
21	非協力国との取引	非協力国との取引	非協力国・対抗措置	内部通報及び秘匿性
22	非協力国所在支店	越境現金取引の監視強化	海外拠点への適用	DNFBPs：顧客管理
23	越境現金取引	国際通貨取引の報告	乗っ取り防止・監督責任	DNFBPs：その他の措置
24	国際通貨取引の報告	非現金取引の奨励	非金融機関の監督	法人の透明性、真の受益者
25	非現金取引の奨励	シェル会社濫用防止	AML/CFT 指針作成	法的取決めの透明性、真の受益者
26	金融監督当局の責任	金融監督当局の責任	FIU 設立すべし	金融機関の規制及び監督
27	勧告の実効的な実施	勧告の実効的な実施	指定法執行当局	金融監督当局の権限
28	疑わしい取引の指針	疑わしい取引の指針	没収合法化	DNFBPs の規制及び監督
29	金融機関乗っ取り防止	金融機関乗っ取り防止	金融監督当局の権限	FIU
30	国際現金取引の記録	国際現金取引の記録	当局のリソースの確保	法執行・捜査当局の権限
31	国際機関の情報提供	国際機関の情報提供	関係当局の連携確保	法執行・捜査当局の能力
32	疑わしい取引情報交換	疑わしい取引情報交換	取締り統計の整備	キャッシュ・クーリエ
33	共助の障害除去	共助の障害除去	法人の違法活用防止	統計
34	共助条約締結	共助条約締結	信託の違法活用防止	ガイダンスおよびフィードバック
35	没収条約締結奨励	没収条約批准促進	関連条約批准促進	制裁
36	捜査協力	捜査協力（コントロールド・デリバリー）	司法共助の活用	国際的な文書
37	刑事捜査協力	刑事捜査協力	双方加罰の不適用	司法共助
38	執行協力	執行協力	執行協力	司法共助：凍結及び没収
39	執行管轄権調整	執行管轄権調整	犯罪人引渡し	犯罪人引渡し
40	犯罪人引渡し	犯罪人引渡し	協力窓口明示	その他の形態の国際協力

出典：筆者が作成

とめられた。その第1の特色は，各国がマネー・ロンダリングとテロ資金供与のリスクを評価し，リスクに応じた対策をとるリスク・ベース・アプローチの強化を打ち出したことである（勧告1, 10, 15, 19, 22, 23）。第2に，犯罪者・テロリストによる悪用を防止するため，法人や信託の実質的所有者・支配者に関する情報や電信送金を行う際に必要な情報などについての基準を厳格化した（勧告24, 25, 16）。第3に，国内でマネー・ロンダリング，テロ資金供与対策に責任を持つ当局及びFIUの役割と機能を明確にし，より幅広い捜査手法や権限を求めることにした（勧告27-31）。また，グローバルなマネー・ロンダリング，テロ資金供与の脅威拡大に対応するため，捜査当局などに求める国際協力の範囲を拡大した（勧告37-40）。最後に，新たな脅威に対応するため勧告が見直された。腐敗防止の観点から，「重要な公的地位を有する者（Politically Exposed Persons, PEPs）」の定義を拡大して，外国のPEPsだけでなく国内のPEPsについても金融機関による厳格な顧客管理を求めるようにしたこと（勧告12），大量破壊兵器の拡散に関与する者に対して金融制裁を実施すること（勧告7）がこれに当たる。

　以下に，1990年，1996年，2003年，2012年の40の勧告の比較対象表を掲げる。

⑹　40の勧告の履行確保

　その名称が示す通り，40の勧告はそれ自体としては法的拘束力を持たないが，実際には40の勧告の履行を確保し，各国による勧告の履行状況を監視するために，さまざまな措置が講じられてきた。まず，FATFの加盟国による履行確保と監視のため，自己評価（self-assessment）と相互審査（mutual evaluation）が行われてきた。これは基本的にはピア・プレッシャーを通じた勧告の実施促進をねらいとするものである。しかし，FATFは1994年以降，相互審査で不備を指摘された事項について当該国に改善を求める手続を導入した。これは，①不備を指摘された事項に対してとられた改善策を当該国からFATFに定期的に報告させる。それでも改善が認められない場合，②当該国の所轄の大臣宛にFATF議長名で注意喚起の書簡を送る，③注意喚起のため当該国にFATFから使節団を送る，④当該国をFATFがマネー・ロンダリング対策に非協力的な国・地域と認定し，勧告21（マネー・ロ

ンダリング対策に非協力的な国・地域との金融取引に特別の注意を払うこと）を適用する，⑤それでも改善が認められない場合，最終的に当該国のFATF加盟国としての資格を停止する，と当該国に対する圧力を段階的に強めて改善を求めるものである。この手続は，これまでに，日本（疑わしい取引の報告件数が少ないことに対して，改善策の報告（上記の段階的な圧力の手続の①）が求められた）を含む延べ11の国・地域に対して発動された。中でも，オーストリアに対しては，無記名預金通帳（1990年勧告12（顧客の身元確認義務）違反）の廃止を求めて，1997年6月以来改善を求める手続がとられたが，オーストリアがこれに応じなかったため，2000年2月には手続の最終段階（⑤）である加盟国としての資格停止の警告が発せられた。オーストリアはその後無記名預金通帳を廃止し，資格停止を免れた。上記の段階的な圧力の手続のうち④と⑤は単なるピア・プレッシャーではなく，勧告実施の不備を指摘された国に対する不利益を伴う制裁と見るべきであり，相互審査手続に勧告の履行確保のための強い効力を持たせるものである。

　国境を越えるマネー・ロンダリングは，FATF加盟国の間で完結するとは限らない。規制の緩やかな非加盟国・地域，特にオフショア金融市場を経由することで，犯罪組織や不法収益を得た者は，マネー・ロンダリング規制を容易に回避することができる。そこで，このようなマネー・ロンダリング取締りの抜け穴をなくすため，マネー・ロンダリング規制をFATF加盟国だけでなく広く世界に拡大する必要がある。この課題に応えるため，FATFは，アジア太平洋，カリブ海地域などの地域単位でマネー・ロンダリング取締りのための国際組織の設立を支援し，FATF加盟国以外にも広く参加を求めている。しかし，マネー・ロンダリング規制の緩やかな国や地域にこうした国際組織への自発的な加入を促すだけでは，規制の国際的拡大には限界がある。この点はFATFでも当初から認識されていた。上に触れた1990年勧告の勧告21が，勧告に非協力的な国・地域との取引について，FATF加盟国の金融機関に特別の注意を払うよう求めたのはその表れである。この規定は1996年勧告の勧告21に引き継がれた。2003年勧告はこれを引き継ぎ，さらに，FATF加盟国であるとそれ以外の国・地域であるとを問わず，国境を越えたマネー・ロンダリングの取締りに非協力的な国・地域が引き続い

て勧告に非協力的な場合に，FATF加盟国は当該国・地域に対して対抗措置（countermeasures）をとることができると勧告した（勧告21第3文）。

　先に見たように，勧告21はFATF加盟国に対して援用されたこともあったが，本来は勧告の実施に非協力的なFATF加盟国以外の国・地域に対する適用を念頭に置いていた。1990年代は，この勧告をどの国・地域に対して適用するかの判断はFATF加盟国の金融機関に委ねられていたが，FATF加盟国以外の国・地域を利用・経由したマネー・ロンダリングが後を絶たないため，FATFは2000年6月に15のFATF非加盟国・地域を非協力的な国・地域（non-cooperative countries and territories, NCCT）に指定し，すべてのFATF加盟国に対して，勧告21およびその他の対抗措置（たとえば，当該国・地域の金融機関との取引に条件を付け，制限し，さらには禁止すること）を発動することを決めた。翌2001年にはさらに8の非加盟国・地域がNCCTに指定された。FATFは，NCCTに指定した国・地域に対する対抗措置の発動，改善が認められた国・地域に対するNCCTの指定解除，指定解除後の当該国・地域による勧告の履行の監視を行い，2006年にミャンマーの指定解除によりNCCT指定国・地域はゼロとなった。

　2007年にFATFはNCCT手続に代わる非加盟国・地域の勧告履行監視手続として，国際協力審査グループ（International Co-operation Review Group, ICRG）を発足させた。これは，マネー・ロンダリングとテロ資金供与のリスクが特に高い国・地域を指定して，対抗措置を発動し，勧告の遵守について十分な改善が認められたら指定を解除するものである。2010年に開始された現行の手続は，リスクの高い国・地域の公表（Public Statements）と，指定された国に対する勧告遵守改善状況の審査報告（Improving Global AML/CFT Compliancne: Ongoing Process）の2段階により，リスクの高い国・地域に対する勧告遵守改善状況を継続的に審査する。2018年に公表されたFATFの最新の年次報告によれば，ICRGの発足以来85の国・地域が審査の対象となり，うち66の国・地域がリスクの高い国・地域と指定された。そのうち55の国・地域は勧告の遵守体制が確立したとして指定が解除された。

　(5)で触れたように，1999年に発足した金融セクター評価プログラム

(FSAP）に40の勧告が取り込まれた結果として，40の勧告はFATF加盟国だけでなく，IMFと世界銀行の全加盟国にその実施が求められる普遍的な国際基準となった。FSAPの下で行われる40の勧告の実施評価とFATFで行われる加盟国に対する相互審査，FATF類似の地域的な国際組織がその加盟国に対して実施する審査との整合性を確保するため，FSAPの下で行われる40の勧告の実施評価においては，FATFが2002年に作成した40の勧告の統一評価手法が用いられている。ただし，FSAPの下で行われる40の勧告の実施評価は，FATFのNCCTやICRGの手続とは連動していない。FSAPの下で行われる実施評価で40の勧告の実施が困難とされた国に対しては，実施を改善するためIMFや世界銀行の技術援助が提供されることになっている。この技術援助にはFATFの事務局やFATF加盟国の関係政府機関の職員も協力する。40の勧告の実施が求められる国・地域が全世界に拡大したため，勧告の実施能力や実施体制が整わない国や地域も広く勧告の実施評価の対象に含まれることになった。これらすべての対象国・地域に対して，FATFを通じた強力な圧力をかけることは，現実的でもないし適切でもないと考えられた。これらの国・地域による勧告の実施を確保するためには，IMFや世界銀行の技術援助その他のソフトな手段を通じて，段階的かつゆるやかに勧告の履行確保が図られるのである。

【参考文献】
石井由梨佳『越境犯罪の国際的規制』（有斐閣，2017年）
北島純『解説　外国公務員贈賄罪——立法の経緯から実務対応まで』（中央経済社，2011年）
佐伯仁志「組織犯罪への実体法的対応」『岩波講座　現代の法6　現代社会と刑事法』（岩波書店，1998年）
山本草二『国際刑事法』（三省堂，1991年）
FATFのウェブサイト
　〔http://www.fatf-gafi.org/〕
FATF, ANNUAL REPORT 2015-2016, FATF, 2017.
FATF, INTERNATIONAL STANDARDS ON COMBATING MONEY LAUNDERING AND THE FINANCING OF TERRORISM & PROLIFERATION, FATF, 2017.
Junji Nakagawa, INTERNATIONAL HARMONIZATION OF ECONOMIC REGULA-

TION, Oxford University Press, 2011, Chapter 9.

OECD Anti-Bribery Convention のウェブサイト

〔http://www.oecd.org/corruption/oecdantibriberyconvention.htm〕

UN Convention against Corruption のウェブサイト

〔http://www.unodc.org/unodc/en/corruption/uncac.html〕

United Nations Office on Drugs and Crime, TRAVAUX PREPARATOIRES OF THE NEGOTIATIONS FOR THE ELABORATION OF THE UNITED NATIONS CONVENTION AGAINST CORRUPTION, United Nations, 2010.

United Nations Office on Drugs and Crime, MECHANISM FOR THE REVIEW OF IMPLEMENTATION OF THE UNITED NATIONS CONVENTION AGAINST CORRUPTION-BASIC DOCUMENTS, United Nations, 2011.

条約索引

あ行

アスンシオン協定　273
アセアン自由貿易協定　257, 274
アムステルダム条約　269
アンチダンピング協定　→AD協定
ウィーン条約法条約31条　77
ウィーン条約法条約32条　77
ウルグアイ・ラウンド協定法　94
衛生植物検疫措置の適用に関する協定　51
エネルギー憲章条約　358, 370
欧州経済領域条約　271
欧州連合条約　→マーストリヒト条約

か行

関税評価協定　53
環太平洋パートナーシップに関する包括的及び先進的な協定（CPTPP）　45, 232, 278
牛肉に関する取極　56
協議および紛争解決手続に関する了解（1979了解）　39
強制労働に関する条約（29号条約）　325
強制労働の廃止に関する条約（105号条約）　325
金融サービスに係る約束に関する了解　211
経済的，社会的及び文化的権利に関する国際規約
　——11条　337
　——12条　337
経常的貿易外取引自由化規約　411
結社の自由に関する条約（87号条約）　325
原産地規則に関する協定　53
工業所有権の保護に関するパリ条約　55, 218, 221
国際牛肉協定　56
国際商取引における外国公務員に対する贈賄の防止に関する条約　452
国際繊維貿易に関する取極（Multi-Fibre Arrangement, MFA）　49, 51, 135, 284
国際酪農協定　56
国際酪農取極　56
国際連盟規約23条　105
国連海洋法条約　317
国連腐敗防止条約　455
雇用および職業上の差別に関する条約（111号条約）　325

さ行

最悪の形態の児童労働に関する条約（182号条約）　325
最低年齢条約（138号条約）　325
サービスの貿易に関する一般協定　→GATS
資本移動の自由化に関する規約　→資本自由化規約
資本自由化規約　6, 409
商品の名称及び分類についての統一システムに関する国際条約（HS条約）　172
情報技術分野合意（Information Technology Agreement, ITA）　58, 118
食料援助規約　181, 341
政府調達協定　56, 236〜
　——18条　83
税務行政執行共助条約　424, 436
世界銀行協定　21
　——1条3項　350
　——3条1項（a）　21
セーフガード協定　52, 128〜
　——11条　138
　——2条注　54
繊維及び繊維製品（衣類を含む。）に関する協定　51, 136
相互援助協定7条　18, 23

た行

多繊維取極　266
単一欧州議定書　268
団結権および団体交渉権に関する条約（98号条約）　325
知的所有権の貿易関連の側面に関する協定　→TRIPS協定
同一価値の労働についての男女労働者に対する同一報酬に関する条約（100号条約）　325
東京ラウンド協定　49, 56
東京ラウンド補助金協定　286
投資紛争解決条約　350

な 行

ニース条約　269
日米租税条約　424, 431
日米通商航海条約　111
日米独禁協力協定　385
農業協定　51, 54, 171～
　——4条2項　99, 100, 173, 285
　——9条1項　178
　——14条　186
　——21条　181

は 行

白燐の使用禁止に関する条約　326
パリ条約　→工業所有権の保護に関するパリ条約
婦人の夜間労働の禁止に関する条約　326
船積み前検査に関する協定　53
文学的及び美術的著作物の保護に関するベルヌ条約　55, 218, 221, 224
紛争解決に係る規則及び手続に関する了解（紛争解決了解）　→DSU
米加自由貿易協定　257, 268, 272
米州腐敗防止条約　455
米墨互恵通商協定　23, 68
ベルヌ条約　→文学的及び美術的著作物の保護に関するベルヌ条約
貿易関連投資措置協定　→TRIMs協定
貿易に関連する投資措置に関する協定　→TRIMs協定
貿易の円滑化に関する協定　53
貿易の技術的障害に関する協定　→TBT協定
北米自由貿易協定　→NAFTA
北米労働協力協定（North American Agreement for Labor Cooperation, NAALC）　324, 329
補助金及び相殺措置に関する協定　52, 151～, 180, 402
　——1条　424
　——3条　182
　——27.2条　123

ま 行

マーストリヒト条約　89, 269, 406

麻薬及び向精神薬の不正取引の防止に関する国際連合条約　460, 464
麻薬新条約　→麻薬及び向精神薬の不正取引の防止に関する国際連合条約
民間航空機貿易に関する協定　55
綿製品貿易に関する短期取極　135
綿製品貿易に関する長期取極　135

や 行

ヤウンデ協定　270
輸入許可手続に関する協定　53

ら 行

陸生動物衛生規約　198
リスボン条約　89, 269
ローマ条約　225
ロメ協定　270

A-Z

AD協定　52, 139～
AFTA　→アセアン自由貿易協定
BEPS防止措置実施条約　424, 444
CPTPP　→環太平洋パートナーシップに関する包括的及び先進的な協定
DSU　41, 55
　——3条2項　76
　——3条7項　69
　——3条8項1文　69
　——3条8項2文　69
　——3条8項3文　69
　——4条2項　70
　——11条　72
　——19条1項　69
　——21条5項　75, 315
　——23条　76, 102, 162
　——26条1項(b)　69
ECとギリシャの連合協定　267
GATS　6, 54, 208～, 239, 413
　——1条3項(b)　338
　——2条　110
　——2条1項　212
　——2条2項　212
　——5条　260
　——13条1項　235
　——14条(a)　342

──14条(d)　425
──17条　114, 214
──19条　215
──19条3項　216
──第2条の免除に関する附属書　212
──第4議定書　215
──第5議定書　216
GATT
──1条　310
──1条1項　105
──3条　111, 120, 310, 311, 370
──3条1項　112
──3条2項　112, 424
──3条4項　113
──3条8項(b)　151
──6条　139, 157
──11条　91, 115, 223, 370
──11条1項　120, 170, 311
──11条2項　120, 122, 169
──12条　32
──13条　109
──16条　178
──17条　121
──18条　32
──18条B項　287
──18条C項　287
──19条　35, 128
──20条　122, 318
──20条(a)　342
──20条(b)　197, 312, 316
──20条(e)　328
──20条(g)　312
──20条柱書　312, 317
──21条　124
──23条1項(a)　68
──23条1項(b)　68, 182
──23条1項(c)　70
──23条2項　30
──24条4項　254, 256
──24条8項(a)(i)　261
──24条8項(b)　261
──25条1項　30
──25条5項　34, 61
──28条の2　116
──33条　65

──35条　65
──第4部　貿易と開発　33, 117
GATT 1947　49, 65
──2条4項　96
──17条　96
──20条(b)　186
──25条5項　169
GATT 1994　50, 54
──1項(a)　50
──1項(b)　50
──1項(c)　51
──1項(d)　51
GATTの暫定適用に関する議定書　26
IMF協定　21, 22
──4条　43
──4条1項　397
──4条1項(iii)　398, 401
──4条2項(a)　396
──4条3項　22
──4条5項　22
──5条　22
──6条　22
──6条3項　409
──8条2項　22
──8条2項(a)　409
──14条　22, 32
──26条2項　398
ITA　→情報技術分野合意
ITO憲章　23, 26
──7条1項　327
──第5章　389
MFA　→国際繊維貿易に関する取極
NAFTA　257, 268, 271, 324
──1105条　367
SPS協定　51, 198～, 339
──1条4項　54
TBT協定　51, 110, 184, 187～
──1.5条　54
TRIMs協定　52, 120, 359, 370
TRIPS協定　6, 55, 218～
──2条1項　222
──3条　114
──4条　110
──6条　224
──8条　230

条約索引　475

——9 条 1 項　　222
　　——27 条 1 項　　226
　　——31 条　　227
　　——31 条(f)　　61, 230, 338
　　——31 条(h)　　61
　　——65 条　　222
WTO 設立協定　　48
　　——2 条 2 項　　49
　　——2 条 3 項　　49
　　——2 条 4 項　　50
　　——3 条 1 項　　66
　　——3 条 2 項　　66
　　——3 条 3 項　　67
　　——3 条 4 項　　67
　　——3 条 5 項　　67
　　——4 条 1 項　　56
　　——9 条 3 項　　61, 343
　　——10 条 9 項　　49

　　——13 条 1 項　　65
　　——16 条 1 項　　50
　　——16 条 3 項　　48
　　——16 条 4 項　　82
　　——16 条 5 項　　48

1-9

1979 年の政府調達に関する協定　　56
1994 年の GATT 24 条の解釈に関する了解　　260
1994 年の関税及び貿易に関する一般協定第 2 条 1 (b)の解釈に関する了解　　118
1994 年の関税及び貿易に関する一般協定第 6 条に関する協定　　→AD 協定
1994 年の関税及び貿易に関する一般協定の国際収支に係る規定に関する了解（国際収支了解）　　288

事 項 索 引

あ 行

アジアインフラ投資銀行（AIIB） 45
アジア金融危機 43
アジア太平洋経済協力会議（APEC） 274
アジア太平洋自由貿易圏（FTAAP） 274
アダム・スミス（Adam Smith） 8
アメリカン・タバコ会社事件 377
アメリカン・バナナ事件 376
アルコア事件 375, 378
「アルゼンチン―履物」事件 129
アンチダンピング税 148
アンブレラ条項 369
一次産品共通基金 38
一括受諾（シングル・アンダーテーキング） 49, 283
一般借入取極（General Arrangements to Borrow, GAB） 403
一般特恵制度（Generalized System of Preferences, GSP） 34, 38, 39, 109, 289, 324, 325, 328
一般理事会 57
一方的措置 160
移転価格 437
移転価格ガイドライン 429
違反申立て 68
ウェーバー 34, 60, 169, 343
迂回防止措置 149
疑わしい取引の届出制度 463
ウッドパルプ輸出カルテル事件 382
ウルグアイ・ラウンド 41, 47, 82, 117, 169, 184, 215, 329
ウルグアイ・ラウンド協定法 87, 162, 220
英連邦特恵関税制度 33
エグモント・グループ 466
エスケープ・クローズ 23
エドミンスター（Lynn R. Edminster） 18
オイル・ファシリティ 36
欧州為替相場同盟 405
欧州経済領域 271
欧州司法裁判所 89, 270
欧州中央銀行（ECB） 406
欧州通貨制度（European Monetary System, EMS） 405
「オーストラリア―鮭」事件 202
「オーストラリア輸入硫安補助金」事件 69
オフショア金融市場 458, 460

か 行

会計法 249
外交的保護権 347, 351, 372
外国為替及び外国貿易法 5, 131, 364
外国為替取引 3
外国子会社合算税制 441
外国税額控除 427, 433
外国腐敗行為防止法 451
外為法 →外国為替及び外国貿易法
カウンター・シクリカリティ 419
価格インテグレーション 38
価格約束 148
拡大構造調整融資制度（Extended Structural Adjustment Facility, ESAF） 40
拡大信用供与措置（Extended Fund Facility, EFF） 36
閣僚会議 57, 65
過少資本税制 441
加重投票制度 60
「カナダ―航空機」事件 181
「カナダ―再生可能エネルギー」事件 323
「カナダ―酪農品」事件 177
可変輸入課徴金 170, 285
貨物の輸入の増加に際しての緊急の措置等に関する規程 131
カルテル 377
　ハードコア・―― 391
カルボー（Carlos Calvo） 347
カルボー主義 347, 352
カルボー条項 348
管轄権に関する合理の規則（jurisdictional rule of reason） 381, 383, 386
環境税 320
「韓国―牛肉」事件 316
「韓国―乳製品」事件 129
「韓国―放射能核種」事件 204
緩衝在庫融資制度 36
関税化 172, 181, 285

事 項 索 引　　477

関税交渉	116	国の物品等又は特定役務の調達手続の特例を定める省令	249
関税譲許	115	国の物品等又は特定役務の調達手続の特例を定める政令	249
関税定率法	5, 145	グリーン補助金	323
関税同盟	258, 264, 265, 270, 273	グリーンルーム会合	61, 301
関税評価	118	クロス・リタリエーション	75, 247
関税分類	107, 118	ケアンズ・グループ	283
関税法	5	経過的セーフガード措置	136
——337条	220	経済協力開発機構（OECD）	6, 38, 384, 391, 452
間接収用	362	経済特区	353
間接投資	2	経済連携協定（EPA）	43, 248, 270, 276, 334
環太平洋パートナーシップ協定（TPP）	45, 278, 333	系列取引	163
基軸通貨	403	ケインズ（John M. Keynes）	19
技術移転コード	6	ケネディ（John F. Kennedy）	29
帰責理論	379	ケネディ・ラウンド	32, 116
偽装された貿易障壁	185	原産地規則	118, 267, 272
基本的ILO条約	325, 333	権利消尽	223
義務免除	→ウェーバー	公開入札	243
逆特恵	33	効果理論	375, 378, 384
キャパシティ・ビルディング	297	航空券連帯税	447
休戦条項	182	構成価額	140
協議・協力と情報交換に関する多国間MOU	415	構造調整	282
強制規格	187	構造調整貸付制度（Structural Adjustment Lending, SAL）	40
行政協定（executive agreement）	84	構造調整融資制度（Structural Adjustment Facility, SAF）	40
強制実施	220	公平かつ衡平な待遇	366
強制実施権	61, 226, 227	国外所得免除	427
共通農業政策	170	国際エネルギー機関	10
漁業補助金	156	国際会計基準（International Accounting Standards, IAS）	426, 446
緊急輸入制限	→セーフガード		
銀行監督に関するバーゼル合意	414	国際会計基準審議会（International Accounting Standars Board, IASB）	426
銀行秘密法（Bank Secrecy Act）	459		
禁止補助金	153	国際海事機構	10
キンバリー・プロセス	61, 343	国際開発協会（International Development Association, IDA）	29
金融安定化理事会（Financial Stability Board, FSB）	44		
金融安定フォーラム（Financial Stability Forum, FSF）	44, 420, 465	国際開発庁（Agency for International Development, USAID）	30
金融活動作業部会（FATF）	462	国際技術移転	2
金融セクター評価プログラム（Financial Sector Assessment Program, FSAP）	420, 465, 470	国際競争ネットワーク（International Competition Network, ICN）	392
近隣困窮化（beggar-thy-neighbor）	16, 442	国際協力機構（JICA）	298
クォータ・モデュレーション	132, 138	国際金融公社（International Financial Corpo-	
苦情申立手続	247		

ration, IFC) 29
国際金融取引 2
国際金融のトリレンマ 406
国際経済活動 1
　――に対する公法的規制 4
　――に対する私法的規制 4
国際財務報告基準（International Financial Reporting Standards, IFRS） 426
国際獣疫事務局 68, 198
国際収支擁護のための数量制限 266
国際商業会議所 372
国際商品協定 38, 324
国際植物防疫条約委員会 199
国際植物防疫条約事務局 68
国際清算同盟 19
国際仲裁裁判所 371
国際的事業活動のための反トラスト執行ガイドライン（Antitrust Enforcement Guidelines for International Operations） 382
国際的消尽 223
国際的調和 194, 198, 221, 326, 389, 415, 445
国際投資 1
国際取引法 5
国際標準化機構（ISO） 68
国際貿易機関中間委員会（Interim Commission for the International Trade Organization, ICITO） 31
国際法典編纂会議 348
国際民間航空機関 10
国際礼譲（international comity） 381, 384
国際連帯税（international solidarity levy） 447
国際労働機関（ILO） 324, 326
国際労働事務局 326
国際労働保護会議 326
国産品の優先使用に基づく補助金 153
国産品優先調達立法 235
国内救済原則 348
国内助成 176
国有化 348, 362
国連安全保障理事会 343
国連海洋法裁判所 317
国連環境開発会議（UNCED） 305
国連経済社会理事会 24
国連国際商取引法委員会 357, 372

国連貿易開発会議（UNCTAD） 6, 33, 34, 283, 390
国連貿易機関（ITO） 24
国連貿易雇用会議 24
互恵通商協定法 16, 23, 85
国家の経済的権利義務憲章 37, 349
国家貿易 121
国境税調整 321, 445
固定価格買取制度（FIT） 323
固定相場制 22, 27, 396
コメ条項 174
コンセンサス方式 60, 301
コンディショナリティ 36, 40, 282, 352
コントロールド・デリバリー 464

さ 行

最恵国待遇原則 11, 104, 212, 220, 242, 253, 310, 341
　――に対する例外 109
　条件付―― 106
裁定実施権 227
裁判拒否（denial of justice） 348, 367
サービスの貿易に関する理事会 212
サービス貿易 2
サービス貿易協定（Trade in Services Agreement, TiSA） 217
サーベイランス 398
サミット 44, 403
参照文書（Reference Paper） 211
暫定措置 148
事業記録保護法（Ontario Business Records Protection Act） 380
市場攪乱 137
市場秩序維持取極（orderly marketing arrangement, OMA） 34, 52
持続可能な開発目標（SDGs） 46, 157
実施関連の問題および関心に関する閣僚会議決定 296
実質的な損害（material injury） 140, 143, 152, 158
実施問題 295
自動執行可能な（self-executing） 80
自動執行性 85
司法共助 454
社会的ダンピング 324, 330

事項索引　479

シャーマン反トラスト法　375, 376
趣意書（letter of intent）　36
重大な損害　129, 143
重大な損害のおそれ　129
自由貿易協定（FTA）　43
自由貿易地域　258, 264
収用　348, 362
授権条項（enabling clause）　39, 109, 258, 273, 277, 329
主要20ヵ国財務省・中央銀行総裁会議　→G20
主要国先進国首脳会議　→サミット
上級委員会　58, 73
譲許　118
譲許表　6, 25, 118, 126, 215
譲許率　284
証券監督者国際機構（IOSCO）　415, 420
証券規制の目的と原則　420
状態申立て　70
食品規格委員会　68, 195
食料安全保障論　168
食料援助　181, 340
助成合計総量（Total Aggregate Measurement of Support）　176
知ることができた事実　142, 147
新共通農業政策　176
新興工業国（Newly Industrialized Countries, NICs）　282, 353
新国際経済秩序（NIEO）　37, 294, 349
審査基準　272
新通商政策手段　164
進歩のための同盟（Alliance for Progress）　30
随意契約　243
スイス・フォーミュラ　117
数量制限の禁止　120
「スペイン—生コーヒー豆に対する差別的関税」事件　108
スペシャル301条　219
スミソニアン合意　28
スムート・ホーリー関税法　17, 23
制限的商慣行の規制のための多国間の合意による原則と規則集　390
政策協調　44
生産工程および生産方法（process and production methods, PPM）　187, 305, 307, 341
政府調達苦情検討委員会　250
政府調達苦情処理体制（CHANS）　251
政府調達の手続　242
　　——の透明性確保　245
政府調達の紛争解決手続　246
世界関税機関　68
世界銀行　68
世界人権宣言　325
世界知的所有権機関　→WIPO
石油輸出国機構　10
セクター調整貸付制度（Sector Adjustment Lending, SECAL）　40
積極的抗弁（affirmative defense）　123
積極礼譲（positive comity）　386
セーフガード　25, 35, 52, 216
ゼロイング　141
全会一致方式　60
先決の判決　90
選択的セーフガード措置　132
選択入札　243
前提犯罪　458, 464
専門機関　68
相互協議（mutual agreement procedure, MAP）　434, 439
相互主義　34, 82, 94, 106, 107, 221, 239, 282, 294
相互承認協定（mutual recognition agreement, MRA）　196
相殺可能補助金　154
相殺関税　152
相殺関税および不当廉売に関する手続等についてのガイドライン　145
相殺措置　155
相殺不可能補助金　154
ソヴリン・ウェルス・ファンド　4
属人主義　378
属地主義　374, 376
　　客観的——　377, 379, 384
組織犯罪処罰法　464
ソース・ルール　428
租税情報交換協定（Tax Information Exchange Agreement, TIEA）　436
租税条約　429
租税特別措置法　440

卒業条項　39
祖父条項　26
ソフトロー　7, 350, 425

た 行

第一次石油ショック　37
対抗立法　375, 380
大西洋憲章　17, 23
対中特別セーフガード　139
大統領による行政行動宣言　164
多角主義　253
多国籍企業　37
多国籍企業ガイドライン　357
多国籍企業の行動指針　451
多数国間環境協定（multilateral environmental agreement, MEA）　305, 317
多数国間投資協定（MAI）　358
タックス・ヘイブン　429, 442
タックス・ヘイブン税制　429
タリフ・エスカレーション　117
ダンピング・マージン　139
地域主義　254
地域貿易協定に関する委員会　58, 260, 273
地方自治法　239, 250
チャーチル（Sir Winston Churchill）　17, 18
中核的労働基準　325, 332
中間協定　267
中国外国貿易障壁規則　70
中国外国貿易障壁調査規則　103
直接援助　177
直接効果（direct effect）　80, 90
直接的競争産品　112
直接適用可能性　88, 90
直接適用可能な（directly applicable）　80
直接投資　1
著作隣接権　224
「チリ―価格帯制度」事件　174
「チリ―酒税」事件　113
「チリ―メカジキ」事件　317
地理的表示　225
通商航海条約　354
通商利益保護法（The Protection of Trading Interests Act）　380
帝国特恵関税制度　17, 18
締約国団　30, 50

ディロン・ラウンド　32, 116
ティンバレン事件　380
適合性評価手続　189
適正実施基準（Code of Good Practice）　190
適切な保護水準（appropriate level of protection, ALOP）　198, 201
電子オークション　244
天然資源に対する恒久主権　37, 349
東京ラウンド　38, 117
投資紛争　350
投資紛争解決国際センター（ICSID）　350, 357, 372
同種の産品　107, 112, 120, 191
同等性の原則　195
東・南部アフリカ共同市場（COMESA）　277, 388
透明性と課税目的の情報交換に関するグローバル・フォーラム　443
特別かつ異なる待遇（special and differential treatment, S&D）　181, 183, 291, 340
特別セーフガード　175
特別引出権　→SDR
独立関税地域　64
特許権　226
ドーハ開発アジェンダ　42, 66, 181, 183, 297, 360
ドーハ閣僚宣言　172, 183, 317
ドーハ・ラウンド　→ドーハ開発アジェンダ
トービン税　447
トリフィンのディレンマ　27
トルーマン（Harry S. Truman）　28, 29
トルーマン・ドクトリン　28
「トロンハイム高速道路料金収容システム」事件　74

な 行

内国民待遇原則　11, 111, 151, 214, 218, 220, 235, 310, 341
　　投資前段階の――　364
ナイロビ・パッケージ　184
ナカジマ事件　93
南部アフリカ開発共同体　331
南米南部共同市場　→メルコスール
二国間投資条約　353
西陣ネクタイ訴訟　96

西ドイツ競争制限法（Gesetz gegen Wettbewerbsbeschränkungen）　382
二段階アプローチ　113
日米自動車協議　162
日米半導体協定　138
日本のGATT加入　65
「日本―酒税Ⅱ」事件　75, 107, 111, 113
「日本―トウヒ・マツ・モミ（SPF）材の差別的関税」事件　108
「日本―農産物Ⅰ」事件　169
「日本―農産物Ⅱ」事件　204
「日本―フィルム」事件　69
「日本―リンゴ」事件　204
「日本―DRAM」事件　156
任意規格　187
人間の基本的ニーズ（basic human needs, BHN）　37
ネガティブ・コンセンサス方式　72, 74, 76, 161
ネガティブ・リスト方式　364
農業調整法　169
「ノルウェー―トロンハイム市」事件　247

は　行

バイ・アメリカン法　235
バーゼル・コンコルダート　414
バーゼルⅢ　417
バーゼル合意　6, 415
　新――　416
ハートフォード火災保険会社事件　383
ハードロー　7
バナナ事件　92
ハーバラー報告　33
パフォーマンス要求　353, 359, 370
バリ・パッケージ　185
ハル（Cordell Hull）　16
ピア・レビュー　8
非違反申立て　68, 182
比較優位　236
比較優位理論　168
引き渡すか処罰するか（aut dedere aut punire）の原則　453
ピーク・タリフ　117
ビジネス環境整備　372
ヒュデック（Robert E. Hudec）　281

ビルトイン・アジェンダ　216
ヒンドリー（Charles F. Hindley）　326
ファースト・トラック手続　87
「フィリピン―蒸留酒税」事件　112
フォーミュラ方式　116
フォワード・プライシング　142
武器貸与法　18
複数国間貿易協定　49
不公正貿易慣行　162
不正競争防止法　453
豚肉差額関税事件　98
物質特許　220, 226, 230
物品貿易理事会　267
不当廉売関税に関する政令　145
プラザ合意　404
「ブラジル―再生タイヤ」事件　194, 315
ブリュースター（Kingman Brewster, Jr.）　380
ブレトンウッズ会議　16, 21
ブレトンウッズ協定法　22
プロシクリカリティ　419
紛争解決機関（DSB）　58, 72
紛争処理　371
紛争ダイヤモンド　61, 343
プンタデルエステ閣僚会議宣言　283, 289
並行輸入　220, 223, 231
米国通商代表　163
米国通商法301条　70, 102, 127, 161, 162
「米国―越境賭博」事件　75, 193, 316, 342
「米国―クローブタバコ」事件　191
「米国―小エビ」事件　308, 314, 317
「米国―小麦グルテン」事件　131
「米国―ステンレス鋼板」事件　144
「米国―対ECゼロイング」事件　141
「米国―著作権法110条(5)」事件　224
「米国―通商法301条」事件　83
「米国―ノルウェー産サケに対するアンチダンピング税」事件　141, 143, 145
「米国―婦人用毛皮帽子」事件　130
「米国―マグロⅡ」事件　186, 188, 192, 195
「米国―マグロ・イルカⅠ」事件　304, 305, 308, 311, 312
「米国―マグロ・イルカⅡ」事件　311, 313
「米国―ラム肉」事件　129
「米国―陸地綿」事件　180, 182

「米国―COOL」事件　188, 191
米国労働総同盟・産業別組合会議（AFL-CIO）　321
変形説　80
変動相場制　28, 397
ポイント・フォア　29
貿易　1
貿易円滑化　115
貿易および環境に関する委員会　58
貿易開発委員会　273
貿易関連環境措置（trade related environmental measure, TREM）　305, 309, 310, 317
貿易協力機関（Organization for Trade Cooperation, OTC）　31
貿易交渉委員会　66, 329
貿易政策検討機関（TPRB）　58, 67
貿易政策検討制度　288
貿易創出効果　255, 262
貿易転換効果　255
貿易と環境委員会　273, 318
貿易のための援助（Aid for Trade）　300
包括通商競争力法　402
包括的受容説　80, 95
北米浚渫会社事件　348
保険監督者国際機構（IAIS）　420
保険監督のコア原則　420
ボゴール宣言　274
ポジティブ・リスト方式　213, 365
補助金　151
ボストン銀行事件　459
保税加工区域（マキラドーラ）　330, 353
ボーチャード（Edwin M. Borchard）　347
ポルトガル対理事会事件　94
ホワイト（Harry D. White）　16

ま　行

マクナマラ（Robert S. McNamara）　37
マーシャル（George C. Marshall）　28
マーシャル・プラン　28
マネー・ロンダリング　458
マネー・ロンダリング管理法　459
麻薬特例法　462
ミニマム・アクセス　175
メルコスール　273, 331
メールボックス　226

目的効果アプローチ　113
モーゲンソー（Henry Morgenthau Jr.）　16

や　行

約束表　212, 214, 339, 359, 364
有害な税の競争（harmful tax competition）　442
輸出志向工業化戦略　40
輸出自主規制（voluntary export restraint, VER）　34, 35, 52, 137, 161, 173
輸出所得変動補償融資制度　36
輸出信用　180
輸出払戻金　170
輸出補助金　152, 176
輸入代替工業化戦略　40, 282, 286, 287, 353
輸入貿易管理令　131
ユーロ　271, 406
ユーロシステム　407
予算決算及び会計令　249
予算決算及び会計令臨時特例　249
予防原則　204, 318, 340
ヨーロッパ支払同盟（European Payment Union, EPU）　27
ヨーロッパ自由貿易連合（EFTA）　262, 268, 271

ら　行

利益否認条項　361
リカード（David Ricardo）　8
リクエスト・オファー方式　116
リーマンショック　44
略奪的価格設定　158
領事裁判制度　346
累積債務問題　39, 282, 352
ルーブル合意　404
レッサー・デューティー・ルール　148
連合国安定化基金　19
労働における基本的原則および権利に関するILO宣言　332
労働法国際協会　326
ローカル・コンテント　286, 353, 359
ローズヴェルト（Franklin D. Roosevelt）　17, 18

事項索引　483

わ 行

ワシントン・コンセンサス　282

A-Z

ACWL　→WTO 法助言センター
AIIB　→アジアインフラ投資銀行
ALOP　→適切な保護水準
APEC　→アジア太平洋経済協力会議
ASEAN＋3　275
ASEAN＋6　275
ASEM　275
BEPS 行動計画　443
BHN　→人間の基本的ニーズ
BIT　→二国間投資条約
CCCTB（Common Consolidated Corporate Tax Base）　446
COMESA　→東部・南部アフリカ共同市場
DSB　→紛争解決機関
ECB　→欧州中央銀行
「EC―アザラシ産品」事件　188, 189
「EC―アスベスト」事件　188, 314, 317
「EC―鰯」事件　188, 195
「EC―関税特恵」事件　109, 328
「EC―砂糖輸出補助金」事件　178
「EC―バイオテック産品の承認および販売」事件　318
「EC―バナナⅢ」事件　75, 113
「EC―ベッドリネン」事件　141, 144
「EC―ホルモン」事件　198, 199, 201, 202, 337
「EC―油糧種子」事件　181
EFF　→拡大信用供与措置
EFTA　→ヨーロッパ自由貿易連合
EMS　→欧州通貨制度
EPA　→経済連携協定
EPU　→ヨーロッパ支払同盟
ESAF　→拡大構造調整融資制度
EU 裁判所　→欧州裁判所
EU 理事会規則 2641/84　164
EU 理事会規則 3286/94　70, 103, 164
FAO　→国連食糧農業機関
FATF　→金融活動作業部会
FIT　→固定価格買取制度
FSAP　→金融セクター評価プログラム
FSB　→金融安定化理事会
FSF　→金融安定フォーラム
FTA　→自由貿易協定
FTAAP　→アジア太平洋自由貿易圏
G10　403, 414
G20　44, 402, 443
G20 サミット　44
G7　403
GAB　→一般借入取極
GSP　→一般特恵制度
HS 分類（統一商品分類）　108
IAIS　→保険監督者国際機構
IAS　→国際会計基準
IASB　→国際会計基準審議会
IATA　→国際民間航空機関
ICC　→国際商業会議所
ICITO　→国際貿易機関中間委員会
ICN　→国際競争ネットワーク
ICSID　→投資紛争解決国際センター
IDA　→国際開発協会
IEA　→国際エネルギー機関
IFC　→国際金融公社
IFRS　→国際財務報告基準
ILO　→国際労働機関
IMF　68
IMF 4 条協議　399
IMF 協定第 2 次改正　396
IMO　→国際海事機構
IOSCO　→証券監督者国際機構
ISO　→国際標準化機構
ITO　→国連貿易機関
JICA　→国際協力機構
Maffezini 事件　365
MAI　→多数国間投資協定
MAP　→相互協議
MEA　→多数国間環境協定
Metalclad 事件　367
Metalclad 仲裁判断　363
MRA　→相互承認協定
NAMA　→非農産物市場アクセス
NICs　→新興工業国
NIEO　→新国際経済秩序
OECD　→経済協力開発機構
　――移転価格ガイドライン　439
　――モデル租税条約　435

OMA	→市場秩序維持取極	TPRB	→貿易政策検討機関
OPEC	→石油輸出国機構	TPRM	55, 58, 67
OTC	→貿易協力機関	TREM	→貿易関連環境措置

Pope and Talbot 事件　367　　　　TRIPS 協定と公衆衛生　229
PPM　→生産工程および生産方法　　TRIPS プラス　231
　産品関連——　308　　　　　　　UNCED　→国連環境開発会議
　非産品関連——　308, 312, 342　　UNCITRAL　→国連国際商取引法委員会
S&D　→特別かつ異なる待遇　　　　UNCTAD　→国連貿易開発会議
SDGs　→持続可能な開発目標　　　 USAID　→国際開発庁
S. D. Meyers 事件　367　　　　　　VER　→輸出自主規制
SAF　→構造調整融資制度　　　　　WHO　230
SAL　→構造調整貸付制度　　　　　WIPO　68
Saluka 事件　368　　　　　　　　　WTO 協定の国内的実施　83, 96
Saluka 仲裁判断　363　　　　　　　WTO 法助言センター（ACWL）　298
SDR（特別引出権）　27
SECAL　→セクター調整貸付制度　　　　　　　1-9
Third International Fruit Company 事件
　91　　　　　　　　　　　　　　　1974 年通商法　87
TIEA　→租税情報交換協定　　　　　1979 年通商協定法　87
TPP　→環太平洋パートナーシップ協定　1988 年包括通商競争力法　162
　　　　　　　　　　　　　　　　　40 の勧告　462

事 項 索 引　485

国際経済法　第3版
International Economic Law, 3rd edition

2003 年 4 月 30 日　初　版第 1 刷発行
2012 年 5 月 5 日　第 2 版第 1 刷発行
2019 年 7 月 20 日　第 3 版第 1 刷発行
2022 年 8 月 10 日　第 3 版第 3 刷発行

著者　中川淳司
　　　清水章雄
　　　平　覚
　　　間宮　勇

発行者　江草貞治

発行所　株式会社　有斐閣
　　　　郵便番号 101-0051
　　　　東京都千代田区神田神保町 2-17
　　　　http://www.yuhikaku.co.jp/

印　刷　株式会社精興社
製　本　牧製本印刷株式会社

© 2019, J. Nakagawa, A. Shimizu, S. Taira, C. Mamiya. Printed in Japan
落丁・乱丁本はお取替えいたします。
★定価はカバーに表示してあります。
ISBN 978-4-641-04683-2

[JCOPY] 本書の無断複写(コピー)は、著作権法上での例外を除き、禁じられています。複写される場合は、そのつど事前に(一社)出版者著作権管理機構(電話03-5244-5088, FAX03-5244-5089, e-mail:info@jcopy.or.jp)の許諾を得てください。